촛불

: 영성지도를 조명하는 빛

Originally published in the USA under the title:
Candlelight: Illuminating Spiritual Direction / by Susan S. Phillips
Copyright @ 2008 by Susan Phillips
Morehouse Publishing, 4775 Linglestown Road Harrisburg, PA 17105
Morehouse is an imprint of Church Publishing Incorporated.

The Korean Edition Copyright @ 2015 by SoHP, Seoul, Republic of Korea
The Korean Edition is translated and used by permission of Morehouse through arrangement of rMaeng2, Seoul, Republic of Korea.

이 책의 한국어 저작권은 알맹2 에이전시를 통하여 Morehouse 와 독점 계약한 도서출판 SoHP 에 있습니다. 신저작권법에 의해 한국 내에서 보호받고 있는 저작물이므로 무단전재와 무단복제를 금합니다.

촛불: 영성지도를 조명하는 빛

1 판 1 쇄 찍음 2015 년 11 월 15 일
1 판 2 쇄 펴냄 2024 년 8 월 20 일

지은이	수잔 S 필립
옮긴이	최상미
펴낸이	최상미
펴낸곳	SoHP

출판등록	2013 년 6 월 12 일(제 301-2013-114)
주소	서울시 중구 소공로 35, 102-1205
이메일	sohcounsel@gmail.com 팩스 02-773-2903
ISBN	979-11-953048-5-1

이 도서의 CIP 는 서지정보유통지원시스템 홈페이지 http://seoji.nl.go.kr 에서 이용할 수 있습니다.

촛불
: 영성지도를 조명하는 빛

Candlelight
: Illuminating the Art of Spiritual Direction

수잔 S 필립 지음/ 최상미 번역

촛불의 조명 아래
하나님의 은혜를 볼 수 있도록
만들어 준
모든 분들께
참으로 감사 드립니다

추천의 글 *Praise for Candlelight*

수잔 필립스의 사려 깊고 경청하는 지성은 영성지도의 실제를 이야기로 풀어 놓은 이 책에 녹아 있다. 하나님의 임재 안에서 피지도자를 만나 개인적으로 이야기를 나누는 과정이 생생하게 살아있다. 나는 수잔이 수년간 혹은 수개월간 그들을 만나며 그 관계들 안에서 영적 통찰력 또한 커가는 것을 보면서 큰 감명을 받았다. 이 책을 읽으며 나의 삶도 거룩함으로 물드는 느낌이었다.

루시 쇼, 리젠트 칼리지 Residence 필자
Breath for the Bones: Imagination and Art & Spirit 의 저자

촛불을 읽는 것은 마치 저자의 생각이나 감정과 은밀하게 관여 하면서 양면 거울을 통해 영성지도 회기를 관찰하는 것과 같다. 그래서 영성지도자나 앞으로 그 사역을 하려는 모든 사람들에게 매우 귀중한 책이다. 이 책은 심리치료와 영성지도가 각각 어디에 초점을 두고 어떤 형태로 행해지는지 그 차이점을 통찰력을 가지고 분별한다. 그래서 융 학파에 속한 사람들이나 초월심리학자들 에게는 매력적인 읽을거리가 될 것이다.

진 쉬나다 볼렌, MD.
Close to the Bone and Crossing to Avalon 의 저자

영성지도는 모든 주요 종교들에서뿐 아니라 다양한 민속 종교들 안에서도 발견할 수 있다. 그러나 현대 사회에서 이 기능들을 인정하고 받아들인 것은 최근의 일이다. 영성지도가 우리에게 어떤 의미를 지니는지 확실히 알기 위해서는 실제로 그것이 오늘날에는 어떻게 실행되고 있는지 직접 보는 것이 반드시 필요하다. 수잔 필립스의 이 책은 그런 면에서 중요한 공헌으로 평가되어야 한다. 그녀는 단지 방법에 대해 이론적 설명을 하는 것이 아니라 다른 책들이 제공할 수 없었던 실제 영성지도를 보여준다. 그녀의 오랜 영성지도 경험과 심오한 통찰을 통해 우리는 결코 일반화 된 글들로는 얻을 수 없는 것을 발견하고 이해할 수 있을 것이다. 이 감동적인 책은 현대 영성지도의 풍성한 가능성을 확인하기 원하는 모든 사람들의 이목을 집중시킬 것이다.

로버트 N. 벨라, UC 버클리 사회학과 명예교수
Habits of the Heart 의 공동 저자

수잔 S 필립스는 자신의 사역 현장을 공개하면서, 영성지도가 이루어지는 공간과 피지도자들의 삶 그리고 은사를 지닌 영성 지도자의 생각과 가슴에서 반드시 볼 수 있어야 하는 그 '어렴풋한 알아차림'을 우리들도 볼 수 있도록 한다.

엘리자베스 리버트, 샌프란시스코 신학대학원 영성학부 교수
영성지도와 성인발달론 Changing Life Patterns 의 저자

영성지도에 관한 책들이 대부분은 신학과 이론 그리고 그것들을 좀 더 실제적으로 설명하고 적용하는 내용을 담고 있는데 반해, 수잔 필립의 이 책은 우리에게 매우 독특한 것을 제공한다. 그녀는 우리가 거룩한 공간을 훔쳐보고, 가슴을 뭉클한 이야기 속에 빠져들며, 어른거리는 촛불을 볼 수 있도록 초대한다. 영성에 대해 실용적이고 처방적이며 프로그램화 된 접근 보다는 지금 여기 우리와 함께 하시는 하나님을 더 깊고 부드럽게 인식하도록 만든다.

로드 윌슨,
캐나다 벤쿠버 리젠트 칼리지 상담심리학과장, 교수

이 훌륭한 책 속에서 수잔 필립은 단지 명멸하는 통찰이 아니라 영성지도를 하거나 받는 사람들 모두에게 격려와 영감이 될 수 있는 많은 지혜의 빛을 비춰준다.

리차드 모우, 풀러 신학대학원 기독 철학과 학장, 교수

나는 이 책의 출간을 오랫동안 기다려 왔다. 수잔 필립의 촛불: 영성지도를 조명하는 빛은 사려깊은 영성지도가 행해질 수 있도록 성경적 믿음에 근거한 균형 잡힌 통찰을 담고 있다. 그녀는 권위자가 주변의 사람들에게 행사할 수 있는 개인적 혹은 관계적 영향력을 내려 놓을 수 있어야 한다고 말한다. 그녀는 그 위험성을 지적하면서, 우리들이 안전하게 삶의 이야기를 나눌 수 있는 곳으로 인도하고 독자들을 건강하게 세워간다. 나는 이 책을 목회자, 상담가 그리고 영성을 이해하고 개발해 나가기 원하는 모든 사람들에게 추천한다.

얼 팔머, 시애틀 대학 장로교회 담임목사,
Love Has Its Reasons and Trusting God 의 저자

차 례 Contents

추천의 글 /7
차례 글 /11

프 롤 로 그

들어가는 글 /15
머리 글 /19
서론: 영성지도의 이해와 관망/22
  ❖ 은사, 기술, 훈련 그리고 전문직/24
  ❖ 전통과 현대적 표현/27
  ❖ 영성지도의 관망/32
  ❖ 책의 구성/35

1부 시 작

1 함께 춤 추실까요?/51
    ❖ 첫 만남/52
    ❖ 마음의 열망/55
2 물살에 갇히다: 그랜트/61
3 초원을 기억함: 레아/85
4 거울 속에 비친 얼굴: 데이빗/95

5	"왜"라는 질문을 망각함: 멜리사/111	
6	간절하게 경청하기 원함: 찰스/119	
7	온전히 살아있음: 짐/127	
8	하나님께 안기다: 칼/137	
9	길을 건너다: 존/145	
10	뭔가 좀 이상한가요, 수잔: 룻/155	

2부 계속되는 여정

11	고통과 사랑을 만나다/169	
	❖ 계속되는 여정과 뿌리 내림/169	
	❖ 고통의 문제들/172	
	❖ 누구의 책임인가?/176	
	❖ 하나님의 사랑을 인식하고 받아들임/184	
12	헌신:레아/189	
13	디딤돌: 칼/203	
14	믿음이 허락하는 것을 증거함: 룻/221	
15	무지개들- 환대와 박대: 그랜트 /227	
16	크게 편 팔: 찰스/241	
17	당신이 믿는 하나님: 짐/249	
18	예루살렘을 바라보며 기도하다: 존/255	
19	나를 닮은 나무: 멜리사/263	
20	"그건 내 일이 아닌데요": 데이빗/271	

3부 결실

21   물가에 심은 나무/281
  ❖ 번영/282
  ❖ 은혜 안에 거함/286
  ❖ 성령의 열매/288

22   "뉘게로 가리까?: 그랜트/295
23   치열한 싸움, 치열한 부르심: 짐/315
24   그 중에 제일은 사랑이라: 존/321
25   노젓기를 멈추고 안식함: 데이빗/331
26   더 큰 은사: 레아/341
27   주차 브레이크를 풀다: 찰스/349
28   성령이 내주하시는 곳: 루스/355
29   사순절의 결실: 칼/365
30   "그러나 나는 당신의 변함없는 사랑을 믿습니다": 멜리사/381

결론: 하나님의 성소/397
  ❖ 내주함과 접붙여짐/398
  ❖ 공동체 안에서 번성함/401
  ❖ 기도와 예배/405
  ❖ 거울을 통해 희미하게 바라봄/408

들어가는 글 *Preface*

베네딕트 수도회 수사인 데이빗 스타인들 라스트 David Steindl-Rast 는 "촛불을 켜는 바로 그 행동이 기도"[1] 라고 분명하게 말한다. 그는 혼자 기도하며 촛불을 켜는 것과 교회 예배에서의 촛불 행렬 경험을 들어 설명했다. 나는 영성지도를 하게 될 때면, 양초에 불을 붙이며 "여기 우리와 함께 계시는 하나님을 기억하기 위해 촛불을 켭니다"라고 말한다. 이 기도는 긍휼이 여기는 인간성이라는 초에 불을 지속적으로 붙이는 행위이며 또한 예배의 초에 불을 붙이는 예전적 행위이기도 하다. 불꽃은 우리의 생각을 뛰어넘고 또한 생각에 불을 붙이기 위한 인간적 열망을 상징한다.

우리는 촛불을 켜는 사람들이다. 다른 사람들의 고통에 동참하며 우리는 촛불을 켜고 밤을 밝힌다. 2001 년 뉴욕과 워싱턴 DC 가 테러 공격을 당했을 때도 전 세계의 사람들은 광장에 모여 촛불을 켜고 기도했다. 2004 년 겨울 동남아시아에 쓰나미로 인한 재앙이 덮쳤을 때도 전세계 사람들은 촛불을 켜고 함께 슬퍼했다. 학교에서 사고로 많은 학생들이 희생을 당했을 때에도 사람들은 각 학교마다 모여 촛불을 밝혔다. 국제사면위원회의 엠블럼은 환한 촛불을 가시 철조망이 둘러싸고 있는 형상이다. 이것은 소망의 빛과 돌봄의 손길이 어두운 감옥으로 스며들고 있음을 상징하기 위함이다.

한 피지도자가 동유럽의 교회들에서 홀로코스트를 추모하며 드린 촛불 예배를 말한 적이 있다. 그의 교회에서, 집에서 그리고 나의 사무실 에서 켜지는 촛불은 모두 "하나의 불꽃"임이 분명하다고 그는 확신했다.

영성지도를 시작하며 기도를 드리고 촛불을 켤 때 불꽃은 잠시 일렁이고 순식간에 심지를 타고 내려가 양초에 내려 앉는다. 그리고 다시 잠깐 동안 버둥대는 듯 하다가 심지에 완전히 불이 붙으면 제 모습을 잡고 바로 선다. 이 과정은 마치 우리의 소망이 모아져서 힘을 얻고 일어서는 것과 같다. 촛불의 불꽃은 지도자와 피지도자의 마음과 생각이 열릴 때 그곳에 함께 하시는 하나님의 임재를 상징하며 지도 시간 내내 계속 타오른다. 촛불은 코로나 빛을 발하며 우리를 감싸 안는다. 또한 그것을 자세히 보면 그림자도 함께 있음을 본다. 그것은 하나님의 신비와 더불어 우리 가운데 있는 어두움을 생각하게 만든다.

나와 같이 촛불을 켜면서 영성지도를 하는 사람들이 있다는 것을 들어서 알고 있지만, 나는 아직 직접 그런 사람들에게 영성지도를 받아 본 적이 없다. 내가 초를 켜는 것은 아마도 청소년기까지 미국 성공회 에서 자랐고 또 국제엠네스티 Amnesty International 운동에 관심을 가지고 활동했던 영향일 수도 있을 것이다. 그리고 심리치료에 익숙해 있는 내 자신에게 영성지도가 심리 치료와는 다른 접근임을 기억 하도록 하기 위해서일 수도 있다. 그리고 무엇보다 하나님의 은혜로 그렇게 인도함 받았다고 믿는다.

촛불은 소망과 겸손을 키워간다. 그것이 상징하는 빛은 나의 것이 아니다. 피지도자와 나는 빛이 있으라고 말씀하신, 이 땅에 빛으로 오신, 그리고 우리의 삶을 계속 조명하시는 거룩한 지도자 앞에서 함께 기다린다. 촛불은 우리가 하나님께 주목하도록 돕는다. 이렇게 하나님께로 시선을 돌리도록하는 것은 영성지도의 핵심적 요소 라고 할 수 있다. 영성지도자 의 지도는 서커스 조련사의 지도, 영화감독의 지시 혹은 교통 경찰관의 획일적 지시와는 다르다. 영성지도자는 마주하고 앉은 사람이 자신의 삶을 이야기 할 때 그곳에서 보이고 들리는 하나님께로 주목하도록 돕는다. UC 버클리에서 나는 20 여년 전에 사회학을 공부했고 국립정신건강위원회가 지원하는 학술 단체의 일원이 되었다. 나는 탁월한 심리분석자들의 글을 읽으면서 그들이 영혼을 돌보는 방법에 크게 놀랐고, 교회에서는 과연 이런 일을 행하고는 있는지, 그리고 어떻게 하고 있는지 궁금해졌다. 그 당시에 나는 교회에서 자원 봉사자로 상담을 하고 있었는데, 나를 포함한 봉사자들이 묵상적 경청의 책임을 다하면서 어떻게 변화되어 가는지를 관찰할 수 있었다. 1970 년 후반에서 1980 년 초까지는 개신교에서 영성 지도에 관해 들을 수 있는 기회는 거의 없었다. 그러나 나는 초대 기독교의 사막의 교부, 고대 수도원의 현인들의 이야기를 읽고, 은수사들이나 청교도 목회자들이나 선교사들이 어떻게 영혼을 돌보았는지 알게 되면서 영성지도를 접하게 되었다. 그들의 글 속에서 나는 변화를 불러오는 은혜 충만한 경청을 찾아갈 수 있었고, 일부 심리치료사들이나 심리분석가들 그리고 교회 상담실에서 자원봉사 상담사들이 행하는 일들을 분명히 볼 수 있었다.

대학원에서 공부하며 불씨로 남아있던 관심은 살아가면서 계속 일어나 큰 불이 되었다. 그 열기와 빛은 신학적으로도 풍성해지고 나의 소명을 빚어갔다. 많은 사람들이 지적하는 것처럼 "아마추어"는 사랑하는 사람을 일컫는다. 그리고 나는 영성지도를 사랑한다. 20 여년 친절하고 숙련된 영성지도자들을 만나면서 나는 하나님을 사랑하고 사랑 받는 사람이 되었다. 수년간 영성지도 훈련을 받고 이 일을 지속하면서 나는 인간 관계들 속에 드러나는 하나님의 은혜를 더욱 더 강렬하게 사모하고 사랑하게 되었다.

영성지도를 받으면서 나는 더 나은 사람이 되었다. 그리고 영성 지도로 훈련을 받고 있는 많은 사람들에게서도 이 사실을 확인한다. 그러나 영성지도는 전적으로 선택적인 것이다. 영적 성장이나 풍성 함을 위해 반드시 해야만 하는 것은 아니다. 그리고 지도를 받은 사람이 받지 않은 사람보다 더 나은 사람이라고 말할 수도 없다. 그러나 그것은 우리가 은혜 안에서 성장하도록 하는 한 방법일 수 있다. 내가 그랬고 다른 많은 사람들이 그것을 증거한다. 이 책은 영성지도를 통해 몇몇 사람들의 삶 속에서 그것을 볼 수 있었던 나의 축복된 경험에 관한 것이다.

노트

1. Steindl-Rast, *Gratefulness, the Heart of Prayer: An Approach to Life in Fullness* (New York: Paulist Press, 1984), 57.

머리글 *Acknowledgements*

이 책은 영성지도의 이야기를 담고 있다. 그래서 나는 자신들의 이야기를 활자화 하도록 동의해 준 아홉 사람에게 감사의 마음을 전하고 싶다. 내가 그들 중 한 사람에게 촛불이 출간될 것임을 알렸을 때 그는 '우리의 책'이 출간됨을 매우 기뻐했다. 맞는 말이다. 이 책은 참으로 우리들의 책이다. 영성지도의 기술을 밝히 드러내기 위해 소개된 개인적인 삶의 이야기들을 나눠준 분들 덕에 이 책은 출간될 수 있었다. 그뿐 아니라 그들과 함께 한 시간들은 나의 삶에도, 나의 글쓰기에도 환한 빛을 비춰 주었다.

모든 감사의 글들을 읽다 보면 고독한 글쓰기 작업을 하는 저자들이 속해 있는 공동체를 그려볼 수 있다. 나 역시 이 책의 출간을 위해 살아내고, 생각하고, 기도하고, 글을 쓰는 수년간의 세월을 공동체들로부터 힘을 얻으며 버틸 수 있었다. 버클리의 뉴 컬리지 공동체는 내가 기독교 제자도의 길에서 벗어나지 않도록 도왔고, 이 책을 쓰는 데 있어 유용한 대화와 통찰을 제공하는 기름진 토양이었다. 뉴 컬리지의 동료들은 나와 믿음과 학문의 여정을 함께 걷는 동반자들이다. Margaret Alter, David 과 Susan Fetcho, Sharon Gallagher, Laurel 과 Ward Gasque, Virginia 와 Walter Hearn, Margaret Horwitz, Bonnie Howe, Mark Labberton, Earl Palmer, Martha de Lavega Stewart 그리고 Robin Wainwright 는 모두 촛불이 산고를 치르는 동안 함께 우정을 나누며 동료로써 힘을 실어주었다.

캐나다 벤쿠버의 리젠트 컬리지, 풀러 신학대학원, 버클리 연합신학대학원, Big Sur 의 New Camaldoli Hermitage 기도 공동체, 그리고 샌프란시스코 신학대학원 영성지도과정의 교직원들 또한 나를 지지해준 학문적 공동체들이다. 특별히 계속할 수 있도록 격려해 주었던 Thena Ayres, Jill Boyce, Tish Bulkley, Mary Rose Bumpus, Kay Collette, Jeffrey Gaines, Tom Glenn, Sam Hamilton Poore, Arthur Holder, James Houston, Rebecca Langer, Bruce Lescher, Elizabeth Liebert, Curt Longracre, Tom McElligott, Debora Arca Mooney, Marie Pappas, Soohwan Park, Sophia Park, Luci Shaw, Mary Elva Smith 그리고 Katarina Stenstedt 에게 일일이 감사를 표하고 싶다. 영성지도 분야에서, 또한 더 광범위하게는 영혼을 돌보는 일에 관하여 나는 Jean Bolen, Liz Budd Ellman, Frances Ann Hamblin, Kathy Miranda, Henry Ormond, Sandra Russum, Mary Ann Scofield, Chris Shiber, Barbara Williams 에게 큰 도움을 받았다. 그들은 나를 인도해 주고 영감을 주었으며 때론 잘못된 나의 생각을 고쳐주기도 했다.

이 책은 버클리 제일장로교회의 예배와 공동체가 없었더라면 세상에 나오기 힘들었을 것이다. 더불어 기도와 사랑으로 나를 지지 해준 친구들과 성도들의 교제가 없었다면 불가능했을 것이다. Chris Anderson, Carol Aust, Lynne Baab, Jan Baeuerlen, Penny Barthel, Doug Bunnell, Jan Ghiradelli, Kathie Johnson, Linda Kamas, Susan Kegeles, Jeffrey Lazarus, Wendy Lichtman, Suzy Locke, Claudia Marseille, Becky McCain, Diana Mei, Kathryn Muhs, Jennifer Paige, Patti Pierce, Francis Reid, Valerie Rudd, Justin Sinaites, Sandra Ramos Thompson, Nancy Wainwright 그리고 Debbie Whaley 에게

감사드린다.

이 글을 시작할 때 손으로 쓴 원고를 친절하게 읽어준 사람들이 있다. 그들의 지혜로운 조언으로 이 책은 완성될 수 있었다. 나는 Maryann Aberg, Mima Baird, Mary Rose Bumpus, Diane Deutsch, Margret Elson, Virginia Hearn, James Houston, Jay Nickel, Carole Petiet 그리고 Steve Phillips 에게 그들의 관대하고 현명한 우정에 대해 더욱 고마움을 전하고 싶다. 또한 Morehouse 편집장인 Nancy Fitzgerald 에게 책을 쓰는 동안 전문적이고도 편안한 태도로 나와 동행해 준 것에 대해 감사 드린다.

이 책의 잉태기간 동안 나의 가족은 변함없는 격려를 아끼지 않고 해 주었다. 몇해 전 어느 날 오후 베이 아일랜드에서 하나님께서 이 책을 쓰게 만드신 거부할 수 없는 생각을 부어 주셨을 때 그들은 나와 함께 그곳에 있었다. (그 때 내게 처음으로 떠오른 것은 거대한 건설 프로젝트를 시작하라는 하나님의 지시에 반응하는 노아의 대꾸를 희화해서 말하는 Bill Cosby 의 말투였다. "방주요? 도대체 방주가 뭐죠?") 그러나 그 날 나의 부모님 Betty 와 Lloyd Sanders, 남동생 David 과 Ted 그리고 아들 Andrew 와 Peter, 그리고 나의 영원한 사랑인 남편 Steve 는 내게 마음을 가다듬고 하나님의 초대를 진지하게 생각해 보라는 충고와 격려를 해주었다. 그들은 그후로도 변함없는 태도로 내가 숙고할 수 있도록 도왔다. 내게 감사가 넘친다.

서문: 영성지도의 이해와 관망

Introduction: Understanding and Seeing Spiritual Direction

내가 하는 일들에 관해 많은 사람들은 호기심을 표현하곤 한다. 그들은 내가 하는 교육 관련 사역에 대해서는 이해하고 있지만, 특히 경청의 사역에 대해서는 궁금해 한다. 경청의 사역을 하면서 나는 침묵하는 시간을 많이 갖는다. 나는 사람들이 말하는 것과 말하지 않는 것, 그들의 억양과 침묵, 웃음, 흐느낌, 몰아 쉬는 숨소리, 슬픔, 기쁨 그리고 갈망들을 경청한다. 17 세기의 시인인 조지 허버트는 말로 표현하는 기도를 "우리 안에서 숨쉬는 하나님" "영혼의 시편" "순례하는 영혼" "일종의 선율" 그리고 "평범함 속에서 드러나는 하늘나라"로 표현했다.[1] 나는 이런 기도들을 내 사무실에서 목격 하고 있다. 다른 전문사역자들의 경청과는 달리 나는 거룩함이 어떻게 인생들을 뚫고 들어 오는지 들으려고 애쓴다. 나는 일상의 삶 속에 부어지는 영성을 발견할 수 있도록 돕기 위해 그들과 함께 한다. 이것이 영성지도다.

영성지도는 오랜 역사를 지닌, 그리고 많은 문화 속에서 다양하게 행해지던 사역이다. "기도는 인간의 역사만큼이나 오랜" 것이기 때문에 사람들이 언제나 다른 사람들의 말을 듣고 기도를 통한 도움을 받기 원했을 것이라는 사실은 놀라운 일이 아니다.[2] 나는 역사적으로 꾸준히 이어져 온 영성지도의 전통을 몇 년 전 어느 날 지중해로 떠났던 가족여행 중에 몰타라는 섬 나라에서 명확히 볼 수 있었다. 그곳에서 우리는 사도 바울이 파선을 당했던 곳과 대략 기원전 3000 년에 지어진 것들로 알려진 가장 오래된 사원들의 발굴지를 방문하게 되었다. 하갈 킴 Hagar

Qim 사원은 지주 없이 서 있는 가장 오래된 건축물들 가운데 하나로 알려져 있다. 그것은 스톤헨지나 이집트의 피라미드보다 더 오래된 것이다. 다양한 모양의 다듬어진 돌기둥들 사이로 많은 관광객들이 안내원을 따라 다니며 사방으로 끊임없이 움직이고 있었다. 그들은 작렬하는 태양 아래서 지금은 잔해들만 남아 있지만 과거에는 온전했을 구조물들 가운데 울려 퍼지는 역사의 메아리를 들으려 했고, 또 부숴진 돌 조각들에 남아 있는 색 바랜 그림들 속에서 한 때는 생생하게 느껴졌을 감동을 맛보려고 노력했다.

우리 가족은 섬 여행을 하던 다양한 그룹들과 함께 있었다. 영어로 안내하는 안내원 가까이로 다가가 우리는 각 나라의 언어로 목청 높여 설명하는 다른 안내원들의 소리와 섞여 불협화음을 이루는 그녀의 목소리에 귀를 기울였다. 그런데 그녀가 구멍이 뚫린 바위 벽을 가리키며 설명했다. "저 곳이 경청자가 서 있던 곳입니다. 사람들은 사원으로 들어가기 전에 여사제들에게 자신들의 회한과 소망들을 말했습니다." 우리 여행 팀이 다음 장소로 이동한 후에도 나는 한 정신과 의사와 함께 허물어진 벽의 입구 주변을 천천히 배회했다. 그 입구 안쪽을 살펴보면서 내게 말했다. 낮은 소리로 말하라는 규칙을 준수하며 속삭이듯 "가장 오래된 직업이죠." 그리고 돌아서서 반짝이는 눈빛으로 나를 바라보면서 "아니면 두 번째로 오래된 직업일 수 있겠네요"라고 덧붙였다. 우리는 서로를 소개하지는 않았지만, 서로가 경청자, 즉 영성지도자임을 짐작하고 있었다.

영성지도자라는 명칭은 도발적이다. 사제, 장의사, 비뇨기과 의사, 목사, 물리치료사처럼 영성지도자가 하는 일은 사람들을 불편하게 만든다. 사람들은 이에 저항하면서도 함께 신비 속으로 들어가든지, 사적인 고통이나 기쁨을 다루며 각 사람들의 여정 속으로 들어간다. 주로 일대일로 침묵 가운데 행하지만, 때론 사랑하는 이들과 함께 하기도 한다.

물론 정신과 의사들도 이런 일을 한다. 그러나 말로 하는 치료법은 약물과 의학치료에 밀려 더 이상 정신과 의사들의 관심을 끌지 못하고 있다. 더구나 그들 중 대다수는 영성에 대해 회의적이다. 내가 몇몇 사람들에게 영성지도에 관해 설명했을 때 그들은 마치 손금 읽기나 관상을 보는 것으로 받아들였다.[3] 이런 여러 이유로 호칭에 대해 나는 고심했으며, 결국은 그 날 몰타에서 그랬던 것처럼 훨씬 더 많은 경우에는 차라리 나를 소개하지 않는 쪽을 택했다.

고대 경청의 공간에 서있던 그 의사와 나 사이에 침묵이 흘렀다. 우리는 돌들을 유심히 지켜 보았다. 아마도 우리는 오천 년 전 이곳에서 만났던 여사제들과 사람들 사이의 관계에 우리 각자가 영성지도자로써 경험했던 경청들을 투사하고 있었을지도 모르겠다.

은사, 기술, 훈련 그리고 전문직

다른 사람들에게 귀 기울이며 경청할 수 있다는 것은 특권이다. 자신을 드러내면서 상처받기 쉬운 환경에 노출되어 있는 사람들과 함께 일하는 사람들은 어떤 상황에서든지 상당한 신뢰감을 보여 주어야만 한다. 경청하면서 사람들의 경험의 폭이 매우 큼을 인식하고, 그들이 불러일으키는 경이로움에 대해 반응할 때에도 규정들과 경계선들을 인식하며 생각과 감정을 제어할 수 있어야 한다. 몰타의 경청자들에게는 다른 사람들과 눈을 마주치지 못하도록 하기 위해 자신 들을 숨길 수 있었던 돌로 지은 칸막이 방이 있었다. 나는 종종 다른 사람들과 친밀한 대화를 통해 만나면서 그들 영혼의 경이로움을 느끼곤 한다. 그리고 그들이 자신들의 연약함을 드러낼 때 나는 나를 신뢰하는 사람들이 열어 놓은 부드러운 심령의 한 가운데로 가까이 들어가면서 나 자신의 모든 서투름이 드러남을 깨닫게 된다.

영성지도의 기술은 하나님의 은혜로 실제 훈련들을 통해 개발된다. 영적 경청이라는 선물 혹은 은사는 지속적 전문 사역인 영적 우정의 형태를 취할 수도 있다. 또한 이것은 예술(기술), 훈련, 선물, 전문 직업과 같은 여러 용어로 말할 수도 있을 것이다. 이것들 모두는 영성지도의 단면들을 말해 주고 있다.

예술(기술)이라는 용어는 연마되면서 틀을 잡아가는 기술적 측면에 기초한다. 그리고 정교함이 요구되는 탁월성에 대한 이해와 평가가 있어야 한다는 면에서도 그렇다. 데이빗 베일즈 David Bayles 와 테드 올랜드 Ted Orland 는 예술가들에게 이렇게 조언한다. "예술을 하는 사람들로써 당신들은 자기 자신보다 더 큰 문제들을 다뤄야 하는 사람들입니다."[4] 영성지도라는 예술 안에도 도덕적, 심리적 문제들과 더불어 신학적 문제라는 더 큰 것들이 포함되어 있다.

오늘날 경청의 기술에 일반적으로 함께 쓰이는 용어는 "훈련"이다. 이것은 직업적인 형태와 실제적인 기술의 연마 모두를 포함한다. 심리치료사들이 임상 훈련을 통해 심리치료를 실습하는 것처럼, 요즈음은 영성지도의 영역에서도 같은 일들이 행해지고 있다. 그리고 이 일은 중요한 훈련의 영역이기도 하다. 훈련은 우리를 빚어간다. 사람들은 자신의 삶 가운데 유익한 변화를 희망하며 전문가의 도움을 구한다. 그리고 영성지도자 자신들도 임상을 통해 실습하며 훈련되어 간다. 예를 들어 교사는 학생들을 가르치며 더 잘 가르치게 된다. 가르치면서 그들은 자신들과 사람들, 그리고 삶에서 의미 있는 것들과 관계들을 배워간다. 교사가 되어 가면서 우리는 무엇이 좋은 방법인지 이해하고 그 가르치는 기술의 전통을 지닌 해 묵은 공동체들 속으로 들어간다. 이것들은 우리가 현재 속해 있는 특정한 학교들이나 배움의 공동체들을 초월하고 또 강화시키면서 우리를 소크라테스, 노자, 예수, 마이모이데스 그리고 그 외 다른 사람들과 우리를 연계시킨다.

영성지도는 가르치는 일과 마찬가지로 지금 이 시대의 정황 속에 적용된 고대의 기술이고 훈련이라고 할 수 있다. 교육처럼 영성 지도는 전문적으로 훈련된 사람에 의해 이루어지고, 마치 도제 수업처럼 직접 행하고 지켜보며 배운 사람들에 의해 이루어진다. "기능은 예술(기술)의 보여지는 일면이다." 그리고 어떤 교사나 영성지도자들은 자격증이나 학위를 주는 정규 훈련프로그램을 통해 기능을 배우기도 한다.[5] 이 시대의 영성지도는 전문 직업이거나 공익을 위한 소명이기도 하지만 면허 없이 베풀어진다. 전문적 사회 구조 안에서 영성 지도자들은 그들이 연마한 기술들과 전문성을 가지고 다른 사람들의 복합적 필요를 대면하게 된다.[6] 그리고 많은 영성지도자들은 그들의 기술을 피어그룹 슈퍼비전이나 연구를 위한 네트워크를 통해 연마하고 유지해 나간다. 이것은 비전문적 사역들 가운데 하나로 행해질 수도 있다.[7] 또한 어떤 영성지도자들은 유료로 지도할 수도 있고, 어떤 사람들은 기관에서 급여를 받을 수도 있으며, 어떤 사람들은 은사로 여겨 다른 사람들에게 무료로 베풀기도 한다.

오늘날 영성지도의 전문화는 논란의 대상이 된다. 이 전문화의 장점은 폭넓은 선택의 가능성과 전문성과 도덕적 책임을 기대할 수 있다는 것이다. 그러나 단점으로는 상업화와 테크닉에 치우침에 대한 우려일 수 있다. 그러나 무엇보다 가장 큰 문제는 하나님의 주도권과 은혜에 우선적으로 주목하지 못한다는 것이다.

기술적인 것과 더불어 영성지도의 훈련을 받는 사람들이 배워야만 하는 가치관들은 지도자들의 공동체 참여로 갖추어져 간다. 그리고 실제적 지혜는 직접 경험하면서 갖추어지고 전문가로서뿐 아니라 영성지도자로 만들어져 간다.[8]

전통과 현대적 표현

지혜는 전통에 의해 전수된다. 그리고 영성지도는 다양한 종교 안에서 행해지고 그것들의 전통 안에서 일어난다.[9] 기독교 영성지도의 전통은 성경의 예와 가르침에 기반을 둔다. 바울은 로마의 기독교인들에게 훈계와 권면을 통해 서로 세워 가라고 권하고, 또 그들이 선한 지식으로 충만하기 때문에 그렇게 할 수 있다고 확인시킨다.[10] 구약에서는 영성지도의 한 예를 엘리를 통해 볼 수 있다. 그 자신은 약하고 잘 볼 수도 없었지만, 그는 하나님께서 어린 사무엘에게 말씀하고 계셨음을 알았다. 엘리는 사무엘에게 하나님께서 다시 말씀하실 때를 기다려 귀기울여 듣고 대답하라고 조언한다.[11] 성경은 영성지도에 대해 많은 것을 말하고 있다. 그리고 역사적으로 여러 지역에서 성도의 교제들이 있어 왔고, 이를 통해 영성지도가 이어져 왔음을 알려준다.

영성지도는 교회의 전통에 기반하고 있다. 틸든 에드워드 Tilden Edwards가 말한 것처럼 형식을 갖추고 영성지도라는 이름으로 행해진 경우는 '20세기 이전에는 수도원 안에서 사제들 사이로" 국한되었던 것이 대부분이었지만, 비정규적이고 명목화되지 않은 영성지도는 평신도들 사이에서 수세기에 걸쳐 번성해왔다.12 존 멕니일 John T McNeill 의 교과서와도 같은 책인 "영혼 치유의 역사 A History of the Cure of Souls"에서 그는 이렇게 말한다. 일반적으로 영혼의 치유를 담당했던 사람들은 목회자들이 아닌, 교회들뿐 아니라 범종교적 영역에 속한 "영적 엘리트"였다.13 몰타의 여사제들을 포함해 전세계에 퍼져있는 이들 영혼의 치유자들은 "교부"라는 말로 설명할 수 있는 것보다 훨씬 폭넓은 의미로 받아들여진다. 내 관점으로는, 엘리트라는 용어의 어휘적 의미만 취해서 사용한다면, 오늘날의 영성지도자는 영적 엘리트로써 이 일을 위해 선택되고 부름받은 사람들이라는 소명을 본인 스스로, 혹은 지도 받기 원하는 사람들이 계속 인식할 수만 있다면 영성 지도자의 역할을 계속하게 된다.

오늘날의 영성지도자들은 오래 되고도 폭넓은 전통에 속해 있다. 사제들, 목사들 그리고 평신도들은 가톨릭, 정교회 그리고 개신교 안에서 기독교 역사와 더불어 영혼의 친구로, 영성지도자로 존재해 왔다. 300년전 영국 청교도 안에서 목사는 "상담을 해주는 사람으로, 슬픔과 눈물을 나누는 자로... 비밀을 지켜주는 좋은 경청자로 그리고 양심에 꺼려지는 일이 있을 때도 트집잡지 않을 수 있는 사람"14 이어야 했다. 이러한 기준은 목사나 훈련된 지도자들에 의해 공식적으로 행해지든 혹은 평신도와 영적 친구에 의해 비공식적으로 이루어지든 오늘날의 영성지도 상황에도 남아있다. 영성지도 관계는 위계적인 것이 아니다. 우리는 그리스도 안에서 형제요 자매이다. 그리고 엘리처럼 다른 사람들이 하나님께 주목하도록 돕지만, 피지도자는 직접적이고 생생한 영적 경험을 가지고 있지 않을 수도 있다. 영성지도는 공감하고(긍휼히 여기고), 주목하며 속내를 드러낼 수 있는 친밀한 관계이다. 그것은 다른 사람들로 하여금 그리스도를 향한 믿음의 빛 안에서 자신을 살피도록 돕는 안전하고 포용적인 환대의 장소다.

영성지도자들은 전통 안에서 만들어지고, 성경적, 역사적 훈련의 요소들인 헌신과 깨달음을 나눈다. 우리들 역시 묵상적 일들을 함께하면서 서로 섬기는 사람들에 의해 온전하게 빚어져간다. 기독교 영성에 대해 명쾌한 정의를 내린 학자인 샌드라 슈나이더 Sandra Schneider 는 영성학이 "자기를 내포하는" 학문이라고 말한다. 영성을 연구하는 사람은 다루는 주제에 영향을 준다. 그리고 다시 그 영향을 받는다.[15] 이 관찰자 효과는 현대의 모든 학문에서도 나타난다. 심지어 물리학 역시 개인적 지식과 과학자의 평가에 의해 갖추어지고 진리에 대한 헌신, 책임감, 실습과 공동체들에 의해 보호된다.[16] 이것은 영성을 공부하는 일이나 영적 돌봄 사역을 하는 우리 같은 사람들에게도 마찬가지로 적용된다.

아마도 관찰자 효과는 믿음의 경험에 주목하는 분야에서는 더 특별한 무게를 지닌다. 샌프란시스코 신학대학원의 영성지도 학위과정에서 함께 가르치고 있는 엘리자베스 리버트 Elizabeth Liebert 는 다음과 같이 설명한다. "삶에서의 영적 경험이 교실에서 드러날 때 기독교 영성에 대한 연구는 더 직접적이고 변화를 불러일으키는 것이 되며, 힘있게 밀어부치고 자기를 내포하며 삶을 변화시키는 것이 된다."[17] 그녀는 교실에서 일어나는 일에 대해 이야기 했지만 영성지도를 위해 만나는 어떤 곳에서도 이 일은 동일하게 일어난다. 우리 자신의 지식은 만남으로 빚어지고, 그러한 개인적 지식은 다시 전통과 공동체를 변화시키는 교정적 긴장 속에 존재한다.

이런 교정적 긴장들 중 하나는 우리가 개인적 만남의 시간들을 글로 옮기면서, 그 결과 기독교 영성과 영성지도에 대한 일반적 지식과 구체적 지식이 상호 작용을 하게 될 때이다. 임상 축어록을 작성하는 일은 전문 심리상담 분야에서는 관행화 된 일이다. 그리고 그것은 둘만이 폐쇄된 곳에서 신뢰하며 나누는 대화를 공적으로 드러내는 "공개방송 public airing"이라고 불린다.[18] 영성지도에서 우리는 진정한 지도자인 그분 앞에서 교제한다. 지도가 이루어지는 것을 보기 위해서는 그것이 두 사람 모두의 삶 가운데서 이루어지는가를 볼 수 있어야 한다. 최근에 한 지도자가 내게 이렇게 말한 적이 있다. "나는 한 피지도자를 만났는데 나 역시도 그에게 지도 받고 있음을 느꼈습니다. 아마 제가 더 많이 지도 받고 있는지도 모르겠어요!" 나도 이와 동일한 경험을 종종 하고 있다.

요즈음은 많은 사람들이 자신의 영성 개발에 열심을 내고 있다. 물질적으로 또 이성적으로 잠식되어 있던 우리들의 생활 문화는 심리적 감정과는 무관한 것이 되어갔고 그 결과 제대로 배양되지 못했다. 우리는 어렴풋한 거룩함을 추구하려고 하며 인간의 능력과 심오함을 간파하기 원한다. 그리고 이 일을 이미 성취한 사람들과 함께 하길 원하는 사람들도 많다. 사회학자로써 나는 현재 미국 에서 시민 생활이 현저히 위축되는 것은 (일례로 지역의 볼링 리그와 같은 모임들이 줄어들고 있음을 볼 수 있다.) 공동체에 대한 갈망을 오히려 증폭시키는 원인이 되었음을 분명히 말할 수 있다.[19] 우리는 삶을 대부분 직장에서, 텔레비전 앞에서 보내면서 서로를 알고 알리는 경험으로부터는 멀어졌다.

다른 사람들에게 자신을 알리면서 스스로를 알게되는 사회적 활동이 퇴보하면서 심리치료는 성행하게 되었다. 그리고 1980 년대까지는 적대적이진 않았지만 서로 거리를 두고 있었던 심리학과 종교적 영혼의 돌봄 사역은 이제 점점 더 많이 교류하며 손을 잡게 되었다. 심리치료가 제공하는 전문적 도움을 인정하면서도, 오늘날 많은 기독교인들은 교회가 영혼 돌봄의 사역을 위해 대부분은 신학적 훈련이 결여된 심리치료에 과도하게 의존하고 있다고 우려한다. 이러한 정황 가운데 현대 영성지도는 사제들의 고해 성사나 수도 공동체를 넘어서 기독교 문화 속으로 확대되어 가고 있는 것이다.[20]

치료적 관계 그 자체를 개인의 성장을 위한 비옥한 토양으로 여기는 심리치료와는 매우 다르게, 영성지도의 관계는 하나님의 은혜로운 임재라는 더 큰 틀 안에 위치한다. 수 천년전 몰타의 경청자가 그랬던 것처럼 영성 지도자는 거룩한 분을 만나는 장소인 "성전"에 들어설 준비를 하는 사람들과 함께 한다. 성전은 언제나 기도를 위한 피난처가 되어왔다. 아마도 다가올 세상에서는 성전들이 필요없을 것이다. 그러나 이 소란스럽고 선택해야 할 수 많은 길이 놓여있는 이 세상에서 우리는 초점을 맞추고 단련할 기도의 장소를 필요로 한다. 지도자가 피지도자를 만나게 될 때 두 사람은 하나님의 이름 안에서 함께 모이는 것이고 그곳은 기도가 일어나는 성전이다.[21]

성전은 내부를 보는 것이 마땅하다. 하나님께서는 우리 안에 거하시기 때문이다. 그리고 또한 외부로 경험되어야 한다. 정원, 성소, 예배 공동체 혹은 거룩하신 분의 임재를 느낄 수 있는 곳이라면 어떤 곳이든 그곳은 우리가 들어서면서 경험하는 외부의 장소이기도 하다. 영성지도자는 묵상하면서 하나님과의 만남을 기대하고 그분께로 마음을 향하는 그리고 그들의 삶 가운데 함께 하셨던 하나님을 기억하는 사람들과 동행한다. 성찰 가운데 그들은 하나님께로 마음을 고정시키지 못했음도 기억한다. 지도자는 함께 하면서 침묵 가운데 그들이 경험하는 것을 말할 수 있도록 돕는 사람이다. 한 피지도자가 내게 이런 확신을 심어준 적이 있다. "영성지도를 하며 당신에게 나의 경험을 말할 때 그것의 무게와 현실감이 더해집니다."

영성지도는 나를 새롭게하고 가르침을 주며 나의 인간성의 깊이와 높이를 더해주고 이해의 범위를 넓혀준다. 그리고 영성지도에서의 경청이 다른 임상적 경청과 구분되는 것은 하나님을 명백하게 인정한다는 사실이다. 내가 부주의나 무심함으로 놓친 것들을 나와 함께 하는 이들이 하나님의 은혜로 말미암아 주목하게 된다. 영성 지도자는 "진정한 지도자가 하나님이심"을 선포한다. 그러므로 우리는 다른 사람들을 위해 하나님께 주목하면서 그들을 돕는 하나님의 종들이다. 지도자와 피지도자는 "너희가 내게 부르짖으며 내게 와서 기도하면 내가 너희들의 기도를 들을 것이요"라고 약속하신 그 분께 함께 귀 기울인다.[22]

영성지도의 관망

비록 몰타의 경청자가 어떤 믿음을 가지고 어떻게 행했는지 내가 아는 것은 하나도 없지만, 그녀가 견고한 바위 뒤, 위엄 있고 구별된 거룩한 경청의 장소에 앉아 있었던 것은 알 수 있다. 나는 영성지도말고도 다른 여러 가지 일을 하는 책이 가지런히 꽂힌 손 때 묻은 사무실을 가지고 있다. 매주 몇 시간 동안 그곳에서 나는 피지도자들을 만난다. 그 때 나는 촛불을 켠다. 그리고 어떤 피지도자들은 그곳에 놓여있는 제 3 의 의자를 "하나님의 의자"라고 부른다. 그 의자는 마치 나와 피지도자 사이의 대화 가운데 다른 분께서 실제로 계심을 알리는 것처럼 우리들 사이에 놓여있다. 초는 그 의자에 놓인 성경책 위에 올려져 있다. 나는 지도가 시작될 때 초를 켜고 끝날 때면 다시 끈다. 깜빡이는 촛불은 내게 힘을 준다. 확신이 줄어들 때도 촛불은 타오른다. 그것은 우리와 교통하며 우리가 신뢰하기 원하시는 하나님을 증거하며, 우리를 알고 또 자신을 알려주시는 분이 언제까지나 우리와 함께 하시며 교통하기 원하심을 또한 증거한다. 촛불은 마음의 옷을 벗고 가까이 나아가기 원하는 사람에게는 하나님을 상징하는 것이다. 빛과 온기, 투명함과 신비스러움이 일렁이는 불꽃과 그림자 가운데 존재한다. 성경책 위에 얹어 놓은 촛불은 "내 발의 등"[23]인 것이다. 그것은 내가 발을 딛고 있는 그리고 의지하는 믿음의 전통을 나타낸다.

촛불와 성경은 모두 우리를 지도하시는 그분을 가리키는 방향 지시적 특성을 가지고 있다. 마치 영성지도자의 지도와 같은 성격이라고 말할 수 있다. 그 방향의 초점은 우리의 하나님 경험으로 모아진다. 영성지도는 촛불과 마찬가지로 희미한 듯 하지만 꾸준하고 진실되게 행해진다. 앞으로 읽게 될 이야기들은 이러한 영성지도의 기술을 조명해 줄 것이다. 이 책은 내가 다른 사람들을 환대하고 거룩한 경청이 일어나도록 돕기 위해 켜는 촛불의 은은한 불빛 속으로 초대하기 위한 것이다. 영성지도라는 말에 미간을 찌푸리거나 웃어 넘기거나 혹은 거부해 버리는 사람들도 있다. 그들에게 대응하는 가장 좋은 방법은 실제 영성지도가 어떻게 일어나는지를 보여주는 것이 아닐까 생각한다. 영성지도의 이론과 실제를 설명하는 탁월한 책들은 많이 있지만 실제로 어떻게 행해지는지를 이야기로 직접 보여주는 책은 거의 없다. 나는 이 책을 통해 많은 사람들이 이 이야기들을 새겨 읽으며 그 속에 담긴 은혜가 은은한 불빛으로 드러날 때 그들의 생각이 새롭게 되기를 원한다.

나 스스로도 다른 전문 분야의 글들을 읽고 도움을 얻는 일을 즐겨하는 것처럼 영성지도자나 피지도자가 아닌 사람들도 책을 읽고 내 영성지도의 경험을 함께 나누며 기쁨을 함께 할 수 있지 않을까 상상해 본다. 여기에서 소개되는 것들은 이상적인 영성 지도의 모범 사례가 아니라 내가 하는 영성지도의 예들일뿐이다. 대화의 내용들도 다른 지도자들 역시 반드시 그렇게 하길 바라거나 최선의 것이라고 생각해서 소개하려는 것이 아니다. 단지 유용한 자료로 여겨지고 하나님께 더 잘 향할 수 있도록 도울 수는 있을 것이란 기대를 갖고 소개한다. 모든 사례들은 내 기억 속에 각인된 것들이거나, 성령님과 인간의 영혼을 이해하도록 도왔던 것들을 선택했다.

비록 십년 이상 영성지도를 받아 왔고 임상지도도 받고 있지만, 나는 내 자신의 영성지도자 말고는 다른 지도자들이 어떻게 영성지도를 하는지 본 적이 없다. 교육이나 심리치료처럼 영성지도는 돌봄 사역의 하나로 관찰과 동료들의 모범적 사례들을 통해 지속적으로 배움을 얻게 된다.[24] 이 책에서 나는 영성지도자들과 이 사역에 관심이 있는 사람들에게 그 실제를 고찰해 보고 도움을 얻을 수 있도록 내 지도 사례를 서술했다.

물론 영적 대화를 말 그대로 옮겨 놓지는 않았다. 수 년동안 만나 온 사람들의 사생활을 보호하면서 동시에 그들과 함께 하는 시간들을 기억하고 그들을 점점 더 알아갈수록 내 자신의 삶과 생각들이 어떻게 변화되었는지도 성찰하길 원했다. 비록 비밀 보장을 위해 피지도자의 이름을 바꾸고 은폐하는 일들과 더불어 자세한 기록을 피함으로써 실제의 정확성은 사라졌지만 이 책에서 소개되는 사람들의 동의를 얻어 개인적이고 진실된 이야기들을 보존할 수 있었다.

우리는 이야기를 통해 형성되고 또 지지 받는다. 우리는 다른 사람들의 삶의 이야기를 들음으로써 어떻게 살아야 하는지를 배운다. 이야기 들은 의미와 훈계, 마음에 새겨진 기억들을 담고 있으며, 때론 우리의 감정에 그것이 개입될 때 치유도 일어난다. "이야기"라는 단어는 언어학적으로는 "지식"이라는 말과 관련있다. 이야기들은 인간 이해를 위한 원천이 된다. 그것들은 잘 구성된 것들도, 영적인 기준이나 발달이론에 억지로 맞추려는 것도 아니다. 그러나 이야기는 그 자체로 풍성한 것을 우리에게 제공한다.

이곳에서 만나는 사람들은 하나님을 구하고 알아가는 자신들만의 이야기를 내게 맡기는 신뢰를 보여주었다. 이제 그들은 그것을 나와 함께 나누고 있다. 비록 이 사람들은 위장된 채로 소개되곤 있지만 이 책이 세상에 드러나는 것을 동의한 것은 자신들의 하나님 경험과 믿음의 여정이 다른 사람들에게 축복이 될 수 있을 것이라는 소망에 근거한 용기있는 행동이었다. 이 책은 그들의 관대함으로 이루어진 것이다. 또한 그들과 내게 영성지도가 무엇이고 어떻게 실제로 이루어지고 었으며 생각과 삶을 어떻게 변화시키는지 펼쳐 보인다.

우리는 다른 사람들의 이야기로 형성되기도 하지만 우리 자신의 이야기로도 형성된다. 그리고 우리가 행하는 것이 우리를 빚어 가지만, 행함 속에서 그 의미를 발견하는 것 또한 우리를 만들어 간다. 영성지도를 찾는 사람들은 영성지도가 그들을 변화시키고 그들의 이야기하는 방식을 변화시키는 훈련의 한 방법이 될 것을 기대하며 그것을 선택한 것이다. 그들은 한 편으로는 그들만의 독특한 방법으로 또 한편으론 많은 믿음의 사람들에게 익숙한 방법으로 하나님을 알아간다. 그리고 영성지도자들은 기술적으로 혹은 소명을 따라 은사를 사용해 피지도자들이 하나님을 알고 또 그분께 자신을 알려 드리는 방법을 주목하고 점차 개발하도록 돕는다.

내가 만났던 모든 피지도자들은 나에게 하나님과 제자도에 대해 가르쳤다. 촛불 아래에서 서로를 마주하며 우리는 함께 하나님과 서로를 묶는 '삼겹줄'을 만들어 간다.[25] 이 연합은 힘과 온기와 소망을 불러 일으킨다. 사람들이 기도하며 서로를 향하는 것을 보면서 나는 내 스스로 기도하며 하나님을 구하는 것처럼 힘을 얻는다. 내 소망이 힘을 잃어갈 때 나는 다른 사람들이 증거하는 소망으로 인해 격려를 받는다.

책의 구성   이 책은 영성지도 관계의 외관을 이루는 세 부분, 즉 시작, 계속되는 여정 그리고 결실로 나누어 나와 함께 했던 아홉명의 이야기를 다루면서 영성지도 과정을 설명한다. 나는 이 아홉명 모두를 영적인 성장을 소망하며 각기 다른 인생 여정을 걷는 가운데 영성지도로 만나게 되었다. 이제 그들 중 대부분은 지리적으로 멀리 떨어져 살고 지도 관계도 끝났지만, 그들은 내게 멀리 바라보며 그 의미를 찾아 가도록 긴 시간을 내주었다.

영성지도의 구체적 담화를 보여 주는 장들의 앞 부분에는 해당 시기에 대한 실제적 설명을 해 두었다. 어떤 독자들은 영성지도의 담화에만 집중하기 원해서 영성지도의 사례들만 골라서 연달아 읽을 수도 있을 것이다. 그리고 이론적인 내용에 관심이 있는 사람들이라면 영성지도에서 어떤 일들이 일어나는지를 다루는 설명 부분에 관심을 가질 수도 있을 것이다.

그러나 이 책의 핵심은 "제 1 부 시작"에서부터 소개되는 아홉명의 피지도자들의 이야기 가운데 있다. 이들 아홉명과의 관계는 다양한 시기에 다양한 목적을 가지고 시작되었다. 어떤 피지도자들은 종교적 활동을 열심히 하면서 영성의 성장과 하나님을 더 많이 알기 원하여 나를 찾아 왔다. 그들은 영성지도가 자신들의 열정을 발산할 수 있는 물꼬를 터주기 원한다. 어떤 피지도자들은 믿음을 막 받아 들이면서 혹은 믿음을 포기하려는 시점에 영성지도를 찾기도 한다.

또한 어떤 사람들은 외적인 종교적 열심이나 믿음 공동체와의 접촉을 방해하는 뚫고 나갈 수 없는 내면의 벽에 부딪히면서 전심으로 하나님을 갈망하는 마음을 가지고 찾아온다. 이들 중에는 전문 종교인들이나 신학교 학생들이 많은데, 이들은 공식적인 종교인 으로서의 역할을 떠나서 자신들의 믿음에 대해 솔직해져야 할 필요가 있다. 어떤 이들은 매우 종교적인 사회에 속해 있으면서 자신들의 개인적 경험들이나 확신이 그 사회의 것들과 점점 더 큰 부조화를 이루게 되면서 영성지도를 찾게 된다. 이들 모두는 영성지도에서 그들의 삶을 온전히 바라보는 영성지도자를 통해 도움을 얻을 수 있었다. 공식적인 종교적 삶과 개인의 경험은 개별적으로 혹은 연관성을 가지고 양쪽 모두 개발될 수 있었다.

이들 개인들은 영성지도를 찾아올 때 다양한 소망과 두려움을 가지고 온다. 그러나 이들은 모두 이 훈련에 기꺼이 헌신하려는 태도 또한 가지고 온다. 영적인 메아리가 우리를 감싸고 흐를 때 그들은 춤을 추기 위해 무대로 들어선다. 관계가 형성되면서 영성지도 그 자체는 개인의 영적 여정에 있어 중요한 요소가 된다.

영성지도에서 자주 경험하는 일은 자신의 마음과 삶 속에서, 그리고 이전에는 하나님의 통치와 무관하다고 여겨졌던 곳에서 하나님의 음성을 경청하게 되는 것이다. 우리는 만약에 우리가 문을 열어 드리지 않으면 하나님께서 문지방을 넘어 오시지 못하고 그분의 다스림도 잠시 멈춘다는 잘못된 인식에 빠지기 쉽다. 그리고 우리의 영적 경험을 주일 예배로 한정시키기도 한다. 우리가 하나님을 등지고 돌아설 수 있는 것은 사실이다. 그러나 하나님께서는 무소부재하시고 내재하시며 초월적인 분이시다. 이런 하나님을 믿는다고 하면서 생각으로는 하나님의 지식과 권능을 우리의 자치적 영역 밖으로 제한하는 것은 어리석은 짓이다. 그것은 마치 수영장의 어느 한 쪽 구석은 염소 소독약이 살포되지 않았다고 믿는 것과 마찬가지이다. 우리 삶에서 하나님의 통치와 관계없는 영역이 있다고 믿는 것은 이와 동일한 오류다. 그럴 수 없다. 하나님의 임재는 모든 곳에 영원히 거하신다.

하나님께서는 또한 관계 가운데 마음을 열도록 우리를 초대하신다. 물론 하나님의 은혜 가운데 있는 우리는 그분께로 마음을 향하기로 결정할 수도 있고, 심령 깊은 곳을 비추는 하나님의 조명을 소멸시킬 수도 있다. 은혜로 말미암는 성화는 자기를 제거해 버리는 것이 아니다. 오히려 계속되는 변화의 실현인 것이다. 우리는 하나님께로 거듭 돌아서는 과정 속에 그리고 마음과 생각을 거듭 열어 드리는 과정 가운데 있다. 비록 모든 돌아섬의 시작은 하나님께로부터 시작되기 때문에 그분이 가장 중요한 역할을 하고 계심을 신학적으로 확신하지만, 우리 자신의 돌아서고자 하는 의도 또한 중요한 것임을 알고 있다. 우리는 자신의 마음에 귀 기울이고, 두드리고, 열어 드리도록 초대 받는다. 그리고 우리의 열망을 신뢰하며 따라 보는 것도 가치 있는 일이다.

영성지도는 은혜가 조명하는 것을 진솔하게 바라보도록 격려한다. 그리고 하나님께서 우리의 삶과 마음 속에 거하시며 만나 주시는 분임을 확인한다. 잘 알려진 '자기를 아는 것 Self-Knowledge'이라는 시의 마지막 구절에서 잘 표현되어 있는 것처럼, 영성 형성에 대한 낭만적이거나 금욕적인 생각들과는 반대로, 오늘날의 영성지도자들은 하나님을 알기 위해 "자기를 무시할" 필요가 있다고 믿지는 않는다.[26] 나 역시도 그렇지만, 많은 지도자들은 오히려 종교 개혁가인 존 캘빈의 주장처럼 "진실되고 근본적인 지혜는 근본적으로 하나님에 대한 지식과 우리 자신들에 대한 지식 두 부분으로 이루어진다... 그러므로 우리 자신을 아는 것은 하나님의 추구하도록 할 뿐 아니라 그분을 발견하는데 매우 유용하다."[27] 현대에 들어서며 이와 같은 견해는 가톨릭의 트라피스트 수도사며 영성지도자 그리고 작가인 토마스 머튼 Thomas Merton 에 의해 잘 설명되고 있다. "나의 모든 존재, 나의 평강 그리고 나의 행복이 걸려있는 오직 하나의 문제는 하나님을 발견하면서 나 자신을 발견하는 것이다."[28] 하나님의 은혜로 우리는 점차 참자기를 희미하게 만드는 환상 그 너머를 볼 수 있게 된다.

자기와 하나님에 대한 이해는 시간이 지나면서 그리고 기도를 통해서 변화가 일어난다. "제 2 부 계속되는 여정 Journeying"에서 나는 영성지도에 참여한 개개인들이 직접 경험하는 변화를 증거 하려고 한다. 짧은 영성지도 기간 동안도 많은 선한 일을 경험하는 일은 가능하다. 그리고 단기 지도를 반대할 이론적 근거 또한 없다. 나는 많은 사람들이 인생의 한 고비를 넘기고 다음 단계로 들어 서면서 어떻게 해야 할지 몰라 영성지도를 찾는 것을 본다. 나는 대학촌인 버클리에서 일한다. 그래선지 학기 중인 신학생들이나 논문 과정을 지내며 호된 시련 가운데 있는 이들을 만나는 경우가 종종 있다. 그들은 3, 4 개월 정도의 만남 후에 다른 삶의 터전을 찾아 떠나곤 한다. 이 때의 영성지도는 그들이 변환의 시기에 중요한 결정을 하면서 기도를 그 중심에 놓을 수 있도록 돕는 것이다.

단기 영성지도가 유용한 것일 수 있지만, 내게 가장 익숙한 것은 지속적으로 일정을 따라 규칙적으로 만나는 장기 영성지도이다. 이것은 하나님의 은혜 가운데 갈망과 두려움, 빛과 그림자, 고통과 치유하시는 사랑 모두를 통해 깊은 만남을 가능하게 만들고 친밀한 기도와 대화를 할 수 있도록 한다.

기도는 기꺼이 있는 그대로의 우리가 되려는 태도를 요구한다. 우리와 함께 하시는 하나님께 자리를 내어드리기 위해서는 거짓과 속임수 없이 우리 자신을 아는 것이 중요하다. 사람들이 영성 지도의 자리에 오는 것은 알고 알리고자 하는 열망이 그것에 대한 두려움 보다 크기 때문이다. 그러나 '벌거벗은' 상태로 만나기 위해서는 시간이 필요하다. 우리가 방어를 내려놓을 때, 우리는 자신을 보고 만질 수 있다. 우리는 상처 받을 준비가 되어 있고 놀랍게도 무장해제 된 것이다. 많은 사람들이 방어기제로 무장하지 않을 때 얼마나 자유롭게 될 수 있는지 깨닫고는 크게 놀라곤 한다. 우리가 더 이상 투사나 방어에 묶여있지 않게 될 때,

우리 안에서 생명의 물결이 일어나며 움직이는 것을 볼 수 있다. 우리가 마음을 열고 경청할 때 우리는 하나님의 고요한 임재와 만난다. 그리고 그동안 믿음과 기도 생활이라고 여겼던 종교적 규례를 따르면서는 알 수도 없었던 일들에 대해 기꺼이 놀랄 준비가 갖춰진다.

지도들과 사본들, 종교적 역할과 이야기 속 인물들, 역사들 그리고 이정표들, 기독교 전통에서 기리는 하나님의 이미지와 이름들은 하나님을 알기 원하여 구하고 찾았던 것들로써 그것들로부터 우리도 배울 수 있다. 그리고 이것들은 영성지도에서도 중요하게 여겨진다. 그것들은 우리가 구하는 분에 대해 알려준다. 그것들은 관계에 대한 인류의 기록이다. 그러나 그분은 우리가 잡을 수도 또 그 이름을 부를 수도 없는 분이다. 그분은 또한 우리가 지은 건축물 안에 가둘 수도 없으며 우리의 학습된 말로 조종할 수도 없다. 하나님은 우리가 더듬어 감지해 갈 존재이시다. 바울과 구약의 시인들은 우리가 "그분 안에서 살고 움직이며 기동한다 (존재를 얻는다)"고 말했다.[29] 모든 것을 감싸고 계신 하나님께서는 우리의 마음에 거하길 원하시지, 우리의 옷을 빌려 입기 원하시지 않는다.[30] 하나님께서는 우리에게 "생명을 선택"[31] 하길 요구하시고 그래서 삶을 변화시키는 관계 가운데로 우리를 초대하신다. 예수님께서는 우리가 "생수"[32]를 마심으로써 세포 하나하나까지 변화될 수 있도록 우리 자신을 내려놓길 원하신다. 우리는 믿음 안에서 자신을 확장시키고, 발돋움하고 또 마음을 열어야만 한다. 믿음은 우리가 학습하며 습득하는 것이 아니다. 예기치 못할 '우연한 깨달음'을 얻기 위해서 매일 우리는 설명을 요구하는 신학적 지식 이라는 안전지대를 넘어서는 일을 해내야만 한다.[33]

하나님께서는 우리의 추구와 갈망을 간절히 원하신다. 모든 성경 말씀을 통해 지극히 거룩하신 분께서는 우리에게 "두려워 말라" "평안하라"

말씀하신다. 두려움의 반대말은 확실함이 아니라, 살아있는 관계이다. 그리고 생동감은 종종 고통을 통해 인식되기 때문에 고통과 그 의미를 아는 것은 주요한 물줄기가 된다. 영성지도의 중간 여정에서 우리는 생명을 선택하고 또 살아 있는 하나님과의 관계를 갈망하면서 펄떡이는 생기를 얻는다. 갈망, 선택 그리고 변화는 이 책의 내용을 통해서도 확인할 수 있는 것처럼 고통을 겪어내면서 끌어낼 수 있는 것들이다.

"제 3 부 결실"에서 나는 은혜의 하나님과 보다 더 성숙하고 깊은 관계를 갖게 될 때 영성지도의 관계는 어떠한지를 살펴 보았다. 이 시기에 대부분의 정례화 된 영성지도 관계는 종결 되지만 마음 속에서는 그 관계가 계속 이어진다. 비록 이 책에는 소수의 사례 들을 소개 하지만, 나는 실제로 만나는 많은 피지도자의 사례들을 통해 결실의 과정 동안 하나님의 사랑이 얼마나 경이롭고 다채로운지 확인할 수 있었다.

영성지도는 마치 정원을 가꾸는 것과 유사하다고 말할 수 있다. 해묵고 시들어 가는 것들은 새로운 성장을 위해 제거 되어야만 한다. 사막과 같은 혹은 길이 없다고 묘사할 수 밖에 없는 영혼의 메마름과 결실을 맺지 못하는 계절들이 있을 수 있다. 그런데 사막에서는 어떤 미미한 움직임이나, 색채 혹은 변화도 황량한 배경에 놓이기 때문에 선명하게 드러나는 특성이 있다. 미풍으로도 모래는 휘날리고, 꽃 한송이도 빛을 발하며 종달새 한 마리의 지저귐으로도 새 날이 열리는 곳이 사막이다. 드러나는 모든 것들은 분명하고도 실제적이다. 이 책의 마지막 부분에 포함된 담화는 나와 계속 영성지도의 관계를 이어가며 중요한 영적 성숙의 과정을 지내온 사람들의 이야기들이다. 그들은 하나님의 은혜로 물가에 옮겨 심은 나무들과도 같다. 심지어 그들은 바른 길을 걸으면서도 그랬다. 이것은 시편 1 편과 그들의 실제적 삶 모두에서 볼 수 있는 역설이다.

여기에는 "결실"이라는 제목과는 어울리지 않을 수도 있는 죽음에 관한 이야기가 포함되어 있다. 이 피지도자는 내가 죽으면서 할 수 있는 것이 무엇인지를 생각하도록 했기 때문에 독자들 역시 그럴 수 있길 바라며 이곳에 포함 시켰다. 영성지도자의 자리에 있는 한 나는 사람들과 계속 그 일을 하게 된다. 그러나 대부분의 영성지도 관계는 끝나기 마련이다. 피지도자가 이사하면서 새로운 영성 지도자를 찾아야 하는 환경적인 이유 때문에 헤어지기도 하고, 심리 상담이나 목회 상담과 같은 다른 종류의 돌봄이 필요하다는 분별을 따라 잠시 종결되기도 한다. 그리고 건강, 재정 혹은 직장 문제가 원인이 될 수도 있다. 또 어떤 피지도자들은 다른 영성 훈련이 필요하다고 여겨져서 잠시 영성지도를 멈추기도 한다. 영성지도는 자연적으로 종결의 때라고 감지하여 끝맺는 경우가 흔치 않다. 영성지도의 필요성을 알려주는 환경이 흔치 않은 것처럼 종결의 때를 결정하는 것도 마찬가지이다. 우리가 하나님의 음성을 경청하고 기도하는 훈련을 하는 것처럼 영성지도도 평생 받으며 훈련되기 원하는 사람들이 많다.

비록 모든 종결이 결실을 맺는다고 말할 수는 없으나, 이 책에는 결실을 맺은 경우의 이야기를 실었다. 종결을 통해 우리는 포괄적인 성찰을 할 수 있다. 여정의 끝에서 뒤를 돌아볼 때 우리가 어떻게 돌아서 현재의 위치까지 올 수 있었나를 알게 된다. 영성지도 관계의 종결은 우리로 하여금 하나님께서 신실하고 기도어린 묵상적 경청의 전체 과정을 세심하게 이끌어 가셨음을 성찰할 수 있는 기회를 허락한다. 이 이야기들 중에는 성장의 여정은 계속되지만 종결의 때임을 느낄 수 있도록 하는 것들이 있다.

결실은 완료를 의미하지는 않는다. 오히려 아홉명의 사람들 모두의 삶에서 계속되는 영적인 성장과 부흥을 우리는 더 많이 보게 될 것이다.

나는 수년간 많은 사람들을 영성지도로 만나 왔다. 그리고 여기 소개된 사람들은 믿음의 성숙에 대해 나에게 가르침을 준 많은 사람들 중 일부이다. 굳이 이들을 선택한 이유는 내가 그들과 오랜 시간을 알고 지냈으며 그들의 이야기가 영성지도의 특성을 잘 조명해 주기 때문이다. 이 이야기의 주인공들은 젊은 사람들도 있긴 하지만 대부분 중년의 나이이다. 나이가 든다고 저절로 성숙하지는 않는다. 그리고 젊음이 성숙을 가로막는 것도 아니다. 역사학자 윌리엄 바우워즈마 William Bouwsma 가 기술했듯이 "기독교적 개념으로 볼 때 성인기에 반드시 있어야 하는 요소는... 생산성, 즉 성장을 위한 역량이다. 그리고 이것은 어떤 성장기에 속한 사람들에게라도 잠재력으로 여겨진다."[34] 영적인 결실들 사이에는 공통점들도 있지만, 나무가 다양한 열매를 맺는 것처럼 폭 넓은 다양성 또한 존재한다. 하나님과의 관계가 어떤 모습, 어떤 단계이든지 우리는 영성지도를 시작할 수 있다. 앞으로 이 책을 읽으면서 당신 역시 내가 촛불의 은은한 조명 아래 볼 수 있었던 생명을 보게 될 것이다.

노트

1. Herbert, "Prayer (1)," *The Temple. The Poetry of George Herbert*, ed. Henry L. Carrigan Jr. (Brewster, Mass: Paraclete, 2001), 45.
2. Perry LeFevere, *Understanding of Prayer* (Philadelphia: Westminster Press, 1981), 151
3. Samuel Coleridge [1830], *The Portable Coledridge*, ed I. A. Richards (London: Penguin, 1978), 390
4. Bayles and Orland, *Art and Fear: Observation on the Perils and Rewards of Artmaking* (Santa Barbara, Calif.: Capra Press, 1993), 108
5. 전개서, 99.
6. William M Sullivan, *Work and Integrity: The Crisis and Promise of Professionalism in America*, 2nd ed. (San Francisco: Jossey-Bass, 2005).
7. 영성지도의 수련감독에 대한 글을 소개한다. Maureen Conroy, *Looking Into the Well: Supervision of Spiritual Direction* (Chicago: Loyola Press, 1995); Mary Rose Rampus and Rebecca Bradburn Langer, eds., *Supervision of Spiritual Directors: Engaging the Holy Mystery* (Harrisburg, PA.: Morehouse, 2005).
8. Aristotle [350BCE], *Nicomachean Ethics, bk. 6, Introduction of Aristotle*, ed. Richard McKeon (Chicago: University of Chicago

Press, 1973); Alasdair McIntyre, *After Virtue: A Study in Moral Theory* (Notre Dame, Ind,: Notre Dame University Press, 1981).

9. 다른 믿음의 전통, 혹은 다른 기독교 전통 안에서 행해지는 영성지도를 다룬 책들을 소개한다. Gary W. Moon and David G Benner: *Spiritual Direction and the Care of Souls: A Guide to Christian Approaches and Practices* (Downer's Grove: Ill.: InterVarsity, 2004); Norvene West, *Tending the Holy: Spiritual Direction across Traditions* (Harrisburg, Pa.: Morehouse, 2003).
10. 로마서 15:14.
11. 사무엘상 3:1-10.
12. Edwards, *Spiritual Director, Spiritual Companion: Guide to Tending the Soul* (New York: Paulist Press, 2001), 13.
13. McNeill, *A History of the Cure of Souls* (New York: Harper and Row; 1951), 330.
14. Winthrop S. Hudson, "The Ministry in the Puritan Age," *The Ministry in Historical Perspectives,* ed. H. Richard Niebuhr and Daniel D. Williams (San Francisco; Harper and Row, 1983), 198.
15. Schneiders, "Spirituality in the Academy," *Theological Studies 50* (December, 1989): 677
16. Michael Polanyi, *Personal Knowledge: Towards a Post-Critical Philosophy* (Chicago; University of Chicago Press, 1962).
17. Liebert, "The Role of Practice in the Study of Christian Spirituality," *in Minding the Spirit; The Study of Christian Spirituality*, ed. Elizabeth A. Dreyer and Mark S. Burrows (Baltimore; Johns Hopkins University Press 2005), 95.

18. Arnold Goldberg, *The Prisonhouse of Psychoanalysis* (Hillsdale, N.J.: Analytic Press, 1990), 86.

19. Robert D. Putnam, Bowling Alone; *The Decline and Revival of American Community (New York: Simon and Schuster, 2000).*

20. 지난 수 십년 동안 심리치료사의 종교적 믿음을 심리치료에서 드러내는 것은 전문적으로 부적합한 것으로 받아들여져 왔다. 그러나 자신의 믿음을 숨기지 않고 전문 치료와 통합하는 심리치료사들도 있다. 오늘날에는 심리 치료의 영역에 영적 영역을 수용하는 움직임이 더 커져가고 있다. 이처럼 심리 치료가 영적인 것과 이루고 있듯이, 영성지도 역시 최근 십여년간 보다 전문적으로 구조화 되었다. 다양한 신앙을 가진 영성지도자들로 구성된 SDI(Spiritual Directors International) 는 30 년도 채 안된 초창기에는 회원 수가 수백명 정도였던 것에 비해 지금은 무려 그 수가 6000 명을 넘어섰다.

21. 마태복음 18:20.

22. 예레미야 29:12

23. 시편 119:105

24. 나는 다음의 글들을 통해 성찰의 훈련을 했다. Gilbert Bolton, Reflective Practice: Writing and Professional Development, 2nd ed. (London: Sage, 2005); Anna E. Richert, "The Corrosion of Care in the Context of School," The Crisis of Care; Affirming and the Restoring Caring Practice in the Helping Professions, ed. Susan S. Phillips and Patricia Benner (Washington DC: Georgetown University Press, 1994); and the Journal Reflective Practice: Formation and Supervision in Ministry.

25. 전도서 4:9-12

26. Coleridge, The Portable Coleridge, 216.
27. John Calvin [1536], On the Christian Faith: Selections from the Institutes, Commentaries and Tracts: Knowledge of God and Ourselves Inseperable, ed. John T. McNeill (New York: Bobbs-Merrill, 1957), 3-4.
28. Thomas Merton, New Seeds of Contemplation (New York: New Directions Books, 1961), 36.
29. 사도행전 17:28.
30. 요엘 2:13.
31. 신명기 30:19.
32. 요한복음 4:10.
33. Russel [1910], "Knowledge by Acquaintance and Knowledge by Description," Mysticism and Logic (London: Allen an Unwin, 1963), 152-57. 러셀의 철학적 영역의 글들은 신학적 성찰을 위해서도 매우 유용하다.
34. Bouwsma, "Christian Adulthood," Adulthood, ed. Erik H. Erikson (New York: W.W. Norton and Company, 1978), 87.

1부 시작

1. 함께 춤 추실까요? Shall We Dance?

영성지도의 관계는 전화 통화, 편지, 권유 혹은 개인적인 친분을 통해 시작될 수 있다. 실제로 내가 전에 가르치던 학생들은 종종 내게 지도 받기를 원했었다. 어떤 의뢰자들은 내가 쓴 글들을 읽고 찾아오기도 한다. 그리고 모르고 지내던 같은 교회 공동체의 교인이 관심을 보일 수도 있다. 또한 목회자, 심리치료사나 정신과 의사 혹은 기관들이 보관하고 있는 영성지도자 협회의 명부에서 내 이름을 발견하고 찾아 오는 사람들도 있다. 모든 첫 만남은 놀라움 그 자체이다. 나는 믿음이 성장하길 원하며 영적 체험과 믿음 그리고 결국은 더욱 생생하게 살아있기를 진지하게 원하는 사람들을 소개받게 된다. 첫 통화 이후에 만남으로 이어지지 못하는 경우들이 있지만, 그럴 때에라도 나는 무기력, 분주함, 무관심 혹은 거룩한 신비를 찾아 나서는 길에서 마주하게 되는 혼란을 넘어서려고 발돋움하고 있는 사람들을 만났다는 기쁨으로 충만해진다. 또 어떤 이들에게는 단지 한시간 가량의 경청만이 허락되기도 하지만, 그들의 이야기나 관점들은 내 기억 속에 남아서 나의 인생 여정에 빛을 비춰준다.

나는 수년전 샌프란시스코 남부에 있는 피정 기관인 Mercy Center 에서 영성 지도자가 되기 위한 훈련을 받은 적이 있었다. 3년 과정 동안 필수 과제로 영성지도를 계속 해야 하는 실습 과제가 주어졌다. 학생들 모두는 피지도자를 만나 영성지도를 해야만 하는 상황이 된 것이다. 우리는 인턴 과정 중이였기 때문에 지도비를 받지 않고 지도를 한다는 사실을 주변의 사람들에게 알렸다. 그러나 주어진 시간이 거의 다 지나가고 있음에도 불구하고 나는 피지도자를 찾을 수 없었다. 나는 가족들과도 가깝게 살고 있었고 직장의 동료들도 많았지만 이 과제를 성취해 낼 방법을 찾을 수는 없었다. 너무 무모한 것도 문제지만 겁 먹고 의기소침한 나의 태도 역시 문제임이 분명했다.

내가 피지도자에게 제공할 수 있는 것이 무엇인지 난 확신할 수 없었다. 비록 무엇을 제공해야만 하는지 알고 있었다 하더라도, 이 관계는 분석과 촉진의 시장에서 다루기에는 너무 성스러운 것으로 여겨져 자신이 없었다. 내 영성지도 교수는 영성지도가 배우거나 가르치고 개발될 수 있는 기술이지만 은사 charism, 곧 하나님께로부터 오는 선물이라고 말한 적이 있다. 나는 그 은사를 진심으로 사모했고, 하나님의 허락하심으로 나를 만나 도움을 얻을 사람들이 그것을 인식하고 나를 찾길 원했다. 나의 스승인 메리 앤 스코필드 Mary Ann Scofield 는 "그 문제로 하나님께 기도 드렸는가?"고 내게 물었다. 사실 그다지 기도 드리진 않았음을 나는 깨달았다. 그러나 그 질문을 받은 이후로 나는 기도를 올렸고, 내 사무실로 들어오는 사람들을 하나님이 데리고 오시는 조심스런 상상을 했다.

첫 만남

비록 나의 첫 영성지도 관계는 짧게 끝났고 실망스러웠지만, 놀랍게도 하나님께선 다른 만남을 허락하셨고, 또 계속 이어졌다. 나의 첫 피지도자는 내가 속한 신앙 공동체 밖의 사람이었고, 내가 채워 줄 수 없는 기대를 가지고 나를 찾아 왔다. 그녀는 영성지도가 중요한 비중을 차지하는 수잔워치 Susan Howatch 의 연재 소설에 푹 빠져 있었다. 이 소설은 잉글랜드의 한 마을에 있는 영국 국교회의 대성당을 배경으로 하고 있었다. 많은 사람들은 영성 지도자의 도움을 구했고 지도자들은 모든 것을 아는 사람으로 여겨졌다. 스타워즈의 요다 Yoda 처럼 지도자는 피지도자의 마음 깊은 곳까지 다 알고 있으면서, 분별하고 선포하는 그들 자신의 능력에 대해 확고한 신념을 가지고 있었다. 그들 자신도 믿음의 싸움을 싸워 나가고 있는 전적으로 인간적인 사람들임에도 불구하고, 피지도자들에게 주저함 없이 도전하고, 회개케 하며 치유하는 일들을 했다. 이 소설들 가운데 등장하는 한 인물인 영성 지도자 대로우 Darrow 신부는 한 피지도자에게 전 날 그가 하나님을 만났으며, 그분은 "마침내 당신을 구하러 오셨습니다. 이 마을, 이 집, 바로 이 방, 당신이 처절한 실패를 경험한 바로 이곳이 결국 새 삶을 시작하는 곳이 될 것입니다"[1] 라고 말한다. 이처럼 소설 속의 영성지도자는 그의 피지도자를 명쾌하게 알고 있고 피지도자의 삶 가운데 일하시는 하나님에 대해서도 정확하게 알고 있다. 반면에 내가 지닌 지식은 그에 비하면 훨씬 부족하고, 그것은 나뿐 아니라 다른 사람들도 불안하게 만든다.

하워치를 좋아하던 나의 첫 피지도자는 그녀의 삶을 일부분 설명한 후, 자신의 영적인 삶에 어떤 일이 일어나고 있는지 알려 달라고 요구했다. 나는 그녀의 말을 경청하며 그 가운데 내가 주목할 만한 것이 있다면 기쁘게 말할 수 있지만, 그녀가 알려주지 않기로 한 일에 대해서는 어쩔 수 없다고 말했고 그녀는 이 일로 크게 실망 했다. 요다처럼 비밀스런 일을 알아 차릴 능력이 내게 없음은 분명했다. 내겐 예지력도 없었고 피지도자의 마음을 진정시킬 위로의 말도 못했으며 설상가상 함께 하는 시간 내내 내 자신에 대해서도 민감하게 의식하지도 못했다. 그로인해 긴장하며 피지도자에게 좋은 집주인 노릇도 못했다. 나는 다급하게 지껄였고 촛불은 타오르고 있을 뿐이였다.

시간이 흐르면서, 나는 제공해야 하는 것은 무엇이고 확신을 가지고 제공할 수 있는 것은 또한 무엇인지 깨우쳐 갔다. 사람들은 다양한 기대들을 가지고 온다. 그리고 나는 그들이 지닌 기대감을 채워주지 못할 때에라도, 그들을 환대하려고 최선을 다한다. 하나님의 은혜를 더 많이 신뢰하게 되면서 내 두려움은 사그러 들었다. 영성지도에서 사람들을 만나는 경험이 쌓여가면서 나는 점차로 내 자신의 생각을 내려놓게 되었다. 내가 할 일은 다른 사람들이 거룩함의 경험에 초점을 맞추고 성찰하는 시간을 갖도록 그들에게 환대하는 자리를 베푸는 것이다. 나는 그들의 경험을 만들어 내지도 못하고 반드시 이해할 수 있어야만 하는 것도 아니다. 나는 그들을 도와서 그들이 자신의 경험 속으로 더 깊이 들어갈 수 있도록 하고, 함께 하면서 내가 할 수 있는 일이 무엇일지 주목하고 그들과 함께 하나님을 계속 바라보며 그분의 임재를 인식할 수 있도록 돕는다. 상대가 인식하지 못할 때 내가 성령님의 움직임을 느낄 수도 있다. 만약 이러한 상황이 지속된다면, 나는 그것을 나의 경험으로 언급하면서 상대에게도 가치있는 것이 될 수 있도록 돕는다.

만남의 초기에는 피지도자가 어떻게 영적인 치장을 하는지 알려고 한다. 예를 들어 그들이 영적 경험을 어떤 언어로 말하는지? 어떤 종교적 문화에 속해 있고 또 성장했는지? 거룩함을 어떻게 경험하고 있는지? 나는 이런 이야기들에 귀 기울이며 그들을 알아가기 원한다. 흥미롭게도 내게 오는 사람들 가운데는 종종 자신의 제도적 종교가 지닌 장점과 단점 그리고 교리들에 대한 자신의 경험을 말할 준비가 되어 있으면서도, 내적인 영성의 삶을 표현하는 일에는 서툰 사람들이 있다. 내가 가장 관심을 가지고 있는 것은 그들이 무엇 때문에 하나님께 마음을 열게 되었고, 소망과 기쁨을 얻게 되었으며, 평강의 큰 물줄기로 다른 사람들도 잠기게 하며, 돌봄의 마음을 불러일으켜 기쁨과 슬픔 그리고 행동으로 옮겨 갈 수 있었는지에 관한 것이다.

하나님께서는 우리를 인간으로 창조하셨다. 나는 심오한 인간성을 경청하려고 한다. 그들의 이야기를 통해 전해지는 육화되고, 오감으로 느껴지는 심오한 인간성 속에, 그리고 정서적이고 지적이며, 사회적이고 영적인 심오한 인간성 속에 하나님의 임재가 함께 하신다. 하나님과의 만남은 우리의 인간성을 벗어버림으로 성취되는 것이 아니라, 예수님께서 그러셨듯이 솔직하게 그 속으로 들어갈 때 이루어진다. 새로운 영성지도 관계가 시작되면서, 나는 하나님께서 실제의 인격체를 어떻게 만나 주시며, 또 그 사람은 마음 깊은 곳으로부터 어떻게 하나님께 기도 드리는지를 주목하고 경청한다.

마음의 열망

영성지도를 찾는 것은 용기와 소망으로 비롯된 행위이다. 영성지도를 위해 처음으로 나를 찾아오는 사람들은 3층에 있는 내 사무실까지 층계를 밟아 올라오면서 하나님을 더 잘 알기 원하는 그들 자신의 열망을 충분히 느끼게 된다. "마음"이란 단어와 마찬가지로 "열망"은 대부분의 학교 교육에서는 다뤄지지 않는 단어이다. 그러나 영성지도에서 열망은 핵심적 단어가 된다. 열망은 우리가 다른 사람들을 만나는 상태를 말한다. 그것은 우리 자신을 개방하는 것이고 상대를 수용하며 자신의 약점을 드러내는 태도를 말한다.

영성지도를 하며 우리는 마음의 열망을 분별하려고 애쓰고, 하나님의 열망을 열망하는 사람이 되려고 한다. 열망은 경향성과 지향성 모두를 포함한다. 우리는 성공이나 부나 탁월함을 열망할 수 있다. 열망 그 자체는 마치 아기가 엄마의 젖을 찾아 입술로 더듬 듯, 외부를 향해 열리는 것이다. 이러한 열망의 대상은 무한하다. 그리고 성서 역시 우리 마음의 더러운 욕망들을 많이 열거하고 있다. 성서에서 처음으로 마음의 성향을 언급한 것은 인간과 하나님의 마음이 서로 조화를 이루지 못한다는 사실이다. "여호와께서 사람의 죄악이 세상에 가득함과 그의 마음으로 생각하는 모든 계획이 항상 악할 뿐임을 보시고 땅 위에 사람 지으셨음을 한탄하사 마음에 근심하시고."[2] 공동 기도서에서 일반 고백은 이렇게 시작한다. "우리는 너무나 많이 우리 마음의 생각과 열망을 따랐습니다."[3] 우리는 아주 빈번하게 하나님의 마음에 우리의 마음을 일치시키지 못한다.

성서와 기독교 신학의 대부분은 우리의 열망을 하나님께 향하도록 가르치고 있다. 신학자 벨덴 레인 Belden Lane 은 존 캘빈에 관해 말하면서 "캘빈의 생각 속에서 영성은 모든 우주와 나누어 가진 열망을 실현하는 것이다. 모든 피조물 가운데 울리는 기쁨을 진지하게 숙고하며 함께 기뻐하는 것이다… 하나님의 손으로부터 매 순간 펼쳐지는 모든 피조계는 갈망으로 가득하다."[4] 영성지도의 첫 회기에 나는 이 열망, 이 갈망에 귀기울인다.

하나님과 우리의 관계에 대한 많은 글, 특히 영성지도에 초점을 맞춘 많은 글들은 마음과 열망을 언급한다. 그 중에는 음악에서 이미지를 취한 것들이 있다. 즉, 조율, 하모니, 반향, 확성, 진동 등의 이미지를 이용해 설명한다. 내가 자주 사용하는 영성지도의 이미지는 음악에 맞추어 춤을 추는 것이다.

수년전 나는 결혼 기념일 파티에서 시숙부와 함께 춤을 춘 적이 있다. 그는 훌륭한 댄서여서 나 같은 사람도 춤을 잘 출 수 있도록 이끌었다. 그는 확신에 찬 작은 몸짓들로 나를 인도했는데, 나 혼자라면 절대 할 수 없을 온갖 동작을 하면서 나는 춤을 출 수 있었다. 나는 생전 처음으로 춤을 추는 동안 음악이 내 안에서 흐르는 것을 경험했다. 내 자신의 몸짓이나 상대편 남자의 동작에 각별한 주의를 기울이지 않고 춤을 출 수 있었다. 그 기억은 내 안에 고스란히 남아서 내 몸이 음악에 맞추어 춤을 출 수 있다는 것을 알려준다. 비록 그렇게 춤 추는 일이 그 때 이후론 없었지만, 그런 능력이 내 안에 여전히 있음을 나는 알고 있다.

연약함과 유한함은 열망을 따라 쾌락을 더욱 쫓도록 만든다. 춤은 끝나기 마련이다. 예수님의 비유 가운데 잃어버린 드라크마, 잃은 양, 탕자의 이야기는 열망을 따라 추구하는 것, 지속적으로 가지고 있는 것보다 훨씬 더 큰 쾌락을 추구하는 것이 어떤 결과를 가져오는지를 설명한다. 연약함과 소멸이라는 유한성은 쾌락을 더 소중한 것으로 만들어 버린다. 철학자 임마누엘 레비나 Emmanuel Levina 는 "무한하신 분과의 관계는 지식이 아니라 열망이다... 열망 자체는 만족을 모른다... 열망은 언제나 배고파하며 만족할 줄 모르는 자신을 키워간다."5 열망이 열망을 낳는다. 숙부와 춤을 추면서 춤에 대한 나의 열망은 만족함 없이 점점 더 커져가는 경험을 했다. 레비나스의 열망에 대한 주장은 상호적 열망의 관계인 하나님과의 관계에 있어서도 맞는 말이다. 앤과 베리 율라노프 Ann & Berry Ulanov 는 이것을 다음과 같이 바꾸어 말한다. "기도의 응답은 기도다. 더 많은 기도다. 더 알찬 대화이고 더 많이 경청하며 귀를 더욱 기울이는 것이고, 실제로 듣고 실제로 일어나는 것들을 더 많이 성찰하는 것이다."6

영성지도자는 내가 춤출 수 있게 도왔던 파트너와 같다. 그는 확고하게 이끌면서도 온화한 전문가였고, 템포에 익숙하고, 정해진 춤의 패턴과 변형, 그리고 스텝을 아주 잘 알고 있는 사람이었다. 영성지도자들은 춤추기를 배우는 것이 어떤 것인지를 이해한다. 그들은 "춤추기" 경험이 풍부하며, 춤 연습에는 끝이 없음을 알고 있다. 때론 우리의 파트너인 피지도자들이 우리보다 음악에 더 잘 빠져들고 우리가 결코 상상할 수 없었던 스텝을 밟아 나가기도 한다. 그럴 때 우리 영성지도자들은 스텝을 밟아 보라고 제안하는 사람이 되기도 한다.

처음으로 피지도자가 내 사무실을 방문하게 되면, 나는 그 또는 그녀를 나에게로 이끌어 온 열망을 인식한다. 그러나 직접 말로 표현하지는 않지만 그 열망을 둘러싸고 있는 두려움 또한 피할 수 없는 것임을 알 수 있다. 우리들이 속한 문화권에서는 섹스에 대해 이야기 하는 것이 기도에 관해 말하는 것보다 더 쉬운 것처럼 여겨진다. 율라노프는 기도를 "노출"이라고 표현 했다.[7] 기도하는 것은 자신을 기도의 대상이신 하나님께 드러내는 것이며 동시에 우리 자신의 가장 깊은 곳에 있는 것을 드러내는 일이기도 하다. 성경의 기도서인 시편을 읽으면서 우리는 기도가 모든 형태의 인간적 감정과 경험에 대해 기도자의 마음을 열도록 하는 것을 알 수 있다. 일상적으로 우리는 기도하면서 특히 성취되지 못한 갈망을 표현하는 일을 통해 강력한 감정을 분출해 낸다. 이것은 기도자가 종종 취하는 태도이다. 우리의 해소할 수 없는 감정들보다 통제할 수 있는 문제들로 선회하는 것이 훨씬 더 쉬운 일 아니겠는가! 기도하며 우리는 우리보다 더 큰 존재에게 자신을 맡긴다. 그것은 마치 음악이 춤추는 사람을 붙잡고 그 몸을 관통하여 흐르는 것과 같다. 무엇인가에 의해 우리는 변화되고, 기대하지 않았던 곳에 두발을 딛고 서 있게 될 것이다. 나는 문 두드리는 소리를 기다리는 동안, 기도라는 춤사위에서 내 자신이 신뢰할만한 파트너가 될 수 있기를 간구하며 하나님께로 향한다.

노트

1. Howatch, *Glittering Images* (New York: Fawcert Crest, 1987), 205.
2. 창세기 6:5-6
3. *The Book of Common Prayer and Administration of the Sacraments and Other Rites and Ceremonies of the Church according to the Use of the Protestant Episcopal Church in the United States of America* (New York: Seabury, 1953), 6. (다음부터는 Book of Common Prayer 로 표기함)
4. Belden Lane, "Spirituality as the Performance of Desire: Calvin on the World as a Theater of God's Glory," *Spiritual1* (2001): 1.
5. Levinas, *Ethics and Infinity: Conversation with Philippe Nemo*, 번역 Richard A. Cohen (Pittsburgh: Duquesne University Press, 1985), 92.
6. Ulanovs, *Primary Speech: A Psychology of Prayer* (Atlanta: John Knox, 1982), 107.
7. 전개서, 116.

2 물살에 휩쓸리다: 그랜트
Held in the Current: Grant

내가 다니는 교회의 담임 목사인 존은 교회의 넓은 주차장 한 가운데 서서 "그의 이름은 그랜트입니다"라고 내게 말했다. "그는 믿음에 관해 많은 질문들을 가지고 있습니다. 내 생각에 당신들 둘이서라면 문제를 잘 해결해 나갈 수 있을 것 같다는 생각이 듭니다." 이렇게 말하며 존은 내게 그랜트를 의뢰해 왔다. 나는 감사의 말을 전하면서 속으로 '그는 영성지도를 위해 이미 준비된 것이 분명하겠군'이라고 생각했던 것으로 기억한다. 나는 음성 메시지를 남길 수 있도록 전화번호를 전해 달라고 부탁했다.

며칠 후 그랜트는 음성 메시지를 남겼다. 그는 차분한 목소리로 예의를 갖추어 메시지를 남겨두었다. 나는 전화를 했고, 영성 지도란 무엇이고 그가 찾고자 하는 것과 내가 제공할 수 있는 것이 무엇인지를 설명하기 위한 첫 만남을 약속했다. 나는 종종 첫 회기는 지도비를 받지 않고 대화 시간도 정해 놓지 않고 만난다. 이런 첫 만남 이후에 다시 전화를 하지 않는 의뢰인들도 많다. 어떤 사람들은 다른 영성지도자나 심리치료사의 이름이나 전화번호를 알려 달라고 요구하기도 한다. 나 역시 다른 사람이 더 적합하다고 여겨질 때는 다른 지도자나 상담사에게 의뢰하기도 한다. 그러나 나를 다시 만나기 원하는 사람들도 있다. 그랜트는 그런 사람들 가운데 하나였다.

그랜트는 그의 은발을 더 돋보이게 만드는 회색 양복을 입고 왔는데, 어딜 보든 간부급 회사원처럼 보였다. 그는 조심스럽게 양복을 접어놓고 휴대폰을 껐다. 그리고 그의 서류 가방과 함께 사무실 한켠의 오래된 회의용 탁자 위에 올려 놓았다. 그는 첫 만남 이 후로도 올 때마다 이 행동을 계속해서 반복했다.

그는 자신의 영적 생활에 대한 말로 첫 만남을 시작했다. 교회 예배에 신실하게 참석하고 기도 생활과 성경 공부를 꾸준히 해 온 그의 긴 신앙 여정을 설명하면서, 그는 가슴으로부터 더욱 더 깊이 느껴지는 믿음의 경험을 갈망하고 있다고 말했다. 많은 사람들이 그렇듯이, 그는 영적인 삶을 무미건조하고 판에 박힌 것으로 경험하고 있었다. 할 수 있는 모든 활동을 섭렵했지만 그는 감정을 느낄 수 없었다. 그는 신학적 연구를 통해 영적 경험을 강화해 나갈 수 있을 것이라는 소망을 끝까지 붙잡으려 했다. 그러나 실제는 그렇지 않았다. 그는 신학자들이 말하는 하나님에 대해서 많은 것을 알고 있었지만, 그렇게 함으로써 그 자신이 하나님을 알게되는 것은 아니었다. 오히려 그러한 지식은 다소 그를 두렵게 만들었다. 하나님의 거룩함은 그의 흠 많은 인간성과는 양립할 수 없을 것 같았다. 하나님의 구별된 거룩함은 그의 기도를 방해하는 걸림돌이 되었다.

그랜트는 질문을 가지고 있었다. 그것도 아주 많이 가지고 있었다. 삼위일체, 예수님의 죽음과 부활이 자신의 거듭남에 어떤 영향을 주는지, 성령 하나님 그리고 그 성령의 내주하심에 대해 성서는 구체적으로 어떻게 말하는지와 같은 질문들이었다. 그는 기독교 공동체에 대한 질문과 믿음 안에서 함께 성장한다는 것이 어떤 의미인지에 대한 의문도 가지고 있었다. 그의 믿음의 여정 가운데 대부분이 고독했고 또한 암묵적이었다. 그의 꾸준한 믿음의 싸움에도 불구하고 거의 바뀌지 않는 영적 공동체 안에서의 소외감을 과연 어떤 사람들과 어떻게 나눌 수 있었겠는가?

나는 그의 이야기를 귀 기울여 들었다. 그도 영성지도를 하면서 그것이 무엇인지 설명하는 나의 말을 경청했다. 그는 자신의 이야기를 할 때는 아래를 내려 보다가도, 내 이야기를 들으면서는 나를 응시했다. 나는 그의 삶 가운데 계시는 하나님께 귀 기울이면서 그의 이야기를 경청하려고 애쓴다고 말했다. 나는 하나님께서 우리 삶의 모든 구비구비마다 함께 하고 계심을 믿는다고 말했다. 그리고 그 믿음이 세상 속의 하나님 흔적들을 향해 내가 돌아설 수 있도록 돕는지도 모른다고 말했다.

그리고 나는 영성지도가 다른 경청 사역들과 어떻게 다른지도 설명했다. 영성지도는 심리치료와 비슷하게 보일 수 있지만 전혀 다른 것이다. 나는 병리를 찾으려 하지도 않고 진단하거나 처치를 하지도 않는다. 그리고 문제 해결을 도우려고 하지도 않는다. 이 모든 것들은 물론 유용한 것들이지만, 나는 이 일들을 위해 훈련 받지도 않았고, 자격증을 가지고 있지도 않다. 나는 심리치료가 경우에 따라 필요하다고 생각하며, 나 역시도 받아 본 경험을 가지고 있다. 그리고 심리치료사들 가운데는 영적인 면도 수용하며 경청하는 사람들이 있음을 알고 있다. 나의 동료 영성 지도자들 가운데 많은 사람들이 심리치료사와 협력하고 있으며, 이 두 분야는 상호보완적이라고 인정한다. 나의 피지도자들 중에는 심리치료사들도 있는데, 그들을 통해 이 두 분야의 접근법이 어떤 차이점을 가지고 있는지 점점 분명히 알아 갈 수 있었다.

나는 내 자신의 영성지도 경험을 그랜트에게 말해주었다. 나는 바바라 수녀와 이야기를 나누게 될 것이라고 생각하면서, 영적으로 일어나고 있는 일들에 대해 민감한 주의를 기울이기 시작했다. 그녀가 내 삶에 관여하고 나를 영적으로 돌보기 시작하면서 일종의 의무감 같은 것이 내게서 생겨났다. 함께 하는 시간에 그녀는 내가 미처 주목하지 못하는 것들을 주의해 보도록 도왔다. 때때로 그녀는 내가 하나님을 어떻게 생각하는지 그리고 내 하나님 경험에 관해 돌아보도록 직면시키기도 했다. 그러나 우리가 함께 만나서 이야기를 나누는 시간보다 훨씬 더 많은 회기 밖의 시간들이 더 가치있게 여겨졌다. 내가 하나님의 은혜로 여겨지는 경험을 했을 때에도 그것을 그 날 내가 '해야만 할 과제'로 서둘러 적어 넣기 보다는 잠시 머물러서 생각하곤 했다. 그리고 기억했다. "맞아 이것은 은혜야. 바바라 수녀에게 잊지 않고 말해야 겠다."

그랜트는 내 이야기를 듣고 가끔 고개를 끄덕이기도 했다. 그의 눈이 나의 시선을 끌었다. 첫눈에 보아도 그의 양복과 머리카락 하고 잘 어울렸다. 그가 자신의 손을 응시하다, 나의 얼굴을 바라보게 되면서 우리의 대화는 잠시 끊겼다. 내 이야기를 듣는 그를 바라보면서 나는 그의 치열하면서도 움츠리는 하나님을 향한 갈망을 보기 시작했다. 하나님의 임재에 대한 나의 믿음을 말할 때 그에게서 나는 소망의 빛을 보았다.

내 영성지도자와의 경험을 말하자 그는 매우 흥미로워 했다.

내 자신의 이야기에서 우리가 함께 할 수 있는 것에 대한 화제로 바꾸어 말하면서, 나는 다음과 같이 설명했다 "모든 이야기가 영성 지도의 소재가 될 수 있습니다. 나는 영성지도자가 심리치료사들과는 어떻게 다른 접근을 하는지 설명하도록 하겠습니다. 예를 들어 당신이 이런 말을 했다고 생각해 봅시다. "내가 10 살쯤 되었을 때인 것 같습니다. 어느날 밤 엄마는 큰 소리로 나를 야단치고 나는 울면서 잠이 들었습니다. 그렇게 어둠 속에 누워 있던 나는 포근히 안기는 느낌을 받았습니다. 전혀 보이는 것도 들리는 것도 잡히는 것도 없었는데 이상하게도 나는 사랑 받고 있다는 느낌을 받았습니다. 그리고 그 감정은 다음날 엄마의 분노를 다시 접하면서 사라졌 습니다."

"만약 이 이야기를 듣는다면 나의 첫 반응은 사랑 받는 감정에 관한 것이지, 심리치료사들처럼 당신 어머니와의 역기능적인 관계는 아닙니다. 물론 두가지 접근 모두는 중요하고 영적으로도 의미있는 일입니다. 그러나 나의 초기 접근은 위로하시는 하나님의 임재와 그 경험을 떠올리며 다시 안길 수 있도록 돕는 것입니다. 위로의 임재 경험은 기억 속에서 그리고 현실적으로 재현되면서 "엄마의 분노"와 같은 다른 주제들로 넘어가게 될 것입니다."

그의 얼굴은 고통스럽게 굳어졌다. 그리고 그는 고개를 떨구었다. 나는 그와 함께 이 일을 다루어 나갈 수 있길 소망했다.

나는 그랜트가 심리치료를 받은 경험이 있었을 것이라는 생각을 가끔 했다. 영성지도를 시작할 때까지는 내 사무실에 들어서서 아무 말도 안했다. 그는 말없이 예식을 치르듯 서류 가방을 내려놓고, 내게 거의 눈길도 주지 않고 마룻 바닥만 쳐다보다가 내가 초에 불을 밝히면 들리지 않는 소리로 기도를 하고 50분 정도 이야기를 하는 행동을 거듭했다. 50분이 지나면 그제서야 나를 바라보았다. 나는 "이제 내가 이야기를 해도 될까요"라는 말을 꺼내려고 했지만, 그 말을 하기도 전에 그는 단호한 어조로 "내가 할 이야기는 끝났습니다"라고 말하곤 했다.

나는 "이제 잠시 침묵 기도로 끝내도록 합시다"라는 말로 응답하며 시간을 맺곤 했다. 우리는 함께 고개를 숙이고 눈을 감았다. 잠시 침묵한 후에 나는 "아멘"이라는 말과 함께 촛불을 껐다. 그러면 그는 수표를 내밀었고 다음 약속을 정하기 위해 전자 수첩을 꺼냈다. 그 후 벗어놓은 양복 상의를 입고 서류 가방과 휴대폰을 챙겨서 떠났다. 그러나 만남이 거듭되면서 우리는 서로에게 익숙해졌고 영성지도 시간도 조금씩 편안해졌다. 비록 그를 만나기 전 난 이미 많은 지도 경험을 가지고 있었음에도 불구하고 처음에는 그와 함께 무엇을 해야 할지 몰랐다. 많은 질문들이 꼬리를 물었다. 그와 관련해서 나의 부르심은 과연 무엇일까? 나는 단지 침묵 속에 경청만 해야하는 것일까? 아니면 그의 이야기를 비집고 들어가 뭔가 말해야만 하는 것일까? 나는 기도했고, 촛불을 응시했고, 무릎 사이에 꼭 끼고 있는 그의 손을 바라보았다. 유심히 그를 살펴 보면서 내게 의문이 생겨났다.

영성지도자가 지닌 큰 은사 가운데 하나는 하나님께서 한 개인을 어떻게 바라보고 계시는지 상상하는 것이다. 나는 하나님께서 얼마나 그랜트를 사랑하시는지 상상할 수 있었다. 그랜트는 성실한 삶을 살기 위해 열심히 힘들게 일하며 살고 있는 남자다. 그는 탁월한 지적 능력과 조직력을 사용해서 수백명의 직원들과 프로젝트들을 관리하고 자신의 가정과 교회 그리고 경건 생활을 위해서도 모든 노력을 기울이고 있었다.

조용히 앉아서 그랜트의 이야기를 들으며 나는 하나님께서 그를 기뻐하고 계심을 느낄 수 있었다. 그리고 동시에 슬픔 또한 느껴졌다. 그랜트는 정말 좋은 사람이 되고 또 옳은 일을 하는 사람이 되길 열망했다. 그러면서도 그는 외로웠다. 이 사실이 나의 마음을 뭉클하게 했고, 마치 그를 향한 하나님의 궁휼이 내 가슴을 꽉 채우고 있는 듯 느껴졌다. 나는 그가 하나님을 알고자 하는 용기와 헌신을 높이 샀다. 그와 같이 숨막히게 빡빡한 일정을 매일 치러내야만 하는 사람들 가운데, 그것도 바쁜 주중에 시간을 내서 3층까지 걸어 올라와야만 하는 내 사무실을 구태어 찾아와 영성지도를 받는 사람은 그리 많지 않을 것이다.

나는 그랜트가 양복 윗저고리를 접어서 탁자에 올려놓는 것을 볼 때마다 목구멍까지 고통이 차오름을 느꼈다. "이토록 선한 사람이 있을 수 있을까? 그런 그가 왜 외롭게 느껴지는가?" 이 고통은 독백처럼 하나님에 대한 그의 갈망을 이야기로 쏟아내던 초기의 만남들 내내 사라지지 않고 내게 남아 있었다. 나는 그가 하나님을 향한 이 목마름을 해갈하도록 도와 주기 위해 애쓰고 있음도 느꼈다. 결국 우리는 위로하시는 하나님의 임재를 느끼기 전에 어둠과 고통의 자리로 먼저 들어가야만 했다.

"제가 죽은 제 동생에 대해 말했던 적이 있나요?" 그랜트는 우리가 함께한지 거의 일년이 되어갈 무렵 이 말을 했다.

그가 가족의 슬픔과 치료사와 일년 동안 했던 애도작업에 대해 지나가듯 이야기했던 적은 있었지만, 그 이야기를 분명하게 기억할 수는 없었다. 그는 주로 교리적인 질문들을 탐색했고 자신의 가정사는 밀려나곤 했다. 그러나 그의 웅크린 자세와 주름진 얼굴은 고통의 무게를 분명히 보여주고 있었다. 나는 하나님께서 어떻게 일하시는지 밝히려는 그의 진지한 시도들 가운데 그가 지닌 고통을 인식할 수 있을만큼 내 자신이나 다른 사람들의 인간 심성에 대한 충분한 지식은 가지고 있었고, 그 안에서 고통의 문제를 다룰 수도 있었다. 그러나 과연 우리는 그 구조를 이해함으로써 비극을 비켜갈 수 있는 것일까?

"그는 견디다 못해 자살을 했습니다"라고 평소보다 거의 두 배는 더 몸을 웅크려 무릎 사이에 머리를 파묻고 두 주먹으로 눈을 세게 누르며 나직한 목소리로 말했다.

이 거룩한 공간에서 허둥대지 않으려고 기도하며, 나는 정확하게 들었는지 확인하려고 내가 들었다고 생각한 말을 낮은 소리로 반복했다. "동생이 자살을 했군요?"

"네." 그는 턱을 악다물고 새어나오는 소리로 답했다. 처음엔 허둥대지 않았다는 안도감에 나는 깊은 숨을 몰아 쉬었다. 그러나 그랜트의 고통이 고스란히 전해지면서 턱까지 숨이 차오름을 느꼈다. 그랜트는 얼어붙은 듯 움직이지 않았다. 나는 그가 다시 말문을 열 때까지 기다렸다.

그러나 결국은 내가 먼저 침묵을 깨뜨렸다. 나는 그에게로 몸을 조금 당겨 앉으며 내가 지금 그와 함께 마음 아파하고 있음을 그도 알 수 있길 바랬다. 그래서 이렇게 말했다. "그랜트... 정말로 마음이 아프네요." 그는 여전히 양손으로 그의 얼굴을 감싼 채 고개를 끄덕였다. 그리고 마침내 호흡이 떨리며 고개를 한 번 더 끄덕였다. 그는 자세를 바꿨다. 의자 깊숙이 앉아서 팔을 내려뜨렸다. 이제 그는 더 이상 경직된 모습을 보이지 않았고, 나 역시 좀 더 쉽게 숨을 쉴 수 있었다.

"나는 그를 도우려고 애썼지만, 미흡했습니다"라는 한탄 섞인 말로 그는 자신의 남동생에 대해 말했다.

이 말을 시작으로 그는 여러 차례 동생에 대한 이야기를 했다. 이것은 그 자신의 정체성, 하나님과 그의 가족 그리고 그 자신에 대해 그가 어떻게 이해하며, 또 어떤 것을 이해할 수 없는지에 관한 영성지도의 주제가 되는 핵심적 이야기였다. 그것은 가족의 상처, 깨지기 쉬운 경계선, 그 자신의 사랑과 믿음의 힘이 어둔 밤을 지내며 얼마나 나약한지를 발견함, 그리고 예기치 못한 절망 같은 인생의 경험들로 쓰여지는 방대한 서사시의 일부였다. 그의 동생의 죽음은 그를 무릎 꿇게 했고 교리적 문제들을 제기하도록 만들었다. 나는 말로 표현되지 않은 질문들을 느낄 수 있었다. 아마도 그것은 나의 질문이라기 보다는 그가 지닌 것들이었을 것이다. "왜 이 일이 일어났을까? 어떻게 이런 일들이 일어나도록 하나님께선 허락하실 수 있을까? 왜요 하나님? ... 하나님?" 그러나 그랜트는 이런 원망 섞인 질문들을 소리 내어 말하지 않았다. 그래서 나는 이것들을 나의 질문으로 품고 있었다.

그랜트가 울었다. 눈물은 무릎에 놓인 두 주먹 위로 뚝뚝 떨어졌다. 그는 흐느꼈고 그의 어깨는 애도의 무게에 짓눌려 흔들거렸다. 그리고 점차 그 무게에서 벗어난듯 크게 움직이기 시작했다. 나도 그와 함께 울었다. 그러나 나의 눈물은 고개를 떨구고 우는 그랜트에게 들키지 않았다.

이 지도 시간 동안 그랜트는 동생의 장례식에 대해 말했다. 그가 지닌 탁월한 기획력, 동생과의 친밀한 관계 그리고 집안에서 "경건한 신앙인"으로 그 동안 해오던 역할이 있었기 때문에 장례식의 기획과 진행을 그가 책임 맡았다. 그가 동생의 관 앞에 서서 추도사를 전할 때, 그것이 십자가 아래 놓여 있는 것이 보였다. 그는 상처 받고 마음이 굳어져 있는 친지들과 가족에게 그 사실을 진심을 담아 전했다.

그랜트는 가족들에게 예수님에 대해 말했다. 그가 그날 예수님에 대해 깨달은 것은 그분은 우리가 살면서 가장 깊은 골짜기, 앞이 안보이는 가장 어두운 곳 그리고 가장 죽음에 가까운 곳에 놓일 때 바로 그곳에서 우릴 만나 주신다는 사실이였다. 그의 동생의 죽음을 직면하도록 돕는 유일한 사실은 예수님께서 그와 그의 동생이 겪어온 모든 것을 이미 경험하셨고 아신다는 것이었다. "왜"라는 질문에 대해서는 어떤 답도 얻지 못했지만, "누구"라는 질문에 대한 답은 얻었다. 답이신 그 "누구"가 여전히 임재하신다. 그날 동생의 시신 바로 옆에서 그는 하나님의 임재를 느꼈다. 이야기의 초점이 바뀌며 그랜트는 갑자기 나를 쳐다보고 큰 소리로 말했다. "네, 나는 지금도 주님께서 그곳에 계셨음을 알고 있습니다. 그러나 다시 그 고통 속으로 들어가고 싶지는 않습니다. 내가 다시 하나님께 의지하게 될 것이란 확신도 서지 않습니다. 그분은 내 동생이 고통 받으며 결국 죽음을 선택하도록 허락하셨습니다. 그런 일을 허락하시는 분께 제가 어떻게 마음을 열 수 있겠습니까?"

"그렇죠, 어떻게 그럴 수 있겠어요?" 나도 동의했다. 그리고 끊어진 은혜의 실타래를 다시 잇기 위해, 장례식에서 그날 하나님께 마음이 열렸던 때는 어땠는지 이야기 해 달라고 요청했다.

"그건 마치 물살에 휩쓸리는 것 같았습니다. 나는 손 쓸 수 없이 물에 빠졌죠. 그러나 갑자기 내가 강물을 따라 흘러가고 있으며 무엇인가 나를 붙잡고 인도해 간다는 느낌이 들었습니다. 온 몸이 아팠지만 그 안에서 쉴 수 있었습니다. 부드럽게 요람을 흔드는 손길 같았습니다."
"요람을 흔드는"이란 말이 내 맘 속에서 크게 울렸다. 그를 인도 하고 요람을 흔드는 듯한 부드러운 손길 안에 그가 있었다. 나는 그 경험을 다시 한 번 더 이야기 해 달라고 제안했다.
"위안 받는 경험이었습니다. 저 혼자가 아니라는..." 그는 길게 숨을 내 쉬었고 좀 더 긴장이 풀린 듯했다. 나는 그가 그 때의 그 손길과 쉼을 재경험하고 있는 것은 아닐까 생각했다. 만약 그렇다면 나는 그 느낌을 다시 맛 보도록 그에게 시간을 주고 싶었다. 우리는 몇 분 동안 침묵 가운데 앉아 있었다.
그랜트가 경험하는 고통의 아름다움이 나를 뚫고 들어왔다. 나는 하나님께서 고뇌의 시간 동안 그랜트를 그렇게 만나 주시고 붙잡고 계셨음에 감사드렸다. 그리고 하나님의 손에 잡혀 있었던 그랜트 에게도 감사했다.
나는 또한 그랜트를 통해 나에게 하나님 자신을 드러내심에 감사드렸다. 하나님께선 진실로 우리와 함께 하신다. 그 사실을 기억할 때마다 나는 그분께 감사드린다. 물론 피지도자들도 지도를 통해 도전받고 변화되지만 영성지도를 통해 내가 보고 듣는 것들로 말미암아 나의 신학적 이해 역시 강화된다.
나는 그랜트의 예배 경험을 통해 나와 십자가의 관계를 새롭게 알게 되었고 변화를 경험했다. 때로 나는 처형의 도구가 내가 믿는 종교의 주요 상징물인 것이 싫었다. 나는 십자가라는 상징물을 받아들이기도 힘들었다. 왜냐하면 예수님의 희생을 악용해서 다른 사람을 박해하는데 이용되어 왔기 때문이다.

그러나 그랜트와 함께 나는 십자가가 견딜 수 없는 일들을 어떻게 견디도록 돕는지 다시금 분명히 볼 수 있었다. 하나님께선 육신을 입고 오셨다. 우리를 사랑하셔서 인간의 삶을 선택하셨고 견딜 수 없는 것을 견뎌내신 것이다. 예수님은 그의 사촌인 세례요한이 끔찍하게 살해되는 사건으로 고통 받으셨고, 무엇보다도 십자가형이라는 고통스럽고 치욕스러운 형벌의 고통을 받으셨다. 우리의 고통 가운데 우리와 함께 하시는 하나님께서는 우리의 고통을 아시는 분이시다. 우리를 붙잡고 계신 그분의 손은 못 박힌 손이다.

그랜트의 동생은 십자가가 선 곳에 있었고, 그랜트 역시 동생의 관 옆에서 십자가를 만났다. 나 또한 일년 후 동생 남편의 추도 예배에서 송사를 할 때, 십자가 곁에 서게 되면서 그것을 기억했다. 나는 그랜트와 동일한 경험을 했다고 말할 수는 없다. 그러나 물살에 휩쓸려서 떠내려 가는 그의 경험을 기억했다. 그리고 비극 속에서 붙잡았던 그의 믿음은 내게 위안을 주었다.

"감사합니다. 이제 이야기를 다 한 것 같습니다... 피곤하네요."

그랜트는 영성지도 시간을 이렇게 맺었다. 나는 이 자리를 뜨는 것이 어떻게 느껴지는지, 이처럼 비통하고 그래서 거의 들춰보게 되지 않는 경험들 속으로 들어가는 것이 어땠는지를 질문했다. 그는 괜찮다고 했다. 그리고 침묵이 그를 하나님을 만나는 자리까지 이끌어 갔고, 그 경험은 너무 생소해서 지금 설명하기 힘드니 "다음에 하겠습니다"라고 말했다.

"요람을 흔드는"이란 말을 나는 쉽게 잊을 수 없었다. 이 말은 기독교인들이 자주 보내는 위로의 카드나 장식용 문구로 자주 사용하는 좀 진부하거나 감상적으로 여겨질 수도 있는 "모래 위의 발자국" 비유를 떠올리게 만들었다. 사실 이 비유는 시편 77:19 의 말씀을 인용한 것이다. "주의 길이 바다에 있었고 주의 곧은 길이 큰 물에 있었으나 주의 발자취를 알 수 없었나이다." 그러나 많은 사람들이 이 성구보다 발자국의 비유를 더 잘 기억하고 있다. 사람들은 비록 그것이 보이지 않을 때도 있지만 우리를 위한 하나님의 돌보심을 삶에서 확인하면서 복음을 듣는다고 말하곤 한다. 이 비유의 이야기는 주님과 함께 해변을 거니는 한 여인의 꿈에 관한 것이다. 꿈에서 그녀는 주마등처럼 지나가는 자신의 삶의 장면 장면을 보았다. 모든 장면에서 그녀는 모래 위에 찍힌 발자국들을 보았는데, 어떤 곳에는 주님과의 동행을 나타내는 두사람의 발자국이 있었고 어떤 곳에는 한 사람의 발자국만을 보게 되었다. 그런데 그녀를 괴롭힌 것은 그녀 혼자 걸었던 시기가 삶에서 가장 고통스럽게 여겨졌던 시간들이기 때문이었다. 그녀는 믿는자들에게는 영원히 함께 하신다고 약속하시고 왜 역경 가운데 있는 자신을 홀로 내버려 두셨냐고 주님께 원망하며 물었다. 주님께서 응답하셨다. "네가 혼자 걸은 것처럼 보였던 그 시간에 나는 너를 안고 걸었다."[1] 하나님께서는 그녀를 아기처럼 안고 달래고 계셨던 것이다.

이 이야기는 삶에서 경험하는 사귐과 믿음의 영성에 관해 잘 설명한다. 나는 그랜트의 신학적 질문들, 성경이 하나님을 어떻게 말하는지 그리고 신학자들은 어떻게 이해하고 있는지에 관한 그의 질문들을 종종 접하곤 했다. 그런데 그가 동생의 장례식에서 십자가 밑에 놓인 관 옆에 서 있던 그날의 경험을 말하던 그 때에 나는 그 자신의 사귐의 영성을 확인 할 수 있었다. 그는 인도받고 있었고 "요람을 흔드는" 손길을 경험했다. 그 역시 한 사람의 발자국만 남겨진 해변의 산책을 경험했음이 분명했다.

그랜트가 동생의 죽음에 대해 말할 때, 나는 그의 하나님 경험을 계속 떠올리며 그 또한 그 경험을 다시 탐색할 수 있도록 그 자신의 공간을 만들고 있다는 상상을 했다. 영성지도에서 공간은 아주 중요한 주제이다. 영성지도자는 공간을 열어둔다. 우리는 일상적인 삶과는 구분되는 장소를 제공하고 그곳에서 침범 당하거나 흐트러지지 않고 하나님을 묵상할 수 있도록 피지도자를 돕는다. 나를 포함하는 대부분의 사람들은 일과 유희로 공간을 채우는데 매우 익숙해져 있다. 심지어 교회에서 지내는 우리들의 시간마저도 일 (맡은 일, 예배 섬김, 잠시 짬을 내어 예배 후에 해야 할 일을 정리함) 혹은 우리를 즐겁게 만드는 일들을 수동적으로 받아들이는 시간이 될 수 있다. 우리의 생각들은 바쁘게 돌아가는 것을 좋아한다. 그래서 하나님께로 우리 자신을 열어 드리는 것은 큰 도전이며 때론 도움이 요구되는 일이다.

묵상은 열린 공간이 확보될 때 가능하다. 그 때 우리는 하나님께 주목하며 쉴 수 있고 깊은 곳을 응시하며 충만함을 경험한다.

"묵상 contemplation"의 어원적 의미는 우리가 하나님의 영과 함께 성전 안에 있을 때와 같은 상태를 담고 있다. 성서에서 만남의 장소인 성전은 언제나 가까운 곳에 있다. 우리의 몸은 하나님의 영이 거하시는 성전임을 우리는 안다. 고린도 교인에게 보내는 첫 번째 편지에서 바울은 말한다. "너희 몸은 너희가 하나님께로부터 받은 바 너희 가운데 계신 성령의 전인 줄을 알지 못하느냐 너희는 너희 자신의 것이 아니라."[2] 바울과 베드로는 교회로써 공동체의 삶 또한 성령이 거하는 "성전", "하나님께서 거하시는 곳", "산돌들"로 지어진 "영적인 집"이라고 말한다.[3] 그러므로 우리는 언제나 그리고 어디서나 개인적으로 또 다른 사람들과 함께 하나님의 영이 거하시는 성전에 들어갈 수 있다.

하나님을 만나는 장소인 성전은 만약 우리가 멈춰서서 주목하기만 한다면 우리와 함께 있다. 영성지도자와 함께 하는 시간은 이러한 성전인 것이다. 그것은 보호받고 피난처가 될 수 있는 시간과 장소가 된다. 그곳에서는 방해 받지 않고 과제에 좇기지 않으면서 묵상에 전념할 수 있다. 영성지도에서 피지도자는 홀로 하는 기도와 다른 사람 앞에서 기도어린 성찰을 하는 일 사이를 오가게 된다. 그래서 그것은 홀로 하나님을 경험하는 것과 공동체적 하나님 경험 사이를 가르는 문지방에 자리를 펴는 일과 같다. 또한 그것은 하나님 앞에서 성찰하고 대화를 나누며 침묵하는 내면의 성소이기도 하다.

그 거룩한 공간에서 우리는 하나님과 우리 자신의 깊은 내면을 만난다. 우리의 몸이 경험에 반응하면서 눈물이 흐르는 일도 자주 일어난다. 그랜트가 동생의 죽음을 내게 말하며 눈물을 흘릴 때 그는 속삭이듯 말했고 목이 매여왔다. 그의 몸은 내게 말하려는 것을 표현했다. 그러나 내 경청 작업의 아이러니는 내 자신의 신체 한 부위로 들을 수 밖에 없다는 것이다. 그리고 이 일은 완벽하게 해낼 수도 없는 것이다. 게다가 사람들은 중요하고 개인적인 일을 말할 때면 목소리를 낮춘다. 나를 신뢰하며 자신들의 고통을 이야기하는 사람들 앞에서 내 청력의 한계와 싸우며 안간힘을 쓰는 내 심정을 이해할 수 있겠는가? 그들을 이해하려고 애쓰면서 나는 어떤 선택을 할지 씨름한다. 어떤 말을 했었는지 그 힌트라도 얻기 위해 말을 계속하도록 기다려야만 하는가? 아니면 그 고통스럽게 쏟아 놓았던 말들을 한번 더 해 달라고 요구해야 하는가? 그랜트가 울면서 그의 비극적 경험들을 말할 때 나는 그의 말을 잘못 알아들었으면 어쩌지 하는 두려움에 싸여 있었다.

영성지도에는 눈물이 함께한다. 그것은 거의 매번 있는 일어나는 일이어서 내 사무실의 휴지통은 성냥과 다 타버린 양초 밑둥 뿐 아니라 젖은 휴지들이 수북하게 쌓이곤 한다. 여성들만큼이나 남성들도 많이 운다. 영성지도 밖에서는 살면서 이런 일들이 거의 일어나지 않았기 때문에 이 사실은 내겐 매우 놀라웠다. 나도 영성지도 밖에서는 거의 우는 일이 없지만 피지도자들과 나의 영성지도자와 함께 하는 시간에는 감동의 눈물을 자주 흘리곤 한다. 나는 이 사실을 여러 의미로 받아들인다. 눈물은 하나님을 향해 마음을 열었음을 표현하는 몸의 반응이다. 마음을 주거나 열게 될 때 눈물을 흘리는 것은 생물학자들의 설명으로는 우리의 몸이 독소를 배출하는 치유의 행위이다. 동생의 죽음에 대한 그랜트의 비애는 그의 마음 속 깊은 곳에 자리하고 있었고, 그가 마음을 하나님께로 열었을 때 그의 비애는 눈물이 되어 흘러 나왔다. 나는 이것이 하나님께서 베푸시는 치유 작업의 일부라고 믿는다.

성령님은 우리 안에서 말할 수 없는 탄식으로 기도하신다. 그리고 때로는 우리의 눈물을 통해 하나님의 역사하심이 표현 된다.[4] 영성지도를 배울 때, 우리는 "눈물을 따라가라"는 가르침을 받은 적이 있다. 눈물은 하나님께로 이끌림 받는 길을 알려준다. 나는 한 고전 심리분석가의 말을 기억한다. "모든 길은 로마로 통한다. 로마는 공격성이다." 이것을 영성지도에 적용해 말한다면 나는 이렇게 바꿀 수 있을 것이다. 로마는 하나님이고 그곳으로 인도하는 길들 중 하나는 눈물이다. 나는 피지도자들의 눈에서 눈물을 찾는다, 그리고 내 자신의 눈에서도 눈물이 차오르는지 주의를 기울인다. 그랜트의 슬픔은 그의 고통을 공감하는 나를 감동시켰다. 나와 다른 사람들의 눈물은 내가 눈여겨 보아야 하는 것이 무엇인지 알려준다. 비록 그것이 논리적으로는 대화의 흐름을 역행하는 것일 수도 있겠지만, 나는 눈물샘을 자극한 것으로 대화의 방향을 잡는다. 나는 상처를 건드리지는 않는다. 오히려 진실된 마음으로 인도하는 눈물의 길을 따르는 것이라고 말할 수 있다.

눈물은 종종 하나님의 은혜에 마음이 열렸음을 알려준다. 이 열린 마음은 연민, 긍휼한 마음을 불러 일으킨다. 이 단어는 거룩한 슬픔, 회한, 유감, 사랑하는 하나님의 진리의 빛에 비추어 자기 자신을 분명하게 보는 능력을 뜻하는 헬라어이다. 이것은 아마도 돌아온 탕자가 그의 아버지로부터 집에 온것을 진심으로 환대받을 때 경험했던 것임이 분명하다. 다윗의 시편에서도 우리는 이것을 반복하여 발견한다. "나의 유리함을 주께서 계수하셨사오니 나의 눈물을 주의 병에 담으소서 이것이 주의 책에 기록되지 아니 하였나이까?"[5] 눈물은 마음의 상태를 알려주는 것이고 하나님께서는 그것을 기록하신다. 그것은 씻겨짐의 표시이며 성령의 열매를 위한 여백을 만든다. "눈물로 씨를 뿌리는 자는 기쁨으로 단을 거둘 것"이라고 시편 기자는 노래한다.

사람들은 내 사무실에서 얼마나 많은 눈물이 뿌려지는지를 듣곤 놀란다. 또한 나의 동료들은 사무실의 닫힌 문을 통해 너무 많은 웃음이 터져나오는 것이 놀랍다고 말하기도 한다. 눈물과 웃음, 이 둘은 정서적으로 연결되어 있다. 우리가 하나님께로 마음을 열 때 우리의 핵심 감정은 건드려진다. 눈물을 흘리고 난 뒤에 우리는 긴장의 이완을 느끼고, 깊은 숨을 몰아 쉬면서 하나님의 사랑에 감사하고 현실을 받아들이고 자신을 내어 맡기는 일을 하게 된다. 마음의 짐을 내려 놓으며 웃음이 뒤따라오는 것이다.

때로는 그 마음의 짐이 묘비석만큼이나 무겁고 수년 동안 삶을 가로막고 있던 것일 수도 있다. 물론 훨씬 더 작은 문제들로부터 놓여나는 것일 수도 있다. 그리고 같은 문제에 연거푸 걸려 넘어지는 경우도 있을 것이다. 어떤 사람은 매일 아침 15분 동안 시간을 내어 기도하길 소망하면서도 며칠이 지나면 흐지부지 작심삼일이 되어 버리는 실패를 거듭해서 경험했다. 그리고 이 실패는 수치심의 근원이 되고, 아예 기도의 걸림돌이 되어 버렸다. 깊이 자기를 돌아보게 되면서 이 사람은 울면서 이 일을 고백했다. 나는 아기를 앉혀 놓으면 옆으로 몸이 점점 기울어지면서 마루바닥에 털썩 쓰러지는 모습을 그려본다. 처음에 아기는 크게 놀라고, 당황하고 아마 울음을 터트릴 수도 있다. 엄마는 곁에서 잘 살피고 있다가 "저런"이라는 말과 함께 다시 바로 앉힌다. 아기는 그런 엄마를 올려다보면서 "저런"이라는 말을 따라 하며 박수를 치기도 한다. 두 사람은 함께 깔깔대며 박수를 칠 것이다. 나의 영성지도자도 나의 고통스런 고백에 "저런" 하며 가볍게 그러나 분명하게 반응했던 적이 있었다. 그것은 나로 하여금 더 좋은 반응을 하도록 돕는 일종의 개입이었다. 나는 그녀의 이같은 온화한 개입과 미소를 통해 나의 회한의 눈물을 멈출 수 있게 된 것에 대해 고맙게 생각한다.

슬픔과 긍휼, 통회하는 마음의 표현뿐 아니라 선하심(하나님다우심)에 대한 반응으로 우리는 눈물을 흘리기도 한다. 수 년전에 나의 친구는 이런 말을 했다. 그 당시 그는 70 대였는데, 나이가 들어감에 따라 그는 슬픔 때문이 아니라 선함이나 기쁨의 표현으로 눈물을 흘리는 경우가 점점 더 많아진다고 했다. 필립 할리 Philip Hallie 는 원래는 개신교 농부들로 이루어진 프랑스의 한 농촌 마을 사람들이 나치의 손에서 유태인들을 구하는 감동스런 책을 쓰면서, 그 마을인 르 샹봉 Le Chambon 주민들의 이야기를 처음 접했을 때 느꼈던 감동을 이렇게 서술했다. 그는 수개월 동안 인간의 잔인성과 고문에 대한 연구를 한 나머지 결국 치를 떨지 않고도 그 사실들을 다룰 수 있게 되었다. 그러나 그는 이 마을 이야기를 연구하면서 경험한 것을 이렇게 전했다. "내 뺨 위에서 이상한 감각이 느껴지는 아주 곤혹스런 경험을 했다. 그 이야기는 매우 단순했고 사실적이어서 내 감정보다 이야기에 집중하기 쉬웠다. 그렇게 줄거리를 따라가면서 나치가 오래 전부터 박해해 오던 방법 그대로 하고 있다는 생각을 해 가면서 뺨에서 이질감이 느껴져 닦아냈다. 그런데 그것은 먼지가 아니라 눈물이었다. 그것도 한 두 방울이 아니라 얼굴이 눈물범벅이 되어 있었던 것이다."[7] 할리는 희생이라는 선함에 반응하고 있었던 것이다. 그가 인용한 키이츠 Keats 의 말처럼 "창살처럼"[8] 사람을 찔러 쪼개는 선함이었다.

우리는 이런 눈물을 십자가가 선 곳에서, 그리고 우리를 향한 그리스도의 위대한 사랑이 증거되는 곳에서 느낀다. 나는 그랜트의 이야기를 경청하면서, 그리고 그의 선함을 경험하면서 이런 찔러 쪼개는 듯한 창날이 뚫고 들어 오는 것을 느꼈다.

나는 그랜트를 알아갔다. 그리고 해류를 따라 열렸다 닫혔다 하는 말미잘처럼 하나님의 은혜가 만지는대로 그도 반응하고 있음을 보게 되었다. 영성지도를 하는 시간에도 그는 점점 더 마음을 열게 되었다. 그는 여전히 조용히 들어와 재킷을 접어 탁자 위에 올려 놓았지만, 촛불을 켜고 기도하기도 전에 말문을 열기도 했고, 웃기도 했다. 또 자주 나의 눈을 바라보며 말하게 되었다. 그는 말하고 난 후 내 반응을 기다렸다. 아직도 자신이 원하는 때에 "끝났습니다"라고 말하는 건 여전했지만, 그렇게 말하는 자신을 성찰하는 듯한 미소를 지으며 말하곤 했다.

나는 그랜트가 나를 신뢰하고 나의 실수도 용서한다고 생각한다. 그가 말하는 것의 의미를 내가 파악하지 못할 때면 그것이 무엇인지를 알려준다. 그리고 그의 질문에 대해 내가 모두 답할 능력이 없음도 받아들인다. 그는 말을 할 때도, 침묵할 때도, 하나님께 마음을 열 수 있도록 두려움으로 그를 초대할 때에도 나를 신뢰한다.

때론 영성지도 시간에 이런 말들도 편안하게 하게 되었다. "하나님이 지금 이곳에 안 계시는 것처럼 느껴집니다. 그리고 나 자신이 신학에 몰두하면서 스스로를 기만하고 있는 것은 아닌가 하는 의구심도 듭니다." 나는 이렇게 말하곤 한다. "이해가 됩니다." "당신은 지금 하나님에 대해 많은 것을 인식할 수 없다는 말씀이지요? 그래서 하나님께 대한 당신의 생각에 대해서도 의문이 든다는 말씀이네요." 하나님의 부재에 대한 인식을 다루면서 나는 그의 하나님 경험이 오르락 내리락 하는 것이었음을 생각하게 되었다. 그래서 그가 최근에 말했던 그 자신의 하나님 경험에 대해 다시 기억하도록 이야기 해주었다. 예를 들자면 이런 것들이다. "당신이 지난 번 이야기 했던 밤이 기억나네요. 그날 밤 당신은 하나님께서 아주 가깝게 계시는 것처럼 느껴졌다고 했지요. 마치 그분의 숨결을 느낄 수 있을 정도로 가깝게요." 영성지도자는 피지도자에게 기억이라는 선물을 더 오래 간직할 수 있도록 돕는다. 정서는 지형도와 같다. 우리는 살면서 현재의 골짜기에서, 이전의 골짜기들을 기억하고 미래의 골짜기들도 예측하게 된다. 그리고 그 길에서 오르막과 내리막을 기억하는 다른 사람들과 함께 계속 걸을 수 있다면 큰 도움이 된다.

나의 피지도자들은 하나님을 아는 경험을 내게 모두 말하며 나는 앞으로의 영성지도를 위해 그것들을 기억하고 저장한다. 일정표를 따라 실제적인 것을 추구하는 세상에서 하나님의 임재를 주목하고 그 주목한 것들을 오래 기억하는 일은 쉽지 않다. 이 사실은 극적이며 엄청난 하나님 경험에 있어서도 마찬가지이다. 영적인 경험을 표현할 수 있는 언어도 많지 않다. 그래서 우리들 가운데 대부분은 우리의 영적인 삶을 주일 예배, 식사 기도, 그리고 무엇이든 매일 혹은 일주일마다 혹은 계절별로 참여하는 의도적인 영적 훈련들로 한정시켜 놓는다. 그래서 우리에게 느껴지던 호흡이 사라지려 할 때, 즉 꽃 위에 이슬이 맺혀 있는 것 같은 찰라적 순간은 순식간에 사라진다. 그 경험은 매우 강렬해서 몇 초 동안은 우리가 그 표면에 머물 수 있도록 한다. 그러나 우리는 곧 평상시의 걸음걸이와 생각들로 돌아와 답습한다. 그러나 영성지도를 위한 나의 사무실이라는 묵상적 공간에서는 피지도자들이 마치 흐르는 물 속에 던져진 씨앗들처럼 그 이슬 위에서 경험한 것들을 기억하며 수 시간 혹은 수 일 동안 잠겨 있을 수 있다.

영성지도 시간 동안 그 거룩한 순간들은 물길을 따라 흐르다가 물이 잔잔하게 고인 곳에 이르면 수면 위로 떠오른다. 강어귀 후미진 곳에서 우리는 그것을 바라보고 크게 놀란다. 그랜트와 나는 여러 차례 이것을 경험했다. 이 일은 내가 그의 하나님 경험을 상기시킬 때 종종 일어나곤 했다. 우리는 이 일을 위해 거룩한 시간과 공간 속에 머물며 앞으로 나아가는 일과 감각과 감정의 경험을 멈추고, 말과 개념들 밑에서 물결치는 것들에 시선을 고정한다. 우리는 기억을 어루만지고 관찰하며, 그 향기를 마시고 그것의 결을 만진다. 감각과 감정을 따라가는 일을 멈출 때 실체는 걸러지면서 경험속으로 가라앉고, 더 깊게 기억과 몸 속으로 침전된다.

그리고 마침내 우리는 그 깊은 곳으로부터 떠올라서 하나님과 동행하는 피지도자의 삶의 경험들이 어떤 의미를 지니는지를 함께 깊이 숙고한다. 그것은 그 혹은 그녀의 삶이라는 천을 짜는 색실이었던 것이다. 이미 짜여져가고 있는 천에 새로운 색실을 더하는 작업인 것이다. 도스토예프스키의 카라마조프 가의 형제들의 마지막 부분에서 알리오샤는 "인생에서 좋은 기억만큼 더 고귀하고 강하며 더 온전하고 선한 것은 없다"라고 말한다.[9] 기억들, 특히 알리오샤가 좋은 기억들이라고 부른 "거룩한" 기억들은 우리를 선하게 만들어 가고, 우리 마음에 내주하면서 하나님과 함께 하는 삶을 가능하게 한다. 영성지도자들은 이런 기억들을 그저 흘려보내지 않도록 돕는다.

영성지도의 초기에 그랜트는 그의 삶에서 무슨 일이 일어나고 있었는지를 돌아보면서 나를 신뢰하며 경청하는 일을 했다. 물론 그가 전혀 하나님을 경험하지 못했다고 느꼈던 때도 있었다. 그가 동생의 죽음을 내게 말했던 그 때가 아마도 물꼬가 트인 시점이었을 것이다. 그는 그 이야기로 자주 돌아가지는 않았지만, 그것을 나와 나누어 가졌고 상호 관계 안에 함께 머무르게 했다.

영성지도가 2년째로 접어들면서 최근에 그랜트는 하나님께서 그에게 말씀하고 계심을 느끼게 되었다고 고백했다. 수 개월에 걸쳐 여러번 그런 일이 일어났지만 실제로 그에 대해 어찌할 바를 모르고, 그는 의식 밖으로 그 일들을 몰아냈다. 그는 그 일에 주의를 기울이려고 애쓰며 그와 관련된 경험들을 내게 말하면서도 적잖이 황망스러워 했다. 그것은 만져질 수 없는, 그리고 직장에서나 교회에서 만나게 되는 지인들에게는 말할 수도 없는 경험들이었던 것이다. 그는 더구나 신비한 경험을 추구하는 일에 사로 잡히는 것은 아닐까 염려하기도 했다. 그것은 그가 원치 않는 일이었다. 나는 그 점을 높이 샀다.

결국 그랜트는 이런 말들을 하게 되었다. "나는 내 가까이에 계신 그분을 느낄 수 있습니다. 그분은 내가 찾고 있던 그가 바로 자신이며, 나를 사랑한다고 말씀했습니다." 드문 드문 그는 이와 같은 음성을 어떤 특별한 때 특별한 곳에서 들었다. 그 경험을 전하면서 그는 자신의 경험들을 통해 전해지는 하나님의 메시지를 붙잡을 수 있도록 도와달라고 했다. 가끔 그 일들을 되뇌이면서 그는 내 앞에서도 같은 경험을 재경험했다.

우리들 중 많은 사람들이 하나님의 음성을 "듣는다"라고 말한다. 그러나 잘 생각해 보면 그것은 들을 수 있는 목소리가 아니었음을 인정한다. 아무도 그렇게 듣게 되지는 않을 것이다. 그것은 우리의 감각이나 상상을 통한 하나님의 현현인 것이다. 그것은 하나님을 아는 지식의 한 원천인 것은 분명하지만, 공동체, 성서, 전통 그리고 다른 사람들의 경험들과도 균형을 맞추고 비교하며 점검해 보아야만 하는 것이다. 그러나 하나님 경험은 매우 귀중한 것이지만, 그만큼 다른 것들에 비해 쉽게 놓치거나 사라지고 잊혀지는 것이다. 다메섹에서 홀로 빛을 보았던 바울처럼, 또 큰 광풍과 지진 그리고 불 속에서도 볼 수 없었던 하나님의 작고 세미한

"침묵과도 같은 소리"를 듣고 하나님을 만난 엘리아처럼 다른 사람들은 알지 못하는 것을 보고 또 알게 된다 하더라도, 우리는 영성지도라는 열린 공간 안에서 더욱 자유롭게 하나님께서 우리에게 어떻게 말씀하시는지에 주의를 기울일 수 있다.[10] 나는 영성지도 분야의 글들 가운데 특별한 기도 체험을 구하는 것은 안될 일이며, 그것이 하나님을 아는 지식이라 말할 수도 없다는 주장에 전적으로 동의한다.[11] 그러나 많은 사람들이 독특하고도 특별한 하나님 체험을 가지고 있으면서도 함구하고 있음 또한 알고 있다. 그런데 이들 경험들 가운데 많은 부분이 듣는 것과 관계있다.[12]

그랜트는 생생하고도 확고하게 그 음성을 들었다. 그럼에도 불구하고 우리 모두처럼 그는 하나님의 접근을 자신이 제어할 수 있길 원했다. 실제적인 근심들로 인해 그랜트는 기도를 할 수 밖에 없었다. 그러나 그에 대한 응답은 때론 불충분하고 좌절스럽게도 그가 원하는 요점에서 비켜나 있었다. 그는 때론 믿음이란 무엇인지 그리고 그가 기도 안에서 길을 잃은 것은 아닌지 의문을 품게 되었다.

우리가 지난 시간으로 돌아가 하나님의 임재와 말씀을 기억하게 될 때 의심과 불평은 힘을 잃는다. 그날의 불안을 만들어낸 원인들이 날아가 버린 것은 아니지만, 눈에 보이는 앞마당에서는 물러간 것이다. 우리는 황홀한 경험을 따라가며 억지로 그의 삶 가운데서 하나님 경험을 끌어내려 하지 않고 시간을 두고 함께 살폈다. 이렇게 하면서 그랜트 개인을 향한 하나님의 사랑을 인식할 수 있었던 순간들을 자주 떠올리게 되었다. 그리고 그의 일상의 삶에서도 좀 더 열린 마음으로 사랑하면서 살게 되었다. 그는 직장에서 그리고 아내와 자녀와의 관계에서 또한 교회의 사역에 참여하면서 하나님을 기억한다고 말했다. 그는 자신의 가장 개인적인 경험을 다른 사람들에게 말하는 것을 즐겨하지는 않지만,

그들 자신들의 존재의 근원이 되시는 토대가 있으며 그분을 우리는 신뢰할 수 있다는 사실을 알릴 수 있길 간절히 원했다. 나는 그랜트에게서 변화를 읽을 수 있었다. 그는 구원의 반석이신 그 한분과의 관계를 더 많이 인식하게 되었다. 그는 점점 더 편안 해졌고, 유머도 늘었으며 삶 가운데 만나는 사람들도 더 잘 돌볼 수 있었다. 그가 반석 위에 서 있음을 나는 볼 수 있었다.

그랜트가 하나님께서 옆에 계심을 계속 기억하며 거기에 잠겨 있을 때면 나도 그것을 느낀다. 그의 얼굴을 보며 그것을 알 수 있다. 그의 얼굴에서 치열함이 사라지고 온화함이 번지기 시작하면, 나의 마음 깊은 곳으로부터도 그것이 느껴진다. 아마도 이것은 그의 경험을 향한 나의 공감적 수용장치라고 말할 수도 있을 것이다. 나 역시도 직접 하나님의 임재를 마음에 새기고 있는 것이라고 나는 믿는다. 그랜트의 하나님 인식은 나 역시 하나님을 더 많이 인식하도록 만든다. 그리고 은혜의 빛이 비출 때 나의 불안이 그늘로 사라져 감을 보면서 그랜트와 같은 경험을 나눈다.

노트

1. http://www.footprints-inthesand.com
2. 고린도전서 6:19
3. 에베소서 2:19-22; 베드로전서 2:5
4. 로마서 8:26
5. 시편 56:8

6. 시편 126:5; Richard Foster, "Prayer of Tears," *in Prayer: Finding the Heart's True Home* (SanFrancisco: Harper SanFrancisco, 1992), 37-46 참조

7. Hallie, *Lest Innocent Blood Be Shed: the Story of the Village of Le Chambon and How Goodness Happened There* (New York: Harper and Row, 1979), 2-3

8. 전개서, 1.

9. Fyodor Dostoevsky [1880], *The Brothers Karamazov*, 번역 Constance Garnett (New York: Barnes and Noble Classic, 2004), 700.

10. 사도행전 9:4; 열왕기상 19:12

11. 십자가의 요한 John of the Cross, 아빌라의 테레사 Teresa of Avila, 데니스 에드워드 Denis Edwards 와 틸든 에드워드 Tilden Edwards 의 글 참조

12. Andrew M. Greeley, *The Sociology of Paranomal* (Beverly Hills, Calif.: Sage, 1975) 이 책은 미국 인구 가운데 많은 수가 초자연적 신비를 경험한다고 말한다. 나도 영성지도자로써 정신적으로 건강한 피지도자들로부터 비록 가볍긴 하지만 이런 경험을 듣는 경우가 꽤 있다. 이것은 내적 혹은 외적으로 의미 있기는 하지만, 평상적인 경험보다는 더 큰 의미를 지니지는 않는다.

3 푸른 초장을 기억함: 레아
Remembering the Pasture: Leah

어떤 사람들은 나를 찾아와서 그들이 전혀 하나님을 경험하지 못했으며, 하나님을 믿고 있는 것인지 확신도 서지 않는다고 말한다. 물론 영성지도자인 나를 찾아와 이런 말을 하는 것을 나는 충분히 이해할 수 있다. 그래서 나는 경청한다. 무엇인가가 이 사람을 나에게로 이끌었을 것이다. 그리고 나는 이 "무엇"이 하나님이라고 믿는다.

이것은 기독교 신앙의 주요 신조이다. 우리를 기도의 자리로 이끄는 분께서 하나님이시고, 그 하나님을 찾도록 만드는 분도 성령 하나님이시다. 그리고 우리 안에 살아계시면서 우리 역시 그 분 안에 거하도록 하시는 분은 하나님의 살아있는 말씀이신 성자 예수인 것이다. 이 사실은 인간 창조의 이야기에서 가장 생생하게 설명되고 있다. 하나님께서는 첫 인간을 하나님의 형상을 따라 그분께서 지으신 흙으로 빚으셨다. 그리고 하나님의 호흡으로 생기를 불어 넣으셨다. 형상, 형질 그리고 영은 모두 새 생명을 낳는 하나님께부터 말미암는 것이다. 그 영은 자유로운 생각, 의지, 선택 그리고 행동이 가능하다. 이 사실을 나는 영성지도 시간에 내 맞은 편에 앉은 사람들에게서 본다. 하나님께서는 이들이 미처 느끼거나 깨닫지 못할 때에도 줄곧 이들을 창조해 오셨고 영감을 불어 넣고 계신다.

레아는 졸업을 위한 프로젝트를 한창 준비하는 과정에서 나를 찾았다. 그리고 자신을 양육해 온 판단적이고 가혹한 기독교에 대한 비난을 즉시 쏟아부었다. 그녀는 그것으로부터 그리고 그 세계관이 배어 있는 자신의 가정으로부터 도망치기 위해 온 세계를 돌아다녔다. 이 젊은 여성은 마치 지친 병사같아 보였다. 눈 밑에는 다크서클이 어둡게 내려 앉았고 그녀의 금발머리는 헝크러져 있었다. 그리고 원래는 햇살에 반짝이는 복숭아 빛 살결이었을 그녀의 피부는 피곤함에 찌들어 칙칙하게 떠있었다. 그녀가 어린 시절 받았던 자신의 상처들을 이야기 할 때 그녀의 감정은 얼굴에 그대로 묻어났다.

"나는 하나님의 존재를 믿지 않습니다. 나는 결코 하나님을 경험해 본 적도 없습니다. 그나마 내가 들어왔던 하나님은 증오의 하나님입니다. 그리고 소위 기독교인들에 대해 내가 알고 있는 것은 잔인함, 혹독함이 전부입니다." 그녀는 거의 침을 튀기며 말을 했다.

그녀의 이야기를 더 많이 경청하면서 나는 그녀가 얼마나 혹독한 고통을 당해 왔는지 더 잘 알 수 있게 되었다. 그 고통들 중 대부분은 예수의 이름으로 행해졌던 것들이었다. 가끔 그녀의 슬픔이 그대로 전해져 오면서 나는 소리내서 울고 싶었다. 그리고 실제로 그녀와 함께 울기도 했다. 또 때론 그녀를 괴롭혔던 사람들을 향한 분노가 끓어 올랐다. 주님의 교회를 빙자해서 혹독한 상처를 안겨 주었던 사람들의 이야기는 증오심마저 불러 일으켰다.

예수님께서는 "진정한 예배자는 영과 진리로 아버지께 예배한다"[1] 고 말씀하셨다. 나는 레아의 슬픈 진리를 경청했다. 그리고 그녀가 성령 안에서 가지고 있는 소망과 어떤 경험 때문에 나에게 온 것임을 알게 되었다. 내가 사람들을 초대하는 공간은 그들의 진심을 발견하고 드러내기에 충분히 넓으며, 하나님에 대한 어렴풋한 지식을 탐색하기에도 충분히 깊은 곳임을 초대받은 사람들도 확인할 수 있도록 도우려고 나는 애쓴다. 나는 베드로와 다른 제자들이 밤새도록 물고기를 잡으려고 수고했던 그날 밤에 주님께서 바닷가에 서 계셨던 사실을 떠올린다. 이들은 매일의 생계를 위해 때와 땀에 찌들 수 밖에 없었다. 그것이 그들의 진리였다. 예수님께선 그들에게 더 넓은 곳으로 나가 망을 던지라고 하셨고, 그들은 순종하여 풍성한 수확을 얻게 되었다.[2] 그들은 산을 오르거나 성전으로 보내지지 않았다. 하나님께서는 그들의 현실 속으로 들어오셨고, 그들의 가능성을 탐색할 수 있도록 도우셨다.

나는 매일의 삶에서 흘리는 땀과 투쟁과 실망을 충분히 보여줄 수 있다. 그러나 나는 역경보다 더한 소망도 보여줄 수 있다. 그리고 더 큰 시각에서 볼 때 성령님을 언뜻언뜻 인식할 수 있을거란 소망도 가지고 있다. 나는 사라져 가는 듯한 거룩함을 향해 발돋움하며 손을 뻗는다. 나는 피지도자들 역시 이같이 할 수 있을 것이라는 기대를 갖고 있다.

레아는 푸른 초장에서 거룩함을 경험했다. 중서부 고원에 있는 한 농장에서 그녀는 자신의 상처받은 마음을 돌보며 지내곤 했다. 다섯 자녀 중에 장녀로 태어난 그녀는 부모가 농장일로 바쁘게 지내는 동안 동생들을 도맡아서 보살폈다. 그리고 제일 큰 남동생이 서서히 병으로 죽어가는 것을 지켜 봐야만 했다. 매일 아침 레아는 동트기 전에 일어나 소 젖을 짰고, 계란을 거둬서 동생들을 먹이고 머리도 빗기고 옷 매무새도 어루만져 학교로 보냈다. 낡은 스쿨버스를 타고 하교한 이후에도 그녀의 집안 돌보는 일은 다시 시작됐다. 그리고 짬짬이 여가 시간이 날 때마다 그녀는 너른 초장으로 행했다.

"그 초장에서 경험했던 평안에 대해 좀 더 말해 줄 수 있나요?" 나는 우리의 첫 만남에서 내가 들어야만 하는 것이 무엇인지 인식하면서 이렇게 조르듯 물었다. "나는 홀로 있었죠. 그러나 전혀 외롭진 않았습니다. 오히려 정반대였지요. 나는 가족에 둘러싸여 있지 않는, 나 홀로 있는 시간을 좋아했습니다. 학교에 있는 시간도 그랬지요. 마치 초장에 있는 것처럼, 내 자신이 되어도 좋은 시간이었지요. 그 이외의 다른 곳에선 난 마치 내가 아닌 듯, 부적합한 나로 느껴졌 습니다."
"마치 그곳이 진정한 당신의 집처럼 편하게 느껴졌다는 이야기 같군요."
"그랬습니다. 초장에 있을 때면 마치 집에 있는 것처럼 평안한 느낌이었습니다. 자유롭게 움직일 수 있었고, 심지어 노래도 부를 수 있었죠. 난 풀밭에 누워서 한낮의 온기를 머금어 따뜻해진 지열을 느낄 수 있었고 정말로 행복했습니다." 그녀는 어깨를 으쓱이며 자신을 안아주듯 팔로 감싸고 눈을 감은채 기쁨을 다시 느끼듯 천천히 몸을 좌우로 흔들었다. 내겐 그 모습이 마치 사랑하는 사람들에게 안기는 기쁨을 재연하는 것처럼 느껴졌다.
"그곳은 또한 다른 사람들을 돌보지 않아도 되는 장소였겠군요."
"네, 그곳은 부담도 없고 자유로운 곳이었습니다. 어린 아이가 될 수 있는 유일한 곳이었죠. 나는 그 이외의 모든 곳에선 어른이었습니다. 그러나 어른의 권리는 소유하지 않은 어른이었죠." 그녀는 이 마지막 말을 하며 나를 응시했다. 나는 그녀가 겪어온 고통을 인정하는 몸짓으로 고개를 끄덕였다.

그녀가 좀 전에 말한 그 빛과 자유를 다시 돌아 보도록 주의를 뒤로 돌리자, 레아는 마치 영화가 상영되는 듯 긴장을 풀고 물끄러미 천정을 쳐다 보았다. "내가 겉으로 드러난다기 보다는, 차라리 내가 되는 것과 같다고 말할 수 있을 것 같아요. 이해가 되실지 모르겠지만요." 나는 고개를 끄덕였고, 그녀는 말을 이어갔다.

"이거 아세요? 나를 진짜 괴롭혔던 것은 교회와 관련되어 있습니다. 교회에선 언제나 있는 그대로의 나로서는 받아들여질 수 없다고 말했죠. 특히 여성이라는 것 자체가 그 교회에선 뭔가 잘못된 것이고, 가부장적인 농경 문화에서도 다를 것은 없었습니다. 남성 중심의 세상에서 여성은 소리내어 주장할 수 없었고, 하찮거나 위험한 존재였죠. 그런 면에서 교회는 어떤 곳보다 더 악했습니다. 나는 강단에서 설교되는 하나님을 왜 구해야 하는지 알 수가 없었습니다. 그것은 온통 지옥, 불 그리고 하늘로부터 내리는 저주의 말들이었지요. 난 그것이 정말 싫었습니다." 그녀의 눈은 노기를 띠었다.

레아는 진리를 구분해 낼 수 있는 말씀에 대한 확신을 가지고 있었다. 나는 그녀의 말에 "그 교회에서 선포되는 것들을 당신은 믿지 않았다는 말이군요?"라고 확인했다.

"믿지 않았습니다. 지금도 믿지 않습니다. 그것이 옳지 않다고 생각합니다. 더 진실되고 옳은 것은 제가 초장 위에서 느꼈던 것들일 겁니다." 그녀는 내게 답을 요구하듯 쳐다 보았다. "그러니까, 당신도 하나님께서 그 초장에 계셨다고 말하는 건가요?" 그녀가 물었다.

"당신은 그렇게 말하려고 하는 것이지요?" 나는 그녀에게 같은 질문을 했다. 그녀의 직접적인 질문을 회피하려는 의도가 아니라 이 질문에 그녀가 직접 답해야 한다는 생각이 들었기 때문이었다.

"그렇게 생각하고 싶습니다. 그러니까 하나님과 함께 하는 것은 그처럼 자유롭고, 가볍고... 내 자신을 받아들이는 것 아닐까요?"

"그런데 그런 것들을 그곳에서 인식하고 느꼈다는 것이군요?"

"글쎄요, 조금 전에 마음 속으로 다시 그곳을 찾았던 그 때, 마치 누군가가 제 곁에 함께 있다는 느낌이 들었습니다. 내 자신에 대해 괜찮다고 느끼지 않았는데, 다른 누군가의 눈에는 괜찮다고 여겨지는 느낌이었습니다. 말 그대로 나 혼자가 아니란 느낌 이었죠."

"그렇군요... 다른 사람의 눈." 나는 그녀의 말을 반복했다.

"네, 아마 당신은 그것이 하나님이라고 말할 수도 있겠죠. 그런데 내가 이미 알고 있는 그 하나님은 아니었습니다. 적어도 교회에서 그리고 가정에서 배워 온 하나님은 아니었습니다.' 다시 그녀의 눈빛에서 노여움이 느껴졌다. 그리고 그녀는 다시 긴장을 풀고 이렇게 말했다. "그런데 그 초장 위에서 나는 외롭지 않았습니다. 혼자가 아니고, 사랑받는 느낌으로, 내가 지어진 그 모습 그대로 괜찮다고 누군가로부터 사랑받는 느낌이었습니다." 그녀는 말을 멈추고 잠시 쉬었다. "네 그렇습니다. 사랑받는 느낌이었습니다."

우리는 잠시 거기에 머물렀고, 그녀는 울었다. 그리곤 나를 쳐다보며 마치 생각을 털어내려는 듯 머리를 흔들었다. 그녀는 울다가 웃었다. 그리고 입을 삐죽이다, 찡그리다, 집중하느라 미간을 찌푸리기도 했고, 한숨을 내쉬며 긴장을 풀기도 했다. 또 이리저리 자세를 바꾸어 양쪽 다리를 번갈아 가며 꼬았다. 때론 양손으로 자신을 감싸안 듯 하고는 몸을 좌우로 틀었는데, 이것은 아마도 자신이 누군가에 안겨있음을 상상하며 취한 행동 같았다. 그것들은 변화무쌍한 정서의 만화경처럼 보였다. 레아와의 첫 영성지도를 통해 나는 많은 것들을 볼 수 있었다.

"와우!" 마침내 그녀는 감탄사를 내뱉었다. "이건 정말 놀랍네요. 난 그 초장에 관해서는 거의 잊고 있었습니다. 그러니까 나도 하나님 경험을 했다는거네요." 그녀는 양손으로 자신의 뺨을 치며 놀랍다는 표정을 지었다. 그리고 장난스럽게 "영성지도를 위해 당신을 만나러 와야만 할 것 같은데요"라고 말했다. 우리는 함께 웃었다.

나는 "와우!"라는 표현이 맞다고 생각했다. 이 억압받는 어린 소녀를 왜 하나님은 그 초장에서 만나주시지 않았겠는가! 왜 그녀가 사랑받고 있음을 알려주시지 않겠는가! 나는, 비록 종교적 가르침이 하나님과 그녀 사이를 가로막고 있었음에도 불구하고, 그들이 서로를 향해 발돋움 하고 있는 것을 볼 수 있어서 매우 기뻤다.

영성지도자로써 나는 많은 사람들이 자신들에게는 하나님 경험이 없다고 말하는 것을 듣곤한다. 그러나 나와 함께 앉아서 자신들의 삶에서 하나님의 흔적을 바짝 따라가다 보면, 그 길 위에서 대부분의 사람들은 하나님의 현존이 과거와 현재 모두에서 빛을 발하고 있음을 깨닫는다. 내가 증거할 수 있는 것은 누구라도 하나님의 발자국만 발견할 수 있다면 삶은 변화한다는 것이다. 결국 영성지도는 사람들에게 영적인 방사능 측정기를 달아주는 것이다.

하나님께서 이 세상에 현존하심을 믿고 다른 사람들도 그 현존을 찾아가도록 돕는 사람으로써, 나는 요한복음 4장의 우물가에서 예수님을 만난 사마리아 여인의 경험을 영성지도와 연관지어 설명한다. 예수님께서 그녀의 삶을 말하시자 그녀는 매우 놀랐다. 그녀는 자신의 죄뿐만 아니라 하나님을 알고자 하는 자신의 열망도 그분께서 알고 계심을 발견했다. 불현듯 그녀는 다른 사람들은 알지 못하는 것을 깨닫게 되었다. 예수님께서 하나님이시며, 우리가 아무리 불완전하다 할지라도 하나님께서는 신실하게 사랑하신다는 것을 알게 되었다.

사마리아 여인은 예수님의 계시가 너무 놀라워서 자신이 왜 우물가에 왔는지도 잊었다. 그녀는 물동이를 팽개치고 마을로 달려가 "내가 행한 모든 것을 내게 말한 분을 와서 보세요!"라고 말했다. 사마리아 주민들은 그들 스스로가 예수님을 찾아 나섰고 함께 이야기를 나누기 원했다. 마침내 그들은 사마리아 여인에게 "우리가 믿는 것은 너의 말을 들어서가 아니라, 우리 스스로 듣고 그분께서 이 세상을 구원하실 자임을 믿게 되었다"고 말한다. 그리고 예수님께 이틀은 더 자신들의 마을에 유하시길 간청했다.[3]

이 사마리아 여인처럼 나도 삼십대의 어느 시점엔가 하나님께서 나를 알고 사랑하신다는 사실이 너무 강렬하게 느껴져서 나 역시도 물동이

(믿음의 영역 밖에 있는 나의 일)를 내려놓고 내 삶에서 더욱 더 깊이 하나님의 부르심을 느낄 수 있는 일을 찾아 다녔다. 나는 지금껏 가르치고, 글 쓰고, 교과 과정을 만들고, 영성지도를 하는 다양한 방법들을 통해 다른 사람들에게 "와서 보라"는 초대의 말을 계속하고 있다.

수 년동안 나는 눈을 뜨고 싶어하는 사람들을 만나왔다. 그들은 내 개인이 무엇을 보았는지 알려 할 필요도 없다. 그들은 스스로 볼 수 있기 원해서 나를 찾은 것이다. 그들은 하나님과의 관계를 배우고 가꿔간다. 그리고 그것은 나의 경험과, 혹은 좀 더 생동감이 있다면 레아의 경험과, 크게 다르지 않은 경우가 많다.

몇몇 비유들이 영성지도를 설명하기 위해 사용되고 있다. 그리고 그 중에 산파의 비유는 특히 강력한 비유로 여겨진다.[4] 영성 지도자는 새 생명이 다른 사람들 안에서 강하게 움직일 때 그들과 함께 하면서 도움을 주기 위해 온 힘을 기울인다. 우리는 신앙의 단계들을 배우고 잠재된 합병증과 적합한 비상 대처법을 배운다, 그러나 모든 탄생은 기적임을 우리는 증거할수 있다. 우리는 산고를 치르며 위험을 무릅쓰고 약속된 새 생명을 얻기 위해 기존의 생명은 죽임 당할 각오까지 하는 사람들의 곁을 지키며 함께 하는 것이다.

생명을 낳고 있는 사람들과 우리의 관계는 별스러울 정도로 유사하다. 그러나 그것은 정황과 시간 그리고 타자에게 초점을 두는 일로 제한된다. 그들은 성령 하나님과 개인적이면서도 성장하는 관계를 가지고 있는 것이지, 결코 지도자의 믿음에 의존하거나 관련되어 있진 않다. 레아와의 영성지도에서 경험했던 것처럼 그들의 예수님과의 만남은 지도자인 내가 경험하고 알고 있는 것들보다 훨씬 더 폭 넓고 다채로운 관계들이다. 산파들이 그래야만 하는 것처럼, 나는 단지 경외로움 속에 머물 뿐이다.

노트

1. 요한복음 4:23
2. 요한복음 21장
3. Sandra M Schneider, *Written That You May Believe: Encountering Jesus in the Fourth Gospel, rev. rd.* (New York: Crossroad Publishing, 2003) 그녀의 성경적이고 정황적인 분석을 통해 본문의 이야기를 이해하는데 도움을 받았다.
4. Margaret Guenther, *Holy Listening: The Art of Spiritual Direction* (Cambridge: Cowley, 1992). 영성지도를 아름다운 비유로 설명했다.

4 거울에 비친 얼굴: 데이빗
A Face in the Mirror: David

데이빗의 음성 메시지를 받고 나는 마치 오랫동안 그의 전화를 기다리고 있었을지도 모른다는 느낌이 들었다. 나는 그를 만나 본 적은 없었다. 그러나 그에 관한 소식을 꾸준히 들어왔다. 몇 해전에 그는 샌프란시스코 베이 지역의 한 큰 개신교회의 담임 목사직을 맡으며 이 지역으로 이사왔다. 그는 성공한 목회자였고 인기있는 기독교 강사며 저자였다. 그가 특히 내게 관심을 표시하게 된 것은 기독교 영성에 대한 그의 깊은 관심 때문이었다. 우리는 동일한 곳에 관심을 가지고 있었으므로 만남은 필연적이라 할 수 있었다.

그러나 나는 우리의 만남이 강연이나 세미나를 위한 상황에서 혹은 내가 교회 예배에 참석하므로 이루어질 것이라 기대했다. 나는 그가 영성지도를 받기 위해 전화할 것이라고는 결코 생각해 본 적이 없었다. 나는 그가 영성지도를 찾았다는 것이 인상 깊었고 내가 그에게 무엇을 제공해 줄 수 있을지 의아했다.

내 경험상으로는 목회자가 가장 지쳐있는 돌봄 사역자일 것이다. 지난 십년 전 정도까지만 해도 대부분의 목회자들은 남성이었다. 일반적으로 남자들은 여성에 비해 전문적인 돌봄을 찾지 않고, 여성들처럼 우정을 나누는 관계들도 별로 없는 경향이 있다. 그리고 교인들과도 윤리적 관계를 위해 일대일의 관계를 맺지 못하고 정서적으로 고립되어 있을 수 있다. 목회자란 본을 보이는 지도자, 경영자, 돌보는 사람 그리고 성자여야만 한다는 요구가 더해지면서 그 고립은 그들을 더욱 더 지치게 만든다.

몇몇 목회자들의 영성지도 사역자로써, 또 그들의 친구로써 나는 그들이 지나치게 많은 기대와 스트레스를 받는 공개적인 삶을 살고 있음을 알고 있다. 마치 작은 연못에 사는 큰 물고기 같다고 말할 수 있다. 그들은 명성이라는 짐으로 고통받고, 누군가의 시선과 소문을 항상 염두에 두고 살거나 평가받는 일로부터 자유롭지 못하다. 그들의 역할은 영향력이 큰 것이지만 동시에 완벽에 가까운 것을 요구 받기도 한다. 내 생각에 이 부담감을 가장 은혜롭게 다룰 수 있었던 목회자들은 작은 교회를 시무하면서 자신의 약점과 흠, 덕목과 잘못들마저도 모두 다 드러낼 수 있었던 사람들이었던 것 같다. 작은 교회의 목회자들 가운데는 그들의 사생활이 존중될 수 있고 교인들을 사역의 동역자로 섬기며 그들과 소통할 수 있는 사람들도 있다. 오히려 교인들의 수가 많아질수록 목회자와 교인들 사이의 관계를 멀리 만들거나 불편하게 만드는 대규모의 집회나 행사가 많아지고, 입원이나 장례식과 같은 위기 상담 이외에는 친밀한 만남을 가질 수 있는 다른 방법은 찾기가 더 어려워진다. 그리고 목회자는 실수를 저지르는 그 순간 낭떠러지로 추락하게 된다. 벼랑을 다시 기어오르는 일은 지극히 어려워진다.

데이빗과 나는 영성지도를 시작하기 한 주 전에 영성지도에 관한 이야기를 하려고 전화 통화를 했다. 그것은 단순히 약속을 잡기 위한 전화인데도 전화 교환원과 일정 관리를 맡은 직원들을 거쳐야 하는 쉽지 않은 일이었다. 나는 그가 이런 시스템 속에서 영성지도를 받기 위해 버클리까지 차를 몰고 오는 일을 자유롭게 해낼 수 있을까 걱정이 되었다. 데이빗이 내 사무실에 들어서자마자 한 요청은 이것이었다. "나는 당신의 지도를 원합니다. 방향을 알려주세요."

나는 데이빗에게 영성지도는 물론 방향을 정해주는 지시적인 면이 있지만, 그것은 가르침이나 훈계를 통해서가 아니라 주의를 어디로 돌릴지 보게 하는 것입니다. 두 방법 모두를 사용할 수는 있겠지요.[1]

"나는 어떤 것이라도 말할 수 있고 또 그에 대해 분명하고 진솔한 반응을 할 수 있는 사람이 필요합니다. 나는 당신이 내가 미처 깨닫지 못했다는 사실을 알고 불편해 할까봐 완곡하게 표현하지 않으셨으면 좋겠습니다. 그리고 나와 다른 생각을 가지고 있을 때에도 표현을 하지 않거나 숨기지 않으셨으면 합니다. 내가 가장 두려워하는 것은 자가당착에 빠지는 일입니다. 당신도 그렇게 하진 않도록 하겠습니다"라고 그는 선언하듯 말했다.

"좋습니다. 나도 최선을 다하겠습니다. 그리고 만약 내가 뒤로 물러서는 것 같이 생각되면 내게 솔직히 알려 주세요. 이것들을 기억하시면 좋겠습니다. 대화 가운데 나의 생각이나 느낌들이 알고 싶으면 편안하게 물어보세요. 그리고 그에 대한 당신의 반응도 알려주세요. 두 사람 사이에 숨기는 것 없이 가능한 한 솔직해 질 수 있길 바랍니다. 데이빗, 여기는 당신에게 신뢰할 수 있는 안전한 곳이 될 것입니다." 나는 첫 만남에서 누구에게나 하는 말을 그에게 계속했다. "이 방에서 말한 것은 이곳에 계속 남아 있을 겁니다. 그리고 누구에게도 당신이 영성지도를 받는다는 것을 알리지 않을 겁니다. 그러나 만약에 노인 학대, 어린이 학대, 존속살인이나 자살에 대한 언급이 있을 때는 다른 사람에게 도움을 요청하게 될 것입니다만, 그 이외의 것들이라면 이곳에서 말하는 내용들은 온전히 당신과 나 사이에서만 다루게 될 것입니다." 그는 내 미소에 한숨으로 답했다.

"네, 물론 그렇겠죠. 내가 원하는 것도 그것입니다. 나는 기도할 수 있는 공간, 오직 나와 하나님만 존재하는 공간을 원합니다. 내가 답을 가지고 있을 것이라 여기며 나만 바라보는 사람이 없는 곳, 그런 공간에서 내 자신의 믿음의 문제들과 씨름할 수 있길 원합니다. 내가 목사 데이빗이 아니라 그냥 데이빗 자신이 될 수 있는 곳이죠." 그는 눈물을 글썽였고. 나는 그의 삶이 얼마나 공적이고 관찰의 대상이 될 수밖에 없는지 공감하며 그가 지고 가는 삶의 무게를 느낄 수 있었다.

모든 지도자들은 관찰의 대상이 된다. 많은 사람들이 사귐으로 알게 되는 것이 아니라 단지 인식된다. 특히 영적 지도자들은 하나님께 대한 혹은 체험으로 직접 알게된 하나님께 대해 말하고, 그들의 삶도 성숙된 영성을 반영하는 예로 언급되기 때문에 모든 것이 노출되기 쉽다.

데이빗의 말을 들으면서 나는 비록 목사가 아니지만 그의 경험을 현실적으로 받아들일 수 있었다. 우선 우리는 비슷한 유혹에 빠지기 쉬웠다. 때론 곤혹스럽고 적대감을 가지고 있으며 조급한 경우에도, 우리는 그것들을 숨기고 거짓된 평안, 지혜 그리고 자비를 보여주기 쉽다. 우리는 다른 사람들에게 평가되고 도움을 요청 받으며 말을 해야만 하는 상황에 처해 있기 때문에 교만한 마음으로 과장되게 말하려는 유혹에 빠지기도 쉽다. 그리고 우리는 영적 타성에 젖어 행동하기가 쉽다.

데이빗과 함께 앉아 있는 동안 나는 하나님께서 내 삶 가운데 이 관계를 통해 새로운 날들을 열게 하실 거란 믿음을 갖게 되셨다. 데이빗을 돕는 문제뿐 아니라 하나님께서 나를 어떻게 변화 시킬지에 대한 기대도 갖게 되었다. 나는 그의 자기 기만을 보아야만 했으며 그것이 또한 나의 것이기도 함을 알게 되었다. 그리고 데이빗 안에 있는 사랑스런 성품을 발견하고 알게 되면서 내 안에 있는 그러한 것들도 사랑하라는 도전을 받기도 했다.

다양한 경험들을 통해서 나는 다른 사람들에게서 가장 부정적인 것으로 발견되는 것이, 받아들이기는 싫지만, 바로 내 안에 있는 것임을 알게 되었다. 내가 어렸을 때 학급에서 내 앞에 앉았던 친구의 팔뒷꿈치에 있던 커다란 흉터를 보고 소름끼쳤던 경험은 이 일을 매우 구체적으로 설명해 준다. 부풀어 오른 선홍 빛의 말갛게 비칠듯한 상처를 나는 이전에 본 적이 없었다. 나는 비위가 거슬리며 몽롱해졌다. 그 아이 바로 뒤에 앉아서 거듭해서 상처를 흘낏 흘낏 바라보며 겁에 질려서 무서운 환상에 사로 잡혔다.

몇 주 후에 나는 눈에 잘 띠지 않는 내 팔꿈치의 한 부위에서 뭔가 이상한 촉감을 느꼈다. 욕실의 거울에 비춰 본 결과 나는 그것이 내 앞에 앉은 친구의 흉터와 같은 것임을 알 수 있었다. 그 때 교실에서 느꼈던 공포감은 내 자신의 몸에서 느껴졌던 것이었다. 순전하게 몸으로 느껴졌던 인식과 충격에서 벗어나면서 이 발견이 주는 메시지가 있음을 깨달으며 소름이 끼쳤다. 그리고 그 깨달음의 전율이 내 안에서 생생하게 느껴졌다. 이같은 순전하고 구체적인 실물을 통한 가르침은 하늘로부터 내려오는 것 같다. 내 팔꿈치의 흉터를 발견하면서 다른 사람의 추한 상처로 말미암은 무서운 환상으로부터 해방되자 그 친구를 향한 긍휼한 마음도 내게서 흘러 나왔다. 이 어린시절의 경험은 내 의식 가운데 강렬하게 남아 있다. 그래서 다른 사람들 안에서 뭔가를 발견하고 혐오스러운 느낌이 올라 올 때마다, 나는 잠시 멈춰서서 내 스스로를 살피고 조심스럽게 행동하려고 한다. 이런 경험은 여러번 거듭되었고, 내 안에서 그것을 발견하는 일도 자주 있었다. 나의 강렬한 첫 경험은 그 후로도 계속 거울을 찾게 만들었다.

"켈로이드 keloid"는 헬라어로써 그 어원이 홈, 오점의 의미를 지닌다. 모든 인류는 어떤 종류든 홈을 지니고 있다. 그리고 영성지도에서 나는 내 영혼에 오점을 남기는 어두움을 대면하곤 한다. 피터팬과는 달리 우리 모두는 우리에게 그런 것이 있는지도 인식하지도 못할만큼 밀착된 그림자를 가지고 있다. 다른 사람들의 흠이나 그림자를 보는 것은 우리 자신의 것도 기억할 수 있는 기회가 된다. 나의 피지도자 데이빗은 그가 의도하지는 않았지만, 나를 비추는 거울을 들고 있었다. 그 거울 속에서 나는 보고 싶지 않았던 내 자신의 모습을 보게 되었다. 나의 분주함도 그것들 중 하나였다.

때로 피지도자들을 보면서 내면에서 뒷걸음질 치는 것을 인식함은 그 사람과 나의 관계가 시작됨을 알리는 첫 신호이다. 이 결속은 그 사람과 나 자신 그리고 하나님 안에 있는 미지의 것을 향해 마음을 연다는 신호이기도 하다. 그것은 위협적으로 느껴질 수 있다. 내 안에 있는 무엇인가를 온전히 받아들이지도 이해하지도 못하는데 그것을 다른 사람 안에서 희미하게 보면서 반응해야 한다면 그렇지 않겠는가! 나는 하나님께서 나를 도우셔서 그 사람을 사랑하고, 나의 부정적 반응이 걸림돌 역할을 하지 않고 오히려 나의 과도한 부정적 반응의 진짜 이유를 드러내 주셔서, 관계 안에서 앞을 향해 나아갈 수 있도록 해달라고 기도한다. 웬델 베리 Wendell Berry는 이것을 가끔 숲 속에서 무엇인가가 다가오거나 주변을 배회한다고 느껴져 두려워하는 경험에 견주어 묘사한다. 자신의 내면에서 두려워하던 것이 사라질 때, 그것으로부터 느끼는 두려움도 사라진다. 그 때 비로소 '그것은 노래하고, 나는 그 노랫소리를 듣는다."[2] 처음에는 나를 위협하던 관계들 가운데 어떤 것들은 결국 내 삶 속에 아름다운 선율을 가져다 주는 것이 된다. 그 선율을 타고 영성지도는 퍼져 나간다.

첫 영성지도 시간에 데이빗은 자신을 소개해 달라는 나의 요청에 이렇게 답했다. "나는 이미 수년 동안 심리치료를 받고 있습니다. 그래서 이곳에서 다시 반복하고 싶지 않은 이야기들도 있습니다. 내가 말하고 싶은 것은 하나님께로 가는 길을 막고 있는 걸림돌에 관한 것입니다."

내가 동의한다는 의미로 고개를 끄덕이자 그는 자신의 가족과 교회 회중들을 향한 책임감에 대해 말하기 시작했다.

"나를 짓누르는 책임감은 주로 돈과 관련된 문제에서 비롯됩니다. 나는 우리 가정에서 유일하게 생계를 책임지고 있습니다. 그리고 때론 나의 정규 수입으로는 충분하지 않기 때문에 수입을 더 늘리기 위해 컨퍼런스의 강연이나 수련회를 인도하는 일 등을 과외로 하고 있습니다. 나는 그런 일을 할 수 없을까 봐 걱정을 하곤 합니다. 그리고 비록 집에서 아이들을 키우며 전업 주부로 가사 일을 하는 아내를 지지하면서도 가계 부담을 나 혼자 져야만 한다는 사실에 때론 화가나기도 합니다. 물론 아이들을 키우는 것 보다 더 중요한 일은 이 세상에 없을 것입니다. 희생을 필요로 하는 거룩한 일이기도 하지요. 그리고 제 아내는 그 일을 정말 훌륭하게 해내고 있습니다. 그런 엄마를 둔 우리 아이들은 정말 행복한 아이들입니다. 난 그 아이들이 다 자란 후에 그녀를 인정하고 고마워 할 것임을 압니다." 그는 강한 어조로 말했다.

데이빗은 열정적으로 이야기 하다가 돌연 말을 멈췄다. "제 말은 모두 진심입니다. 그러나 말하면서 나는 공적인 나로 목사나 교사로써의 나로 돌아감을 느꼈습니다. 나는 내 아내가 전업 주부의 길을 선택한 것에 대해 동의하면서도 그로 인해 내가 떠 안게 된 재정적 부담감에 대해 담담하게 이야기 하려고 했습니다. 그리고 그 가장으로써의 책임감에 교회의 담임 목사로써의 책임감까지 더해지면서 외로움마저 느껴졌습니다. 그것이 내 완벽주의를 더 강화시킨 것 같습니다. 나는 가계 재정이 잘 돌아 가도록 하기 위해서 어떤 일도 그르치면 안됐습니다. 이해가 되시는지요?" 그는 열정적으로 말을 쏟아 놓을 때보다는 좀 더 부드러운 모습으로 고개를 갸우뚱 하고 내게 물었다.

"네, 물론이죠. 집에서든 직장에서든 재정적인 일로 가장 큰 책임감을 느낀다는 말씀이시지요. 그리고 그 일들로 인해 외로움도 압박감도 느끼실거구요. 그 일로 하나님과 당신 사이에 걸림돌이 놓였다고 생각하시는 건가요?" 나는 그가 하나님에 대한 이야기까지 할 수 있길 원하며 대답했다.

"네, 맞습니다. 그러나 왜 그런지 확실히 모르겠습니다. 우선 그것을 다루는 것은 어떨까요..." 그는 양 미간을 찌푸리며 자신의 신발을 내려다 보았다.

잠시 후 그는 다시 고개를 들었다. 그는 감정이 북받쳐 오르는 것처럼 보였다. 나는 놀랐다. "깊은 곳을 만지는 건 분명하네요. 난 절대로 울지 않는 사람인데요..." 그는 당황하면서 계속 신발을 내려다 보며 속 마음을 털어놨다.

휴지통을 건네주며 나는 데이빗에게 무엇이 그렇게 깊은 울림을 주었는지 말해 달라고 했다.

그는 얼굴을 닦고 말했다. "자신을 고발하는 것입니다. 나는 불평한 일로 죄책감을 느꼈고, 그럼에도 이 일을 가지고 하나님께로 돌아서지 않았음으로 인해 더한 죄책감을 느꼈습니다. 언제나 이런 일들을 가르치는 사람이 이러면 안 되는거지요."

"불평한 것과 또 불평 안 한 것에 대한 죄책감인가요?" 나는 물었.

그는 우울한 표정으로 씨익 웃으며 "네"라고 동의했다. 그리고 잠시 숨을 고른 후 분발하듯 숨을 들이쉬고 계속 말을 이어갔다. "내 생각에 나는 건실하게 살아야 하고 분노하거나 힘들어 하거나 외롭다고 느껴서도 안된다는 근본적인 생각을 가지고 있나 봅니다. 나는 스스로에게 심하다 싶게 열중한 것 같습니다. 나는 내 마음을 하나님께 솔직히 말하기 원하지만, 그분께 고할 내 마음은 더 좋은 것이길 원하고 있는 것 같습니다. 다른 사람들을 위한 염려, 개인적인 감사 그리고 하나님을 사랑함 같은 선한 것들 말이죠. 이처럼 하잘것없는 자기 몰두로 마음이 소란스럽다는 것이 부끄럽네요."

나는 우리의 마음과 생각을 직면하는 것이 우리를 겸허하게 만드는 일일 수 있음을 인정하며 말했다. "네, 정말 그렇죠. 실망스러운 일이죠."

그는 한숨을 쉬었다. "역겨운 일입니다. 나는 내 삶을 객관적으로 바라보고 생각합니다. '친구, 속앓이는 그만두지. 넌 불평할게 아무것도 없어.' 그 생각은 잠시 날 정신 차리게 만들었지만 그리 오래 가지는 않았습니다."

"당신 스스로에게 꽤 엄격하시군요." 나는 확인시키듯 말했다.

"네, 네..." 데이빗은 한동안 아래를 내려다 보고 있었다. 그리고 다시 한숨을 쉬며 말했다. "나는 스스로를 거칠게 몰아세우는 편입니다. 당신의 말을 듣고 있자니 모두 다 새롭게 바꾸고 싶네요. 나 스스로에게 어떻게 말하는지 생각해 본 적이 없습니다. 스스로에게 동기부여하고 똑바로 행할 수 있기만을 원했습니다. 언제나 그래왔죠. 그리고 그것이 하나님께서 나에게 말씀하시는 것이라고 믿으며 노력해 왔습니다. 그러나 내가 폐쇄된 틀을 만들고 있었음을 이제 깨닫습니다. 하나님께 귀기울이는게 아니라 내 말을 하나님의 입에 넣고 있었던 거네요."

"그래서 당신 자신의 감정이나 하나님이 배제된 폐쇄된 틀에서 나온 거친 말들을 해왔던 것인가요? 갑갑하게 들리는군요."

"그렇습니다. 자유라곤 없지요. 나에게 동기부여할 사람이 나 스스로 밖에 없고, 또 나를 채찍질하는 사람도 나 자신이며 결정을 내리는 일도 나 혼자 해야 하는... 나, 나, 나. 이 말만 들립니다. 나나나나... 마치 옛 노래를 부르는 듯하죠?" 그는 흥얼거렸고 잠시 나에게 멋쩍은 미소를 짓고는 얼굴을 붉혔다.

데이빗에게 나는 어디서 그 "나나나"하는 곡을 주로 부르는지 더 얘기해 달라고 요구했다.

"당신이 '어디서'라는 말을 하니, "하나님 당신께서는 어디 계시죠?"라는 생각이 듭니다." 그는 잠시 침묵했다. "그리고 그 질문을 하면서 나는 산 밑의 안개 자욱한 곳에 있는 제 자신을 보았습니다. 산을 올라야 한다는 것은 알면서도 아직 등반로를 찾지 못해서 무거운 발걸음을 옮기며 이리저리 헤매고 있는 저는 앞을 볼 수도 없고 움직이기도 힘듭니다. 숨쉬기도 힘든 것 같습니다. '갑갑한' 이란 당신의 말은 아마도 이런 나의 상태를 나타내는 것 아닌가 싶네요.

데이빗은 침묵하며 이 이미지를 계속 탐색했다. "나는 올라가려고 애쓰고 있어요. 내 자신을 다그치면서요. 아마도 하나님께서 그 산 꼭대기 어딘가에 계시다고 믿는 것 같아요."

나는 하나님께서 계신 곳에 대해 어떤 이미지를 가지고 있는지 말해달라고 요청했다. "그곳에 앉아 계신다고 밖에 달리 드릴 말씀이 없네요. 거기서 그분은 나를 내려다 보고 계시죠. 그런데 안개 속에 있는 내게로 내려 오시진 않습니다. 멀리 계시고, 내 일에 관여하지 않으시는, 어찌보면 무정한 하나님이시네요... 기분좋은 이미지는 아니군요." 데이빗은 다소 풀죽은 모습으로 답했다.

"나는 하나님께서 산 밑으로 내려오셔서 나와 함께 하시며 채찍질도 하시고 그래서 모든 일을 나 혼자 하도록 내버려 두지 않으셨으면 좋겠습니다." 이렇게 강한 어조로 말하며 그는 의자의 양팔을 손으로 내리쳤다.

"화가 나신 것 같군요."

"맞아요. 화가 납니다. 왜 하나님께선 그 높은 왕좌에서 내려와 나를 돕지 않으시는 거지요? 잘못된 것 아닌가요?" 그는 의자 뒤로 깊숙이 고쳐 앉으며 팔짱을 끼고 시비조로 나를 쳐다보았다.

나는 그가 내뿜는 에너지에 사로잡혔고, 그와 동일시가 일어남을 느끼며 베다니의 마르다를 떠올렸다. 마리아가 예수님의 곁에서 말씀을 경청하는 동안 자신이 모든 일을 도맡아 하고 있음을 깨닫고 적의에 찼던 마르다의 심정이 느껴졌다.³ 예수님께서는 그 상황의 불공평함에 대한 언급도 없이, 게으른 마리아와 계속 대화를 하고 계신 것 아닌가! 생각이 끊어지지 않도록 하려고 나는 이렇게 반응했다. "당신이 음침한 곳에서 앞으로 나아가려고 무진 애를 쓰는 동안 하나님께서는 햇빛이 찬란하게 비취는 산꼭대기에 그냥 앉아 계시네요. 그 상황은 불공평하고 외롭게 여겨지구요. 하나님께서는 당신과 동행하셔야만 하는데… 데이빗, 그렇게 생각 하시나요?"

데이빗은 잠시 생각에 빠져들었다. 그리고 팔짱을 풀면서 말했다. "알겠어요. 어떻게 되어가는지 알겠어요. 아마도 하나님께서 내려오셔야 한다는 생각은 나의 것이고 최선의 길은 아닐 수 있겠죠. 내가 계속 올라가서 나를 기다리고 계시는 하나님께 다다라야만 하는 것일 수도 있겠네요." 그는 자신의 생각을 털어버리려는 듯 머리를 흔들었다. "그러나 그것이 나를 화나게 합니다. 나는 가능한 모든 일을 하려고 했습니다. 왜 내가 하나님께로 애써 올라가야만 하지요? 하나님께서 내려오셔서 나를 도우시면 안 되는 이유는 무엇이지요?

데이빗은 자세를 고쳐 앉았다. 좀 더 열린 자세를 취하고 앉아서 그는 천천히 그리고 조용하게 말했다. "나는 감정에 압도되지 않을 때는 하나님과 좋은 시간을 갖습니다. 짐이 무겁다고 느껴지지도 않고 분노하지도 않습니다. 그런데 지금은 그런 내가 아니네요. 진흙탕에 빠져있거나, 한치 앞도 보이지 않는 산 밑의 안개 자욱한 들판에 홀로 서 있는 것 같습니다. 나는 강해지고 싶지도 지혜롭게 넘어가고 싶지도 않습니다. 여기서 벗어나려고 애쓰고 싶지도 않습니다. 하나님께서 오셔서 나에게 팔을 내미시고 나를 끌어 올려 주시길 원합니다."

데이빗의 뺨을 타고 눈물이 흘러 내렸다. 우리는 다시 하나님께로 향해 애통하는 눈물을 흘리는 곳, 약점을 모두 드러내는 진솔함과 진정한 만남이 가능한 곳에 섰다. 나는 좀 전에 들었던 데이빗의 그 울음 소리를 다시 들을 수 있었다. "주님, 당신은 왜 이렇게 멀리 서 계신가요? 이토록 힘든 때에 왜 당신께서는 숨어 계신가요?"4 내 앞에 앉아 있는 데이빗은 시편기자 데이빗(다윗)처럼 그의 열망에 귀 기울이시는 하나님을 알아가기 시작했다. 과연 그는 마르다가 그랬듯이 자신의 짐을 내려 놓으라는 주님의 초대를 알아듣고, 그가 갈망하는 거룩한 사귐 안에서 쉼을 얻을 수 있을 것인가?

나는 데이빗이 상상했던 이미지에 빠져 있었고, 그 역시도 그 곳에 잠시 더 머물러 있길 원했다. "당신의 말을 들으며 내 마음에 감동이 밀려오네요. 잠시만 더 그 장면에 머물러 있을 수 있다면 우리가 어떤 감정을 느끼게 될지 궁금합니다." 그는 말없이 눈을 감았다.

나는 그의 이미지가 어떻게 바뀔지 짐작할 수 없었다. 그러나 그가 전에 위협적으로 느꼈던 죄책감을 내려놓고 하나님을 향해 마음을 열고 있음을 느낄 수 있었다.

우리는 한동안 눈을 감고 이미지 안에 머물렀다. 그는 점점 더 천천히 호흡했고, 나는 그가 잠든 것은 아닐까 생각하기도 했다. 나는 촛불을 바라보았다. 마침내 그는 몸을 움직였고, 나를 바라 보았다. 그의 얼굴에서 위안의 기쁨을 볼 수 있었다.

"흥미롭군요." 미소를 환하게 띠고 그는 소감을 말했다. 나는 기대감에 눈썹을 치켜 올렸다.

"나는 길게 자란 물기 머금은 풀섶과 진흙탕 길을 미끄러져 가며 천천히 무거운 발걸음을 옮기고 있는 내 자신의 이미지 속에 머물렀습니다. 하나님께서는 내게서 멀리 떨어져, 높은 곳에 계셨습니다. 내 자신이 애처롭게 느껴졌습니다. 나는 큰 압박감에 갇혀서 목 놓아 울었습니다. 음침하고 무서운 곳에서 한발 한발 무겁게 발걸음을 옮기는 내 자신이 불쌍했습니다. 긍휼한 마음이 내 안에서 전율했고 계속 걷는 일은 점점 더 어려워졌습니다. 결국 나는 진흙투성이가 되어 풀섶에 주저앉았고, 거기서 멈추기로 했습니다."

나는 그가 짙은 안개 속에 갇힌 어슴프레한 둔덕처럼 그려졌다. 그리고 레빈드라나트 타고르 Rabindranath Tagore 의 말을 기억했다. "언덕들은 다가갈 수 없는 사람들에 대한 절망스런 땅의 몸짓."[5]

"그곳에 앉아 있는데 마치 욕조에 몸을 담근 듯 속에서부터 몸이 따뜻해짐을 느꼈습니다. 얼어붙을 듯 추운 날 따뜻한 차를 마실 때처럼 몸이 녹는 느낌이었습니다. 내 자신을 불쌍하게 여기는 일에서도 좀 자유로와졌습니다. 있는 그대로 받아들이고 자기 연민에 빠져드는 자신을 정죄하지 않을 수 있게 된 듯 했습니다. 그냥 내 자신이 되는 것이 좋았습니다. 잘못 이끌려 온 내 자신을 사랑하는 것이었습니다." 데이빗은 온화하게 웃었다. "나는 그곳에 앉아서 쉼을 누렸고, 아주 많이 행복했습니다." 그는 마치 자신의 감정을 드러내듯 눈을 감은 채 양 손바닥은 하늘로 향해 무릎 위에 올려 놓고 행복한 표정을 짓고 있었다. 데이빗은 잠시 후 눈을 뜨고 허리를 펴며 자세를 바꾸어 앉았다. 그리고 이야기를 계속 이어 갔다. "그런데 갑자기 어떤 움직임이 느껴졌습니다. 찬 공기가 나를 스치는 느낌이 들었어요. 안개는 조금씩 옅어졌습니다.

그리고 나를 둘러싼 빛을 볼 수 있었습니다. 어둡고 침침했던 시야는 이제 환해졌고, 구름 사이로 나는 반짝이는 빛을 보았습니다. 그리고 그 반짝임 속에서 하나님을 보았습니다. 하나님께서 나와 같이 산 밑에 서 계신 것이 점점 드러났습니다. 하나님 윗편으로 안개가 짙게 깔린 산등성이가 보였습니다. 그분은 안개를 휘감아 올리셨습니다. 구름과 빛이 함께 드러났습니다. 대기는 생명으로 충만한 것 같았습니다. 하나님께선 유희하듯 웃으시며 빙글빙글 돌았습니다."

"아름답네요." 나도 그 장면을 상상하며 말했다.

"네, 전 그곳에 앉아서 바라보았습니다. 진정시키는 그 빛은 나의 고통스런 몸 위로 부어졌습니다. 그리고 마치 나를 소생시키시려는 손길처럼 느껴졌습니다. 지금 말하면서도 그 손길이 생생하게 느껴집니다. 몸은 가볍고 새로워진... 만족함을 느낍니다."

우리는 함께 그 상황 가운데 머물며 평안함을 느꼈다. 데이빗을 짙은 안개 속에서 구출하거나, 하나님과 다시 연합하도록 도울 수 있는 계획을 세울 필요가 없었다. 대화를 어떻게 이어갈지 생각하며 이야기를 꺼낼 때 내 위에 내려앉아 있던 안개가 걷히는 것을 느꼈다. 나는 데이빗이 자신이 사랑받도록 허용하는 것이 좋았다. 자신에 대해 연민을 느끼는 것이 하나님께서 자신의 곁에서 무엇인가를 하고 계신다는 사실을 인식하는 것보다 우선되야 한다고 생각했다. 그는 먼저 사랑스런 눈으로 자신을 주목해야만 했다. 그렇게 함으로써 하나님과 나누는 사랑의 경험을 가로막는 걸림돌을 치웠다.

또 다시 존 캘빈의 말이 생각났다. "자신을 아는 것은 하나님을 발견하는 데 있어 매우 유용한 지식이다."[6] 시편은 거듭해서 우리 스스로를 정직하게 드러낼 때- 기쁨, 슬픔, 감사, 분노, 햇빛, 진흙탕 속에 있는 자신- 우리가 하나님을 발견하게 된다는 사실을 보여준다. 하나님을 사랑하는 것과 자신을 사랑하는 것은 양자택일의 이분법적인 문제가 아니다. 데이빗은 그의 처지를 직면하면서 마음이 편해졌다. 그는 자신이 안개 자욱한 산 밑에 있다는 사실을 받아 들였고 그 일로 인해 자신을 채찍질 하는 일도 멈추었다. 데이빗이 보여주었던 평안한 자세는 폐쇄적인 자기 몰두로 인한 것이 아니었다. 하늘로 향한 그의 손바닥은 열린 마음과 기꺼이 받아들이려는 자세를 상징하는 것이었다. 진실로 그러했다.

나는 종종 피지도자들을 통해 하나님의 은혜가 내게로 전해지는 특권을 누린다. 그 은혜의 빛 안에서 내 자신을 아는 지식도 커져 간다. 그렇게 흘러온 은혜는 마치 달빛과도 같다. 그것은 태양빛을 희미하게 반사하며 부드러운 빛을 전달하는 달빛과 같다. 영성지도의 관계에서도 이와 흡사한 일이 종종 일어난다. 그러나 데이빗과의 영성지도에서 내게 전해졌던 빛은 매우 강렬한 빛 같았다.

노트

1. Phillips, "Considering 'Direction' in Spiritual Direction," Reflective Practice: Formation and Supervision in ministry 27 (2007): 105-99. 이 글에서 나는 영성지도가 어떻게 지시적인지 자세히 설명했다.
2. Berry, "I," Sabbaths (New York: North Point Press/ Farrar, Straus and Giroux, 1987), 5.
3. 누가복음 10:38-42
4. 시편 10:1
5. Tagore, "Fireflies," http://oldpoetry.com/opoem/show/33282-Rabindranath-Tagore-Fireflies
6. Calvin [1536], On the Christian Faith: Selections from the Institutes, Commentaries and Tracts: Knowledge of God and Ourselves Inseparable, ed. John T. McNeill (New York: Bobbs-Merrill, 1957), 4.

5 "왜?" 라는 질문을 망각함: 멜리사
Forgetting to Ask "Why?": Melissa

전화 응답기에 남겨진 목소리를 나는 잘 알아 들을 수 없었다. 어떤 여성이 천천히 한 음절씩 조심스럽게 말을 하고 있었다. 나는 그 음성이 누구인지 알 수 있을 것 같았다. 그리고 걱정이 앞섰다.

유능한 전문직 여성인 멜리사는 내가 알고 있던 교회 공동체의 일원이었다. 가끔 결혼식이나 다른 행사들에서 그녀를 만날 때마다 나는 내 마음이 모두 읽히는 듯한 느낌을 받았다. 물론 그것은 불쾌한 것이 아니라 그녀의 통찰력있고 이성적이며 지적인 자질로 인한 것이었다.

그녀는 어릴 때 끔찍한 사고를 당해서 휠체어를 사용하고 있었다. 그리고 말도 좀 어눌해졌다. 내가 걱정한 것은 바로 이것이었다. 나는 그녀의 말을 잘못 알아들어서 혹시라도 의도치 않은 모욕감을 안겨줄 수 있을 거란 두려움이 앞섰다. 그리고 그녀가 겪고 있는 고통과 아픔도 두려웠다. 그녀가 운명처럼 지고 있는 그토록 무거운 삶의 무게 앞에서 내 믿음이 무력해지지는 않을까 하는 두려움도 있었다. 더구나 이런 나의 두려움을 그녀 앞에서 숨길 수 없을 것이 분명했기 때문에 걱정을 하게 되었다.

내 사무실은 휠체어를 타고 들어올 수가 없었다. 젊고 건강한 사람들도 3층 층계 참까지 올라와서 숨을 돌린다. 그래서 촛불을 켜고 침묵하는 기도 시간은 하나님께로 마음을 여는 시간일 뿐 아니라, 숨을 고르는 시간도 되었다. 그녀를 그곳에서 만나는 일은 불가능했다. 다행히도 그녀는 내 사무실에서 그리 멀지 않은 자신의 집으로 날 초대해 주었다. 듣지 못하는 아들과 소통하기 위해 내가 수화를 배우러 다니던

학교에서 길 하나만 건너면 갈 수 있는 그녀의 집에서 우리는 만날 수 있었다. 이런 이유로 내 아들 앤드류는 멜리사를 만나는 첫 시간부터 내 맘 속에 항상 함께 있었다. 멜리사의 긴 팔 다리와, 마른 체형, 금발의 준수한 외모는 내 아들을 자꾸 떠올리게 했다. 그리고 그녀의 고통은 내 아들을 향한 감정인 슬픔, 사랑 그리고 감탄하는 마음을 모두 불러 일으켰다.

그녀의 집 앞에 미니 밴을 주차시키고 양초와 성냥을 손에 들고 문 두드리는 나를 바라보며 영성지도 배달 서비스라는 단어가 떠올랐다. 그녀는 자동문을 안에서 열어 주었고 나는 엘리베이터를 타고 그녀가 있는 층까지 올라갔다. 입구의 문이 열렸고 내가 들어갈 수 있는 공간을 만들어주기 위해 그녀의 휠체어가 뒤로 움직이는 소리가 안에서부터 들렸다. 우리는 함께 그녀가 주로 앉아서 생활하는 곳으로 들어갔다. 그녀의 탁자 위에 초를 올려 놓고 우리는 이야기를 시작했다. 나는 왜 초를 가지고 왔는지 설명하고 촛불을 켜는 것에 대한 그녀의 생각을 듣기 전까지는 불을 붙이지 않은 채로 두었다.

멜리사는 자신의 영성지도 경험, 교회에서의 관계들, 그녀의 결혼과 일 그리고 살면서 가장 고통스러운 것들, 오히려 그렇기 때문에 가장 하나님을 만나고 싶은 영역들인 그 고통에 대해 이야기했다. 그녀에게 믿음이 얼마나 중요한 역할을 했는지 그리고 교회 공동체에 헌신하고 성경공부와 기도의 훈련을 하는 것이 또한 얼마나 귀했는지도 말했다. 그녀는 하나님께서 남성성을 지닌 것으로 받아들여지는 것이 많이 힘들었지만, 그럼에도 불구하고 예수님을 진정으로 사랑하며 그분의 성별 때문에 그 사랑이 식지는 않았다고 말했다.

나는 영성지도에 대한 설명을 마치고 내가 어떻게 이 일을 하게 되었는지 그리고 이 일을 통해 그녀에게 제공할 수 있는 것은 무엇인지에 대해 설명했다. 멜리사는 내가 혹시 못 알아 들은 말이 있으면 자신에게 다시 물어봐 달라는 부탁을 함으로써 그녀의 말을 이해하지 못하면 어쩌나 걱정하는 나를 편안하게 만들었다.

우린 긴 시간 동안 편안하게 이야기를 나눌 수 없었다. 그녀는 이야기를 시작하고 얼마 안돼서 강한 어깨 통증을 호소했다. 의학적 돌봄을 받고 있지만 통증은 사라지지 않았다. 나는 그녀의 말을 더 잘 이해하려고 긴장했다.

"등이 아프시군요?" 내가 물었다.

"네, 이 때쯤이면 더 고통이 큽니다."

"멜리사, 정말 힘들겠어요. 진통 때문에 사람들과 잘 어울리지도 못하겠네요?"

"맞아요. 사람들이 동정하는 것도 싫어서 별로 말하고 싶지도 않구요. 당신은 아마도 내가 얼마나 많은 사람들로부터 동정을 받아 왔는지 짐작할 수 있을 겁니다." 나는 고개를 끄덕였다. "심지어 나를 모르는 사람도 나를 동정합니다. 동정하지 않는 사람들은 날 보며 감탄하곤 하죠. 사람들은 나를 보기만 하고서도 내 경험을 이해할 수 있다고 생각하는 것 같아요."

"그러니까 그들은 자신들이 당신을 이해한다고 여기는군요?" 나는 그녀가 한 말을 반복해서 옮겼다. 그녀는 고개를 끄덕였다. "아, 뭔지 알 것 같아요. 당신은 더 소외되는 느낌이겠네요." 이렇게 내가 잘 듣고 있음을 확인시키기 위해 그녀의 말을 되풀이 해서 확인하는 일은 이후로도 아주 여러번 반복 되었다. 이렇게 하므로써 내가 잘못 들은 것들을 바로잡을 수 있기 원해서였다. 그녀는 내가 정확하게 들었는지 여부를 알려주었다.

"물론 나를 잘 알고 사랑하는 사람들도 있습니다. 내 남편과 친구들이 그렇지요. 정말 좋은 사람들이에요. 그러나 그들에게도 나는 이 통증에 대해 말하기를 꺼려합니다. 그들의 관심이 내게 집중되는 것이 불편합니다. 이미 그들에게 많은 부분을 의존하고 있으니까요. 불쌍하게 보는 시선은 원치 않습니다." 성실함이 그녀를 더 외롭게 만든다는 사실이 놀라왔다.

"당신을 사랑하는 사람들이 당신의 통증에 대해 반응하는 것이 오히려 당신을 불편하게 만든다고 말하는 거네요."

"그렇습니다. 정말로 그렇습니다. 그러나 통증을 나만 알고 숨기는 것도 그들에게 부정직하며, 그들을 불신한다는 것으로 느껴졌습니다."

"그러니까 당신은 신체의 통증뿐 아니라 관계 속에서도 고통을 받고 있네요."

그녀는 웃었다. "어려워요. 그것을 어떻게 다뤄나가야 하는 것인지 모르겠습니다."

"당신은 가까운 사람들에게 당신의 고통을 솔직하게 드러낼 수 있으면서도 그들에게 의존하지 않고, 더 나쁘게 말하면, 그들의 동정심을 유발하지 않으며 할 수 있길 원하는 것처럼 여겨지네요." 그녀는 자신의 몸을 돌보기 위해 결정했던 의료적 선택과 그 선택의 뒤에 감춰져 있는 동기들에 대한 수치심을 숨김없이 이야기했다. "어찌 되었든 나는 내 자신의 죄에 대한 값을 치르고 있다는 느낌이 듭니다."

그녀의 말을 듣고 있자니 가슴이 아려왔다. 그리고 그녀가 내릴 수 밖에 없었던 최선의 의료적 결정에 대해 심하게 자책하는 부분에 대해서는 반발심이 올라왔다. "죄라고 말씀하셨는데, 그것은 하나님과 맺는 관계와 연관된 단어 아닌가요? 그 상황 가운데 하나님께 대해선 어떻게 인식하고 있었는지 궁금하네요."

"내가 내렸던 결정에 대해서는 하나님께서도 책망하시는 것 같습니다." 그녀는 슬픔이 가득한 눈으로 나를 바라보며 답했다.

예수님을 향한 멜리사의 사랑을 기억하며 나는 그 상황 속에서 느껴지는 감정을 그분께 가져가면 어떻겠냐고 권했다.

하나님을 비인격적인 존재로 여기기 쉽고 많은 사람들이 상상하기 힘들어 하므로, 나는 종종 예수님을 상상해 보라고 권한다. 어떤 사람들에겐 예수님께서 남성이신 것이 문제가 되기도 한다. 그러나 예수님의 인간됨과 성경 속에서 볼 수 있는 그분의 이야기는 그들이 그토록 소통하기 원하는 하나님을 떠올려 볼 수 있도록 돕는다. 그리고 많은 경우 피지도자들에게 자신이 지도 회기 동안 경험하는 감정이나 이미지를 가지고 침묵하며 머물러 보겠느냐고 묻곤 한다. 그러나 멜리사의 경우에는 상처입은 치유자이신 주님을 그녀가 상상하면서 경험하는 것을 보고 싶었다.

멜리사는 머리를 거의 무릎까지 닿게 숙이고 침묵했다. 나는 우리 사이에 어떤 분이 함께 하시며 그녀를 주목하고 계심을 느낄 수 있었다. 그분의 사랑스런 응시는 마치 정전기가 일어난 듯 살갗에 소름이 돋게 했다.

손수건으로 얼굴을 닦으며 멜리사는 나를 바라보고 고개를 끄덕였다. "좋아요." 드디어 그녀가 내 권고에 응했다. "예수님께서 바로 옆에 계시는 느낌이었어요. 나를 판단하지 않으셨죠. 날 사랑하실 뿐이었지요. 그런데 그 때 어떤 사건이 떠올랐습니다. 어떤 사람이 창 밖에서 놀고 있는 아이들을 볼 수 있도록 나를 도왔던 일이었습니다. 그리고 예수님께선 그들을 어떻게 여기실까 상상하도록 했지요. 난 따뜻한 그 사람의 사랑을 느낄 수 있었어요. 내 자신의 수치는 점점 줄어들어서 마침내 사라짐을 느꼈습니다. 정말로 좋았어요."

우리는 둘 다 그냥 앉아 있었다. 몇 분 후에 그녀는 감탄했다. "오! 왜 내가 이런 일을 겪어내야만 했는지 예수님께 여쭈어 보는 것을 잊었습니다." 우리는 웃었다.

멜리사의 이 기도 경험을 나는 마음에 간직하고 종종 떠올린다. 사람들은 내 사무실에 앉아서 "왜 삶이 이렇게 힘들죠?" "왜 하나님께서는 고통을 허락하시죠?"라는 말을 자주 한다. 나 역시도 그것이 알고 싶다. 나는 어린 아들이 침대에 누워 화학 요법을 받으며 암을 이겨내느라 고통 가운데 신음하는 것을 지켜봐야 하는 친구의 이야기를 들어야 한다. 이럴 때 나는 하나님께선 어떻게 우주를 운행하실 수 있는지 따져 묻고 싶은 생각도 든다. 그러나 멜리사의 경우처럼 하나님의 임재와 사랑에 녹아들어 질문도 비난도 잊게 되는 때도 있다. 흑암 속에 빛이 들어왔지만 어둠이 흔적없이 사라진 것은 아니다. 빛이 어둠을 뚫고 들어왔다. 멜리사라는 존재 자체가 내 자신이 가지고 있는 난제를 끌어냈다. 그리고 내가 그것들을 두려워할 필요도 없다는 것을 알게 되었다. 난제들 가운데 대부분은 내가 대답해야 할 것이 아니다. 정말 감사하게도 그것은 내 일이 아닌 것이다. 이 사실을 기억하자 평안이 찾아왔다. 그러나 이 사실을 잊게 될 때면, 마치 내가 하나님의 변호인, 옹호자 그리고 공적인 대변인이라도 된 듯이 하나님께서 심사를 받으시거나 난관에 봉착한 것 같은 상황에서 그분을 보호하려고 나서게 된다. 영성지도가 사람들을 하나님께로 나아가게 돕는 것임을 기억할 때라야 나는 하나님의 영과 진리 안에서 안도하며 평안할 수 있는 것이다. 그리고 멜리사의 질문뿐 아니라 내 자신의 질문도 내놓을 수 있는 충분한 공간이 생기는 것이다.

멜리사와 함께 하는 동안, 일상의 삶에서 하나님의 임재를 포착하고 받아들이는 그녀의 능력에 나는 깊은 감명을 받았다. 때론 그녀가 "오, 주님 왜죠?"하고 다윗, 욥 그리고 예수님과 마찬가지로 울부짖었지만,

그럴 때조차도 비난조의 "왜?"라는 질문을 던지지 않았다는 사실은 내게 깊은 인상을 남겼다. 또한 그 질문은 자신의 처지를 수용할 수 있다는 환상으로 덮어 버리거나 고통을 회피하려는 것이 아니라, 오히려 자신이 처한 상황과 하나님의 사랑이라는 진실에 대해 눈을 똑바로 뜨고 지켜보는 것이었다. 나도 역시 그렇게 하길 원하며 노력한다.

6 간절하게 경청하기 원함: 찰스
Straining to Listen: Charles

영성지도는 나와 매우 다른 사람들의 삶 속에도 임재하시는 하나님을 찾기 위해 억지로라도 머물러 있도록 한다. 멜리사는 나와 달랐지만 정서적 고리는 매우 튼튼했다. 그것은 내가 장애인들을 친근하게 느꼈기 때문만은 아니다. 가장 큰 이유는 그녀가 자신의 감정과 믿음을 표현하는 방식이 나의 것과 비슷했기 때문이다. 종종 내가 이해할 수 없는 신비함을 지닌 사람들이 내 사무실에 들어서곤 한다. 나는 그들에게서 흘러나오는 은혜의 불빛을 어렴풋이 알아차리며 따라가려고 하지만, 여전히 다른 사람들이 거룩한 경험은 손에 잘 잡히지도 않고 이해하기도 힘들다.

그러나 수년간 다른 사람들의 이야기를 경청해온 덕에 나는 인간의 삶 즉, 영성 안에서 무한할만큼 다채롭게 임재하시는 하나님을 볼 수 있었다. 최근에 이런 일에 대해 구체적으로 생각할 수 있는 기회가 있었다. 나는 얼마전에 입양한 열 살된 작은 개와 함께 조깅하고 있었다. 그동안 키우고 있던 백파운드나 되는 네 살짜리 골든리트리버도 나와 입양견을 앞서거니 뒷서거니 하며 즐겁게 우리와 함께 달렸다. 그런데 목줄을 매고 나와 함께 뛰던 작은 개가 지친 것 같아 숨을 고르도록 쉬게 했다. 나도 숨을 고르며 나무 그늘에 서 있었다. 그런데 그 때 내 시야 속으로 황제나비의 날개짓이 들어왔다. 그 강렬한 오렌지와 검정색 날개가 내 시야를 스치고는 사라졌다. 사방을 둘러봤지만 나비는 더 이상 눈에 들어오질 않았다. 그러나 내가 방금 전에 본 것이 무엇인지 나는 알았다. 그 나비에 대한 글을 읽었고 Pacific Grove 에 있는 나비 도래지를 방문한 적도 있다. 황제 나비의 날개 색, 움직임 그리고 형태를 알지 못했다면 내가 본 것이 무엇인지 몰랐을 것이다. 그리고 계속 산책길을 뛰었다면 그 아름다운 날개를 얼핏이라도 볼 수 없었을 것이다. 그러나 나는 멈춰섰고, 그 결과 순식간에 사라지는 황제 나비의 날개짓을 눈에 담을 수 있었다.

내가 이해하려고 애쓰는 피지도자들이 지닌 믿음의 경험도 마찬가지다. 우리가 함께하는 시간동안 나는 멈춰서야만 한다. 나는 기독교 신앙에 익숙하고, 성경이 매일의 양식임을 믿으며, 인간의 삶 가운데 하나님의 은혜가 다양하게 드러나는 것을 직접 보아왔다. 나는 피지도자에게서 볼 수 있는 신비의 날개짓이 아무리 순간적이고 미완성인 것일지라도 그것을 주목하여 놓치지 않길 원했다. 때론 이 일이 효력이 있어서 희미한 빛을 따라갈 때도 있었다. 지금 소개하는 찰스와의 영성지도 경험은 그것들 중 하나이다.

찰스가 처음 나를 찾아왔을 때, 나는 그를 알 수 없는 사람이라고 생각했다. 그는 30 대 후반으로 말이 없었고 자기 통제도 잘 했다. 그는 운동으로 다져진 매력적인 체구를 지녔으며 준수한 그의 얼굴에선 감정을 전혀 읽을 수 없었다. 나를 거의 쳐다보지 않는 눈과 변화가 없는 목소리는 도저히 그를 헤아려 볼 수 없도록 만들었다.

찰스는 영어로 소통하거나 교제하는 일을 가능한 피하려 했던 아시아 이민 가정에서 태어났다. 그의 부모는 찰스가 어렸을 때 이혼했고, 그의 어머니는 여러 직업을 바꿔 가면서 가계 수지를 겨우 맞춰가며 고단한 삶을 살았다. 그는 한밤중이면 찾아오는 배고픔의 고통과 다른 사람의 옷을 물려 입으면서 겪는 수치감 그리고 다른 사람들에게 자신의 삶을 결코 드러내지 않음으로써 오는 외로움에 시달려야만 했다. 그러나 어릴 때부터 믿음은 언제나 그에게 위로가 되었다. 그는 학교에도 성경책을 가져가 놀이터에 앉아서 읽었다. 나는 같은 또래의 남자 아이들이 소란스럽게 주변을 뛰어다니는 가운데 심각한 표정의 한 어린이가 성경책을 다리 위에 올려놓고 읽는 모습을 쉽게 그려 볼 수 있었다.

우리의 첫 만남은 긴 침묵들 사이에 내가 묻는 질문들이 간간히 섞이며 매우 길게 느껴졌다. 그리고 시간이 지나면서 찰스는 그의 "짝 찾기"에 대한 갈망으로 인해 나를 찾게 되었음이 분명해졌다. 초등학교 때부터 순종하는 그리스도인으로 줄곧 살아온 그는 매일매일 전심으로 여자친구를 구하고 있었지만, 한번도 사귀어 본 적은 없었다. 그는 때론 하나님께 짝을 달라는 간구의 기도를 한 자리에 앉아 수 시간씩 올리기도 했다. 교회의 친구들 사이에서 그는 모임 가운데 가장 경건한 삶을 사는 사람으로 알려졌다.

영성지도의 초기에 그는 자신이 출석하는 교회의 한 여성을 좋아한다고 말했다. "그녀랑 저는 아주 잘 맞는 짝이 될 것 같아요." 나는 그의 말이 재밌다고 말했고, 그는 좀 세련되게 고쳐서 말했다. "그녀는 강한 믿음을 가지고 있어요, 그리고 빈민자들을 위한 도심 사역에 헌신하길 원합니다. 그녀가 매우 존경스러워요." 나는 찰스의 이야기를 들으며 그녀에 대한 그의 감정을 인식할 수 없었다.

"마치 그녀가 장점들과 당신과 동일한 가치관을 가진 것을 알고 있다고 말하시는 것 같군요. 당신은 오랫동안 그런 사람을 찾고 있었네요."

"그러나 나는 하나님께서 그녀를 내게 보내주셨는지는 모르겠어요. 그녀도 나를 하나님께서 보내주셨다고 생각하는지 모르겠구요." 그는 건조한 어조로 말했다.

"그러니까 그녀와의 만남에는 하나님의 섭리가 있을 것이라고 생각하는데, 아직 그것을 알 수 없다는 거군요. 그런데 때론 우리의 가슴과 생각이 이런 일들을 말해주기도 합니다. 어떻게 하는 것이 올바른지를요. 지금 당신의 가슴은 무엇을 말하고 있는지 궁금 하네요."
그의 평온한 표정 뒤에 어떤 감정이 숨어있는지 몰라서 나는 탐색하듯 물었다.

"나는 기도하고 성경을 읽으면서 하나님께 대한 믿음을 붙잡고 있습니다. 제 짝보다 하나님께서 먼저 저를 찾아 오셔야만 합니다."

영성지도를 시작하고 일 년이 될 무렵, 여전히 감정을 표현하는 일은 거의 없었지만, 나는 찰스의 감정을 좀 더 읽을 수 있게 되었다. 그가 소리내어 가장 크게 표현할 수 있었던 감정은 이 여성이 관계를 이어 갈 수 없다고 이야기 했을 때 느꼈던 실망감이었다. 그녀는 그 뿐 아니라 찰스가 자신에게 너무 강렬하게 집중하는 것이 느껴지기 때문에 같은 공간에 있는 것도 불편하다고 말했다. 시간이 흐르면서 우리는 그의 실망감 저변에 하나님께, 여성들에게 그리고 그의 욕구가 좌절 되었다는 불의함에 대한 분노가 깔려 있음을 알 수 있었다. 그리고 결국은 하나님께 대한 그의 자로 잰듯한 순종이 오히려 그에게 짝을 데려다 주지 못함을 깨닫기 시작하면서 오는 괴로움 또한 감추어져 있었다.

찰스가 하나님께 분노하는 것을 바라보면서, 나는 마치 하나님을 대신하는 사람이라도 된 것처럼 연대 책임 같은 것을 느꼈다. 하나님께선 짝을 허락하지 않으셨다... 그리고 나와 영성지도를 하면서도 그 사실은 바뀌지 않았다. 찰스는 자신이 "독신의 은사"를 가지고 있을 수 있다는 가능성을 놓고 이미 씨름하고 있었다. 그러나 확신할 수는 없는 일이었기에 결국 남은 것은 그의 실현되지 않은 갈망이었다. 지혜자 솔로몬의 잠언처럼 좌절된 소망은 "마음을 상하게 하는"[1] 것이고 때론 "쓰라린" 것이었다.

우리는 일 년 이상 만난 후에야 이 쓰라림의 장소에 다다랐다. 그것은 바짝 마른 계곡과도 같았다. 수 개월이 어떤 생명의 증거나 미동도 없이 지나갔다. 찰스는 그가 소망하는대로 또 그가 노력 하는 만큼 하나님의 손을 움직일 수 없다는 사실을 직면해야만 했다. 그것은 공평하지 않았다. 그는 희생적이고 신실하고 부지런 했으며, 또한 오랫동안 고통을 받아왔다. 그를 아는 모든 사람들은 이 사실을 인정한다. 그는 저임금을 참으며 그가 좋아하지도 않는 직장에서 이 세상의 불의와 맞서 싸우기 위해 일하고 있다. 그리고 빈민자들이 사는 동네에서 사생활과 소음으로부터 보호받아야 할 권리를 철저히 무시하는 룸메이트와 함께 살고 있다. 그는 교회에서도 해야만 한다는 의무감으로 자신이 기뻐하지도 않는 많은 사역들을 위해 힘을 다해 헌신하고 있다.

찰스는 그의 상한 마음을 인정하고 직면하게 되자, 더 이상 자기를 박탈하는 삶을 계속할 수 없게 되었다. 수년간 지속해 오던 매일의 기도와 성경 읽기 시간도 중단될 수 밖에 없었다. 우리는 기도에 대해 이야기했다. 특히 하나님을 조종하듯 하는 것이 아닌 소통의 기도가 지닌 신비를 이야기했다. 그리고 소통을 위해선 말하는 것만큼 듣는 것도 중요함을 말했다. 그리고 다윗이나 예수님처럼 기도 가운데 정직하게 표현하는 것의 중요성도 말했다. 우리의 어떤 친밀한 관계에도 반응적이고 가변적이며 솔직한 표현이 요구되는 것처럼, 우리의 기도 또한 우리가 지나고 있는 삶의 계절, 우리의 감정, 지적인 이해 그리고 상상으로 인한 영향을 받음도 이야기 했다.

찰스는 여러 종류의 묵상기도들을 시도해 보았다. 렉시오디비나의 방법으로 성경을 읽으며 기도해 보았고, 짧은 성경 구절을 천천히 묵상적으로 반복해서 외우는 기도도 드렸다. 그리고 이 일들을 통해 하나님께 공간을 내어드리고 그에게 말씀하실 것을 소망했다. 그는 입으로 하는 간구나 짜인 기도 형식을 버리고 하나님의 임재의 공간을 만들기 위해 논리적인 생각을 비워나가는 향심 기도에 특히 마음이

끌렸다. 찰스는 룸메이트의 방해를 피하기 위해 귀마개를 하고 침대 위에 앉아서 기도하며 하나님의 음성에 귀기울였다. 나는 그가 작은 방에서 기도하는 모습을 상상했다. 그것은 마치 그가 어린시절 놀이터에서 그랬던 것처럼 성경을 다리 위에 얹어 놓고 하나님의 말씀의 의미를 구하고 사귐의 시간을 갖는 모습이었다. 이 그림은 예수님의 말씀을 상기시켰다. "너는 기도할 때에 네 골방에 들어가 문을 닫고 은밀한 중에 계신 네 아버지께 기도하라 은밀한 중에 보시는 네 아버지께서 갚으시리라."[2] 예수님께서는 개인 기도를 할 때도 중언부언하지 않도록 가르치셨다. 찰스는 바로 그 기도를 했다.

시간이 흐르며 나는 마음 깊은 곳에 있는 찰스의 감정이 그 자신과 나 그리고 하나님께 점차로 열리고 있음을 인식하였다. 그가 기도 가운데 경험한 하나님을 말할 때, 나는 그의 마음 깊은 곳에 고여 있는 물이 동하는 느낌을 받았다. 수 개월 동안 미동조차 없던 터라, 간절한 기다림 끝에 보게 된 그 움직임은 매우 강력하게 느껴졌다.

찰스는 친구로부터 한 수도원을 소개 받았고, 그가 경험하고 있던 묵상기도를 좀 더 알고 싶다는 갈망으로 일개월 동안 그곳에 머물기 원했다. 나는 그를 위해 추천서를 써 주었고 그가 그곳에 머무는 동안 그를 위한 중보기도를 계속했다. 그의 메마른 골짜기에 좀 더 생기가 넘치고 아름다운 색이 덧입혀지길 기도했다.

믿음의 삶은 돌아섬의 삶이다. 우리는 거듭해서 하나님께로 돌아선다. 나는 찰스가 자신의 소망에 대한 하나님의 무관심으로 인해 절망했음에도 불구하고 다시 하나님께로 돌아섰던 것에 큰 감동을 받았다. 우리 모두는 "들으라"는 부르심 그리고 "하나님 여호와를 구하라"는 부르심을 반복해서 받는다.[3] 때론 우리가 바라는 것들이 무참히 짓밟히는 절망의 시기에 이같은 부르심을 받기도 한다.

노트

1. 잠언 13:12
2. 마태복음 6:6
3. 역대하 30:19

7 온전히 살아있음: 짐 *Fully Alive: Jim*

짐은 예배에서 기독교의 종교적 언어를 사용하지 않는 교파에 속한 목사다. 이 교파에 속한 사람들은 영적 진리와 삶 그리고 기독교 전통의 종교적 교리를 최소화 한 공동체 예배를 추구하고 있다. 비록 교회적으로는 기독교에 뿌리를 두고 있지만, 지난 수 십년에 걸쳐 목회 방향은 정통 기독교 교리를 따르는 집단들로부터 소외된 사람들을 포용하고 교제를 확장해 가는 쪽으로 강화되고 있다.

이 교파의 사람들은 인도주의 성향이 매우 강하다. 그리고 다양한 현실적 방법으로 다른 사람들을 향한 사랑을 표명한다. 나는 내가 사용하는 믿음의 언어와 그들의 언어가 다름을 지적했지만, 이 시대의 그리스도인들이 사랑과 자비를 제대로 보여주지 못하는 현실에 견주어 볼 때 그들의 사랑과 정의 그리고 자선 활동들에 대해 큰 존경을 표한다. 짐이 영성지도를 위해 나를 찾아 왔을 때 우리는 각자 다른 전통에 속해 있음을 확연하게 인식했다. 그러나 우리는 함께 영성지도를 하기로 결정했고 그것을 통해서도 열매를 맺기 원했다. 나는 우리 두 사람의 삶 가운데 열매가 맺혔다고 믿는다.

짐은 보수적인 기독교 집안에서 성장했다. 그리고 십대가 되어서는 그들의 신앙이 너무 판단적이고 편협하다는 생각으로 그 교회를 떠났다. 그는 산업 현장에서 일했고 가족을 부양했다. 자녀들이 교회를 경험해야 한다는 생각으로 그는 자녀들과 함께 교회를 나가게 되었다. 그러나 종교적 편견과 오만에 빠지게 할 교리를 제외하고 영성을 개발시킬 수 있는 곳으로 여겨지는 배타적이지 않은 교회를 선택하였다.

매주 사랑과 생명의 성령님을 예배하면서, 짐은 교회 장의자에 앉아 종종 마음의 감동을 받고 눈물을 흘리곤 했다. 성령의 불꽃이 토기 잔에서 타오르는 심볼은 그에게 매우 강렬하게 다가왔고, 그 불 빛 안에서 그의 인류애는 더 깊어지고 확장되었다. 나는 그가 선사한 아름다운 성냥으로 사무실에 있는 초에 불을 붙이곤 했는데, 그때마다 짐의 불꽃에 대한 성찰이 내게서도 동일하게 일어나곤 했다.

그가 아내와 함께 교회 공동체 안에서 아이들을 양육하게 되면서, 그는 어떤 교단이 아닌 특정한 회중들 속으로 들어가 교제를 나누고 싶다는 생각에 사로잡히게 되었다. 마침내 짐은 직업을 계속 가지고 있으면서 신학교에 입학했고, 목회 사역과 돈벌이를 위한 노동 가운데 하나를 선택해야만 하는 상황에 다다랐다. 그리고 결국 아내의 축복 속에서 그는 목회자의 길을 걸을 수 있게 되었다.

짐이 처음 내 사무실을 찾았을 때는 전임 사역을 결정해야만 하는 시기였다. 그 이후로 여러 교회를 거쳐서 그는 지금의 교회에서 목회를 하게 되었다. 비록 종교적 용어를 사용하지 말아야 한다는 교회의 규제가 그의 설교를 위축시킨다고 느낄 때도 있지만 그는 자신의 일을 좋아한다. 그는 종교적 용어를 사용하고 성경을 회중에게 읽어 주며 하나님의 이름을 부르고 싶다는 생각도 한다. 그러나 그는 하나님이라는 말 대신에 "G-word (G 로 시작하는 분)"라고 말하곤 했다.

몇 해전, 그는 쫓기는 모습으로 좀 늦게 영성지도에 온 적이 있었다. 그는 내가 초를 켜자마자 말문을 열었다. "눌리는 느낌입니다. 할 일도 너무 많고요. 아버지도 편찮으셔서 돌보아야 하는데, 할 일은 매일 매일 쌓이고 늘 쫓기는 느낌입니다."

나는 그가 겪고 있는 스트레스와 의자에 앉아 긴장을 푸는 방법을 강조해서 짚어 주었다. 그는 구체적으로 이렇게 설명했다. "나는 압박감이 싫어서 하루 종일 침대에 누워 회피하려는 모습과 일 중독자처럼 일에 코를 박고 덤벼드는 모습 둘 사이를 오갑니다. 그런데 둘 다 잘못이라고 여겨지네요." 짐은 어쩔 수 없다는 듯 어깨를 으쓱했다.

나는 큰 소리로 의구심을 표현했다. "중간은 없는 거네요?"

잠시후 짐은 다시 침착해졌고 이렇게 답했다. "종종 내가 하는 일에 집중하기도 합니다. 걱정거리는 모두 잊고 당면한 일에만 열중하죠. 주로 누군가와 함께 할 때 그렇죠."

바로 내 앞에 있을 때 그의 모습이 그렇게 느껴져서 나는 물었다. "예를 들어 설명해 주실 수 있을까요?"

"글쎄요... 한달에 두세번 정도 저희 집에서 가까운 병원으로 목회심방 자원봉사를 하기 시작했습니다. 처음이라 주눅이 많이 들었죠. 환자들이 있는 병실에 들어서는 것조차 힘들었습니다. 때로는 복도만 오가다가 병실로 들어갈 용기를 내지 못하고 집으로 가버린 적도 있었죠. 다른 사람들의 고통 속으로 들어가는 것이 힘들었던 것 같았습니다... 그러나 용기를 내어 방으로 들어 갔던 적도 가끔 있었는데, 전혀 반응이 없는 환자들에게 말을 거는 방법부터 배워가야만 했습니다. 그리고 간호사들의 도움을 받아 조금씩 말을 뗄 수 있게 되었습니다... 조금씩 변화가 일어나기도 했고, 때론 그곳이 거룩한 공간처럼 느껴지기도 했습니다."

난 그가 편안한 가죽 슬리퍼를 신고 전혀 격의 없는 태도로 다른 사람들에게 자기를 내어주는 모습을 그려볼 수 있었다. 그리고 병원에서 있었던 일을 설명하는 짐의 말을 경청하며, 경외감으로 피부에 소름이 돋는 느낌이 들었다. 그 경외감은 매우 직접적으로 느껴졌다. 그가 도움이 필요한 사람들에게 자신을 내어주는 일을 설명할 때, 나는 그와 함께 거룩한 공간에 함께 있는 느낌을 받았다. 우리는 하나님의 영을 따를 때 소망과 경외심을 함께 느낀다. 나는 그것을 짐에게서 보았다. 나는 병원에서 그가 축성한다는 말을 들으면서 나도 마치 그곳에 있는 듯 했다고 말했다.

내 이야기를 특유의 겸손함으로 받으며, 짐은 대답했다. "내가 한 일은 단지 그것입니다. 고통 받는 사람들과 함께 하는 것은 큰 축복이지요. 그들과 함께 할 때 나는 거룩한 공간에 거합니다. 놀라운 일이지요."

"그리고 그들과 함께 하는 그 순간에 당신은 진정으로 그곳에 있는거네요? 피곤하지도, 일에 쫓기지도 않고요."

"네, 온전히 살아 있다고 느껴집니다. 내가 있어야 할 곳에 있다는 느낌이 맞습니다."

"놀라운 일이지요." 나는 그가 했던 말을 그대로 옮겼다. 짐은 잠시 그 때를 회상하며 앉아 있었다. 나는 그를 바라보며, 그의 불타는 눈빛을 바라보며 2세기의 초대 교부였던 리용의 이레니우스 Irenaeus in Lyon의 말을 기억했다. "온전하게 살아가고 있는 한 인간이 하나님의 영광이고, 인간의 삶은 하나님을 봄으로써 이루어진다."[1]

"네, 이 이야기를 할 수 있어서 저도 참 기쁩니다." 그리고 잠시 후 말을 이어갔다. "왜냐하면 이 일을 잊고 있었거든요. 이 일이 일어났을 당시엔 너무 강력한 경험이었는데, 교회 일과 문제들, 가족의 요구들 그리고 삶의 모든 문제들에 갇혀있었네요. 내가 부족하다는 생각만 하고 있었습니다. 아무리 일을 찾아 돌아다녀도 부족하다는 생각이 날 혹사했습니다. 그러면서 어디에도 온전히 전념할 수 없었던 것 같습니다."

"그런 것 같네요." 나는 그의 생각에 동의하고 다시 그 경험으로 돌아가도록 이렇게 제안했다. "그러나 병원에서는 온전히 살아 있다는 느낌을 받았군요. 그곳이 당신이 있어야 할 곳이었나요? 환자들과 함께 할 때는 어땠는지 말해 주실 수 있나요?"

"좋습니다. 지난 목요일에 나는 병원에 갔습니다. 심방을 요청한 사람이 있었죠. 그러나 그녀의 방에 들어가니 먼저 문병 온 사람이 있었습니다. 그래서 점심을 좀 일찍 먹어야겠다는 생각으로 병원 식당으로 향했습니다. 복도를 따라가다 보면 갈림길이 나오는데 곧장 가면 내가 의도했던대로 식당에 들어서게 될 것이고 옆으로 가면 중환자실로 들어서게 됩니다. 그런데 갈림길에 섰을 때 전 왠지 중환자실로 끌리는 느낌이 들었습니다.

나는 병실들을 들여다 보면서 뭔지 모를 기대감을 가지고 계속 걷게 되었습니다." 짐은 열심히 설명했다. "그리고 병상 곁에 열두 명 정도가 둘러서 있는 한 병실에 다다르게 되었습니다. 내가 멈추어 서자 그들은 일제히 나를 돌아다 보았습니다. 그리고 한 간호사가 내 팔을 잡고 말했습니다. '당신을 기다리고 있었어요. 마벨이 방금 숨을 거두었습니다. 그래서 그녀의 가족들은 함께 기도할 목사님을 찾고 있었습니다. 당신을 기다리고 있었다고요! 그래서 지금 막 카페테리아로 가려고 했습니다."

난 "놀랍군요"라고 말할 수 밖에 없었다.

"네. 정말 놀라운 일이죠. 나는 간호사에게 숨진 환자에 대해 물었고 그녀가 침례교인인 것을 알았습니다. 그것도 보수적인 침례교도였죠! 그래서 나는 가족들에게 잠깐 기다려 달라고 말하고서 원목실에 가서 성경책과 성공회 신부가 사용하는 기도서를 꺼내 들었습니다. 나는 예배 기도서들을 쭈욱 넘기며 임종 예배에서 사용하는 기도문을 찾았습니다. 그리고 성경 안에서 시편 23 편을 선택했습니다. 침례교인인 그녀를 위해 나는 그녀의 언어로 예배해야 할 것이라고 느꼈습니다."

짐과 마벨의 가족이 이룬 아름다운 연합과 마벨의 이야기에 끌려서 나는 "그녀의 언어를 사용하는 것"이 무엇인지 더 말해달라고 요청 했다.

"그녀의 언어로 말해야 한다고 느꼈습니다. 그러고 싶었습니다." 그리고 내 쪽으로 예리한 시선을 던졌다.

나는 그가 원했던 것이 무엇이었는지 말할 수 있도록 힘을 실어 주었다. 그러자 짐은 심호흡을 한번 하고 긴장이 많이 풀린 듯 말을 이어갔다. "그것은 긴장이 풀리는 듯한 느낌이었습니다. 사실 나는 사람들의 기분을 상하게 할까봐 두려워서 모든 종교적 언어를 빼고 말하는 일에 지쳐있었습니다. 그리고 내게 의미있는 단어들을 빼앗기고 있다는 생각을 했습니다. 그 단어들은 마벨의 가족들 에게도 의미있는 것일 수 있다는 생각도 들었구요."

"그 단어들이 무엇인지요?" 나는 그의 갈망을 따라가며 그 역시도 갈망할 수 있도록 초대했다.

"글쎄요, 나는 기도서를 읽으며 하나님께 기도 드릴 수 있었습니다. 나는 예수님께서 우리의 고통을 이해하시는 것에 대해 기도할 수 있었습니다. 시편 23 편은 '그가 나를 바른 길로 인도 하신다'고 말씀합니다. 이 말씀을 읽으며 나는 '그'라고 말하고 싶지 않았습니다. '**하나님**께서 나를 바른 길로 인도하고 계셨다고 느꼈습니다. **하나님**께서 그 방으로 인도하셨죠. 나는 카페테리아에 있어야만 했는데, **하나님**께서 사람들이 기다리고 있던 곳으로 나를 이끄셨습니다." 짐의 눈가가 촉촉해졌다. 나의 경외심은 계속 깊어져 갔다. 짐은 나를 바라보면서 몸을 앞으로 숙이고 들릴 듯 말 듯한 목소리로 "**하나님**은 사람들이 기다리고 있던 곳으로 날 이끄셨어요"라고 말했다.

우리는 침묵했고 촛불은 타 들어갔다.

"나는 복도에서 식당과는 반대 방향으로 돌아섰던 그 순간부터 **하나님**께서 함께 하셨음을 느꼈습니다." 그는 고백하듯 말하고 나를 쳐다보며 반응을 구했다.

나 역시 그에게 고백했다. "짐, 정말 감동했습니다. 하나님께서 당신과 함께하시는 느낌이 어땠는지 더 듣고 싶네요." 오랫 동안 짐은 하나님이라고 부르는 일도 거의 없었고, 그와 함께 하시는 하나님을 인식했던 경험에 대해 노골적으로 표현하지도 않았다. 나는 이 순간을 소멸시키지 않기 위해 숨을 죽였다.

"말로 표현하기는 어렵지만, 교회로 돌아오게 하시고 또 신학교에 입학하고 목회자의 길을 걸으며 지금 병원에서 자원 봉사를 하도록 **하나님**께서 줄곧 이끄셨다는 느낌을 받습니다. 따뜻한 온기와 흥분됨이 함께 느껴지네요. 친밀한 관계와 살아 있음이 느껴집니다. 침례교인을 위한 예배를 인도하는 것은 무서울 정도로 낯설었지만, 그 경험을 하면서 나는 온전히 내가 되고 또 마땅히 있어야만 할 곳에 있다고 느꼈습니다. 내가 하도록 정해진 일을 하고 있었고, 지금 당장 죽는다 해도 좋을 듯합니다. 난 이제 혼자가 아닙니다."

나는 말했다. "당신은 온전히 하나님과 함께 했고 당신의 참 자아와도 그리고 그 방 안에 있던 사람들과도 온전히 함께 했네요."

"네, 그 모든 것이 하나입니다. 그 안에서 우리 모두는 함께 연결되었습니다. 나는 그것이 은혜 안에 있는 관계일 것이라 생각합니다. 그리고 지금 이곳에서 당신과 함께 그 이야기를 나누면서도 그것을 인식합니다. 나는 그 따뜻함과 살아있음을 내 안에서 느낍니다. 내 머리카락이 삐죽 서는 것과 심장이 점점 빨리 뛰는 것을 느낄 수 있습니다." 이 같은 느낌은 내 안에서도 동일하게 느껴졌다.

짐은 눈을 감은 채로 침묵하며 앉아 있었다. 내 마음은 그에 대한, 더 나아가 인류 전체에 대한 감탄과 벅찬 희망으로 두근거리는 듯했다. 짐이 그 자신의 종교적 관습을 벗어놓는 것 그리고 벌거벗은 자신을 사랑의 도구로 다른 사람들에게 내어놓는 것에서 고귀한 어떤 것이 느껴졌다. 그는 그렇게 표현하진 않았을 것이지만, 내가 바라보는 관점에선 그렇게 느껴졌다.

영성지도에서 하는 일들 중에는 주의를 돌리도록 부드럽게 접근 하는 경우가 많다. 병원에서 짐이 하는 일들에 대한 대화를 나누는 중에 나는 그를 빛 가운데 세워두려고 했다. 그리고 내 그림자가 혹시라도 빛을 가리지 않도록 하려고 애썼다. 그는 환자와 환자의 가족들에게로 향할 때 은혜를 체험했다. 그는 여러번 그 은혜의 체험에서 돌아서서 내게 그의 삶 가운데 겪는 일들을, 예를 들면 일과 가족 사이에서 어떻게 균형을 유지해야 하는가와 같은 문제를 말하려고 했다. 그러나 나는 그가 내게 조언을 구하려는 대화를 뒤로 하고 그의 은혜 체험에 초점을 맞추고 그 중심을 향해 들어가도록 그를 밀어 넣으려고 했다. 나는 이것이 영성지도에서의 지도 곧, 방향 지시라고 생각한다. 나는 가능한 부드럽게 말하려고 한다. 나는 "빛이 저 위로부터 내려오는 듯 합니다"라고 말하며 그 빛을 가리킨다. 그러나 내 그림자가 피지도자의 시야를 가리지 않도록 할 것이다.

영성지도에서는 많은 신뢰가 요구된다. 나를 만나러 온 사람들은 나를 신뢰하고 나와 함께 하는 시간을 통해 하나님께서 일하실 것을 신뢰한다. 나는 다른 사람들과 맺는 관계 가운데 하나님께서 함께 하시며 선한 일을 이루실 것을 믿는다. 이 신뢰는 하나님께서 일하시는 방법과 상대하는 사람들에 대한 나의 편견을 내려 놓도록 한다. 복음서에서는 제자들이 예수님과 대화를 나누는 사람들에 대해서 황당한 반응을 하는 것을 반복해서 확인할 수 있다. 예수님께서는 여인, 어린이, 죄수, 문둥병자와 이방인 그리고 이교도와 이야기를 나누셨다. 그들은 모두 자신의 방법으로 예수님을 이해했고 그분을 불렀다. 예수님은 그들에게 말을 걸으셨고 그들의 이야기에 귀기울이셨다. 마치 짐이 마블의 가족들의 이야기에 귀 기울였듯이. 예수님께서는 그들이 무슨 말을 할지 미리 짐작하여 아는 척하지 않으셨다. 그분은 그들과 함께 먹고 그들을 영접했다. 나는 짐이 나눠 준 이야기로 인해 풍요로워지는 느낌을 받았다. 내가 만나는 각 사람들에게서 나는 그들의 경험의 편린들을 듣는다. 나는 하나님께서 그 작은 경험의 조각들 속에 임재해 계신다고 여긴다. 나는 그 임재를 인식하기 위해 경청하고 내가 주목한 것을 내어 놓는다. 그것이 언제나 쉽게 인식되는 것은 아니다. 짐은 나와 다른 종교적 언어를 사용한다. 그리고 아마도 내 제안을 공격적으로 느꼈을 수도 있다. 난 그것도 염두에 둔다. 그러나 하나님께서 그의 삶 가운데 계심을 신뢰한다. 그리고 마치 그가 사랑하는 사람들에게 했던 것과 마찬가지로 그가 하나님의 임재를 알리기 위해 사용하는 언어를 배우려고 한다.

짐은 병원에서 조심스럽고 선택적으로 그리고 진솔하게 성경의 언어를 사용하면서 하나님께서 그의 삶 안에서 차별을 철폐하고 통합해 나가시는 일에 순응했다. 그는 나에게는 낯선 은혜 체험에 대해 말하고 있었다. 그래서 내게 편안하고 익숙한 방향으로 이끌면서도, 그에게 생명을 주고 치유하는 은혜를 직관적으로 깨달을 수 있도록 신중해야 할 필요가 있었다. 마치 짐을 병원 복도에서 떠미셨던 것처럼, 나도 팔꿈치로 밀고 가시며 나 역시 그렇게 할 수 있도록 도우실 것이란 사실을 믿고 의지한다.

나는 병원에서 짐이 경험한 은혜 충만함과 하나님의 임재에 대한 이야기를 들으면서 우물가의 여인을 떠올렸다. 그녀는 마을로 달려가 예수님에 대해 전했다. 그분이 자신의 모든 것을 알고 계시며, 메시아일지도 모른다고 말하러 마을로 달려갔다. 그리고 마을 사람들은 그녀에게서 알게 된 사실이 너무 놀라워서 예수님을 만나러 그녀를 따라 우물가를 다시 찾았다. 변화? 새로 찾은 소망? 거룩하신 분을 뵈올 때 반영되는 광채? 그 마을 사람들처럼 나도 짐을 따라 그가 주님을 만났던 그곳으로 따라갔다. 그가 반영하는 기쁨의 광채에 감동하여서 그를 따라 나섰다. 그리고 사마리아 인들처럼 나도 나의 하나님을 만났다.

노트

1. Irenaeus [180 AD], Adversus Haereses, bk. 4, chap. 20:7 (http://www.newadvent.org/fathers/0103420.htm)

하나님께 안기다: 칼
God's Embrace: Carl

휠체어를 사용하며 뛰어난 지성과 통찰력을 지닌 여성인 멜리사만이 첫 만남에서 나를 두렵게 만들었던 피지도자는 아니었다. 피지도자 들과의 첫 만남은 중요한 의미를 지닌다. 그들에게 자신을 투사하거나 환상과 패턴 그리고 내 자신의 열망에 사로 잡혀 전이나 역전이를 경험할 수 있다. 이들 첫 만남은 자기를 다시 보게 하고, 기도나 심리치료 가운데 이미 해결했다고 여겨진 문제들을 드러내는 역할들을 해오고 있다. 실제로 삶의 경험들은 내 심층 심리 속에 숨어 있다가 새로운 관계가 시작되면서 드러날 준비를 하고 있다.

우리의 만남은 내가 한 유수의 대학에서 프로젝트를 진행하고 있을 때, 칼 역시도 자신의 전공분야 연구를 위한 약속 때문에 그곳에 왔다가 이루어졌다. 그는 나와 다른 세상의 사람이었고, 지적 으로도 매우 뛰어난 사람으로 여겨졌다. 우리는 둘 다 일류대 출신이었지만, 그는 경쟁적인 세상의 주류 학문 분야의 종신 교수직을 지녔고, 나는 신학교육과 영성지도 분야를 택해서 한 길을 걷고 있었다. 대학에서 그를 만나게 되면서, 나는 학문적으로 비주류 분야에 속해 있는 내 자신을 의식하게 되었다.

그를 두 번째로 만난 곳은 내가 영성지도를 가르치고 원하는 사람들에게는 영성지도를 하는 한 수련회였다. 대부분의 사람 들에게 영성지도는 처음 소개되는 것이었기 때문에, 대부분은 매우 궁금해 했다. 그러나 칼은 그 주말에 나와의 일대일 영성지도를 신청하지 않은 소수의 사람들 가운데 한 사람이었다. 나는 혹시 나에 대한 부정적인 인상이 그에게서 영성지도의 기회를 뺏어 버린 것은 아닌가 마음이 쓰였다.
평상시에도 나는 다른 사람들이 나를 부족한 사람으로 여길 거라는 상상에 빠지곤 한다. 특히 초보 영성지도자로써 올바로 하지 못하면 어쩌나, 도움을 주지 못하면 어쩌나 하면서 과도한 염려를 하곤 했다. 때론 피지도자들이 내 지도에 대해 분석하면서 부족한 부분을 찾고 있을 거라는 생각도 했다. 실제로 피지도자들은 자신의 진실을 말하는데 열중하느라 경청하는 사람을 판단하지는 않는다. 내 상상이 얼마나 비껴간 것인지를 칼의 영성지도 신청 전화를 받으면서 나는 다시 생각하게 되었다. 우리가 함께 했던 지난 몇 년 동안 나는 한번도 그가 나를 얕본다는 느낌을 받아본 적이 없었다. 오히려 그가 영성지도를 통해 도움을 받는다고 말할 때 그의 진실됨을 믿었고 존중하는 태도도 느낄 수 있었다. 나와 함께 하는 영성지도를 통해 그는 자신 안에서 일하시는 하나님을 기쁘게 받아들이는 것이 분명했다.
처음 시작할 때 칼은 그의 직업, 그가 출석하는 교회 그리고 독신 생활, 세 가지 문제를 다루길 원했다. 그는 그에 대한 변화를 원했으며, 무엇보다도 반드시 기도를 하면서 변화를 일궈가길 원했다. 그는 신중한 사람이었다. 그는 충동에 끌려 잘못된 길로 갈까 봐 걱정했다. 부분적으로나마 그 걱정은 중요한 결정을 내릴 때 하나님의 뜻을 분별하며 따를 수 있도록 서로를 신뢰하며 교제하는 모임을 결성하도록 만들었다.
"나와 함께 일하는 사람들 모두는 신실한 믿음을 가지고 있으며 성실한 삶을 사는 사람들임이 분명합니다. 그들은 어떻게 살아야 할지를 가르칩니다." 내가 수련회에서 본 바에 따르면, 그가 가깝게 지내는 그룹원들에 대한 그의 말은 의심할 여지가 없었다. 칼 역시 그들과 다를 것이 없었다. 그들은 예배, 연구, 사회 활동 그리고 하나님께서 어떻게 임재하시며 그들의 삶을 어떻게 지도하고 계신지 분별하는 상호 헌신적 삶을 위한 공동체를 결성했다. 그들은 같은 교회 교인들은 아니지만, 모두 교회에 출석하는 기독교인들이었다. 그들은 고학력자들로써 매일의 삶에서도 예수님을 따르려고 애썼다. 나를 찾아 오면서 칼은 그 공동체에서 하는 분별의 작업 일부를 외부로 가지고 오게 되었다. 나는 그것이 그에게, 하나님과 동행하는 그의 삶에 그리고 공동체에 속하는 것에 어떤 의미를 지니는지 알고 싶었다.

영성지도자와 기독교 영성학자들로 구성된 한 그룹은 최근에 다음과 같은 질문을 내게 한 적이 있었다. "영성을 추구하는 일에 교회적 공동체는 반드시 필요할까요?" 요즘처럼 개인화된 영성이 성행하고 공동체의 삶은 전반적으로 지지층을 잃어가는 때에 이 질문은 정말 중요한 의미를 지닌다. 나의 대답은 "그렇습니다"이다. 기독교는 공동체로의 부르심을 포함하고 있다. 예배, 교제, 제자도, 이들 모두는 역동적으로 성장하는 영적인 삶을 위한 모든 것이라고 말할 수 있다. 그러나 많은 사람들은 자신의 교회 공동체나 전통 으로부터 거리를 떼어 놓고 성찰할 수 있길 원해서 영성지도를 찾는다. 영성지도자와 피지도자가 공동체 밖에 있을 때 전통, 믿음, 조직의 질서 그리고 공동체의 실제를 바라보게 되며 개인의 하나님 체험과 종교적 삶이 얼마나 공감대를 형성하고 있는지 볼 수 있다.

영성지도자로써 나는 사람들이 공동체를 어떻게 경험하는지에 주의를 기울인다. 그리고 특정한 대인 관계나 교리들이 요구하는 것과 무관한 하나님과의 관계는 어떤지 탐색할 공간을 열어놓는다. 칼과 함께 하면서 나는 그의 공동체와 그곳에서 그가 차지하는 비중을 존중해야 할 것이라고 느꼈다. 그러나 그와 동시에 객관적으로 거리를 두고 성찰하도록 하며, 영적으로 도움이 되는 것과 도움이 덜 되는 것은 무엇인지 걸러가며 들어야 할 필요성도 느꼈다. 공동체는 구성원들에 대하여 관대하고 깊은 배려심을 가지고 지지할 수 있다. 그러나 경우에 따라서 그 돌봄은 움츠리게 하거나 한계를 느끼게 만들며 개인을 조종하는 잘못을 저지를 수 있다.

함께하는 시간이 늘어가면서 칼은 점차 분별 과제를 두 가지의 중요한 삶의 문제인 일과 결혼으로 바꾸었다. 그리고 분별의 과정도 공동체적 분별에서 혼자서 드리는 기도, 가까운 친구들과의 소그룹 모임에서 나와의 일대일 영성지도로 변화되어 갔다.

칼과 더 많은 이야기를 나누게 되면서 그가 원하는 것이 남편과 아버지가 되는 것임을 더 분명히 알게 되었다. 그러나 공교롭게도 그가 자신의 열망을 발견했을 때, 그는 결혼으로 연결될 것이라고 기대했던 관계를 상실했다. 가슴 깊은 곳에서 사랑을 열망하고 있었던 그는 상처를 입었다.

"그러니까, 당신이 결혼을 원한다는 사실을 사라를 만나기 시작할 무렵에 깨달았다는 것이지요?"

"네, 그 전에는 내가 진정 원하는 것이 그것인지조차 몰랐습니다. 그 전에도 결혼하길 원하는 다른 멋진 여성들과 관계를 가져 왔습니다. 그러나 내 편에서 결혼에 관심이 없었지요. 그런데 사라를 만나면서 나는 결혼할 준비가 된 듯 느껴졌습니다. 그래서인지 그녀와의 결혼이 힘들 수 있음을 알려주는 신호들을 간과했습니다. 친구들도 그에 대해 경고하려고 했지만, 저는 성급하게 결혼하는 것에만 몰두했고, 그 일을 성사시키기 위해 내가 할 수 있는 것들을 열심히 했습니다. 사라는 매우 냉정하게 관계를 단절했습니다. 그녀가 미묘하게 흘리는 부정적인 싸인들을 좀 더 일찍 눈치챘어야 하는데, 제가 그렇게 하지 못한 거겠죠."

"정말 고통스럽게 들리는군요. 당신은 그녀를 잃었고, 또 그토록 갈망하던 결혼의 기회 또한 잃은 거네요."

"맞습니다. 난 둘 다 잃었습니다." 그는 크게 한숨을 쉬었다. "고통이 마치 내 숨을 끊어 놓을 것 같아요."

이런 생각들을 나누면서, 나는 칼의 갈망이 선하다는 사실과 함께 그로 인한 고통 또한 받아들이게 되었다. 나는 칼이 이 상황을 놓고 기도했는지, 그리고 기도가 어땠는지를 물었다. 나는 종종 사람들에게 기도에 관한 질문을 한다. 그렇게 하는 이유는 영성지도에 오는 사람들이 하나님과의 관계에 주목하기 원할 것이며, 그 관계 안에서 말로 하든 비언어적으로 하든 혹은 밖으로 표현하는 것이든 수용하는 것이든 그 모든 소통은 "기도"라고 여기기 때문이다.

"나는 아직도 결혼을 갈망하는 것은 선한 일이라고 느낍니다. 마치 내가 그것을 원하는 것이 하나님께도 용납된다는 느낌이지요. 이런 관점 때문에 나는 하나님께서 나를 독신으로 살게 부르시진 않았 다고 느끼는 것입니다."

"그러니까 결혼을 하기 원하는 마음은 계속 있어 왔군요. 그리고 그 갈망이 올라오기 시작한 것은 사라와의 관계를 통해서구요?"

"그렇습니다. 나는 이것이 사라에 대한 감정이라고 생각했는데, 그녀가 떠난 후에도 여전히 남아있습니다. 좋은 감정은 맞는데 마음이 아프네요." 그는 주춤대며 말했다.

"그러니까 그 열망은 하나님께 받아들여졌지만 그 일로 인해 당신은 여전히 고통 가운데 있다는 말이군요?" 나는 물었다.

"나는 놀랐습니다. 처음에는 사라의 마음을 바꿔달라고 기도하고 있었는데 하나님께서는 내게 결혼에 대한 열망을 불어넣으시는 것처럼 느껴졌습니다. 그래서 나는 분명히 사라와 헤어지지 않는 것이 옳은 일이라는 판단을 한 것입니다. 그리고 하나님께서 사라의 마음도 바꾸실 거라고 믿었지요. 그러나 내가 마땅히 주실 것이라고 여겼던 말씀은 한 마디도 듣지 못했습니다. 사라는 마음을 바꾸지 않았고, 오히려 나로부터 또 우리의 관계로부터 더 멀리 떨어져 나갔습니다. 결국 나는 내가 원했던 것과 하나님께 구하려 했던 것들을 얻지 못했습니다. 그러나 하나님께서 고통 가운데 있는 제게 찾아와 주셨다는 것은 부정할 수 없는 진리입니다."

칼은 잠시 말을 멈추었다. 그리고 말을 다시 시작하기 전에 내 쪽을 예리한 시선으로 바라보았다. "설명하기 어려운데요," 그는 비밀을 털어놓듯이 속삭이며 말했다. "하나님께서 저를 안고 계시는 느낌 이었습니다."

나는 그의 말에 귀를 기울였고, 그는 또박또박 말을 이어갔다. "하나님께서 안고 계신 느낌이요. 나를 껴안고 지지하시고 위로 하시는 느낌이었습니다. 나를 감싸고 계신 하나님의 팔과 온기를 느꼈습니다. 나는 울음을 터트렸고, 하나님께선 나를 붙잡아 주셨습니다. 그 상태가 잠시 지속되었습니다. 그리고 그 상황이 끝났을 때 나는 녹초가 되었습니다."

나는 강한 팔에 안겨서 감사 드리는 그의 모습을 그려 보았다. 칼은 자신을 의지하며 책임을 다하는 사람이다. 어렸을 때도 그는 그랬던 것 같다. 더 이상 고통을 혼자 지고 있지 않아도 된다는 사실은 그에겐 안심 되고 기운을 북돋는 일이었다.

회기를 거듭할수록 하나님의 팔에 안겨 있던 잊을 수 없는 경험, 그 하나님의 사랑에 대한 칼의 근본적인 신뢰를 인식하는 것은 중요한 일이되었다. 그는 자신의 인생을 위해 옳다고 느껴지는 방향으로 용감하게 전진해 나갔고, 나는 종종 하나님께서 그를 붙잡고 계심을 상기했다. 이것은 그와 나누는 꺼지지 않는 하나님의 은혜의 불씨이다. 우리는 함께 그것을 향해 돌아섰다. 그리고 그의 이야기를 경청하며 나는 그 불씨를 내 인식 안으로 받아들였다.

하나님께 안기는 경험은 하나님께서 칼의 상상을 통해 일하고 계심을 알게 해 주었다. 그리고 그 상상은 몸으로도 경험할 수 있음을 알려주었다. 나는 그에게 떠오르는 이미지들의 개요와 그것의 움직임을 잘 탐색하라고 권했다. 이 이미지들은 비록 생소하게 느껴질 수는 있지만, 그가 소망의 끝자락에 서 있을 때 날아온 연애 편지와 같이, 그가 사랑받고 있으며 누군가 관심을 가지고 그를 지켜보고 있음을 전하는 하늘의 편지다.

길을 건너다: 존
Crossing the Road: John

그는 성경책을 의자 옆 마루바닥에 내려놓았다. 나는 초에 불을 붙이고 말했다. "우리가 불을 붙이는 것은 이곳에 있는 우리 둘 사이에 하나님께서 함께 하심을 기억하기 위해서입니다." 그는 눈을 감고 머리를 숙였다. 그리고 오랜 시간 조용히 기도했다. 그는 작업화를 신고 있었으며 청바지와 티셔츠를 입고 그 위에 폭신한 체크무늬 셔츠를 입고 있었다. 굽실굽실한 그의 머리카락은 샤워로 아직 젖어있는 상태였다. 그는 양손을 깍지끼고 몸을 약간 숙인채 기도했다.

나는 촛불이 타오르는 것을 보면서, 그가 나즈막히 기도하는 음성을 들었다. 그가 말하는 것을 모두 알아들을 수는 없었지만, 그가 예수님의 이름을 거듭해서 부르는 것을 들으면서 그가 마음의 변화를 간절히 원하고 있음을 알아차릴 수 있었다. 그는 "아멘"이라 말하고 나를 바라보았다.

"지금 깨달은 사실인데, 나는 줄곧 나의 사역에 대해 부모님과 이야기하려고 애써온 것 같습니다. 그들이 이해하지 못한다고 생각했죠. 어쩌면 나 역시도 이해하지 못했던 것 같아요." 그는 속 마음을 털어 놓았다.

그의 잿빛 눈동자가 응시하며 보내는 진지한 눈빛에 이끌려 나는 고개를 끄덕였다. 그리고 그는 말을 이어갔다. "내가 이제부터 말하려는 것은 제 사역과 관련이 있습니다. 월요일은 휴무일 이었는데 공장에 나와 달라는 전화를 받았습니다. 그리고 빌리가 금요일 밤에 교통사고로 숨졌다는 소식을 들었습니다. 그는 나와 교대 순번이 달랐기 때문에 그와 친하게 지내지는 못했습니다. 그러나 가끔 업무 일정이 겹치면서 퇴근 후 동료들과 어울려 놀게 될 때면 그도 함께 했었죠. 그는 무척 유쾌한 사람이었습니다."

빌리를 기억하는 것만으로도 존은 웃을 수 있었다. "그는 20 대 초반으로 좀 거칠었습니다. 그리고 준수한 외모의 동성애자 였습니다. 파티를 좋아했고 우리를 즐겁게 해주려고 과장된 동성애자의 모습을 통해 분위기를 띄우는 일도 마다하지 않고 했습니다. 그는 완전히 자기 자신이나 다른 사람들을 좋아하는 유형으로 확신에 차있고 따뜻하고 관대한 사람이었습니다. 유쾌한 사람이지요! 지금 그에 대해 이야기하면서도 나는 그의 죽음이 믿어지지 않습니다." 존의 눈에는 금방 눈물이 차올랐고, 뺨으로 흘러내리는 눈물을 대충 손바닥으로 문지르듯 닦아냈다.

존은 노동자의 건장한 몸 속에 온화한 영혼을 담고 있었다. 그의 손은 노동으로 인해 굳은 살이 베겨있었다. 그리고 티셔츠를 입으면 그대로 드러나는 근육질 몸매를 가지고 있었다. 그는 하나님의 부르심을 따라 목회 훈련을 받았으며 한 보수적 독립 교단에 속한 보수적인 교회에서 여러해 동안 시무했다. 그러나 교회의 정치적 기류에 밀려 사임을 하게 되었고 아직 섬길 교회를 찾지 못하고 있다. 그 자신 뿐 아니라 다른 사람들도 목사가 그의 천직이라고 여겼기 때문에, 지금의 상황은 그에게 매우 견디기 힘든 것이다. 그리고 아내가 가정의 재정을 주로 책임지는 것도 매우 불편했다. 그는 계속 목회하기 위해 교회에 지원서를 제출하면서 정원사나 지역에 있는 공장에서 계약직으로 일하고 있다. 그의 몸은 일을 하면서 더 단단해지고 강인해졌다.

나는 한 복음주의 신학교에서 영성 훈련을 강의하게 되면서 존을 처음 만났다. 존은 이미 목회 신학과정을 마쳤기 때문에 내 강의를 청강했다. 나에게도 그 신학교에서도 이 강의는 처음 개설된 것이었기 때문에 강의를 하면서 나는 학생들이 잘 이해하고 있는지 확신할 수 없는 경우가 종종 있었다. 그 때 존은 맨 뒷줄에 앉아 있었고, 강의 내용을 이해하게 되면 얼굴이 환해지곤 했다. 그런 그를 바라보면서 교재가 유용했는지 혹은 어떻게 표현하는 것이 최선인지를 나는 가늠할 수 있었다. 그의 반응은 나의 강의를 위한 방향 표지판과 같았다.

그 강의실에는 목소리를 아예 내지 않는 한 사람이 있었다. 그가 침묵하는 이유를 나는 알 수 없었다. 그리고 그의 침묵은 다양한 영성 훈련 후에 그 경험을 나눌 수 있도록 두 사람이 한 조를 짜야 하는 상황에 처하게 됐을 때 나를 매우 곤혹스럽게 만들었다. 그러나 그 때 존이 그에게로 끌리듯 다가가 경험을 글로 써 보도록 다독거리는 것을 볼 수 있었다. 두 사람이 한 조가 되어 나누는 것을 보면서, 나는 다른 학생을 존중하며 사랑스런 관심을 쏟는 존의 능력을 확인했고 그 온기 아래서 꽃처럼 피어나는 한 사람을 보았다.

존과 더 많은 대화를 나누지도 못하고 강의는 끝이 났다. 나는 그가 한 교회의 목회자며 그가 속한 교단의 대부분의 목사들과는 달리 묵상 기도에 많은 관심을 보인다는 사실 정도만 알고 있었다. 그러나 그의 얼굴과 사려 깊은 눈은 여전히 내 기억 속에 남아 아른거렸다. 그래서 그가 내게 영성지도를 받겠다고 전화했을 때는 목소리만 듣고도 아주 많이 기뻤다. 그는 목회직을 사임했으며, 이전의 역할을 넘어 사역을 확장함으로써 하나님과의 관계를 더 심화시키고 싶다는 이야기를 했다. 첫 영성지도에서 빌리에 관한 존의 이야기를 경청하면서 나는 그가 교회 예배당으로부터 얼마나 멀리 떨어져 나왔는지를 확인하고 크게 놀랐다.

그 예배당에서 빌리는 결코 환대 받는다고 느낄 수 없었을 것이다. 이제 존은 "온전한 목사"가 되었고 그의 사역을 통해 이 세상이 얼마나 큰 유익을 얻게 될지 알게 되었다.

빌리의 비극적 죽음에 얽힌 이야기를 듣고, 나는 "그가 멋진 청년이었고 아직 죽기에는 너무 젊다는 것까지는 알겠는데, 아직도 당신이 월요일에 왜 공장으로 불려 갔는지는 모르겠어요"라고 말했다.

"빌리를 위해 조촐하나마 장례 예배를 드리려고 하는데 내게 예배를 인도해 달라는 부탁이었습니다." 그는 의자에 앉아 불안한 듯 몸을 앞으로 숙이며 허벅지를 손바닥으로 치고는 놀랐다는 표정을 지으면서 머리카락을 열 손가락으로 쓸어 올렸다. "정말 뜬금없지 않아요? 그러니까, 제가 뭘 어떻게 해야 하는건지 모르겠더군요. 노동자들 중에는 교회 다니는 사람들이 아무도 없었습니다. 그러나 나는 그들과 삶의 중요한 문제들에 대해서는 대화를 나누곤 했습니다. 그들은 어려운 일을 겪을 때마다 나를 찾아와 얘기하곤 했죠. 빌리와도 사랑에 대해 이야기를 나눈 적이 있습니다. 온 마음으로 사랑 할 수 있는 사람을 그가 얼마나 갈망하는지 이야기한 적이 있습니다." 그는 한숨을 쉬었다. "그가 가고 없다는게 참 슬프네요."

나는 이야기에 공감했고, 그는 침묵하며 카페트를 응시했다. 나는 다시 그의 이야기를 끌어냈다. "마치 직장에서 특별한 역할을 감당하고 계셨던 것 같이 들리네요. 당신은 그들에게 상담가나 목사였던 거네요."

"그랬던 것 같아요." 존은 턱을 어루만지며 성찰하듯이 말했다. "그런데 이상하지요? 나는 시무하는 교회도 없고, 목사라고 불리지도 않는데, 실은 그전보다 더 목사 같은 느낌이 드는 것이요. 교회에서는 나 자신을 교사나 행정가 혹은 설교자나 지도자라고 줄곧 생각했던 것 같습니다.

그런데 이 공장에서 나는 목사인 것 같습니다. 나는 사람들의 마음에 있는 이야기를 듣고 그들은 내게 마음을 엽니다."

"그것이 어떻게 느껴지세요?"

"감동적이면서도 혼란스럽습니다. 나는 그들의 감정, 질문, 소망, 고백 그리고 그들 마음 속이 모든 것들을 신뢰합니다. 그러나 그 일 가운데 노골적인 하나님 이야기나 종교적 언급이 없기 때문에 이것이 목사의 역할을 하는 것인지 혼란스럽기도 합니다. 그들은 내가 기독교인인 것을 알고 존중해 줍니다. 물론 처음에는 나를 신뢰해야 하는지 확신할 수 없었던 것도 사실입니다.

"당신이 기독교인이기 때문에요?" 나는 물었다.

"네, 기독교인이며 목사이기 때문이죠. 처음에는 꽤나 많이 찔러 보곤 했습니다." 존은 부언하여 설명했다. "네, 처음에는 자주 놀렸습니다. 내 앞에서 맹세하고 '오! 당신 앞에서 맹세한 것을 용서해주세요'라는 식의 말들을 하곤 했죠. 퇴근 후에 한 데 어울릴 때는 내가 술을 마시는지 혹은 마시지 않는지 살피곤 했습니다. 그리고 내 앞에서는 편하게 말하지 않고 아주 오랫동안 말을 삼가며 지냈습니다. 아마 아직도 그런 면이 있긴하죠. 그러나 우리는 서로의 삶과 직장에서의 좌절과 성취를 나눌 수 있게 되었죠. 결국 시간이 흐르며 서로를 편하게 받아들였습니다."

"당신도 점점 편안해졌나요?"

"네, 시간이 지나면서요. 처음엔 나도 어떻게 반응해야 하는지 몰랐습니다." 존은 웃었다. 그 생각에 마음이 풀어진 듯 했다. "난 다른 사람들보다 훨씬 다양한 관계들을 많이 경험했다고 생각 했습니다. 그래서 다른 사람들과 관계 맺는 일을 이처럼 어려워할 줄은 몰랐습니다. 그들 가운데는 동성애자나 나보다 훨씬 많은 역경을 겪은 사람들이 있었죠. 그래서 그들에게 어떻게 반응해야 할지 막막 했습니다. 그러나 언제부턴가 그들을 신뢰하게 되었고, 그들을 사랑 한다고 말할 수 있게 되었습니다. 그들은 나와 가깝게 지내며 내 마음을 감동시켰지요. 난 진실로 그들을 좋아하고, 그들이 나를 좋아한다는 것도 알고 있습니다. 이렇게 될 수 있어서 큰 위안이 됩니다."

"당신이 그들에게 잘 대응할 수 있었다는게 안심되는 건가요? 마치 그 경험이 당신 자신에 대한 중요한 무엇인가를 드러내주는 것 같다는 생각이 드네요" 나는 그가 좀 더 탐색하길 원해서 이런 질문을 했다.

"맞아요. 당신 말이 맞아요. 나는 내 안에 있는 나를 모르고 있었습니다. 그런데 다행스럽게도 내가 생각했던 것보다 더 많이 다른 사람들을 수용하고 있네요. 그러나 처음에는 원래 내가 하던대로 그들을 대해야만 하는 건 아닐까 하는 생각도 했습니다."

존은 처음으로 교회 밖에서 사역을 시작하면서는 선한 삶이나 복음을 가르쳐야만 한다는 책임을 스스로 떠맡으려 했다. 그러나 그는 남을 가르치기 원하지도 않았고 그 일에 대한 부르심도 느낄 수 없었다. 그리고 목사로써, 특히 대중 목회를 하는 목사로써, 그에게 요구되는 종교적 권위를 지니고 있는지 스스로에게 물었다. 그리고 시간이 흐르면서 자신에게 부여된 권위로 할 수 있는 것들이 무엇인지를 알아갔다.

"나는 사람들에게서 어떤 반응을 이끌어 낼 수 있을지 짐작할 수도 없었습니다. 사람들이 마음을 열고 나를 신뢰할까? 아니면 내 믿음이 다른 사람들을 판단하는 것으로 여겨져 오히려 나를 멀리하게 만들진 않을까? 내가 자라온 교회는 항상 부족한 부분에 초점을 맞추어 정죄했습니다. 믿음이 없는 사람은 잃어버린 영혼으로 간주했죠. 믿음을 가진 교인들도 넘어지고 길을 잃기 때문에 하나님께 우리 자신을 거듭해서 드려야만 했습니다."

"나의 부모님께서 살고 계신 집의 다락방이 생각나네요." 존은 작심하고 이야기를 시작했다. "우리가 어렸을 때 그곳은 우리의 탐험지와 같았죠. 곰팡이 냄새가 나는 넓은 공간이었는데, 우리는 종종 죽은 다람쥐나 새 그리고 생쥐들을 발견했어요. 지붕의 갈라진 틈으로 썩은 잎사귀들도 떨어져 쌓였습니다. 그래서 우리는 그곳에 들어서면 곧 전등을 켰죠. 우리가 발견한 것들 중엔 시체들이 있었지만, 때론 놀라운 기쁨을 안겨주는 어린 시절의 보물들을 발견할 때도 있었습니다. 잊고 있었던 발표 과제물, 눈썰매와 스케이트, 때론 있는지도 몰랐던 부모님의 연애편지 같은 보물들이죠." 그는 그 시절을 추억하며 기쁨으로 환해졌다.

"불을 켜면 죽은 시체와 썩은 것들이 드러납니다" 그는 말을 이어갔다. "그러나 보물도 드러나게 되어 있지요. 교회에서 우리는 하나님께서 드러내시는 부정적인 것들에 너무 많이 집중하는 것 같습니다. 선한 것들은 충분히 드러내지 못하고 있지요. 그런데 지금 제가 하는 일들 가운데서 하나님은 사람들 안에 있는 선한 일들을 드러내고 계시는 것 같습니다. 나는 그들을 '잃어버린 자'나 '죄인'이라고 여기지 않고, 오히려 하나님의 사랑받는 자녀들로 봅니다. 그리고 그들을 그런 시선으로 바라보게 되자, 나 자신을 그렇게 여기는 일도 좀 더 쉽게 할 수 있었습니다. 하나님께 잘 보이려고 착한 일을 하면서 애쓸 필요가 없어졌습니다. 하나님의 눈빛이 비추는 곳에서 나는 사랑받는 자로 서 있습니다."

존의 이야기를 들으면서 드러내는 빛이신 은혜의 하나님 안에 우리가 함께 거하는 것처럼 느껴졌다. "주 여호와는 빛이요 방패"라고 시편 기자는 선포한다.[1] 모세는 하나님의 영광이 그를 비추자 산 위의 갈라진 반석 틈에 웅크려 섰다. 그리고 하나님께선 등이 보일 때까지 보호하시는 손을 덮으셔서 영광의 불길이 그를 태우지 않도록 덮으셨다.[2] 빛을 직면하는 일에는 신뢰가 요구된다. 모세는 담대하게 하나님과 생명의 온전한 광채를 간절히 보기 원했다. 그러나 그도 처음에 불타는 가시덤불을 바라볼 때는 그렇게 담대하지 못했다.[3] 삶의 역경들과 올무들을 경험하면서 모세는 하나님과 친밀한 대화를 하게 되었고 그분을 의지할 수 있었다. 그리고 마침내 모세는 하나님께 기꺼이 그리고 편안하게 다가갈 수 있었다. 극적인 방법은 아니었지만 존은 미지의 세계로 이끄시는 하나님의 인도하심을 따랐고, 그 과정에서 언제 어디서나 임재하시는 하나님의 선하심을 확신할 수 있게 되었다. 존은 하나님께서 평범한 일상의 장소에서 빛을 발하심을 신뢰했다. 하나님의 광채가 다락방, 공장, 술집 그리고 그곳들에서 우연히 만나게 되는 다른 순례자들을 비추는 것을 신뢰했다. 존의 이야기를 경청하면서 나의 영적 상상의 렌즈는 더 넓은 범위로 확대되었다. 그리고 목사가 된다는 것의 의미를 더 넓게 이해할 수 있게 되었다.

존의 이야기는 계속되었다. "하나님의 빛은 빌리를 사랑받는 자로 밝히 드러냈습니다. 그리고 나도 그를 그렇게 볼 수 있어서 기뻤습니다. 그는 자신의 삶에서 사랑을 발견할 수 없었습니다. 그러나 그는 과거에도 또 지금도 사랑 받는 자입니다. 그는 자신의 삶을 사랑하면서 그것을 알게 되었을지도 모른다고 말할 수 있을 겁니다. 나는 그렇게 믿습니다."

"당신이 그를 사랑의 빛 안에서 보았다는 말로 들리는군요."

"보았습니다. 그리고 예수님께서도 그를 그렇게 보신다고 생각합니다. '추수할 것이 많다'고 주님께서 말씀하셨지요. 그분께서는 흠집을 찾아내려고 두루 다니진 않으셨습니다. 그분께서는 사람들을 도왔고 풍성함을 주셨습니다. 어부들과 오천명의 무리 들이 풍성함을 직접 경험했습니다. 그분께선 퀴퀴한 다락방 같은 많은 인간들의 삶 속에 있는 보물을 보셨습니다."

우리는 이 이미지들을 품고 잠시 머물러 있었다. 존은 그의 비천한 삶이 어떻게 그로 하여금 풍성한 삶을 누리도록 했는지 이야기했다. 그는 이전에 한번도 가보지 않았던 곳으로 들어갔으며 모든 것을 드러내는 빛 안에서 그것들을 보고 있다.

"이제 나는 길을 건넜습니다. 선한 사마리아인의 비유에서 사마리아인이 그랬던 것처럼 그렇게 했습니다. 다른 사람들은 건너편 길로 걸으며 상처 입은 사람을 지나쳐서 갔지만 선한 사마리아인은 길을 건넜고 그 사람의 신음에 반응했습니다. 내가 가고 있는 길에서 일어나는 일만으로도 삶은 바쁘기 마련입니다. 그리고 그보다 더 길을 건너는 일은 두려운 일이기에 우리는 길을 건너지 못하는 것 같습니다. 그러나 길을 건너서 당신이 보게될 것은 매우 놀라운 일이죠. 이제 나는 길을 건넜고, 사마리아인처럼 그곳에서 발견한 것으로 인해 감동을 받고 있습니다. 나는 빌리와 그의 삶으로 인해 감동을 받습니다. 그를 알게 된 것이 참으로 기쁩니다. 만약 내가 길을 건너지 않았다면 나는 사랑에 대한 그의 갈망을 듣지 못했을 것이고, 그의 유쾌함도 함께 누리지 못했을 것입니다."

내 마음 속에는 강의실에서 자신의 경험들을 써 내려가는 말없는 학생을 굽어보며 함께 하는 존의 모습이 잔상처럼 남아 있다. 존은 아주 잠시 동안 시간을 내어 길을 건넜다. 그러나 요즘들어 그가 건너는 길들은 점점 더 넓어지고 있다.

"일상적 삶에서 벗어나는 일은 내가 그럴 것이라고 짐작했던 것보다 더 풍성하고 흥미롭습니다. 그것은 사막이 아닙니다. 또 진공 상태도 아니죠. 사마리아인은 그가 타고 있던 짐승에서 내려 왔습니다. 그리고 저도 그렇게 했습니다."

노트

1. 시편 84:11
2. 출애굽기 33:18-23
3. 출애굽기 3:6

10 "뭔가 좀 이상한가요, 수잔?" : 룻
Is This a little Strange for You, Sweetie?: Ruth

룻은 내 친구의 집 안락의자에 몸을 누이고 있었다. 우리는 일 년 전에 외국에서 끔찍한 교통사고를 당해 거의 죽을 뻔한 친구의 생일 파티에 함께 초대받았다. 친구의 사고로 우리는 서로를 알게 되었다. 그녀는 사고 당한 친구에게로 곧장 날아가 그녀를 보살피며 수술 후의 상황들을 계속 내게 알려주었다. 룻에 대해 내가 아는 사실은 매우 사랑스럽고 친절하며 사고 당한 우리의 친구와 마찬가지로 정신의학적 훈련을 받은 심리분석 치료사라는 것이었다.

그녀는 안락의자에 누운채 자기 가까이로 와 앉으라는 손짓을 했다. 그녀는 "그동안 잘지냈어요, 수잔? 마침내 이렇게 만났네요. 반가워요. 난 암 환자여서 여기서도 이렇게 내 집처럼 편히 쉬고 있습니다. 수술후에 회복 중입니다. 그러나 어떤 이유로도 오늘 같은 잔치에 빠지기가 싫어서 이렇게 왔습니다." 그녀는 해맑게 웃었다. 그런 그녀의 맑간 피부를 보고 나는 화들짝 놀랐다. 거의 백짓장 같았지만 병색이 있는 것은 아니었다. 그녀의 눈동자는 아주 옅은 하늘색이었고 짧은 머리카락은 마치 옥수수 수염처럼 가늘었다. 그녀는 어딘가 다른 세상 사람 같았.

그녀가 암 환자라는 사실을 믿기 힘들었다. 암과 그녀 안에 있는 반짝임은 따로 노는 듯했다. 그리고 그녀가 암 진단을 받았다는 사실을 듣지 못한 것도 이상했다. 나는 놀라움과 슬픔을 함께 표현했다. 그녀는 의사가 암

세포를 모두 찾아 제거했으니 완치될 것이며 곧 회복할 것이라고 나를 안심시켰다.

대화는 계속 이어졌고, 나는 작년에 친구의 사고 후 의료 상황을 자세히 알려준 것에 대해 감사하다는 인사를 했다. 그녀는 "저런, 그런데 이번에는 내 의료 보고를 하고 있군요"라고 말하며 특유의 쾌활한 웃음을 웃었다. "제 병 역시 매우 놀라운 여정 같아요. 어떻게 시작되었는지 말해 줄게요."

나는 쿠션을 여러개 포개 푹신하게 만들고 자리를 잡았다. 그리고 그녀의 이야기가 시작됐다. "약 반 년 전에 나는 갑자기 많은 양의 하혈을 했어요. 이유를 딱히 찾을 수가 없어서 MRI 를 찍기로 했죠. 그 MRI 통 속에서 나는 기적을 경험했답니다. 진짜 기적이었죠!" 그녀는 내 손을 잡고 얼굴이 뚫어져라 바라보면서 자신의 팔꿈치에 몸을 기대며 반쯤 몸을 일으켰다. "예수님께서 내게 찾아 오셨어요!" 라고 말하고는 다시 몸을 뉘면서 만족스런 표정을 지었다.

룻은 나를 계속 놀라게 만들었다. 나는 그녀의 말을 반복했다. "예수님께서 당신을 찾아 오셨어요? MRI 통으로요?" 생일 잔치의 소음은 내 인식 밖으로 사라져 갔다.

"그러셨어요. 그분이 예수님인 것을 나는 그의 구멍 난 손바닥을 보고 알았죠. 그리고 그것은 내가 본 얼굴 중 가장 고통스러워 하면서도 긍휼함이 가득한 것이었습니다. 그는 아무 말도 하지 않으셨지만, 나는 울음을 터트렸습니다. 그 순간 나는 주님께서 실제이시며 또한 거룩하신 분인 것을 깨달았습니다. 그리고 MRI 검사를 통해 안 좋은 결과를 얻게 될 것도 알았죠." 그녀는 다시 웃었다. 그러나 난 놀라서 함께 웃을 수가 없었다.

"뭔가 좀 이상한가요, 수잔?" 그녀가 물었다.

"놀랍군요." 나는 가까스로 이렇게 말했다, "그러나 사실 같이 들려요." 그렇다. 그것은 사실이었다. 고통과 사랑, 진리와 영. 고통과 암을 없애주는 초현실적 공간이 아닌 혼돈 속에 임하는 사랑, MRI 통 속에서의 예수님이다.

나는 그 날 그 이후 나눈 대화를 기억하지 못한다. 룻은 암과 예수님에 대한 이야기를 하며 계속 밝게 웃었고 나는 침묵했다. 마침내 그녀가 말했다. "당신이 영성지도자라고 들었어요."

그녀는 만날 수 있는지 물었다. 그녀의 집은 가깝지 않았지만, 사무실은 같은 동네에 있었다. 그래서 그녀가 출근하는 날들 가운데 영성지도 약속을 잡을 수도 있었다. 그런데 첫 만남을 다음 달에 있을 2 차 항암치료 과정 동안 머물게 될 이 집, 그러니까 우리들의 친구 집에서 할 수 있으면 고맙겠다고 그녀는 말했다.

첫 약속이 있던 날, 나는 곤혹스러웠다. 룻에 대해 아는 것도 없었고 비밀 보장을 위한 윤리적 원칙을 따르자니 룻에 대한 정보를 다른 친구에게 물어 볼 수도 없었다. 그리고 룻에게 어떻게 다가갈지도, 또 함께 하는 시간을 위해 어떤 준비를 해야할 지도 불분명했다. 우리는 영성지도를 소개하기 위한 일반적인 초기 면담도 없이 첫 만남을 시작했다. 또 나의 신앙 배경과 신조에 대해서도, 지도 회기에서 무엇을 하게 될지도 설명하지 않고 시작했다. 물론 그녀의 신앙 생활이나 헌신에 대한 언급도 없었다. 내가 성경을 가지고 간다면 어떻게 생각할까? 양초도 가져가야 하나? 내 직업상 필요한 도구들을 친구의 집에 들고 가는 일은 또 얼마나 어색한 일일까!

약속을 잡은 그 날, 정해진 시간에 나는 친구의 집 현관 문까지 이어지는 긴 보도를 따라 걸어서 현관 계단에 올라섰다. 그리고 똑똑 문을 두드린 후, 조금 더 기다려 다시 종을 눌렀다. 그리고 또 기다렸다. 답이 없었다.

그래서 나는 문을 열고 들어가 "룻!"하고 불렀다. 기운없는 작은 목소리가 계단을 타고 내려왔다. "올라와요, 올라와요." 나는 이층으로 오르는 층계를 따라 그녀의 투박한 요구에 이끌려 성큼 성큼 올라갔다.

흰 침대보를 덮고 있는 그녀는 더욱 백짓장 같았다. 이 두번째 만남에서도 나는 첫 만남 때처럼 누워있는 그녀 옆으로 다가갔고 그녀는 내 손을 잡았다. 그녀는 기쁨으로 환한 얼굴을 하고 나를 반겼다. 그녀의 평온함과 친절함은 경외심마저 불러 일으켰다. 그동안 어떻게 지냈냐고 묻자 그녀는 웃었다. "만약에 의학적 도움이 없었다면 매우 고통스러웠을 거에요. 감사한 일이지요." 나는 영성지도에 대한 설명을 해도 되겠냐고 물었고, 그녀는 "수잔, 괜찮아요. 설명없이 그냥 진행하면 어떨까요?" 하고 답했다.

"좋아요. 나는 주님께서 우리와 함께 하심을 기억하려고 지도 시간 동안 초를 켜 놓고 잠시 침묵기도를 합니다. 언제든 준비 되었다고 느껴지면 시작하라고 말해주세요"라고 말했다.

"좋아요"라고 동의하고, 그녀는 내가 침대 곁에 초를 켜서 올려 놓는 것을 지켜 보았다. 그리고 침대 위에서 유일한 색채를 띠던 그녀의 눈이 감겼다. 너무 오래 깊은 숨을 몰아 쉬는 바람에 나는 그녀가 혹시 잠든 것은 아닐까 생각했다. 나는 평안하고 기도어린 상태를 유지하려고 애를 썼다.

몇 분후에 룻이 눈을 떴다. 그리고 미소를 지으며 나지막하게 "아멘" 하고 말했다.

그녀는 MRI 보아뱀 속에서 만난 예수님의 모습을 다시 설명했다. 그리고 자신의 신앙 배경에 대해서도 잠깐 얘기했다. 그녀는 종교적 정죄감으로 상처입은 가정의 외동딸로 자랐다. 그녀가 태어나기 전에 그녀의 가족은 교회로부터 쫓겨났고 그 고통스런 사건은 그들의 기억 속에 상처로 남아 있었다. 그녀의 부모는 교회에 출석하지 않았지만 룻은 하나님의 인도하심을 경험했고 교회 안에서 그분을 구하게 되었다. 어린 시절에 룻은 몇 년동안 그녀의 어머니를 졸라서 예배에 함께 가곤 했다. 룻은 예배 드리는 것을 매우 좋아했다.

룻은 교회 음악과 성경 이야기 그리고 기도 드리는 것을 매우 좋아했다. 그것들은 모두 그녀가 자연 속에서 만났던 하나님을 확인시키는 경험이었다. 그녀는 예수님에 대해선 아는 것이 없었지만, 그분에 대해 배우게 되면서 그가 사랑 많고 신적인 분이라고 생각했다. 그러나 십대에 들어서면서부터 그녀는 교회에 가지 않았다. 고등학교 때 그녀의 입교식을 집전했던 목사는 '진보적'이었고 모든 종류의 신앙을 가진 사람들에게 열려있었고 환대했다. 그 이후로 그녀는 신학적으로 신뢰할만 하면서도 진실되고 사랑이 많아서 의지할 수 있는 기독교 지도자를 찾을 수 없었다. 그녀는 다른 사람들을 판단하면서 부정적 에너지를 발산하는 사람들을 견뎌내기가 힘들다고 말했다. 그 말을 하며 그녀는 나를 뚫어져라 쳐다 보았다. 나는 관용적이고 긍정적 에너지를 발산하는 사람으로 비춰지길 원했다.

그리고 룻은 어른이 되어서는 다양한 주요 동양 종교들을 경험했고 특히 샤마니즘에 관심을 쏟았다고 말했다. 나는 룻을 더 잘 이해하기 위해서는 이 종교들에 대해서 배워야 하겠다는 생각을 했다. 특히 그녀는 오랫 동안 자신의 영적 인도자였던 "파워 애니멀"과 관계를 가지고 있다고 말했다. 나는 이에대해 아는 것이 없으므로 그녀의 말을 잘 경청할 수 있도록 도와 달라는 기도를 했다.

룻이 지쳤다는 것을 우리는 둘 다 인식하게 되었고, 나는 남은 시간을 어떻게 보내는 것이 좋겠는지 그녀에게 물었다. 그녀는 고린도전서의 사랑장을 읽어 달라고 요구했다. 나는 기뻤다. 그래서 그렇게 하겠노라고 말했다. 그것은 그녀가 이 세상에 존재하는 모습을 잘 설명해 줄 성구로 여겨졌다.

룻은 침대에 누워 내가 읽고 있는 고린도전서 13 장의 말씀에 귀를 기울였다. 바울의 사랑에 대해 설명을 듣는 그녀의 낯빛은 하얀 침대보만큼이나 창백해 보였다. 그리고 평온함 속에서 깊은 숨을 쉬고 있었다.

> 내가 사람의 방언과 천사의 말을 할지라도 사랑이 없으면 소리 나는 구리와 울리는 꽹과리가 되고, 내가 예언하는 능력이 있어 모든 비밀과 모든 지식을 알고 또 산을 옮길 만한 모든 믿음이 있을지라도 사랑이 없으면 내가 아무 것도 아니요, 내가 내게 있는 모든 것으로 구제하고 또 내 몸을 불사르게 내줄지라도 사랑이 없으면 내게 아무 유익이 없느니라.
>
> 사랑은 오래 참고 사랑은 온유하며 시기하지 아니하며 사랑은 자랑하지 아니하며 교만하지 아니하며 무례히 행하지 아니하며 자기의 유익을 구하지 아니하며 성내지 아니하며 악한 것을 생각하지 아니하며 불의를 기뻐하지 아니하며 진리와 함께 기뻐하고 모든 것을 참으며 모든 것을 믿으며 모든 것을 바라며 모든 것을 견디느니라.
>
> 사랑은 언제까지나 떨어지지 아니하되 예언도 폐하고 방언도 그치고 지식도 폐하리라. 우리는 부분적으로 알고 부분적으로 예언하니 온전한 것이 올 때에는 부분적으로 하던 것이 폐하리라.

내가 어렸을 때에는 말하는 것이 어린 아이와 같고 깨닫는 것이 어린 아이와 같고 생각하는 것이 어린 아이와 같다가 장성한 사람이 되어서는 어린 아이의 일을 버렸노라. 우리가 지금은 거울로 보는 것 같이 희미하나 그 때에는 얼굴과 얼굴을 대하여 볼 것이요 지금은 내가 부분적으로 아나 그 때에는 주께서 나를 아신 것 같이 내가 온전히 알리라. 그런즉 믿음, 소망, 사랑, 이 세 가지는 항상 있을 것인데 그 중의 제일은 사랑이라

룻은 깊이 숨을 들여 마셨고, 그로인해 침대 위로 둥둥 떠오를 것 같았다. 그리고 룻은 숨을 내쉬며 "아멘"하고 말했다. 그녀는 나를 바라보며 내 손을 꼭 쥐고 웃음 띤 얼굴로 말했다. "수잔, 그것이 내 종교입니다." 그 후 그녀는 감사하다는 말을 덧붙였다. 나는 그 집을 나섰다. 그 곳에 있었던 시간은 채 한 시간도 안 됐지만, 집을 나서며 나는 마치 하루 온 종일을 그곳에서 지내고 새 날을 맞는 느낌이 들었다. 몸은 더 가벼웠다. 그리고 세상은 더 넓어진 것 같았고 희망으로 충만한 느낌이 들었다. 우리는 하나님께로 마음을 향하고, 함께 성전에 머물러 있었다. 헬라어에는 시간이라는 의미를 지닌 두 단어가 있다. 그 차이는 내가 경험한 변화를 잘 설명할 수 있을 것 같다. 시계로 확인하는 크로노스 chronos 라는 시간이 측정할 수 없는 카이로스 kairos 라는 시간으로 바뀌는 경험이 내 마음에 새겨졌다. 룻과 함께 나는 영원한 시간 속으로 들어갔다.

룻과 영성지도를 계속하면서 나는 예수님과 그녀가 말하는 "파워 애니멀", 그 둘이 어떤 관계를 가지고 있는지 들을 수 있었다. 그녀를 사랑하고 그녀와 이야기를 나누며 수 년간을 지내온 이 흉측해 보이는 파충류를 다루는 일은 영성지도자로서의 내 능력의 한계를 드러냈다.

그녀는 하나님께 기도 드리듯이 그녀가 만들어낸 자신의 삶에 영향을 미치는 권세들의 상징물을 향해서도 기도했다. 그녀가 이런 동물들에 대해 말할 때 나는 스페인어인 duende 라는 단어가 생각났다. 그 단어는 귀신, 영, 영감, 마술 그리고 불을 일컫는다. 시인 프레드리코 가르시야 로카 Federico Garcia Lorca 는 창조적 긴장 상황에서 삶과 죽음을 붙잡고 있는 사나운 어둠의 세력이라고 썼다.[1] 생기 있으면서도 동시에 사탄적인 혼란스런 개념이다. 소스라치게 하는 외양에도 불구하고 룻은 그 동물을 친구로 여긴다. 아마도 거친 특성과 온화함 모두를 가지고 있기 때문에 아슬린 Aslan 과 같이 여겨질 수도 있었을 것이다.[2] 룻은 이 동물과 관계 맺듯이 하나님과도 선한 관계를 맺고 있었고 주님께도 헌신적인 삶을 살고 있었다.

이 사실은 매우 혼돈스러웠다. 그래서 나는 여러 나라를 다니며 다양한 신앙적 배경을 지닌 사람들을 만났던 한 가톨릭 사제에게 수퍼비전을 받기로 했다. 나는 그가 이에 관한 도움을 줄 수 있을 것이란 막연한 기대감을 가지고 있었다.

그는 내가 룻과 그녀의 예수님 경험에 대해 말하는 것을 경청했다. 나는 (내가 짐승이라고 생각하는) 그 흉측한 동물과 그녀의 관계도 설명했다. 그리고 이 특이한 영적 상황을 다루는 나의 불확실한 자세에 대해서도 말했다.

"알겠습니다. 그러니까 이 파워 애니멀 때문에 겁을 먹었군요?"

"그런 것 같아요"라고 나는 고백했다. "난 그 동물 자체가 나를 두렵게 하는 것인지, 아니면 영성지도에서 이런 일을 다뤄본 적이 없기 때문에 그 상황이 나를 두렵게 만드는 것인지 모르겠어요. 하여튼 내 능력 밖의 일로 여겨집니다."

그는 나를 물끄러미 바라보고 있었다. 그리고 나의 감정과 룻의 말을 전할 때, 그는 고개를 끄덕였다. 그러나 그는 국제적 경험을 많이 지닌 가톨릭 사제라면 가지고 있을 것이라고 내가 기대했던 이런 초자연적인 문제를 다룰 수 있는 적절한 방법들을 구비하고 있지 않은듯 했고 도움을 받을 수도 없었다. (나의 첫 피지도자가 그랬던 것처럼 나 역시도 생전 처음으로 영성지도자에게 요다 Yoda 가 될 것을 기대하는 실수를 저질렀다.)

마침내 그 사제는 내게 이런 권고를 했다. "이 일에 관해 기도를 함께 하면 좋을 것 같습니다." 그는 눈을 감고 고개를 숙였다.

나 역시 그와 함께 기도했다. 그러나 아무 일도 없었다. 난 기다렸다. 또 아무 것도 떠오르거나 생각나지 않았다. 그렇게 긴 시간이 지난 후, 숲 속에서 캠프 화이어를 하는 이미지가 떠올랐다. 밤이었고 매우 어두웠다. 나는 홀로 불 앞에 앉아 있었다. 두렵기도 했고 긴장되서 경계하며 앉아 있었다. 그런데 갑자기 맞은 편에서 천천히 움직이는 위협적인 존재를 느낄 수 있었다. 나는 몸 전체를 보지는 못하고 언듯언듯 번쩍이는 발톱들과 위로 치솟은 뱀 꼬리 그리고 번득이는 눈을 보았다. 그 생물은 불빛이 닿지 않는 곳에서만 이리저리 서성였다.

'굉장해, 룻의 파워 애니멀이군'이란 생각이 들면서 당황스러웠다. 어찌해야 할지를 몰랐다. 그리고 이 상상 속에 계속 머물러야 하는 것인지도 의심스러웠다. 그런데 그때 불 속에서 어떤 길을 찾을 수 있었다.

목소리를 들을 수는 없었지만, 나는 불이 자신을 뚫고 나가 그 동물에게 다가가라고 말하는 듯한 느낌이 들었다. 그러나 그러고 싶지 않았다. 그래서 얼어붙은듯 미동도 없이 앉아 있었다. 그러자 불이 살아있는 듯 거세게 타올랐고, 밀어부치듯 뭔가를 말하고 있었다. 나는 그것에 이끌려

캠프파이어 가까이로 다가가 그 생물에게로 가려고 했다. 그러면서 내 옷이 타는 매케한 냄새를 맡고, 화덕의 열기 같은 것을 느낄 수 있었다. 이제 나는 룻의 동물은 염두에 두지 않고 온전히 불에 집중하게 되었다. 불살라질 파멸이 임박한 듯 느껴졌다.

그 때 나는 알게 되었다. 불은 하나님이시다.[3] 하나님을 통해 그 생물에게로 다가가야만 한다고 여겨지면 그것에 대한 두려움은 불이신 하나님에 대한 두려움으로 인해 소멸된다. 어떤 파워 애니멀보다도 더 두려워할 존재는 하나님이시다. 그 동물과의 우연한 만남은 내가 그 생물을 실제로 소중하게 여기고 있는 룻를 받아들일 때 하나님을 통해서 가능했다.

나는 고개를 들었다. 모든 두려움은 사라졌다. 그 사제가 나를 주의 깊게 바라보고 있었다. 나는 기도 가운데 무슨 일이 있었는지, 그리고 그 일을 어떻게 받아들였는지 설명했다. 그는 고개를 끄덕였고, 출입문까지 나와 동행했다. 나는 다시는 그 파워 애니멀로 인해 근심하지 않았다. 그리고 사제들이라면 응당 지니고 있으리라고 여긴 천리안적인 직관력에 대한 환상도 깼다. 나는 수퍼비전을 해준 그 사제가 알고 있었던 것을 나도 깨달은 것 같았다. 문제가 되는 것은 짐승이 아니었고 사제가 해줄 수 있는 것도 아니었다. 과연 내가 하나님을 신뢰하고 또한 나의 하나님 경험을 신뢰하는 것이 중요하다.

나는 조직 신학적으로든 동물 우화로든 파워 애니멀 같은 것은 결코 인정할 수 없다. 그러나 나는 룻를 사랑할 수 있었고 하나님의 은혜의 빛 안에서 그녀를 바라볼 수 있었다.

노트

1. 이 주제에 대해 더 알고 싶으면
2. 아슬란은 C S Lewis 의 *나니아 연대기*에 나오는 그리스도를 상징하는 사자의 이름이다. (New York, Harper Collins, 1994)
3. 우리가 잘 아는 예들이 있다. 하나님께서는 불타는 떨기나무 속에서 모세에게 나타나셨다. (출애굽기 3:2) 파스칼 블레이즈 는 1654 년 11 월 23 일 밤에 그에게 나타나셨던 하나님 경험을 그의 에세이 The Memorial 에서 "불"로 설명한다. *Penses,* 번역 A. J. Krailsheimer (Harmondworth, England: Penguin Books, 1966), 309.

2 부   계속되는 여정

11 고통과 사랑을 만나다
Encountering Suffering and Love

영성지도의 중간 과정은 지도자와 하나님 모두에 대한 피지도자의 신뢰가 점점 커지는 것으로 특징지을 수 있다. 조지 허버트의 기도에 대한 묘사로 말하자면 "거꾸로 된 천둥소리"이다. 나는 영성지도를 찾아오는 사람들이 하나님께 대한 좌절과 실망을 솔직하게 드러내며 부르짖는 것을 듣는다. 이것은 관계 가운데 그들의 솔직한 표현이 수용될 수 있다고 신뢰하는 아주 바람직한 싸인이다. 영성지도자와의 친밀한 작업은 전에는 억압되었을 수도 있는 고통스런 경험을 표면으로 드러내고 하나님과의 대화 속으로 들고 들어갈 수 있도록 한다. 이것은 우리에게 직면하기 어려운 문제들을 마주할 힘이 생겼을 때, 일반적으로 중년의 시기에, 일어나는 일이다. 사랑과 진리이신 하나님의 임재를 상징하는 촛불 아래서 사람들은 그들의 사랑과 진리를 드러낸다.

계속되는 여정과 뿌리 내림

시편 1편은 바른 길을 걸을 때 기쁨이 있으며, 시냇가에 깊이 뿌리를 내릴 때에도 같은 기쁨이 있다고 말한다. 시편은 마치 사람들을 "의의 길을 걷는" 그러면서도 "시냇가에 심기운" 걸어 다니는 나무로 표현한다.[1] 나그네의 길을 가는 것과 뿌리를 내려 풍성해지는 비유는 모두 은유적인 영성 발달의 성경적 표현이다. 오늘날 우리는 순례자, 선구자 그리고 우리들을 앞서 간 개척자 들을 존중하며 영광스럽게 여긴다. 우리는 "최후의 개척지"인 외계뿐 아니라 다양한 심리 요법들을 통한 내면 세계의 개척에도 열중하고 있다. 사람들은 목표를 달성하고, 고통을 극복하고 "금광을 찾기 위해" 개인 트레이너나 코치들을 고용한다. 우리는 종종 번영 thriving 과 분투 striving 를 같은 것으로 여긴다.

삶을 여정으로 보는 일은 탐험과 도전에 초점을 맞추는 서구 문화와도 무관하지 않다. 그것은 세상의 경제적 가치를 가장 중요하게 여기는 관점과도 맞아 떨어진다. 즉 효율성, 소비, 혁신, 확장이 그것들이다. 그래서 영적인 삶은 더욱 빠른 속도로 여행할 수 있는 기술을 습득하는 것으로 축소될 수 있다. 모든 훈련들이 그렇듯이 영성지도 역시 그것이 생겨난 곳의 문화적 색채를 담고 있다. 몰타의 사원 문화에서 영성지도는 사원을 중심으로 베풀어졌고, 그곳을 찾는 사람들은 지도자를 고를 수가 없었을 것이다. 어떤 문화에서는 사제에게 고백하는 것이 필수적인 성례로 여겨지고, 사제는 교구 원들에게서 중요한 권위자로 여겨진다. 그리고 이동이 잦고 세계화된 환경과는 전혀 다른 문화에서는 한 공동체에 훨씬 더 뿌리를 내리고 함께 살아가면서 공동체가 규정하는 것과 기대하는 것에 의해 삶은 제한되고 세워져 간다. 또 모든 봉사에 대가를 지불하는 문화에서는 영성지도자가 개인 사무실에서 일하는 경향이 있고, 피지도자는 자신에게 적합한 지도자를 찾고 선택할 수 있다. 그리고 자신의 마음에 들면 계속하고 아니면 멈출 수도 있는 것이다.

성장의 두 이미지인 여정과 뿌리 내림은 시대에 따라 번갈아 가며 사람들의 인기를 끌곤 한다. 오늘날에는 여정의 이미지가 지배적 이긴 하지만 세상 속에서 잃어버린 집을 찾아 뿌리내릴 수 있기를 갈망하는 마음 역시 볼 수 있다. 지리적으로 이동이 잦고 직업이 불안정하며,

가족들은 와해되고 여러 측면에서 "미래의 충격"을 경험하면서 우리는 영원히 떠도는 존재로 남을 수 밖에 없다. 그러므로 오늘날 자녀들에게 날개와 뿌리를 모두 줄 것을 촉구하는 조언은 부분적으로만 성취될 수 밖에 없을 것이다.

영혼은 움직이면서 만개한다는 사실은 맞는 말이다. 우리 믿음의 조상들 모두가 사막의 교부나 교모 혹은 수도사들은 아니었다. 아브라함, 요셉, 룻 그리고 바울은 믿음을 가지고 길을 떠났던 사람들이었다. 그러나 시편 1편이 말하듯 우리 각 사람은 바른 길을 걸어야 할 뿐만 아니라 뿌리를 내리기도 해야 한다.

나는 영성지도자가 여정 가운데 있는 사람들의 친구가 되어 주는 사람이라고 생각한다. 나는 그들이 하나님의 은혜의 생수 속에 뿌리를 깊이 내리고 세상에서 열매를 맺도록 하면서 지어진 대로의 모습으로 온전해져 가도록 친구로써 그들과 동행한다. 여행 중에도 정원에서도 영양분은 반드시 필요하다.

"친구 companion"라는 단어는 빵을 나눠 먹는 사람이라는 어원적 의미를 지닌다. 그리고 나는 어떤 공동체에서라도 건강한 영성의 중심에는 애찬과 교제의 식탁이 있다고 확신한다. 영성지도에서 우리는 주린 영혼을 먹이는 영적 양식을 나눈다.

우물가의 여인의 이야기에서 예수님은 단절된 관계로 고통 받는 여인을 만났다. 그녀와 한 민족인 사마리아 인들이 다른 신들을 따랐고, 진정한 하나님을 섬기지 않는 것처럼, 그녀에게는 많은 남편들이 있었고 지금 함께 사는 남자도 남편은 아니었다. 예수님께서는 그녀 에게 자신이 소망임을 알려주셨다. 예수님을 믿을 때 삶이 새로워짐을 말씀하셨고, 그녀는 그 생명을 선택했다.

여인이 이 낯선 나그네와 대화한 내용을 알리려고 마을로 달려가자 음식을 구하러 갔던 제자들이 돌아왔다. 그리고 그들이 예수님께 잡수시라고 권하자 주님께서는 이미 드셨다고 말한다. 제자들은 믿을 수가 없었다. 심지어 주님께서 설명을 하신 후에도 잘 납득되지 않았다. 여인과 이야기를 나눈 뒤에 주님은 영양을 공급 받았다고 느끼셨다. 그것은 마치 여인에게 주신 생수처럼 실제적 이고, 힘을 실어주는 양식이었다. 예수님과 사마리아 여인이 서로에게 제공한 것을 절대 동일하게 여길 수는 없지만 그들의 만남은 영적으로 서로에게 영양을 공급하는 것이었다. 인생의 여정을 지나며 그 같은 만남의 순간은 성장과 풍성함을 가져온다. 이와 마찬가지로 영성지도자와 피지도자는 한 시간 가량 묵상적 쉼을 통해 하나님의 소성케 하심을 경험한다.

영성지도에서 우리는 영적 양식을 나눈다. 매 시간마다 영양을 공급받는 느낌을 가질 수는 없지만, 우리는 하나님께로부터 받은 것을 서로에게 열린 마음으로 나누며 풍성함을 얻곤 한다. 마음을 여는 과정은 고통스러울 수 있고, 상처, 정리되지 않은 감정들과 문제들을 건드릴 수도 있다. 우리의 주림을 만나며, 그것이 지닌 고통을 느끼고, 서로를 향해 마음을 열면서 서로의 고통을 함께 경험한다.

고통의 문제들

영성지도에서 다루게 되는 문제들 대부분은 고통과 관련 있다. 그러므로 이 책은 고통과 그 이유에 대해 조금 더 주목하려고 한다. 고통은 기독교 신앙의 중심에 위치하면서도 대체로 다루어지지 않고 있다. 예수님은 고통 받고 돌아가셨다. 기독교인들은 선지자 이사야의 고통 받는 종의 이야기가 예수님의 삶과 죽음을 예표하는 것이라고 믿는다.[3] 영성지도에서 사람들은 삶을 고통스럽게 하는 난제들과 씨름한다. 그래서 그것은 실제적이고 종종 신학적 의미를 지닌다. 고통은 하나님의 은혜로 변화와 성숙을 가져오기도 한다. 이제 제 2 부에서 다룰 내용은 앞서 소개한 피지도자들이 이런 난제들을 어떻게 직면했는지를 담고 있다. 영성지도자의 의무는 그들의 슬픔과 고통을 알고 계시는 사랑의 하나님과 관계를 맺으며 고통을 직면하고 믿음을 지키도록 돕는 것이다. 다시 말해 영성지도자의 소명은 사랑의 하나님을 볼 수 있도록 돕는 것이다.

불의한 고통은 하나님을 신뢰하는 데 가장 큰 사유적 장애물이 된다. 하나님의 전능하신 사랑과 세상 돌아가는 일이 함께 설명할 수 없는 일이라고 생각해서 많은 사람들이 사랑의 하나님을 포기할 수 있다. 우리 가운데 성경적인 믿음을 지닌 사람들은 이유 없이 당하게 되는 많은 고통을 이해하려고 무진 애를 쓴다. 그 과정에서 우리는 마음의 울부짖음인 "왜?"라는 질문에 대한 답을 구하려고 제어와 비난이라는 공식을 만들어 낸다.

그 질문에 대한 답들 중 많은 것이 하나님이나 고통 받는 사람을 비난하는 것으로 귀결되기 쉽다. "내가 잘못했으니까 이런 어려움에 처했을 거야." 혹은 "이런 불공정한 고통을 허락하시는 하나님은 정말 잔인한 분임에 틀림없어"와 같은 잘못된 답을 끌어낸다. 영성지도에서 우리는 하나님과의 관계에 대한 갈망을 가지고 "왜"라는 질문에 대한 답을 찾으려고 애쓴다. 그러면서 주변 사람들과 그들의 고통스러운 경험들에게로 주의를 기울인다.

오늘날 많은 사람들이 "하나님께서 전능하시고 온전한 사랑 이시라면 선한 사람들이 고통 받는 이유는 무엇인가?" 라는 질문을 공통적으로 가지고 있다.[4] 갈등은 하나님을 전능하시고 완전히 선하신 분이기 때문에 불의와 고통을 막을 수 있는 분으로 여기는데 있다. 그래서 어떤 이들은 하나님께서 그리스 신화의 신들처럼 완전히 선하시지 않다고 여기거나, 신학적으로 하나님의 능력을 왜소하게 만들어서 이 문제를 해결하려고 한다. 신학에서 이런 주제를 다루는 분야는 신의론 theodicy 이라고 일컬어지며, 물리적이거나 영적인 악의 존재를 밝혀내면서 하나님의 성품, 특히 거룩함과 의로움에 대해 변증한다.[5]

17 세기까지만 해도 독일의 철학자요 수학자인 라이프니찌히가 하나님과 의라는 두 단어를 조합해서 만든 신의론이란 용어를 많은 철학자들은 기독교와는 상관없는 것이라고 주장했다.[6] 하나님을 고통을 통해 인간을 시험하시는 분으로 여기고, 고통 받는 자들을 비난하며 하나님의 정당성을 변론하는 것이 일반적 관점이었다. 영성지도에서도 이런 식으로 고통을 받아들이는 사람들을 많이 볼 수 있다. 나 역시도 하나님께서 내 자신이나 다른 사람들에게 고통을 허락하시는 이유를 필사적으로 이해하려고 애썼던 때가 있었다. 그리고 이런 생각에 빠지는 시험에 들곤 했다. 이유를 알 수만 있다면 환경을 변화시키고 하나님의 선한 뜻을 이끌어낼 수 있을 것 같았다.

계몽주의 운동과 함께 인간을 이성적이고 자율적인 존재로 받아 들이고 보편적 원리와 경험주의에 근거해 이해하려는 관점들이 생겨났고, 사람들은 세상과 인간 존재를 통해 하나님의 성품을 입증하고 하나님의 행하심을 정당화하려는 노력을 했다. 그러나 믿음을 이성적 훈련으로 바꾸어 버리면서 우리는 관계라는 영역을 잃게 되었고, 많은 사람들이 "계몽"을 받아들이면서는 믿음을 저버렸다.

이런 사고 방식 안에서 신의론은 역사적, 사회적 관점으로부터 이끌어낸 논리적 추론과 이어지는 연역적 추론을 따르는 것이 되고 만다. 만약에 우리가 고통을 인간의 과오로 돌리지 않는다면 우리는 하나님을 시험대 위에 올려 놓게 될 것이다. 우리는 모든 손해를 대비해 보험을 살 수 있게 되었다. 그러나 보험과 관련된 대부분의 준수 원칙들 가운데 "하나님 관련 조항"은 포함되어 있지 않다. 신의론의 목표는 하나님의 의를 평가하기 위한 것이고, 이 일들은 특히 믿음의 사람들에게는 하나님의 행위를 정당화 하는 것을 의미한다.

그러나 우리는 하나님의 음성을 듣는 사람들로, 그리고 우리의 독특한 하나님 경험을 빚어낸 특정한 시간, 장소 그리고 믿음의 공동체 안에 심어진 존재로 스스로를 받아들이기 보다는 하나님 혹은 하나님을 대신하는 누군가로부터 합법적인 설명이 주어지길 바라는 성향을 지니고 있다. 고통의 문제를 축약하여 이론적으로 설명하려는 계몽주의적 움직임은 고통의 해결을 위한 과학 기술적 해결책을 연달아 성공적으로 얻어내면서 더 성행하게 되었다.

세상을 이해할 수 있는 엄청난 능력이 계속 우리 가운데서 개발 되고 있다. 특히 과학 선진국에서 사는 사람들은 스스로 만들어낸 정치, 경제, 사회 생활의 합리적 체제를 신뢰하면서 자신의 풍성한 삶을 위해 여러 가지 방법으로 자연을 착취한다. 우리는 질병들과 재해 그리고 죽음까지도 우리 스스로 대부분 제어할 수 있는 것들로 여기면서, 여전히 설명할 수도 제어할 수도 없는 것들이 있음으로 인해 고통스러워 한다. 반대로 말하면 성공, 건강 그리고 장수를 개인적 노력의 결과로 여기며 위협적인 운명의 부침을 피할 수 있도록 준비되길 원한다.

초대 교인들에게 고통과 악은 "설명될" 필요가 없었다. 하나님을 믿는 믿음 그리고 하나님과 공동체 안에서 관계 맺으며 사는 삶의 많은 부분들이 신비였고 인간이 제어할 수 없는 것들이었다. 구약에서는 많은 선한 사람들이 불의한 고통을 받는다. (나오미가 남편과 아들들을 잃은 사건이 기억난다.) 성경에서는 믿음의 사람들이 고통에서 제외되었다는 증거를 결코 찾을 수 없다. 그럼에도 불구하고 많은 사람들이 그럴 것이라는 감정적 교리를 좇는다. 그리고 이런 믿음은 꾸밈없는 기도를 나누는 자리인 영성지도에서 표면으로 드러나곤 한다.

고통에 관한 고전적 성찰로 받아들여지는 히브리 문헌인 욥기는 욥의 "왜"라는 질문을 담고 있지만 그것에 대해 "설명"하지는 않는다. 욥기는 신의론에 대한 논리적인 소 논문이 아니다. 고통 속에서 믿음의 깊이가 어때야 하는지를 밝히려는 것도 아니다. 욥도 우리와 마찬가지로 특정한 공동체 안에서 특정한 고통을 겪어내고 있는 한 개인일 뿐이다. 결국 욥이 얻게 된 것은 관계이지 조직 신학적인 정의는 아니었다.

그러나 욥의 친구들인 "위로 자들"은 이런 답을 구하고 있다. 그들은 욥을 위로하고 함께 슬퍼하려고 칠일 밤 칠일 낮을 그와 함께 침묵하며 슬퍼하고 있었다. 이것은 선한 일이고 오늘날 우리들 가운데 이렇게 할 수 있는 사람도 많지는 않을 것이다. 그러나 그들이 문제해결을 하려고 태도를 바꾸면서부터 욥에게 고통을 더하는 결과를 가져왔다. 그들은 고통의 책임이 누군가 에게는 있다고 생각했다. 그리고 그들의 문화가 하나님께 재앙에 대한 책임을 전가하지 않기 때문에, 그들은 자연스럽게 욥을 탓하며 죄인으로 몰아 세우고 있는 것이다. 욥의 친구들이 어떤 선한 의도를 가지고 있었든 상관없이, 그들에게서 단지 "고통의 언저리에 머물러 있으면서 고통 자체에 대해서는 돌아볼 생각 없이, 고통의 한 가운데 있는 사람들에게 고통을 해결할 수 있는 방법을 말하고 있는 잔인함"을 볼 수 있다.[7]

누구의 책임인가? 우리가 부당하고 근본적으로 불필요하게 여기는 고통의 원인을 신학적으로 설명하는 신의론의 유형은 다음의 네 가지로 나눌 수 있다.[8] 고통을 불공정한 것,

근본적인 것 그리고 불필요한 것 등으로 이해하는 이들 방식들은 기독교인들의 사고 체계 안에서 고르게 발견된다.

나 자신도 삶 가운데 고통을 당하며 그랬고, 영성지도를 하면서도 이것들을 확인할 수 있었다. 이 모든 유형들은 성경적으로 타당한 것으로 받아들여질 수 있지만, 한 편으로 고통 받는 자들에게는 상처에 소금을 뿌리 듯 잔인한 것일 수 있다.

첫째, 우리의 죄로 인해 하나님께서 벌을 주시기 때문에 고통을 당한다는 견해가 있다. 특히 불의한 일로 극한적인 고통을 당하는 경우에 이 견해는 하나님을 잔인한 분으로 치부하게 만든다. 이와 관련하여서는 자연 재해, 인종 학살 그리고 악성 질병으로 말미암는 고통스런 상황들을 예로 들 수 있다. 우리는 죄가 어떻게 이런 일들을 촉진시켰는지를 밝히려고 애쓴다. 옛 잠언을 토대로 우리는 다음과 같이 설명할 수도 있을 것이다. 도덕적 삶을 산다면 고통을 피할 수 있고, 하나님께서는 우리가 부도덕한 삶을 살 때 벌을 주신다는 견해다. 우리는 예수님의 가르침과 복음서의 이야기들을 잘 알고 있음에도 불구하고 이 견해를 계속 붙잡고 있다. 탕자는 용서받기 힘든 크나큰 죄를 저질렀지만 그의 아버지는 그를 처벌하지 않았다. 부활 후 제자들에게 나타나신 예수님 역시 그러했다. 베드로가 주님을 세 번이나 부인했다는 것을 알고 계셨지만 그를 위해 아침 식사를 준비하셨고 사명까지 부여하셨다. 그러나 신학적, 사회적, 제도적 혹은 개인적으로 죄를 전가하려는 유혹은 인정과 제어라는 거짓을 만들어낸다. 예를 들어 중국에서 지진으로 수천 명이 죽었을 때 우리는 경악했지만 곧 바로 이렇게 생각하려는 유혹에 빠졌다. "그러나 그들은 모래 위에 집을 지은 것이 분명해." 인종 학살이 르완다를 파멸로 이끌 때에도 "그러나 그들은 역사적 인종적인 증오심을 다룰 수 없는 무능한 정부를 가지고 있지." 수백만 명이 에이즈에 감염된 현실을 보면서도, "그러나 그들은 불안전한 성관계에 연루되어 있어"라고 생각하고 만다. 이 같은 "그러나"는 고통 받는 사람들에게 비정함을 쏟아 놓는 일이 된다. 행위는 결과를 낳는다. 그리고 우리는 재앙을 돌이키기 위해 노력할 수도 있다. 또한 성경은 하나님께서 인간의 죄를 처벌하신다고 분명히 말하고 있다. 그러나 우리는 언제, 그리고 어떻게 벌하시는지, 그리고 어떤 특정한 경우들인지에 대해서는 분명히 알 수 없다. 그리고 그것이 마땅한 일이긴 하지만 잔인한 것 또한 사실이다.

이 신의론을 지지하며 우리가 빠질 수 있는 시험은 이중적이다. 첫째, 그것은 대놓고 소리 내어 요구하지는 않지만 율법들을 지킴으로써 우리가 원하는 것을 얻어 내려고 하나님께 강요하는 것이 된다. 그리고 다음과 같은 마술적 사고를 하게 만든다. 만약 내가 기도를 올바로 한다면, 그리고 착한 사람이 된다면 하나님께서는 내게 생명, 자유 그리고 부요함으로 보상하셔야만 할 것이다.

둘째, 이 신의론으로 말미암는 다른 시험은 감정 노동에 치우치게 한다는 것이다. "그래, 하지만"이라는 사고는 긍휼을 배격한다. 예를 들어 "내 친구는 심장병을 앓고 있어. 그러나 만약 그도 나처럼 운동하고 균형 잡힌 영양 섭취에 신경 쓰며 스트레스 관리를 잘 했다면 더 건강하게 살 수 있을 텐데"라는 생각을 하며 안전에 대한 환상에 빠질 수 있다.

모든 고통을 죄와 벌의 관점 안에 가두려고 할 때, 칸트의 말처럼 "책임을 지는 것보다 방어하게 되는 더 나쁜 결과를 가져오며... 최소한의 도덕성을 지닌 많은 사람들을 향해 혐오감을 가지게 된다."[9] 독일의 신학자 도로시 졸레 Dorothy Solle 는 이 관점을 경멸의 태도라고 불렀다.[10] 우리는 이렇게 고통 받는 사람들을 비난하고 조롱한다.

영성지도자로써 나는 피지도자들 자신이 겪는 상실이나 고통을 개인의 죄와 하나님의 벌로 돌리면서 신의론을 하늘의 벌과 관련시켜 언급하는 것을 듣곤 한다. 이것은 양심과 경험을 정직하게 살펴보고 실제로 겪고 있는 고통 가운데 계시는 하나님의 이미지를 관찰할 수 있는 기회가 되기도 한다.

고통을 당할 때마다 매번 그것이 자신의 죄와 그에 대한 하나님의 벌이라고 느꼈던 사람을 나는 알고 있다. 그에게 하나님은 아무리 좋게 받아들인다 하더라도 고통에 무관심한 분일 수 밖에 없었다. 그러나 그의 기도 일지를 되돌아 보면서 그가 실제로 하나님께 기대하고 있는 것은 그분의 사랑과 친밀한 관계에 대한 갈망 이었음을 알게 되었다. 그가 현실적인 고통을 당하면서도 하나님의 사랑을 갈망한다는 사실을 함께 붙드는 일은 어려운 일이었지만, 그 결과는 큰 변화를 불러왔다. 그의 신의론을 내려놓는 것은 어려웠고 서서히 일어났다. 그러나 그로 인해 그는 자유로워졌고 신뢰할 수 있는 사람이 되었다. 그는 세상에 모순이 존재하며 그것은 믿음으로 견뎌낼 수 있는 것임을 인정하게 되었다. 그의 기도는 변화되었다. 조지 허버트의 말로 표현하자면 하나님께서 그를 감금했다고 상상하는 "죄인의 탑"에서 언제까지라도 흘러 내리는 하나님의 은혜인 "기쁨의 만나"로 변화되었다.[11] 그가 고통받을 때도 있었지만 그 때에도 더 이상 하나님으로부터 멀어진 것이 아니었기 때문에 그는 하나님의 용서와 사랑을 받을 수 있었다.

나를 포함해서 이 책의 등장 인물들 가운데 여러 사람들이 한 때 벌 주시는 하나님의 의를 받아들였던 사람들이었다. 두 번째 전통적 신의론은 악이나 고통은 선한 사람들을 심각하게 훼손시키지 않는다는 견해로써 흔히 볼 수 있는 것은 아니었다. 실제로 고통은 궁극적으로는 더 큰 선을 그리고 아름다운 균형을 가져오기도 한다. 고통은 창조계의 질서의 일부로 선과 아름다움을 깨닫게 하는 것으로 여겨지기도 한다. 이런 견해는 비종교적인 사고에서는 명백한 것이다. 고통을 감수할 때 우리는 그 고통이 기쁨을 드러나게 하는 것임을 알 수 있다. 네이폴 V S Naipaul 은 말한다. "고통은 밤처럼 꼭 있어야만 하는 것이다." "그것은 행복함에 대한 감사를 더 크게 한다."[12] 어둠과 대비될 때 빛은 더 빛난다. 바로 이것이 두 번째 신의론이 말하려는 것이다. 그러나 이 관점은 하나님을 우주를 가지고 주사위 놀이를 하시는 무정한 분으로 치부하게 만든다. 이런 관점을 가지고 피오르드 도스토예프스키 Fyodor Dostoevsky 는 카라마조프 가의 형제의 등장 인물들을 통해 극단적인 인간의 고통을 당하면서도 하나님을 믿는 일이 가능함을 말한다.

이반은 땅에 스며드는 눈물을 성찰하며 말한다. "조화를 이루기 위해 우리가 치러야 할 값은 너무 크다. 우리가 지불한다는 것이 불가능할 수 있다."[13] 이 일로 이반은 하나님을 거부한다. 그는 죄 없는 사람들의 고통을 요구할 수 있음을 들어, 아름다운 조화를 이루는 하나님 나라에 들어갈 수 있는 입장권을 정중하게 거절한다. 그의 동생 알리요사 Alyosha 도 이유 없는 고통에 대한 신학적 논쟁을 거부한다. 그는 고통에 대한 완전한 해결책과 아름다운 조화를 이루기 위한 설명을 하기 보다는 고통 받는 사람에게 주목한다. 그는 아름다운 이상을 말하려 하지도 않고 판단하는 자리에 서지도 않으면서 그리스도와 함께하며 역경 속에 처한 사람을 주목하고 있다.

나는 이 두 번째 신의론의 다양한 모습을 영성지도 가운데 만난다. 어떤 사람은 하나님께서 아름다운 성품을 지니셨지만 사람들을 향한 궁휼한 마음은 갖고 있지 않다고 믿는다. 실제로 하나님은 훨씬 더 아름다운 탄생과 생명력을 주시기 위해 죽음과 파멸의 고통을 주시는 분으로 비춰진다. 빛과 어두움의 대비가 아름다움을 깨닫는 것은 빛이신 하나님께서 어두움에 맞서도록 우리를 돌보시며 대적하게 하신다는 것을 믿는 일이기도 하다. 오랫동안 자신에게 주어지지 않는 축복을 갈망하던 한 여성은 비록 하나님께서 자신을 긍휼히 여기지 않으시며 심지어는 자신의 고통을 기뻐하실 수 있다는 생각을 가지고 있었고, 자기가 마치 하나님 나라에서 골방 옷장에 깊숙이 처박힌, 그래서 자신을 눈에 띠지도 않고 사용된 적도 없는 잊혀진 신발 짝이라고 상상했다. 그러나 그녀는 자연에서 하나님의 자상한 손길을 보았으며 축복하심을 느낄 수 있었다고 말하곤 했다.

하나님께서 고통과 죽음을 제어하고 계시는 분이신지에 대한 명확한 해답이 없이도, 그분께서는 고통 받는 자를 사랑하시며 고통을 더 하시는 분이 아니라 위로와 돌봄을 주시는 긍휼의 하나님이시라고 받아들일 수 있다. 이것은 신의론의 참담한 결론에 맞서는 이론적 설명이 될 수 있다. 애니 딜라드 Annie Dillard 가 쓴 것처럼 "자연 재앙과 관련하여 하나님을 두려워하는 모든 독창적 설명들은 가혹하다."[14]

세 번째 고전적 기독교 신의론은 우리의 고통을 하나님의 교육적 목적을 위한 것으로 돌린다. 고통은 우리를 다듬고 성숙시키며 강화시키고 개선하기 위한 것이라고 주장하는 것이다. 고통 Suffering 이라는 책에서 졸레는 브록 Brocks, 그레멜스 Gremmels 그리고 프라이스 Preiss 의 "환자를 위한 글"을 인용하며 "역경은 하나님께서 돌보시는 사랑으로 우리를 훈련하시기 위해 사용 하시는 도구"라고 말한다.[15] 극한의 고통이나 역경을 당하는 사람은 파멸 될 수도 있으나 고통을 통해 우리가 유익을 얻고 더 강해지는 것도 사실이다.

고통을 교육적 유익을 위한 것으로 설명하는 일은 고통 받는 자의 입장에서 본 견해이지 하나님의 견해는 아니다. 하나님의 은혜로 말미암아 우리는 때로 고통으로 말미암는 선함을 보게 된다. 그리스의 비극작가인 에쉴레스 Aeschylus 는 이렇게 말한다. "배우는 사람은 고통 받기 마련이다."[16] "고통 없이는 얻는 것도 없다"는 광고 카피를 보면 현대 스포츠 심리학은 이 견해를 확실히 지지한다. 그러나 하나님을 모든 권력을 지닌 교장 선생님으로, 그래서 우리를 더 많이 배우도록 채찍질 하는 분으로 엄청나게 축소시켜 받아들이는 경향이 있다. 하나님은 사랑이시라는 것이 나의 믿음이고, 그것은 성경으로 말미암는 믿음이다. 하나님께서는 우리를 알기 원하시고 관계 속으로 초대하시기 원한다.

여러 다양한 이유로 많은 믿음의 사람들이 겉보기에는 자기 억제인 것 같지만 결국은 자기 영광을 챙기는 금욕주의 Stoicism 를 취하곤 한다. 도스토예프스키는 말한다. "인간은 번영만큼이나 고통도 사랑하는 존재일 수 있다... 때론 고통을 끔찍이 좋아하며, 수난이나 순교에 이르기까지 사랑한다."[17] 그들은 하나님을 교사로 여기며, 그 역할을 맡기고 삶이라는 학교에서 교사의 애완 동물이 되기로 마음 먹고, 동시에 스스로 일을 해결하려고 한다. 나는 항상 의식적으로 그러는 것은 아니지만, 이런 신의론을 받아들이곤 했다. 나는 하나님께서 요구하신다고 느껴지는 것 보다 훨씬 더 높은 기준을 스스로 적용하여 완벽을 추구하면서 고통을 막아 보려고 한다. 무의식적으로 만약을 대비해 신용을 쌓고 보증 수표를 얻어 두려고 한다. 이것 역시 또 다른 마술적 사고인 것이다. 한편으로는 하나님의 주권과 의를 인정한다고 말하면서, 나 스스로를 생각보다 훨씬 더 좋은 사람으로 여기며 하나님께 나를 고통에서부터 보호해 줄 것과 그에 합당한 보상을 해달라고 요구하는 것이다. 내게 있어 난제는, 비록 때에 따라서는 잘

했던 경우도 있었지만, 하나님을 신뢰하며 내게 닥쳐올 수도 있는 고통을 완전히 제어하려는 태도를 내려 놓는 것이었다.

신학자들이 말하는 네 번째 신의론은 내세에 대한 기대를 근거를 두고 있다. 이 말세론적 신의론은 역사적으로 악과 고통이 이 세상에서 끝날 수도 있다는 증거를 전혀 찾을 수 없기에 희망 또한 가질 수 없었던 사람들에게 큰 희망을 안겨 주었다. 이것은 고통을 위한 의가 아니라 확신을 가져다 주는 은혜임이 분명했을 것이다.[18]

성경에 쓰여있는 미래에 대한 말세론적인 희망을 부인하는 것은 아니지만, 주목해야 할 것은 그런 희망이 고통과 불의에 대해 무감각하고 수동적이며 무관심하도록 만들지는 않는다는 것이다. 우리는 살면서 고통을 맛보게 된다. 삶에서처럼 영성지도에서도 우리는 현실을 주목하게 되어 있다. 희망은 진실을 동반한 것이어야지 진실을 잠재우는 것은 아니다.

영성지도자로써 나는 고통 가운데 있는 사람들과 동행하며 고통을 덜 수 있도록 희망을 품고 함께 행할 수 있기를 원한다. 나는 "모든 사람의 눈물을 닦아주시기 원하시는" 하나님, "다시는 사망이 없고 애통하는 것이나 곡하는 것이나 아픈 것이 다시 있지 아니하리라"[19] 약속하시는 하나님을 증거하기 원한다. 그래서 나는 진정성을 가지고 이 일을 하면서 그들이 삶 가운데 진실이라고 말하는 것을 신뢰하며 그들의 편에 서야만 한다. 하나님의 은혜로 영성지도라는 묵상적 공간 안에서 한 개인은 고통을 직면하고 영성지도자의 경청과 돌봄을 통해 힘을 얻는다.

고통을 직면하는 일은 쉽지 않다. 영성지도를 통해 만났던 한 피지도자와 나는 천국과 그녀가 맞게 될 말세론적 미래에 대해 꽤 오랜 시간 동안 기도하며 나누었다. 이렇게 하면서 그녀는 현재의 고통에서 빠져 나올 수 있었고, 결국은 그녀의 정당함은 입증될 것임을 그리고 성공한 것으로 보이는 사람들은 결국 심판 받을 것임을 느낄 수 있었다. 나는 이것이 그녀가 삶이라는 실제를 현실적으로 보이는 대로만 바라보는 것을 막을 수 있었다고 믿는다. 그러나 최악의 경우, 내세에 초점을 맞추는 일은 자살로 몰고 가거나 다른 사람들에게 저주가 내리길 염원하게 만들 수도 있을 것이다. 그리고 최선의 결과라면, 지금 이 세상에서 드리는 기도에 대한 응답이 없을지라도 그녀를 향한 하나님의 사랑을 감지하는 일이 될 것이다. 영성지도를 함께 해 나가면서 우리는 하늘의 광채로 고통을 가리려 하지 않으며, 또한 그것 때문에 믿음을 포기하지도 않으면서 정직하게 현재의 고통을 바라보려고 했다. 그녀는 고통을 가혹한 진리로 온전히 경험하게 되면서 하나님께서 내려주시는 사랑도 더 많이 받아들일 수 있었다.

하나님의 사랑을 인식하고 받아들임

사람들마다 경험하는 고통은 모두 제각각이다. 그래서 하나님의 반응을 경험하는 일도 다를 수 밖에 없다. 시간이 흐르고 좀 더 친숙해질수록 나는 어떤 영적 양식이 내가 만나는 사람들에게 더 만족스러울 수 있는지 알게 되었다. 그리고 그들의 취향의 영역이 확장되는 것으로 인해 기뻤다. 나 자신의 취향의 폭도 넓어지는 경험을 할 수 있었다. 나는 수년 동안 한 영성지도자를 만나고 있었다. 그 영성지도의 초기에 나는 하나님께서 말씀을 통해 어떻게 만나 주시는지를 경험했다. 성경구절을 통해 깊게 하나님을 만나는 렉시오 디비나 Lectio Divina 의 경험은 나를 흡족하게 하는 훈련이었다. 내가 하나님과의 직접적인 만남을 경험하는 일은 주로 성경 말씀을 통해서 이루어지거나, 나의 사랑하는 사람들이 죽거나 질병으로 고통

받고 있을 때 "나를 믿어라"는 말씀이 내 마음에 충만하게 차오르는 방식으로 나는 그분과의 만남을 경험했다.

시간이 지나면서, 그리고 내 영성지도자의 완곡한 제안을 따르며, 이미지 역시 하나님의 은혜가 전해지는 강력한 통로가 될 수 있음을 나는 발견하게 되었다. 내 자신을 상상력이 부족하고 시각적인 사람이 아니라고 여겼기 때문에 이 일은 놀라운 경험 이었다. 그러나 나는 잔잔한 물 위에 반듯이 누워 둥실 떠 있는 상상을 하며 시간을 보낼 수 있었다. 이 경험을 통해 나는 힘을 빼고 누워서 호숫가로 그리고 큰 바다까지 나아가는 하나님 경험을 할 수 있었다. 말씀으로는 이런 이미지 속에 새겨 있는 영적 진리를 결코 쉽게 얻을 수 없었다. 이미지 속에서 안식하며 나는 고통을 말로, 개념으로 그리고 이론으로 설명하려는 모든 시도들을 내려놓게 되었다. 그것은 나를 변화시켰다. 내가 영성지도에서 만났던 한 사람은 이미지와 말씀이 결합된 강력한 하나님 체험을 통해 비극적 상실의 시기를 견뎌낼 수 있었다. 이 사람은 충격적인 비극을 경험하면서 전처럼 말씀을 집중하여 읽을 수 없었다. 그럼에도 불구하고 점진적으로 하나님께서 자신 가까이에서 동행하고 계심을 이미지로 감지할 수 있었다. 마치 벤치의 이 끝과 저 끝에 하나님과 함께 앉아 있는 듯 느껴 지기도 했다. 이 피지도자는 하나님께서 침묵하시기만 한다면 자신 가까이 계시도록 허용했다. 그렇게 말 없이 수 개월을 적당한 거리를 두고 함께 앉아 있던 어느 날 아가서의 말씀이 들리는 듯했다. 하나님께서 자신을 "사랑하는 자 Beloved"라고 부르시는 듯했다. 그 때 하나님께서도 "내 사랑을 받는 분 Beloved"이실 수 있다는 생각이 들었다. 이 사랑의 경험이 하나님의 말씀에 마음 문을 다시 열도록 했다.

이런 믿음의 여정이 우리의 평범한 일상 그리고 고통으로 점철된 삶 속에서 일어난다. 나의 피지도자가 사랑하는 자(사랑 받는 분)와 함께 벤치에 앉아 있는 이미지를 통해 생기를 얻었듯이, 나 역시 하나님의 은혜의 강물에 둥실 떠있는 시간들을 통해 세상을 만날 힘을 얻는다.
하나님과 함께하는 시간은 생명을 선물한다. 나무의 이미지로 돌아가서 말하자면 우리 각자는 독특한 존재이고 뿌리 내리며 자라가고 있는 존재이다. 우리는 뿌리를 하나님의 생수 속으로 뻗어 내린다. 그리고 그 생수는 우리의 온몸을 관통하여 흐르며, 고통의 시기에도 우리를 강하게 하고 잘 견뎌내도록 한다. 영성지도의 중간 단계를 지내며 나는 나무가 햇빛을 향해 뻗어가듯 한 영혼이 은혜를 향하고 있음을 본다. 그리고 생수가 그 사람 안에서 흐를 때 은혜는 치유를 가져온다. 그러나 그것은 폐쇄적인 체계가 아니다. 각 사람들에게서 나는 하나님의 은혜가 그들을 통해 세상으로 흘러가는 것을 보고 있다. 그리고 이 이야기들을 나는 이 책의 마지막 파트에서 소개할 것이다. 성장 초기에 상처입고 주린 식물들도 보살핌과 영양 공급을 받게 되면 열매 맺고 꽃을 피우며 그늘과 아름다움을 제공할 수 있게 된다. 이러한 일은 사람들에게서도 마찬가지로 일어난다. 영성지도의 중간 단계에서 하는 일은 바른 길을 걷기 원하는 사람들을 경청하는 것이고, 그들의 상한 마음들을 치유의 물로 씻어내고 뿌리를 견고히 내려 성숙을 이루도록 하는 것이다.
내 친구 중 한 사람은 남편을 만성질환으로 잃게 되었다. 그녀는 남편의 임종 시 집 곁에서 자라던 나무도 죽은 것을 보며, 아마도 그 후로는 기쁨을 다시 누리지 못할 것이라는 생각을 하게 되었다. 나무는 시들다가 시커멓게 변했고 나뭇잎들은 말라서 부스러졌다. 그렇게 몇 번의 봄이 찾아왔고 또 지나갔다. 그리고 남편이 죽은 후 여러 해가 지나고 맞은 어느 봄날 그 나무 곁을 지나다 그녀는 부드럽고 연한 순이

한 가지에서 나오고 있는 것을 발견했다. 그 어리고 연약한 새 생명이 그녀 안에 있던 소망을 새롭게 불러일으켰다. 영성지도자는 연약한 새 생명의 소성을 증거하는 사람들이다.

노트

1. 예수님께서 눈 뜨게 하신 소경들 가운데 한 사람은 처음에 사람들을 걸어 다니는 나무로 오인했다.
   (마가복음 8:22-26) 시편 1:3,6 을 참조
2. 요한복음 4 장
3. 이사야 53 장
4. 헤럴드 쿠쉬너, 선한 사람들에게 나쁜 일들이 일어날 때 (New York: Avon, 1983)
5. 웹스터 사전 제 2 판, "theodicy"
6. Stanley Hauerwas, *Naming the Silence; God, Medicine, and the Problem of Suffering* (Grand Rapids, Mich.: William B Eedermans, 1990) 48
7. Terry Tiley, "God and silencing of Job," *Modern Theology 5* (April1989) 268
8. 신의론에 대한 이 탁월한 설명들은 Wendy Farley 의 *Tragic Vision and Divine Compassion; A Contemporary Theodicy* (Louisville, Ky.: Westminster/ John Knox Press, 1990), 21-22
9. Kant [1819], *An Inquiry Critical and Metaphysical, Into the Grounds for Proof for the Existence of God and into Theodicy*

(Farley, Tragic Vision, Divine Compassion, 21 에서 인용) 신의론에 대한 이 논의에서 나는 웬디 팔리와 스탠리 하우워즈 Stanley Hauerwas 의 글로 도움을 받았다.

10. Dorothy Solle, *Suffering*, Everett R Kalin 역 (Philadelphia: Fortress Press, 1975), 114

11. Herbert, "Prayer (1)," *The Temple: The Poetry of George Herbert*, 편집 Henry L. Carrigan Jr. (Brewster, Mass.: Paraclete, 2001), 45

12. Daphne Merkin 의 "밤처럼 반드시 있어야 하는 고통 Suffering, Elemental as Night" *New York Times Book Review*, September [1], 2002, [2] 에서 인용 된 글인 V. S. Naipaul 은 옥스포드에서 그의 누나 Kamla 에게 쓴 편지

13. Fyodor Dostoevsky [1880], *The Brothers of Karamazov*, Constance Garnett 역 (New York: Barnes and Noble Classics, 2004), 227

14. Annie Dillard, *For the Time Being* (New York: Vintage Books, 1999), 30

15. Solle, *Suffering*, 17

16. Aeschylus [4C BC], *Agamemnon*, 1. 177

17. Fyodor Dostoevsky [1864], *Notes from the Underground*. Jane Kentish 역 (Oxford; Oxford University Press, 2000), 34.

18. 이 견해에 대해서는 많은 부분을 Farley 의 글을 성찰함

19. 요한계시록 21:3-4

12 헌신: 레아
Commissioned: Leah

나와 함께 대학원에서 공부를 하며 수년간 영성지도를 함께 했던 레아는 부모님이 꾸려 나가시는 농장의 초원에서 어린 시절을 보냈다. 나는 신비주의자는 아니지만 신비를 인식할 수는 있었다. 그런데 하나님 경험을 아주 선명한 고화질로 볼 수 있었던 그녀의 경험이 그녀 자신에게 어떤 영향을 미치고, 다시 세상 속으로 어떻게 흘러 가는 지는 나도 볼 수 있었다. 즉, 외부에서 신비 경험을 평가할 수 있는 유일한 방법이기도 한 기독교인들이 하나님과의 만남을 통해 맺게 되는 "열매"라고 부르는 것은 분명히 볼 수 있었다. 위대한 믿음의 교사요 신비가로 잘 알려진 스페인 태생의 아빌라의 테레사가 있다. 그녀의 황홀경은 베르니니 Bernini 에게 큰 감명을 주었으며, 그의 조각 작품으로 잘 표현 되어서 바티칸의 성 베드로 성당에 전시되고 있다. 그러나 신비가 이기도 한 그녀는 하나님의 사랑으로 간주되는 배꼽을 뚫어져라 바라보며 행동하지 않는 사람들을 견딜 수 없었다.

사람들이 진실로 자신들의 기도 경험을 이해하려고 노력 하면서 자신의 생각들을 바꾸는 것이 아니라 자기 몰두에 빠지는 것을 볼 때, 그리고 그들이 경험해 온 헌신이라던가 매우 미미할 수도 있는 온유한 감정들을 잃어버리는 것을 보게 될 때, 그들은 하나님과 연합하는 방법을 조금도 알지 못한다는 것을 분명히 확인할 수 있다. 그들은 자신의 경험에 몰입하며 모든 것을 이룰 수 있다고 생각한다.

그러나 절대 그렇지 않으니 자매여, 자매여! 우리 주님은 행함을 간절히 원하심을 아는가![1]

또 다른 기도하는 행동가인 테레사인 캘커타의 테레사 수녀는 "우리가 침묵 속에서 더 많은 것을 받을수록, 우리는 행동하는 삶에서 더 많이 나눌 수 있다"고 말했다.[2] 레아와 함께 영성지도를 하면서 (비록 그녀는 겸손하게 자신을 그 유명한 테레사에 견주는 것을 완강히 거부했지만) 이 사실을 확인할 수 있었다. 그녀를 통해 신비한 기도와 그로 말미암는 사회 활동이 함께 일어날 수 있다는 것을 분명히 알 수 있었다.

영성지도를 시작하고 일 년여가 되었을 때 레아는 석사 학위를 위한 논문의 주제를 결정해야 했다. 그녀의 연구 분야를 감안할 때, 연구는 익숙하지 않은 다른 문화로의 개입이 필요했다. 그리고 여러 나라의 언어를 구사하며 여행을 즐겨 했던 그녀에게는 다양한 접근 방법이 가능했다. 그녀의 연구 조사는 인권 침해와 관련된 위험을 감수해야 하는 것들이었다. 하나님과 그녀의 관계가 새로운 국면으로 들어 서면서, 그녀는 하나님께서 자신을 무의미한 피학적 삶으로 부르고 계시지 않음을 알 수 있었다. 그리고 오래 전부터 지녀온 구원하려는 패턴들이 자신의 내면에서 계속 드러나는 것을 경계하게 되었다. 그럼에도 불구하고 그녀는 이 구체적 프로젝트에 계속 이끌리는 느낌을 받았다.

나는 그녀가 이 일과 관련하여 이미지를 사용해 기도할 수 있길 원했다. 하나님께서 그녀의 생각을 조명해 주시길 기도하며, 프로젝트를 시작하는 그녀 자신을 상상해 보거나 구체적 이미지로 전체 프로젝트를 한번 그려보고 그것을 하나님 앞으로 가져갈 것을 권했다. 그러면서 그녀가 기도할 때 어떤 움직이나 변화가 있는지 볼 수 있길 원했다.

그녀와 하나님은 둘만의 방식으로 논문의 주제를 찾아가게 되었다. 어느 날 그녀는 나의 사무실로 들어서면서 이 프로젝트가 그녀에게 딱 맞는 것임을 알게 됐다고 말했다. 나는 어떻게 그런 결론에 이르렀는지를 물었다.

"나는 기도하고 있었어요. 그런데 갑자기 대관식을 하는 곳에 내가 있음을 보았습니다. 보좌는 내가 서 있는 반대편 아주 멀리 떨어진 곳에 있었죠. 그리고 예수님께서 왕의 의관을 완전히 갖추어 입으시고 그 위에 앉아 계셨습니다."

나는 놀라움을 표현했다.

"난 그 보좌를 행해 나아가려 했어요. 그러나 두려웠죠. 그런데 그때 예수님께서 내 귀에 대고 속삭이시는 음성이 들렸습니다. 천천히 앞으로 나아오라고 말씀하셨습니다. 그분은 보좌 위에 앉아서 나를 기다리시며, 동시에 내게 속삭이고 계셨습니다."

나는 "놀랍군요"라는 말밖에 할 수 없었다. 그리고 그녀는 내가 말로는 표현할 수 없는 경이로움에 대해 이렇게 표현하자, 온 몸으로 기쁨을 느끼는 듯 몸을 움츠렸다.

"그렇죠. 그래서 전 계속 걸었습니다."

"그분께서 뭐라 속삭이셨나요?"

"그분은 나를 사랑하신다고, 그리고 내 곁에 머무실 거라고 말씀하셨죠. 그러니 두려워하지 말라고요. 나는 계속 가까이 나아갔습니다. 그리고 보좌 앞에 다다랐을 때 무릎을 꿇었습니다. 그분께서는 보좌에서 내려오셨고 나는 몸을 더 낮게 굽혔습니다. 그때 그분은 내 어깨 위에 검을 얹었죠. 마치 내게 작위를 내리시는 것처럼요."

"네." 나는 완전히 안다고 할 수는 없었지만 이해는 할 수 있었다.
"당신에게 작위를 내리신 거네요."
"네, 마치 내게 임무를 맡기는 것 같다는 느낌은 분명했습니다. 비록 무엇을 해야 하는 것인지는 몰랐지만, 나가서 찾아야 한다는 것은 알 수 있었습니다.
"그러니까 주님께서는 그 일에 헌신하라고 맡기신 것이군요."
"네 그런 확신이 들었습니다. 그 일이 어렵지 않다거나 두려움이 없다는 건 아니었지만, 그 일에 대한 주님의 부르심과 그분이 내 곁에 계실 것이라는 사실은 분명했습니다."
"보좌로 나아갈 때에 그분께서 그 방에 분명히 계셨던 것처럼 말이죠?"
"네, 맞아요. 바로 그 느낌이었습니다. 그리고 이 결정을 내리는 데 충분한 시간을 가졌다는 생각이 들었어요." 그녀는 결심하듯 입술을 굳게 다물었다.
"당신은 소명을 받았군요. 정말 놀라운 경험이네요."
"네."

처음 만났을 때 하나님 경험이 전혀 없다고 주장하던 레아는 수년간의 영성지도를 통해 지금은 하나님께서 헌신하도록 부르셨다는 확신을 가지게 되었다. 그 인식은 확고했다. 그녀는 위험이 도사린 모험의 여정을 지속했다. 그녀는 어두움의 심연 그 한가운데를 향해 계속 걸어 들어가는 것은 분명하지만, 지금 그녀는 혼자 걷는 것이 아니다. 그녀가 한 일은 어두움에 빛을 던져 주었다. 진실과 정의를 위한 섬김이라는 빛은 그녀 자신만을 위한 일에서부터 외국의 역사적 혹은 정치적 탄압으로까지 넓게 비추게 되었다.

그녀가 외국으로 떠나기 전에 우리는 함께 그녀의 부르심에 대해 계속 돌아 보았다. 우리는 또한 그녀의 안전이라는 실제적인 문제도 함께 생각했다. 그녀는 이곳에서 그리고 외국에서 만날 수 있는 정부 관리들, 학자들 그리고 행동가들로부터도 그녀가 안전을 위해 조심해야 할 것들과 그녀가 만나게 될 어려움이 뭔지 자문을 구했다. 결국 그녀가 잠재적 위험을 최소화 할 수 있게 되었다고 확신할 수 있긴 했지만, 그녀는 분명한 하나님의 부르심을 따라 기꺼이 위험을 감수하려고 했다. 그녀의 국제적인 사역을 감싸 안은 빛은 그녀 개인의 삶의 역사 가운데 있는 어두움도 조명했다. 온갖 어려움들을 겪어내며 놀라운 깨달음을 얻으면서 레아는 계속 부르심과 헌신을 인식할 수 있었다. 외국에서 살면서 그녀는 함께하시는 하나님을 때때로 느꼈고, 이 느낌이 스러질 때에도 비록 감정적으로는 느낄 수 없지만 주님께서 동행하심을 다시 기억하려고 했다.

레아는 버클리로 돌아왔고 논문을 쓰기 시작했다. 이 일이 진척되면서 그녀의 좁은 아파트는 정치적 희생자와 가해자들과의 인터뷰를 정리한 문서들로 가득 찼다. 그녀는 그 종이 무더기 위에 십자가를 올려 놓았다. 그것은 수천 개의 글들과 폭발하듯 넘쳐나는 그녀 자신의 어린 시절에 겪었던 고통 가운데 포함된 폭력과 고뇌와도 맞서기 위함이었다. 마치 그랜트가 그의 동생의 관 위에 놓인 십자가 곁에서 예수님을 만났다고 느꼈던 것처럼, 레아는 그녀의 글들 속에 계신 주님을 통해 위안을 느낄 수 있었다.

그 해 말에 레아는 우수 학생으로 졸업 할 수 있었다. 그녀의 논문은 교수들과 동기생들의 찬사를 받았고 책으로 출간되길 모두 원했다. 논문에서 그녀는 다음과 같은 정치적 대학살 가운데 살아남은 생존자들의 말을 인용했다. 정의가 사라지게 된다면 우리는 계속 "짐승들의 거친 숨소리"를 들을 수 밖에 없을 것이다. 레아의 글은 그 공포스런 짐승을 멸절하는데 도움을 주고 있다. 그녀의 글은 또한 어린 시절 가족 농장에서 살던 때에 잔인하게 그녀 자신을 엄습했던 짐승을 멸절하는 도구가 되었다.

그녀가 논문을 쓰기 직전에 레아는 들소를 그려서 자신의 책상 머리에 걸어 두었다. 이 짐승은 그녀에겐 선한 짐승이었다. 그녀는 초원에서 들소들을 지켜보며 자랐다. 글을 쓰다 정서적으로 힘들어질 때면 들소는 그녀를 지켜보았다. 그 털이 부글부글한 생명체는 희생자들을 공포스럽게 몰고 가는 짐승과 자신의 어린 시절에 나타나곤 했던 짐승을 모두 격퇴시키는 상상의 동물이었다. 그녀가 그린 그 들소는 그녀가 졸업할 때는 이미 시가지로 변해버린 고향 농장에 남아 있었던 유일한 동물이었다.

비록 가족 가운데 누구도 레아가 우수 학생으로 졸업하는 것을 축하하기 위해 참석하지 않았지만, 그녀는 졸업 후 즉시 고향 집으로 날아가 남동생의 고등학교 졸업식에 참석했고, 부모님들과 함께 지내면서 마음을 추스르며 새 힘을 얻었다. 나는 그녀 스스로를 괴롭히는 일이 아닐까 걱정했지만, 그녀는 갈 필요가 분명히 있으며 별 일 없을 것이라고 확신했다.

그녀가 떠나기 전에 우리는 그곳에서 어떻게 행해야 할지에 대해 나누었다: 초원에서 지내는 시간을 갖는다. 친구들과는 안전 거리를 유지한다. 가족이 다니는 교회는 가지 않는다. 스스로를 위한 공간을 마련하고 하나님과의 관계를 계속 유지한다.

레아와의 만남 이후에, 그러나 그녀가 고향으로 떠나기 전에, 나는 그녀에게 편지로 그녀의 졸업과 훌륭한 논문을 축하하며 그녀가 여행하는 동안 계속 중보하겠다는 것을 알렸다. 그러나 주소를 잘못 쓴 나의 실수로 편지는 그녀가 돌아와서야 배달되었다.

"편지 감사합니다. 고향에서 돌아와서야 받았습니다. 그러나 바로 그 시간이야말로 당신의 편지가 필요했던 때였습니다. 집에서 느꼈던 압박감에서 벗어나려고 애쓰던 때였거든요." 그녀는 이렇게 감사의 말을 건넸지만 그녀의 얼굴에는 폭풍 전야의 불안함이 역력했다.

"너무 늦게 받도록 만들어서 미안해요. 실은 집으로 떠나기 전에 마지막으로 한번 더 안아주고 싶었어요. 그러니까... 고향에서 여드레는 보낸 거지요?"

"예, 너무 오래있었죠. 딱 닷새가 제겐 적당한데, 여러 가지 이유로 오래 머물 수밖에 없었습니다. 닷새가 지나면서부터 나는 기초가 흔들리는 느낌이 들었고, 마치 식중독에 걸린 듯 느껴졌습니다."

"그게 어떤 느낌인지 구체적으로 말해주실 수 있나요?"

"마치 토할 것 같았어요. 메슥거렸죠. 내가 먹은 음식 때문은 아니었어요. 가족과 함께 한다는 것이 그렇게 만들었던 것 같아요. 내 몸이 그들을 거부했습니다."

"그러니까 몸이 당신을 보호하려고 했다는 말이지요?" 나는 과감히 말했다.

"맞아요. 내 몸이 독소로 가득했기 때문에 그것들을 배출하려고 하는 행동 같았습니다. 바로 그런 느낌이었어요. 나의 어머니는 정말로 내 존재 자체를 미워해요. 그녀에게 내 논문을 읽어 보시라고 했어요, 그런데 두 페이지 정도 읽고는 너무 지루하다고 하시더군요. 그리고 내게 다시 돌려 주었습니다. 그녀가 내 인생에 대해 묻는 것은 단 하나, 이제 내가 어떻게 먹고 살 것인가 하는 문제입니다. 졸업의 기쁨과 논문을 쓰며 고조된 확신 같은 것은 모두 사라져 버렸고 불안과 자기 불신이 그 자리를 차지하게 되었습니다."

"당신의 몸이 배출해 버리려고 한 것이 바로 그것이었군요. 당신의 몸은 그 모든 독소들을 거절했던 것이네요."

"그랬어요. 내 몸은 알고 있었던 것 같아요. 내 생각은 나를 보는 어머니의 시선을 받아들이고 거기에 빠져들기 시작했습니다. 나는 나의 집, 이곳으로 그런 자기 이미지를 가지고 돌아왔습니다. 내 친구는 내가 매우 이상한 이야기를 한다고 말하더군요. 그리고는 나의 부정적인 자기 평가들에 대해 계속 반박했습니다.

"당신의 몸과 친구들은 당신에 대해 그들이 사랑하고 간직하기 원하는 다른 이미지를 가지고 있군요."

그녀는 과거에 그랬던 것처럼 자신의 팔로 스스로를 감싸 안고 흐느껴 울기 시작했다. 눈물을 통해 그녀 안의 독소들이 빠져 나가면서 휴지통은 휴지로 가득 채워졌다. 나는 레아가 계속 울 수 있도록 그리고 마침내 울음이 그칠 때까지 기다렸다. 그런데 갑자기 그녀가 미소를 지었다. 태양이 구름을 벗어나고 있었다.

"친구들도 나를 도왔습니다. 그들은 나 자신이 어떤 사람인지를 보도록 만들었어요. 그들은 수년 동안 날 위해 그 일을 해 오고 있었습니다. 며칠 동안 매일 나는 친구들을 만났습니다. 그리고 다른 일정도 짰습니다... 초원으로 가는 계획을 짰지요. 그리고 거기서 지냈던 어린 소녀로서의 시간을 기억했습니다. 나는 그 소녀를 사랑했어요. 그녀가 겪어낸 모든 일들로 가슴이 아팠습니다. 그래서 그녀를 생각하며 울었어요. 또한 초원에서 머물렀던 일들을 그리고 그곳에서 사랑 받았던 일들을 다시 경험했습니다. 내 어린 시절에 하나님께선 나를 위해 그곳에 함께 계셨던 것이 분명합니다. 뭐라고 정확하게 표현해야 할지는 모르겠어요. 하나님에 대해 내가 지금 표현할 수 있는 모든 것이 나의 부모님이나 그들이 다니던 교회로부터 나온 것이어서 그 초원에서 나를 사랑해주시던 그 분에 대해 어떻게 말해야 하는지 모르겠어요. 그러나 그분께서는 내게 헌신할 일을 부여하신 그 예수님과 같은 분이십니다. 그분께서는 나와 함께 초원에 계셨습니다." 그녀는 긴 숨을 내 쉬었다. 평안의 한숨이었다.

"그러니까 동일하신 예수님께서 역시 동일한 레아를 사랑하고 계신 거네요."

"네, 맞습니다. 비록 나의 어머니는 내가 아닌 다른 나를 바라보고 있지만, 나는 나죠. 그 초원에 있었던 레아와 동일한 나인거지요. 그 때 이후로 나는 줄곧 초원들을 찾았습니다. 때론 초원 대신에 달리기 트랙을 찾기도 했지요." 그녀는 소리 내어 웃으며 말했다. "그러나 나는 최선을 다해 초원을 다시 찾았습니다."

"지금 당신이 사는 이곳에도 초원이 있던가요?" 나는 물었다.

"뜻밖의 장소들에서 나는 초원을 발견했습니다. 나는 초원을 친구들에게서 발견했고, 지금 이곳에서도 발견합니다." 그녀는 팔을 펴서 내 사무실을 빙 둘러보며 대답했다. '내가 교회에서 예배 드리는 시간에도 발견하고, 어떤 때는 바닷가에서도 발견합니다. 일하러 가는 길에 발견하기도 하지요."

"당신의 초원에 대해 좀 더 말해 주세요."

"그곳은 내가 가장 진정한 나로 있을 수 있는 장소입니다. 그리고 그곳은 내가 사랑 받는 자로 머물 수 있는 곳이기도 하지요. 고요하고 온화함이 느껴지는 곳이고, 요동치 않는 안정감과 위로를 얻을 수 있는 곳입니다. 그곳에서는 나 혼자 있다고 느껴질 때에도 전혀 외롭지 않습니다." 그녀는 더 깊은 한숨을 내쉬었다. 우리는 초원에서 느낄 수 있었던 그 느낌들을 안고 함께 오랜 시간을 머물렀다.

나는 레아가 초원에 있을 때 보았던 그 짐승은 어떻게 되었을까 궁금해졌다. 그러나 초원을 떠나는 것이 싫어서 그냥 기다렸다.

마침내 레아가 입을 열었다. "이번에 내가 집에 갔을 때 나는 모든 방법을 동원해 나를 위한 일들을 해 보았지만, 여전히 해로운 영향에서 벗어날 수 없었어요. 더 이상 그곳으로 돌아갈 수가 없어요. 그 영향력이 너무 강력해서 나를 자꾸 잃게 됩니다."

"마치 엄청난 전쟁을 치렀던 것처럼 들리네요."

"그랬죠, 그리고 내가 싸웠던 상대는 나를 내려다 보며 숨을 거칠게 쉬던 그 '짐승'이었던 것 같습니다. 그것이 지닌 힘은 내 자신을 미워하게 만들고, 하나님까지도 미워하게 만들었습니다. 어머니가 믿는 하나님은 증오하시는 하나님이었거든요. 그분께는 잘 보여야만 했어요. 모든 일은 하나님의 진노와 심판이 두렵기 때문에 하는 것이지요. 모든 비극은 하나님께서 이끌어내신 그분의 전리품 같이 보였습니다. 그런 하나님과 그런 엄마에게 난 살 가치가 없는 죄인이었습니다. 그래서 그들 주변에 머무는 일은 내겐 삶을 위협하는 일이 되었던 것입니다." 그리고 그녀는 내 쪽으로 야릇한 눈빛을 던졌다. 나는 기다렸다.

"아마도 그래서 나는 다른 사람들을 박해하는 짐승과 싸우는 일을 하고 있는지도 모르겠어요." 그녀는 말을 이어갔다. "그 짐승은 영혼을 무력화시키려 했죠. 나는 빛 가운데로 그것을 끌고 나왔고, 더 이상 그것은 빛을 견딜 수 없었습니다. 초원의 그 빛처럼 이 빛도 박해를 당하고 있는 사람들에게 진리를 밝히 드러내고 그들이 진정 어떤 사람인지 그들의 경험이 담고 있는 진리가 무엇인지를 또한 확인시키고 입증합니다. 이 일은 그들을 강건하게 합니다. 그리고 이것은 마치 귀신 집에서 전등을 켜는 것과 같은 것이죠."

"네, 나도 알겠습니다. 참 적절한 이미지네요. 초원에서 비취던 빛이 당신을 씻어주는 장면과 당신이 인터뷰했던 사람들을 씻어 내리는 빛을 직접 보는 것 같았어요. 그 짐승은 물러났죠. 아니면 드러났나요? 맞아요?" 나는 물었다.

"그렇군요, 빛은 사물들을 뒤집어 놓는군요. 그것은 사람들에게 그리고 사람들의 진실에 대해서는 힘을 실어주고 박해하는 사람들에게서는 힘을 앗아가네요... 그것이 초원에 머무르면서 내가 얻은 것일지도 모르겠습니다. 그 예수님은 빛이시고, 진정으로 내가 누구인지는 그 빛 가운데서 볼 수 있는 것이지요. 그리고 짐승은 보이지 않게 됩니다. 진실로 짐승은 더 이상 초원에 존재하지 않는 것처럼 느껴졌습니다. 만약 내가 빛이 있는 곳에 있을 수만 있다면 나는 안전한 거죠... 나에게 가라고 부르신 그 위험한 곳으로 갈지라도 나는 안전할 것입니다." 레아는 이것을 몸으로 연기하듯 실제 행동으로 옮겼다. 손으로는 빛과 그림자의 경계를 가르고 웃으면서 발 하나를 의자 위로 올려 다리 밑으로 끼워 넣었다. 그녀는 기쁨으로 가득한 듯 했다.

요한복음은 서두에서 "빛이 어둠에 비추되 어두움이 깨닫지 (이기지) 못했다"고 강하게 말한다. "빛이 비춘다." 이것은 현재 진행형 시제이다. 우리의 하나님 경험은 지속적으로 존재하는 것이다. 우리는 거듭해서 경험하게 된다. 이 땅에 살면서 어떤 경우라도 안전한 종착점에 다다랐다고 말할 수는 없다. 믿음은 우리가 성취해야 할 어떤 발달단계나 성장해서 얻게 되는 것은 아니다. 믿음은 계속 빛을 향해 돌아서는 것이다. 우리가 발견되기를 기다리는 초원으로 거듭해서 돌아가야 한다. 그때 우리는 우리를 파괴하려고 하는 장소나 그 어떤 짐승이 힘을 얻을 수 있는 곳에서 떠나게 된다. 우리는 그 악마적인 힘에 맞서 두려워 떨며 압도 될 때 옴짝달싹 못하거나 도망치거나 혹은 대적하는 반응을 한다. 그리고 마침내 다시 초원으로 돌아올 때까지 이 일을 계속한다.

시간이 지나면서 우리는 초원이 우리 가까이에 있음을 확신하게 된다. 우리는 자기 자신을 더 잘 알게 될수록, 그곳으로 들어가는 방법도 더 잘 깨닫게 된다. 레아는 어두움 속으로 들어가야 할 때 자신을 무장시키는 전략으로 모든 세부 일정을 수행하기 앞서 "초원의 시간"을 갖는 것을 포함시켰다. 그래서 그녀는 초원이 될 수 있는 장소를 찾아 리트릿을 했고, 그녀의 진정한 자아 즉 초원의 그녀를 볼 수 있는 사람과 만났고 어두움 속에서도 그 이미지를 붙들었다.

최근에 레아는 들소에 대한 꿈을 꾸었다. 갈색의 여름 들소와는 달리 이번에는 흰색의 겨울 들소였다. 그녀는 그것을 그려 논문을 쓰는 자신의 책상 머리에 붙여 놓았다. 어린 시절 레아는 겨울 초원에서 움직이지 않고 가만히 서있던 들소에 매료된 적이 있었다. 온통 흰색 눈으로 덮인 초원 위에서 움직임 없이 서있는 그 동물들을 레아는 겨우 형체만 알아볼 수 있었다. 그 날 꿈에서 "그녀의" 들소는 바로 그 겨울 들소처럼 보였다. 그리고 그녀는 나에게 이렇게 말했다. "북미 대륙의 원주민 문화에서 흰 들소는 치유의 상징입니다."

노트

1. Teresa of Avila [1577] *"The Interior Castle,"* Part 2, A life of Prayer, ed. James M Houston (Portland, Ore.: Multnomah, 1983), 175.
2. Malcolm Muggeridge, *Something Beautiful for God; Mother Teresa of Calcutta* (San Francisco: Harper and Row, 1971), 66.

13

디딤돌: 칼
Stepping Stones: Carl

처음에는 방어적으로 대했던 칼을 시간이 지나면서 나는 점점 더 편안하게 받아들일 수 있게 되었다. 나 역시 그에게 편한 존재가 되었다. 내가 그에게 투사했던 오만한 이미지는 이제 그의 수줍음을 잘못 받아들인 결과임을 알게 되었다. 그는 미소 짓기도 했고 소리 내어 웃기도 했다. 그리고 그 자신과 나에게 매우 솔직하게 대하는 변화된 자세로 말미암아 구태어 그가 무슨 생각을 하고 있는지 상상할 필요도 거의 없게 되었다.

칼은 교수고 지금 재직하는 대학에서 다른 곳으로 옮겨갈 계획을 가지고 있었다. 그리고 이것은 그가 속한 동료 그룹에서 거듭 다뤄지는 분별의 이슈였다. 또한 지금까지 칼과 나는 소명에 대한 많은 대화를 나누어 왔다.

나는 제안했다. "지금의 일터에서 느껴왔던 소명감에 어떤 변화가 있는지 말해 줄 수 있으신가요?"

"내가 지금 분명하게 느끼는 것은 학생들과 직접 교류할 수 있는 더 많은 기회가 구체적으로 내게 주어지고 있다는 것입니다. 그러나 그렇게 하기 위해서는 이 지역을 벗어나야 한다는 문제가 생깁니다. 이것은 지금 내가 속한 공동체에 헌신하고 있는 나로서는 어려운 문제지요."

나는 일에 대한 그의 생각은 어떤지 좀 더 말해 달라고 제안했다.

"글쎄요, 학생들과 함께 있을 때 나는 그들이 강의실을 꽉 채운 학생들이 아니라 개개인의 인간으로써 나와 진정으로 연결되어 있다는 생각을 합니다. 각 사람을 개인들로 바라보는 느낌이죠. 마치 하나님의 눈으로 그들을 바라보는 법을 알아가는 것 같이 느껴집니다. 각 사람에게서 순수한 애정과 소망을 느끼죠. 때로 이 느낌은 다양하게 표현되는데, 예를 들면 학생들의 과제물에 코멘트를 달든지, 내 사무실에서 면담할 때 격려의 말을 해주는 등의 행동으로 말입니다. 그러나 표현하지 않을 때도 있습니다만, 돌보는 마음으로 대할 때 학생들의 삶에 변화를 가져오는 것을 느낄 수 있습니다."

"그들을 향한 하나님의 사랑을 당신도 경험하고 있다는 말이네요."

"네, 맞습니다. 각 학생들은 독특하고 특별한 존재이지요. 나는 학생들이 현실적으로 만나게 되는 어려운 문제들을 봅니다. 그리고 때론 해결할 수 있는 실제적인 방법들을 제안할 수 있을 때도 있긴 하지만, 대부분의 경우 학생들이 스스로 해결해 나갈 것이라는 소망을 품는 것으로 그치곤 합니다. 하나님께서 부어주시는 마음인 것 같아요. 또한 마땅히 해야 할 일을 하고 있다는 생각도 듭니다. 마치 내가 연구하고 교수 일을 하며 보낸 오랜 시간들의 결과로 이 특별한 관계를 갖게 된 것이 아닌가 하는 생각도 듭니다. 다른 사람들이 할 수 없는 방식으로 학생들에게 소망을 품을 수 있게 된 것 말입니다."

"마치 당신의 직업은 사역같이 들리네요."

"사역이요?" 칼이 물었다.

"네, 하나님께서 만드신 대로 그리고 준비시킨 대로 존재하면서 그것으로 다른 사람들을 감동시키고 섬기고 그리고 축복하는 일이죠."

"그렇게 느낄 수도 있겠네요. 그러나 내가 속한 공동체에서는 사역이라 부를 수 있는 것은 모두 교회를 통해 이루어지는 것을 말하지요.

그것은... 예를 들면, 나는 내가 사는 지역의 노숙자들을 위해 공원에서 배식하는 교회 사역에 참여하고 있습니다. 그리고 교회 재정 위원으로 교회 예산의 지출을 결정하는 일도 하고 있지요. 나는 이런 것들을 사역이라고 생각했습니다."

"그 사역들로 섬기는 일은 어땠는지 말해주실 수 있나요?" 나는 칼의 사역 경험에 대해 듣고 싶어서 이렇게 권했다.

"뭐라고 할까요, 사역처럼 느껴졌습니다. 그러니까 옳은 일을 한다는 느낌. 그러니까 다른 사람을 돕고 공동체의 삶에 참여 하면서 하나님께서 내게 원하시는 일을 한다는 느낌이죠. 나는 헌신해야 된다는 믿음을 가지고 있습니다."

나는 경청했다. 그리고 기다렸다.

"그런데 내가 학생들과 함께 하는 순간들에는 그것 말고도 뭔가가 있습니다. 더 강한 힘이 느껴지는 뭔가가 있어요. 마치 내 모든 것이 부어지고 사용되는 것 같습니다. 나는 다른 사람들이 미리 방향을 정해 놓고 거의 모든 사람들이 할 수 있는 일을 하지 않습니다. 나는 학생들과 내 모든 지식의 첨단 위에서 만나고 그래서 내 모든 능력을 쏟아 부으며 그들과 예측할 수 없는 곳에서 만날 수 있길 원합니다. 이렇게 하면서 나는 거룩함을 느낍니다."

우리 둘은 모두 침묵했다. 그 순간 나는 칼이 학생들과 함께 할 때 경험한다고 설명한 바로 그런 느낌을 경험할 수 있었다. 나는 살아있음을 맛보았다. 그가 학생들과 접촉하는 순간의 선함과 진실됨이 나의 사무실에도 가득 차는 느낌이었다. 마치 일상의 삶을 아래에 남겨두고 탑승 계단을 걸어 올라와 교인들이 "천국" 또는 "하나님의 통치"라고 부르는 큰 비행기에 타는 느낌이었다.

마침내 칼이 침묵을 깼다. "학생들과 함께 하며 경험하는 것들을 사역이라고 여기는 것은 좋은 생각 같습니다. 그에 대해 좀 더 생각해 봐야만 할 것 같네요."

나는 그가 속한 공동체에서는 이 같은 생각을 위험하게 받아 들인다는 사실을 알게 되었다. 나는 그들이 세상에서 많은 좋은 일을 하는 것에 대해 반기를 들 생각은 조금도 없다. 나는 그들이 교회를 통해 사역에 참여하며 내가 속한 집단 혹은 내가 알고 있는 다른 많은 집단들보다 더 많은 선행을 하고 있음을 믿어 의심치 않는다. 그러나 칼이 대학에서 일하면서 경험한다고 말했던 것들 역시 진정한 사역이라고 믿는다. 그것은 사역이란 꼬리표도 종교적인 언어를 사용해 소개되는 것도 아니었지만, 그는 자신의 일을 통해 독특하게 접근할 수 있었던 사람들에게 하나님의 은혜의 빛이 비추도록 돕는 일을 하고 있는 것이다. 많은 사람들이 그런 것처럼, 나도 내 자신이 특별한 존재며 소망이 있는 존재라는 것을 볼 수 있도록 도와준 선생님들을 기억한다. 그들은 나의 삶을 세워주었다. 기계적인 조직 안에서 사랑과 소망이 충만한 사람들을 의도치 않게 만나는 일들을 통해, 자연이나 내가 성령님이 거하시는 곳이 된다고 소망하는 교회에서뿐만 아니라, 이 세상 그 어느 곳에라도 하나님께서 계심을 깨닫게 되었다.

거룩하신 하나님은 우리가 가둘 수 있는 분이 아니시다. 우리에겐 그분을 건물, 예전, 프로그램, 성지, 성인, 언어 같은 것으로 포착하거나, 보존하거나, 심지어 배양할 수 있다고 생각하려는 경향이 있다. 최악의 경우에 그것들은 언제나 살아있고 우리를 놀라게 하며, 경이로우신, 영원하시고 편재하시는 분을 볼 수 없도록 시선을 빼앗는 회 칠한 무덤과 공허한 우상들이 되어버린다. 우리에게 볼 눈과 들을 귀가 있다면 얼마나 좋을까!

위의 대화 이후로 칼은 종종 그의 가르치는 사역에 대해 말했다. 그는 학생들과의 조우를 통해 그 자신도 은혜를 입었던 더 많은 경험들을 들려주었다. 그리고 그는 실험실이 아니라 더 직접적으로 학생들과 만날 수 있는 일자리를 계속 찾았다. 그러나 아쉽게도 그가 시도할 때마다 문은 닫히는 것 같았다. 그럼에도 불구하고 그는 이미 맛본 것들에 대한 소망을 내려 놓을 수 없었다.

좌절스러운 한 해가 지나가고 있었다. 그가 해결하려 했던 세 가지의 큰 이슈들은 어떤 변화도 보이질 않았다. 그는 데이트 상대도 찾지 못했고, 교회에 관한 질문들도 여전히 답을 얻을 수 없었다. 그리고 새로운 교수직도 얻을 수 없었다. 그러면서 하나님께 안기는 경험도 더 이상 할 수 없게 되었다.

그러나 칼은 살아가면서 만날 수 있는 하나님과의 접촉 점을 주시하려고 노력했다. 그에게 있어 시험은 큰 문제가 생기면 그것으로 자신의 삶을 정죄하고 거기에 몰두하는 것이었다. 그러나 학생들과의 거부할 수 없는 만남들은 친구나 가족들과의 귀중한 만남의 시간들과 함께 계속되었다. 그리고 그는 결혼하고 싶다는 갈망도 떨칠 수 없었다. 그래서 관계를 시작하는데 대한 내적인 저항이 무엇인지 스스로 살펴보면서 지냈다.

"내가 좀 눈이 높은 것 같습니다," 어느 날 그는 인정하듯 이렇게 말했다. "혹시라도 관계 맺는 것이 두려워 여성들을 향해 높은 담을 치고 있는 건 아닌지 생각해 보았습니다."

"그렇게 생각하세요?" 나는 물었다.

"잘 모르겠는데, 그럴 수도 있을 것 같습니다. 그러나 지난 밤에 사라의 꿈을 꾸었어요." 나는 그의 전 여자친구의 이름을 듣고는 눈썹을 치켜 떴다. 꽤 오랫동안 그 이름을 언급하지 않은지라, 혹시 그를 불쾌하게 만들 수도 있을 것 같아서 나는 일부러 우리의 대화 가운데 그녀를 포함시키지 않았다. 나의 놀란 표정을 보고 그가 계속 말을 이어갔다.
"네, 그랬죠. 그런데 지금은 그다지 고통스럽진 않습니다. 사실, 꿈 속에서 그녀를 만나고, 떠나 보내는 것이 괜찮았어요."
"변화가 있었군요. 지금 그녀를 생각하면서 어떤 느낌이 드나요?"
"괜찮습니다. 한 때 고통스러웠다고 말할 수 있지만, 지금은 별 감정이 없습니다. 거기로부터 풀려난 느낌입니다." 그는 한숨을 짓고 난 후 웃는 얼굴로 말했다.
"고통이 사라졌군요," 나는 하나님의 놀라운 은혜를 떠올리며 생각에 잠겼다.
"맞아요. 그것이 결혼을 하고 싶다는 생각까지 바꿔 놓지는 못했습니다. 그 갈망은 여전히 있고, 그것이 날 아프게 하네요. 그러나 그 갈망을 이루기 위해서 반드시 사라로 인한 고통을 해결하고 없애야만 할 것이란 느낌은 없습니다."
"그러니까 그 갈망은 그 자체로 존재한단 말이지요? 어떤 것에도 좌우되지 않고요." 나는 이것이 무엇일까 그려보려고 애썼다.
"그렇습니다. 여백이 생긴 것 같아요. 좀 더 가볍게 느껴집니다. 그다지 무겁지 않아요."
"저도 기쁘네요." 이 같은 치유가 일어난 것이 매우 놀라웠다.
"좀 더 가볍고 자유로운 느낌입니다. 그러나 좀 더 많이 드러났다는 느낌도 들어요. 무슨 말인지 이해가 되세요?"
"정확하게 이해가 되진 않지만, 지금은 새로운 누군가를 향해 앞으로 나아가는 일에 갈망이 장애물이 되지 않는다는 말인가요?" 나는 파악하려고 애썼다.

"그 비슷한 거지요," 좀 주춤하면서 그는 말했다. "그런데 그 갈망을 안고 앞으로 나아갈 준비가 되어 있는지 확신할 수는 없습니다." 그는 소리 내어 웃었다.

나는 칼에게 그 갈망을 하나님께로 가져가면 어떻겠냐고 물었다. 그는 눈을 감았다. 잘은 모르겠지만 무슨 일인가 일어나고 있음을 나는 감지했다. 칼의 기도 가운데 일어나는 일들을 신뢰하며 그의 옆에 앉아 있을 때, 산파 역할을 하는 영성지도자의 이미지가 떠올랐다.

마침내 그가 나를 바라보았다. "그 갈망을 가지고 하나님을 신뢰 해도 좋다는 생각이 들었습니다. 마치 하나님께서 그것을 계속 키워가셨다는 생각이 듭니다. 사라를 상실한 슬픔의 그림자 밑에 그 갈망이 놓여 있었습니다. 감사가 넘쳤고, 나는 이제 더 이상 두렵지 않습니다."

나는 그와 함께 기도하며 줄곧 경험한 아름다움에 대해 말했고, 종결을 위한 침묵기도로 그를 초대했다. 칼은 고개를 끄덕였고 다시 머리를 숙였다.

당신은 아마 내가 피지도자에게 가끔 침묵기도를 요구하며 생각과 감정을 하나님 앞으로 가져가라고 초대하는 것에 대해 의아하게 생각할 수도 있을 것이다. 모든 영성지도자들이 이렇게 하지는 않는다. 실제로 나 역시도 아주 가끔 하는 일이다. 그러나 가끔 피지도자가 하나님의 임재를 감지하거나 막 그 임재로 들어서려고 하는 때가 있다. 이 때 나는 대화를 점점 줄여 나가거나 때론 미루기도 한다. 나 역시도 이 시간에 침묵 속에서 하나님께 귀를 기울인다. 시간이 흐르며 나는 하나님의 말씀에 마음을 열게 된다.

나는 촛불을 바라보고 그 불빛을 주목한다. 나는 생기 넘치는 불꽃의 일렁임을 주목하고 공기의 흐름을 따라 흔들거림을 주시한다. 그것이 변함없이 뿜어내는 힘 즉, 빛을 발하고, 뜨거운 열을 발산하고, 녹이며 융합시키는 모든 힘을 지니고 있음을 주목한다. 나는 불꽃으로 상징되는 전능하신 하나님께서 그들과 가깝게 계신다고 신뢰하면서 내 앞에 앉아 있는 피지도자들의 용기도 또한 생각한다. 이러한 침묵의 시간들은 내 기억 속에 머물러 있다가 그들에 대한 글을 쓰는 지금 다시 현실이 되어 돌아온다. 그리고 나는 그것들을 증거할 수 있다는 사실에 외경심마저 느낀다.

나의 일은 우리가 그 안에서 "살며 움직이며 존재하는"[1] 하나님께 둘려 싸인 원뿔 모형으로 설명할 수 있다. 그것은 인간 경험의 영역들을 시각화하는 영성지도자들의 글이나 가르침을 통해 고안된 것이다. 이 원뿔의 표면에는 인간 경험의 네 영역들이 놓여있다. 즉, 내적인 경험, 개인들 간의 경험, 조직 안에서의 경험, 환경적 경험이 그것들이다. 모든 경험들은 여기에 속해 있다. 그리고 처음에는 이 많은 경험들을 감각과 사고라는 인식 기능을 통해 마음에 새긴다. 예를 들어, 나는 주중에 일을 하면서 멀리서 들려오던 종소리에 내가 얼마나 몰두했었는지 나의 영성지도자와 함께 나눈 적이 있다. 나는 그 소리를 기억했고 그 때의 느낌도 기억했다. 그것은 주변환경으로부터 내 일터의 조직적 구조 속으로 들어와 나의 내적 경험과 기억이 되었다.

종소리를 듣는 경험은 (원뿔의 제일 넓은 원으로 비길 수 있는) 처음의 경험으로 시작해서 아래로 내려가며 더 깊은 수준으로, 즉 자극하고, 감정을 불러 일으키며, 경향성을 보이고, 반응하는 수준으로 점점 가라앉을 수 있다. 점점 사라져 가는 종소리의 여운을 맛보기 위해 나는 하는 일을 잠시 멈추었다. 그리고 영성지도자와 함께 나누며 그 시간들을 기억할 때 나는 그것을 다시 경험했다. 이런 경험들을 기억하면서 사람들은 그 기억이 아주 깊은 곳에 들어있는 듯 느끼게 된다. 말로 명확하게 표현할 수 없어서 자기 혹은 몸 속 깊이 침전되어 있는 것을 찾아 기도의 바다로 깊이 헤엄쳐 들어가는 듯 느껴진다. 말로 표현할 수 없는 이 경험의 장소는 모든 것을 감싸시는 하나님의 은혜가 경험을 덮어버리는 그래서 내 심연의 자기와 하나님의 구분이 거의 불가능한 원뿔의 가장 좁은 지점인 꼭지점으로 비길 수 있다.

켈트의 기독교 전통에서는 스코틀랜드의 아이오나 섬과 같이 하나님과 각별히 친근한 만남을 느낄 수 있는 "경계가 얇은" 장소들이 있다고 믿는다. 관상기도를 하며 하나님의 이끄심을 따라서 우리의 마음 깊은 곳으로 들어가다 보면, 우리는 하나님의 임재가 우리를 감싸고 또 관통해 들어오시는 듯한 이 "얇은" 장소에 다다르는 느낌을 가질 수 있다. 나의 사무실 공간 안으로 그리고 해야 할 일로 가득 찬 나의 생각 속으로 종소리가 들어왔던 때를 기억하면서, 나는 그것이 하나님의 더 큰 세상을, 인간에게 또 나에게 부여된 시간의 유한함을, 그리고 영원 속으로 퍼져 나가는 하나님의 은혜를 떠올리게 했다는 사실을 느낄 수 있었다. 컴퓨터 앞에 앉아 일을 하면서 나는 불현듯 거룩함에 대한 생각을 새롭게 할 수 있었던 것이다.

내가 나의 피지도자들과 함께 침묵하며 종종 경험하는 것도 이것이다. 나는 이것을 위에서 아브라함 조슈아 헤셀의 말을 빌려 "영원의 고요함을 서둘러 스쳐가는"[2] 느낌인 "외경심"이라는 말로 설명했다. 나에게 그것은 마치 자기와 타인 사이의 구분을 거의 인식하지 못하면서 거룩함 속을 유영하는 것 같은 느낌이다. 이것은 육상선수나 미술가의 말로 한다면 "운동장의 특정 구역에 있는" 혹은 "선이 흐르듯 이어지는" 경험이고 신비가들의 기도로 보면 "합일"의 경험이라고 말할 수 있다.

가톨릭 신학자인 칼 라너는 말한다. "기도가 기도가 될 수 있는 것은 침묵하기 전 마지막 말을 하는 순간으로, 그리고 하나님의 섭리를 이해할 수 없다는 사실 앞에서 자기를 내려놓는 행위로, 그리고 스스로

할 수 있는 모든 노력을 다 한 후에 그리고 모든 신뢰를 다 쏟아 부은 후에 깊은 성찰로, 그리고 우리의 어떤 성찰로는 결코 붙들 수 없는 무한한 온전성을 지니신 분에게로 몸을 던지는 행위로 받아들여질 때뿐이다."[3] 말로 표현할 수 없을 만큼 신뢰하며 우리는 하나님께로 몸을 던진다. 파스칼이 죽은 후에 발견된 그의 하나님 경험에 대한 글에서 그는 이 행위를 "달콤한 그리고 전적인 포기"[4]라고 표현했다. 그것은 심지어 한 개인의 삶이 혼란스럽고 고통스러울 때에라도 은혜에 항복하는 것이고 은혜 안에 잠기는 것이다. 나는 크나큰 고통이나 신뢰할 수 없는 상황 가운데 있으면서도 하나님의 은혜에 자신을 맡기는 사람들을 보곤 했다. 그것은 "조용하게, 수줍게 그리고 믿음을 가지고 '예'라 답하는 것이다."[5] 그리고 이 일을 통해 성령님께서 내주 하시는 깊은 곳으로 들어갈 수 있다. "예라고 답하는 것"은 결국 성령님의 선물인 것이다. 우리는 예술 작품을 통해 이런 움직임을 경험할 수 있다. 특정한 그림, 노래 혹은 시를 접하며 생각과 감정을 통해서 이런 경험을 할 수 있다. 거기서 우리는 가장 깊은 곳에 있는 자기와 초월적 자기를 모두 만나는 경험을 한다. 이 만남 속에는 견뎌내고 만져지고 또 변화되는 경험이 있다. 미술 작품은 키이츠가 묘사한 선한 가시 채처럼 spear thrust of goodness 우리의 심령을 꿰뚫고 가장 깊은 곳까지 도려낸다. 그리고 그 창에 찔린 심령은 하나님의 은혜인 진리, 선 그리고 아름다움 가운데 푹 잠긴다. 자기 인식은 점점 사라져 간다.[6] 그 후에 우리는 점진적으로 현실적 상황으로 다시 떠오르게 되고, 삶은 이 만남의 여운을 통해 재인식된다. 개인의 삶을 더 높고 큰 인식의 틀 안에서, 변화된 더 좋은 위치에서 바라볼 수 있게 된다.

내가 다른 사람들을 하나님 앞에서 침묵할 수 있도록 초대하게 만든 믿음과 소망은 바로 이것이다. 나는 그 침묵의 경험이 말로 표현하기 힘든 하나님과의 만남의 장소로 그들을 점점 더 깊게 들어가도록 한다는 것을 감지한다. 그리고 그들은 침묵에서 벗어나 다시 말을 하게 될 때 종종 눈에 띄게 감동 받고 온유해진 모습을 보이곤 한다. 이런 하나님과의 만남은 그들이 삶의 다른 장면들을 바라 볼 때에도 그들의 의식 가운데 녹아 든다. 이런 이유로 나는 불씨의 이미지를 떠올리게 되었다.

영성지도자로써 나는 꺼져가는 붉은 장작을 보여주고 찾아내려고 한다. 피지도자들은 이것을 자신들의 하나님 경험의 징후를 말하면서 드러내게 된다. 거룩한 분과의 만남은 이렇게 불씨를 남긴다. 그리고 나는 영성지도를 통해 그것이 꺼지지 않도록 보존하고 풀무질을 하며 살려낸다. 불씨는 빛을 발한다. 그리고 나와 피지도자는 함께 그것이 사그러들지 않도록 애쓰면서 그것이 일어났다 사그라졌다 하는 것을 주목한다. 이전의 하나님 경험에 대한 기억을 하면서 우리는 다시 불붙기 시작한 장작에 바람을 불어댄다. 하나님의 영이라는 불꽃은 붉은 장작보다 먼저 있었다. 바꿔 말하면 "작은 불씨 하나로부터 큰 불길이 일어난다."[7] 칼과 내가 영성지도로 만났을 때, 우리는 그의 삶 가운데 임재하시는 하나님의 은혜라는 불씨에 주의를 기울였다.

그 한 해 동안 칼은 그 당시 자신이 처했던 위치에서 계속 사역을 하면서도 새 일자리를 여전히 찾고 있었다. 그는 약간의 사회적 위험을 감수했다. 그리고 점점 더 직업을 찾는 일에 집중했고, 그러면서 몇 달이 지난 후에는 그에 대한 언급은 눈에 띄게 줄어들었다.

"새 일자리를 찾는 일에 전념하는 일은 너무 어려운 것 같아요. 나를 많이 드러내야 하고 거절에 대한 두려움도 감수해야 하는 일이지요."

"네, 알 것 같습니다. 지원할 때마다 인터뷰를 통과할 것이라는 희망을 스스로 불어 넣어야 하고, 매 번 같은 일을 반복하면서도 그 희망을 잃지 않는 것 역시 쉬운 일은 아닐 겁니다. 자기를 포장해서 잘 보이려고 노력하는 일도 어려운 일이겠지요." 그가 가지고 있는 자기 과시에 대한 거부감을 여러 번 다루었기 때문에 나는 그의 심정을 이해할 수 있을 것 같았다.

"맞습니다. 그게 싫어요. 연구하고 논문 쓰는 일을 하면서 그 일 또한 하는 것이 벅찹니다. 일자리를 찾다 보면 정작 내가 하고 있는 일인 동료들과의 교제나 학교 업무를 놓치곤 하죠. 둘 다 하기에는 너무 벅차고, 마치 비밀스러운 삶을 사는 것 같기도 합니다. 은폐를 해야 하는 기분 좋지 않은 삶이죠. 불안정한 삶처럼 느껴지기도 합니다. 마치 팔리기를 기다리는 상품 같이 느껴집니다."

"그러면서 당신이 경험하는 하나님께서는 어떤 분이시죠?" 그의 외로움이 느껴져서 나는 그가 소망을 가지고 하나님 경험을 다시 강화시킬 수 있길 원했다.

"잠시 생각해 보겠습니다." 칼은 머리를 숙이고 손으로 얼굴을 감쌌다. 그리고 얼마 후에 나를 바라보았다. "이것이 내가 가야 할 길이라는 생각이 듭니다. 그러나 내 모습은 마치 빠르게 흐르는 꽤 깊은 시냇물에 놓인 징검다리를 한 발 한 발 건너 뛰는 것처럼 느껴집니다. 징검다리로 놓인 돌 위에 두 발을 딛고 올라서서 균형을 잡으려고 애쓰고 있어요. 그러나 다음에 발을 올려놓을 돌은 보이지 않습니다."

"뭐가 보이는데요?" 나는 물었다.

"흐르는 물이 보이고, 돌을 딛고 있는 내 두 발이 보입니다. 그 돌은 두 발을 딛기에는 충분히 넓습니다. 내가 두려운 마음만 갖지 않으면 균형을 잡고 서있을 수 있는 돌입니다. 나는 바로 전에 딛고 있었던 돌도 돌아볼 수 있습니다. 그건 서 있기 힘든 돌이었어요. 앞을 볼 수 없게 안개가 자욱합니다.

"안개에 대해 좀 더 말해주실 수 있나요?"

"짙은 안개입니다. 그러나 어두운 색은 아니고 하얀 빛을 띠고 있네요. 안개가 움직입니다. 그것이 마치 단단한 무엇인가를 가리고 볼 수 없게 만드는 것처럼 느껴집니다. 그것이 무엇인지는 모르겠는데, 보게 된다면 놀라 쓰러질지도 모르겠다는 느낌도 드네요."

그가 내게 말한 것들을 다시 돌려주듯이 나는 말했다. "그러니까 당신은 안개를 바라보면서 흥분된 무언가를 느낀다는 거군요?"

"그래요. 왜 그런지 이유는 모르겠는데, 뭔가 기대감 같은 것이 있습니다. 거의 약속처럼 느껴지는 기대감입니다."

"약속이요?" 나는 그의 말을 반복해서 말했다.

"맞습니다. 약속이요. 내가 진짜 느끼는 것은 하나님께서 안개 속에 나와 함께 계신다는 것입니다. 그리고 하나님께서 내게 좋은 것을 약속하고 계신다고 느껴져요. 하나님께서 내 인생에 대한 계획을 가지고 계신다는 이전부터 믿었던 오랜 약속을 확인하는 것이 아니라 뭔가 새로운 약속이죠." 그는 웃으면서 강하게 말했다. 가르침의 사역으로 나를 계속 인도하시며 부르고 계신다는 확신을 느낍니다. 나는 소망을, 심지어 흥분됨을 느낍니다!"

칼과 내가 함께 한 그날의 영성지도는 그 해 내내 내 기억 속에 남아 있었다. 그는 외롭게 안개 속에서 어디로 발을 떼어야 할지 모르는 상태로 시내 한 가운데 남겨져 있었다. 그러나 안개 속에 잠시 머물러 있으면서 그리고 그것에 주의를 기울이면서 그는 약속을 감지했다. 때로 나 자신도 홀로 남겨지고 안개에 갇힌 듯 느껴지는 경험을 하게 될 때면 나는 그의 경험을 기억하곤 했다. 안개에 갇힌 채 정착할 곳을 찾지 못하는 모습은 대다수의 사람들이 살다 보면 거듭해서 들어가게 되는 광야의 경험이 아닐까 생각했다. 나 역시 이런 경험을 한다. 우리가 비록 앞을 볼 수 없을 때에도 앞에 있는 것을 바라본다는 것은 과연 믿음의 행보다.

구약과 신약은 광야의 이야기를 담고 있다. 그리고 그것은 의식의 한계, 중간 지대로 묘사된다. 우리는 친숙한 장소를 벗어났지만 아직 가려고 하는 곳에는 다다르지 못한 것이다. 그곳에서 우리는 시험에 들고 낙담하기 쉽다. 우리는 그곳에서 하나님으로부터 그리고 나 자신으로부터 단절되었다고 느낀다. 우리가 어떻게 살아왔는지 그리고 과거의 관계들이나 역할로부터 멀어지게 된다면 더 이상 붙잡을 수 없게 될 우리의 정체성이 어떻게 확립 되었는지도 성찰할 수 있을 것이다. 그 과정에서 명료화와 변화가 있을 수 있다; 믿음, 소망, 품고 지지해 주는 은혜를 붙잡게 된다.

칼은 그가 전에 머물렀던, 또 지금 머무르고 있는 변화의 장소를 떠올릴 수 있도록 자신을 내려 놓았다. 그것이 쉬운 일은 아니었지만, 그는 계획된 실천 과제들을 따르려 하거나 움츠리거나 주의가 산만해지는 일 없이 무지의 장소에 머물렀다. 또한 그를 향한 부르심을 줄곧 인식하며 그곳에 머물렀다. 이것은 안개에 갇힌 채 물위를 걸을 때도, 일자리를 구하는 곳에서도 계속했으며, 오랜 기간을 거의 작은 움직임조차 없는 듯한 상태도 견뎌내며 지속했다. 그러면서 그는 과거의 자신을 직면하게 되었다. 하나님께서는 바로 그곳, 다른 곳이 아닌 그가 있었던 그곳에서 그를 만나 주셨다. 우리가 머무르는 그곳이 하나님께서 만나주시는 곳임에도 불구하고, 우리는 산을 넘거나 강을 거슬러 올라야만 하나님을 발견할 수 있을 것이라고 생각하곤 한다.

일자리를 찾기 시작한지 일년이 다 되어서, 칼이 좋은 소식을 가지고 왔다.

"그들이 내게 교수직을 허락했어요. 난 받아들일 생각입니다. 나의 가족과 친한 친구들에게도 조언을 구했는데 그 일이 내게 딱 맞는 것 같다고 하더군요. 나도 받아들이려고 마음을 먹긴 했지만 당신이 혹시라도 다른 생각을 가지고 있는지 듣고 싶습니다." 영성지도를 통해 이 일을 다시 성찰하기 원하는 그의 진정성 있는 태도를 보며 나는 가슴 뭉클했다.

칼이 여러 대학들 가운데 이 대학을 처음 언급했던 때부터 줄곧 나는 그곳에 대해 호감을 갖고 있었다. 그에게 매우 적합한 일터로 여겨졌다. 그러나 나의 이 생각이 그에게 전달 되야 할 하나님의 메시지라는 확신이 없었기 때문에 나 혼자 간직하고 있었다. 그러나 지금은 이 일에 대해 함께 축하하고 싶었다.

"당신에게 아주 적합한 자리 같아요. 사실 처음 그곳에 대한 얘기를 들었을 때부터 제 마음이 흡족했습니다. 그리고 그 느낌뿐 아니라 가르치는 일이 사역이 되길 원하는 당신의 소망도 그곳에서라면 성취될 수 있을 거란 생각도 듭니다. 당신은 그곳에서 믿음을 나누고 묵상적이며 분별을 위한 공동체적 삶을 위해 함께 헌신할 수 있는 사람들도 알고 있고요." 무슨 말이 더 필요 하겠는가! 나는 이렇게 소리쳤어야만 했다. "참으로 축하합니다!"

나는 칼의 꿈이 성취되면서 영성지도도 종료될 것이 분명하다고 생각했다. 아마도 나는 그를 그리워할 것이고, 그가 살아 가면서 맞게 될 하나님의 손으로 빚어져 가는 삶의 다른 중요한 문제들에 대해서 이젠 더 이상 함께 나누지 못하게 됨을 무척 아쉬워할 것이다. 흔들림 없고 솔직한 그의 신실함은 그 동안 나에게 선물과 같았다. 나는 그가 이 특별한 광야를 통과하는 것을 볼 수 있었음에 감사했다. 그에게 이 광야의 시간은 성숙한 삶, 열매 맺는 삶으로 인도되는 준비 기간이었다.

"다시 시냇가의 이미지로 돌아가 볼까요? 이제 난 안개 속에 무엇이 있는지 볼 수 있을 것 같습니다. 그곳에서 내게 소망을 주는 것은 강둑입니다. 이제 난 그곳에 발을 올려 놓습니다. 그리고 새로운 땅을 탐험하기 시작할 것입니다."

나는 그의 말을 따라 그림을 그렸다. 그가 대학교 교정에서 그리고 그의 집에서 학생들과 다른 사람들을 환대하는 그림을 그렸다. 그것은 꾸준히 준비하고 기도하며 성장해 온 수년간의 시간이 맺은 열매였다. 침묵 가운데 나는 그의 가정, 그가 갈급해 하는 그 가정을 위해 축복하는 기도를 드렸다.

노트

1. 인간 경험의 영역들을 통해 흐르는 하나님의 은혜에 대한 이해를 샌프란시스코 신학대학원의 영성지도 프로그램을 가르치는 동료 교수들인 Elizabeth Liebert, Nancy Wiens, Mary Rose Bumpus, Rebecca Bradford Langer, Kay Collette, 그리고 Sam Hamilton Poore 의 글들을 통해 얻을 수 있었다. 특히 Jack Mostyn 과 Andy Dreicter 의 가르침에서 큰 영향을 받았다. 그들의 글과 가르침은 사도행전 17:28 에서 바울이 한 말을 확언하는 것이었다.
2. 헤셀 http://en.wikequote.org/wiki/Abraham_Joshua_Heshel
3. Perry LeFevre 의 인용글, *Understanding of Prayer* (Philadelphia, Westminster Press, 1981), 151.
4. 앞의 책, 310.
5. Karl Rahner, *The Need and Blessing of Prayer*, Bruce W. Gillette 역 (Collegeville, Minn.: Liturgical Press, 1997), 21.
6. Margret Elson, 피아니스트며 심리치료사인 내 친구와의 개인적 대화 가운데 그녀는 이것이 "연주자가 꿈 꾸는 상태"라고 주장했다.
7. Dante Alighieri [14 세기초], *The Divine Comedy; Paradise*, Mark Muso 역: (London Penguin, 1984) 제 1 장, 1:34, 2

14 믿음이 허락하는 것을 증거함: 룻
Bearing Witness to What Faith allows: Ruth

침대에 누워 영성지도를 한 첫 만남 이후로 룻은 일년 동안 거의 한 달에 한번씩 정기적으로 내 사무실을 찾아왔다. 나는 그녀가 흰색 베개를 베고 누워있을 때뿐만 아니라, 어디에서든지 빛을 발한다는 사실을 알게 되었다. 앉아서 만나자 그녀의 웃음 소리는 덜 카랑카랑 하게 들렸고 음역은 더 깊어졌다. 그리고 영성지도의 초반에 느낄 수 있었던 평안은 점점 사그러 들었다. 그녀는 죽음을 앞두고 있다는 사실을 마주하게 되면서 많은 사람들의 지혜를 구했다. 그녀는 자신의 질병과 그것이 지닌 의미를 이해하기 원해서 자신의 영과 육을 진지하게 돌아보았다. 그녀의 몸에서 암이 계속 자라고 있다는 것은 고통스럽지만 분명한 사실이었다.

룻은 그녀의 고통을 설명할 수 있는 여러 가설들을 가지고 나타났다. 그 가운데 하나는 자신의 어머니가 임신 기간 동안 지녔던 두려움과 모성에 대한 반감이 태아였던 룻 안에 죽음의 씨앗을 심었다는 것이었다. 또한 그녀 자신의 완벽주의가 암의 발병 원인이 되는 삶을 위협할 정도의 불안을 키웠을 것이라는 생각도 했다. 그리고 그녀가 세웠던 또 하나의 가설은 자신에게 다가오는 깊은 사랑을 마음 으로부터 거부한 것이 이유일 수 있다는 것이었다. 이 깊은 사랑에는 그녀를 찾아오시는 하나님의 사랑도 포함됐다. 이 같은 다양한 가설들이 지닌 공통점이라면, 자신이 암에 걸린 것에 대해 누군가, 특히 그녀 자신을 탓하고 있다는 것이었다.

룻은 내게 다음과 같이 속 마음을 털어 놓았다. "밤이 되면 나는 잠들지 못하고 뒤척이며 내가 어떻게 했더라면 암에 걸리지 않았을까를 생각하곤 합니다. 좀 더 마음을 열고 사랑했어야만 했는가? 아니면 스트레스를 잘 해결할 수 있어야만 했을까? 나는 태어나면서부터 어머니로부터 거절됐다는 사실, 그리고 그보다 먼저 내가 원치 않는 임신으로 태어나게 된 첫째 딸이라는 사실에 분노가 일어납니다. 만약 어머니가 기쁨으로 출산했다면, 지금 나는 건강할 수 있었을까요?"

"그것들은 모두 낙인을 찍는 듯한 질문들이네요, 룻."

"네 나를 매우 고통스럽게 만드는 것들이지요. 밤에는 그 질문들에 답을 반드시 달아야만 할 것 같다가도 아침이면 아무 상관없는 듯 여겨집니다. 그러나 답이 무엇이든 이미 너무 늦었지요. 난 이미 환자인걸요. 중환자이지요. 그것은 바뀔 수 없는 사실이죠."

"룻, 당신이 이렇게 아프니 마음이 참 아픕니다." 눈물이 차오르며 이 말은 목에 걸려서 제대로 나오질 못했다. 동시에 그녀의 병에 대한 반발심도 함께 차 올랐다. 두려움과 분노 그리고 슬픔이 함께 섞이며 그녀가 처한 상황으로 강하게 끌려 들어가 나도 뱃속 깊은 곳까지 통증을 느꼈다.

그녀가 말하는 것들을 모두 진실되게 받아들이기 원하면서 나는 "아침에는 그 고통스런 질문들로부터 놓여난다니 참 다행이네요"라고 말했다.

"맞아요. 환상도 보게 되는 것 같아요. 새 날의 햇살 속에서 나는 나의 정원과 그리스도 상을 바라보지요. 내 친구들도 보고요. 색채와 움직임 그리고 생명을 봅니다." 그녀는 빛을 발하는 듯한 그녀 특유의 환한 미소를 지었다.

가끔 룻은 축복의 가설들도 추론해 냈다. 하나님께서는 그녀가 아기 침대에 누워있던 아주 어린 시절부터 그녀와 함께 계셨을 것이다. 그 시절 벽에 그림자를 비추는 놀이를 하면서, 아주 친숙하게 다가오진 않지만, 하나님의 사랑의 임재를 느끼며 위로 받았을 것이다. 하나님께서 자신의 질병을 통해 그분께로 가깝게 이끌고 계심과 예수님의 사랑을 알도록 인도하신다고 느꼈던 적도 많았다. 그리고 자신의 질병을 통해 하나님의 실수가 없으신 사랑을 다른 사람들에게도 전하는 사람이 될 수 있을 거란 생각도 하곤 했다.

"그러니까... 나는 이 병을 얻으면서 그리스도를 알게 되었습니다. 물론 좀 덜 극적인 상황을 통해 알 수 있었다면 더 좋았겠지만요." 그녀는 웃었다. "그러나 제게 반드시 일어나야만 했던 일 같아요. 나는 기독교가 압제적이고 판단적이며 신화화되었다는 생각을 오래 전부터 했던 것 같습니다. 기독교인들을 좋아하지 않습니다. 물론 공격하려는 것은 아니에요." 그녀는 다시 웃었다. "그러나 이젠 더 이상 기독교를 구조화된 역사적 종교로 받아 들이지 않습니다. 기독교인들에 대해서도 '종교적 특권'에 대해도 마찬가지입니다. 난 단지 그리스도를 알고 있을 뿐이지요. 그분은 구멍 난 손으로 또 상한 마음으로 사랑을 흘러 보내시는 분이지요. 나는 마치 위에도 아래도 앞에도 뒤에도 그리고 자신을 관통하시며 함께 계신 그리스도에 대한 기도 편지를 썼던 페트릭 성인처럼 느껴집니다. 나는 그리스도 안에서 그렇게 편지 봉투 안에 봉해진 사람이라고 느껴집니다. 내가 종교 자체나 그것을 따르는 사람들에 대한 암울한 생각들을 할 때, 그리스도께서는 그곳에 함께 계시며 순전하신 그분의 임재로 그것들을 소멸하고 계십니다. 나의 간절하고 참된 소망은 사람들이 나를 바라볼 때 바로 그 그리스도의 임재가 드러나길 원하는 것입니다."

룻은 자신의 병에 대한 생각과 병 치례를 하는 일로 지쳐있었다. 논리를 전개하는 일도, 자신을 변호하고 의학 연구서를 찾아보고 심지어 자신을 찾아오는 사람들을 만나는 일도 그녀를 지치게 만들었다. 그녀는 부엌 창가에 걸어둔 그리스도 상을 바라보곤 했는데, 그 그림에서 예수님은 심장이 가슴 위로 노출되어 있었고 그곳으로부터 빛이 발산되는 모습이었다. 그녀는 사랑이신 예수님의 심장에 대해 묵상하는 일을 매우 좋아했다.

룻은 그것을 바라보면서 주님께서 자신을 사랑으로 돌보심을 느낄 수 있었다. 어느 날부턴가 그녀는 그리스도 상 밑에 화병을 가져다 놓고 정원에서 꽃을 꺾어와 마치 예수의 발 아래 올려 놓듯이 화병에 꽃을 꽂는 일을 매일 아침 반복하며 하루를 시작했다. 그 아름다움이 그녀를 감쌌고, 모든 것이 잘될 것이라는 평안한 마음을 새롭게 살려냈다.

어느 날 나는 큰 수술을 받은 그녀를 문병하러 갔다. 그 때는 이미 암세포가 주요 장기로 모두 퍼진 상태였다. 그녀는 성경을 읽고 있었다. 나를 보자 그녀는 색연필로 표시해 놓은 고린도후서 4장 7절에서 12절까지의 말씀을 펴 보이며 내게 물었다. 룻은 예수의 생명이 "우리 몸에 나타나게 하려 함이라... 우리의 죽을 육체에"라는 의미가 무엇인지 알고 싶다고 했다. 나는 이 성구가 마음에 끌리는 것이 무엇 때문인지 물었다. 그녀는 "그게 바로 제가 원하는 것이기 때문이지요. 나는 이 고통과 죽어가는 내 육신을 통해 믿음으로 말미암는 것을 드러낼 수 있길 원해요"라고 답했다.

나는 그 날의 만남 이후로 그녀를 바라보든지 그녀를 생각할 때마다 그녀가 한 이 말을 떠올리지 않은 적이 없었다. "믿음으로 말미암는 일을 증거하기 원합니다." 룻은 진정으로 이 일을 행하고 있었다. 바울은 우리가 예수의 빛을 증거해야 한다고 말했다. 룻은 그 빛을 발하고 있었다. 그 병문안 이후로 우리의 영성지도는 대부분 전화로 행해졌다. 그녀는 가끔 나에게 아름다운 카드를 보내주면서, 나를 "사랑하는 수잔" "보고 싶은 이"라고 부르며 나를 향한 그녀의 사랑을 전했다.

어느 날 그녀는 내가 출석하는 교회에서 부활절 예배를 드릴 수 있게 도와 달라고 요청했고, 나는 부활주일에 그녀를 데리러 갔다. 그녀의 집은 그녀의 눈빛을 닮은 푸른 빛의 큰 호수를 굽어보고 있었다. 침대에 누운 채로 그녀는 예수님 상과 그 발 밑에 놓인 백합을 바라보고 있었다. 룻은 그 날을 위해 자신의 부활절 모자를 손수 만들었다. 밀짚 모자를 스카프로 둘렀고, 방사선 치료로 푸석푸석해져서 감추고 싶은 머리카락을 감싸게 만들었다. 그리고 챙 위에는 흰 백합을 얹어 얼굴 앞으로 늘어지게 했다. 그녀는 챙으로 얼굴을 반은 가린 채 내게 환하게 미소 지었다. 나는 할 말을 잃었다. 그래서 말없이 그녀를 쓰다듬고 부활절을 축하하기 위해 만든 그녀의 모자를 어루만졌다. 수척한 모습으로 나를 환대하던 그날의 그녀를 나는 절대 잊지 못할 것이다.

그녀는 쇠약했고, 차를 타고 움직이는 일은 숨이 턱까지 차오르게 만들었지만 그녀는 외출할 결심을 단단히 하고 있었던 듯했다. 나는 예배 드리는 내내 일어서서 기뻐하며 찬송하는 사람들에 둘러싸여 그녀와 함께 앉아 있었다. 헨델의 메시아 가운데 한 소절이 우리 두 사람의 마음에 울려 퍼졌다. "우리는 썩지 않을 몸으로 들림을 받을 것이다!" 우리는 서로를 안아줬다. 나는 슬펐지만 소망을 깊이 느꼈다. 맞다. "우리는 썩지 않을 몸으로 들림 받을 것이다." 비록 룻이 쓰러지는 것을 지켜보고 싶지는 않았지만, 나는 기꺼이 그녀 가까이에 머무르며 그녀가 믿음으로 말미암는 것을 증거하는 사람이었음을 세상에 알리는 증인이 되길 원했다.

15 무지개들-환대와 박대: 그랜트
Rainbows– Welcome and Unwelcome: Grant

그랜트가 그의 동생의 죽음에 대해 언급한 후에 시간이 흐르면서 점진적으로 그의 격식을 갖춘 행위들은 줄어들었다. 그러던 어느 날 그는 음성메시지로 다음 날 약속된 영성지도에 올 수 있다는 말을 남겨 놓았다. 그것도 거두절미 하고 짤막한 말로 남겨 놓았다. "달력에 당신의 이름이 써있고 그 옆에 물음표가 그려있네요. 다음 주가 정규 만남이긴 한데, 달력의 낙서를 보아서는 당신과 만남에 대해 확정 지었는지 분명하지 않아서 음성을 남깁니다. 확인해 주실 수 있나요? 제 직장으로 연락하셔도 됩니다." 그의 음성은 매우 사무적으로 들렸다. 나는 그가 휴가 동안 잘 쉬었는지 궁금했고, 쫓기는 듯한 직장 일에서 잠시라도 벗어나 편히 쉴 수 있었길 바랬다.

나는 내 달력에도 표시가 되어 있으니 그가 원하면 내일 영성지도로 만나길 원한다는 답장 메시지를 남겼다. 그리고 스케줄을 기억 못하는 것이 오히려 휴가 동안 직장 일과 다른 스케줄을 잊고 잘 쉬었다는 싸인이었으면 좋겠다는 말도 남겼다.

그의 답장 메시지는 기분 좋은 음성이었다. 그는 웃으며 "아주 잘 지냈습니다. 휴가에서 일어난 일을 당신에게 어서 말하고 싶네요"라고 편안한 목소리로 답했다.

다음날 그랜트는 정장 차림으로 미소 띤 얼굴로 들어왔다. 언제나처럼 그의 말쑥하고 정돈된 모습은 너저분해 보이는 내 사무실과 대비를 이루며 부각되어 보였다. 나와 내 사무실이 피지도자들에게 어떻게 받아들여질지 깨닫는 데는 꽤 시간이 걸렸다. 어떤 사람들에게는 보잘것없어 보이기도 했고 또 어떤 이에겐 특혜 받은 부요한 모습으로 비춰질 수도 있었을 것이다. 이런 비호감적 눈길로 나를 비춰보면서, 나는 실제 나의 모습을 보여줄 수 있길 원했다. 피지도자들의 눈으로 날 바라보게 되면서, 나는 책꽂이에 꽂힌 책들 가운데 내 관심 밖에 있는 다른 사람들에게서 얻은 책들은 과감히 치우게 되었다. 그럼에도 불구하고 내 사무실은 여전히 책으로 넘쳐났고, 이것을 부담스럽게 받아들이는 사람들도 있었다. 그 가운데 어떤 사람은 첫 회기에 사무실을 둘러보며 "온통 책이네요! 이것들이 당신에 대해 말해 주는군요"라고 말했다. 그리고 어떤 사람은 자신이 무식함을 말해주는 것 같다는 말도 했다. 아마도 피지도자들 가운데는 내가 원치 않는 일임에도 불구하고, 이런 사무실의 분위기 때문에 어떤 책을 읽어야 하는지 혹은 과제를 알려 달라는 등의 요구를 하는 사람들이 있었다.

내 사무실이 나에 대해 말한다는 것을 성찰하면서 나는 다음의 결정을 하게 되었다. 영성지도를 시작할 초기에 나는 십자가를 내 사무실에 걸어두지 않았다. 그러나 몇 년이 지난 후에 나는 기독교의 상징인 십자가를 걸어 피지도자들이 볼 수 있도록 해야겠다고 결정했다. 그것은 내 믿음을 알리는 것이고 내 피지도자들 중에 그것을 알 필요가 있는 사람들도 있었다.

그랜트가 도착하자 우리는 초에 불을 붙이고 영성지도를 시작했다. 그 초는 새 것이어서 심지에 불이 잘 붙는지 우리는 함께 지켜 보았다. 새 초를 켤 때는 성냥불이 심지에 옮겨 붙는 동안에 어떤 미세한 바람도 불을 꺼트릴 수 있는 짧은 순간이 있다. 불꽃은 심지를 타고 밀납까지 태우며 내려가고, 밀납 표면에 닿으면서 깜박거리며 불꽃은 작아지고 흔들거리다가 가끔은 밀납이 녹으며 그 위에서 꺼지기도 한다. 그러나 보통은 제 자리를 잡고 부풀어 올라 심지를 타고 위로 다시 올라가 심지의 키를 훨씬 넘어가며 크게 타오른다. 우리가 켠 초도 그렇게 불이 붙었다. 그랜트는 그것을 끝까지 지켜보고 고개를 숙였다.

그는 하나님께 나지막한 목소리로 감사의 기도를 드렸다. 그리고 휴가 가운데 경험한 어느 날의 이른 아침을 설명하기 시작했다. 그는 아내와 함께 북서부 해안의 아름답고 한적한 숙소에 묵었다. 그는 매일 아침 해가 언덕 위로 떠올라 바다를 비추기 시작하는 시간에 남쪽을 향해 해변 길을 뛰었다. 그는 고운 모래 사장을 따라 뛰곤 했지만, 파도가 높은 날에는 바위들이 박혀 있는 길을 조심스럽게 뛸 수 밖에 없었다.

그런데 파도가 그리 높지 않았던 어느 날, 편안하게 거의 무의식적으로 뛰던 중에 그는 대양의 부드러운 포효와 평안 그리고 아름다움을 불현듯 인식하게 되었다. 그리고 자신이 하나님께 기도 드리고 있음을 깨닫게 되었다. "당신을 신뢰할 수 있도록 도와 주세요." 모래에 발이 닿을 때마다 그는 기도하고 또 기도했다. 그리고 계속 달리면서 동쪽 하늘의 빛나는 구름으로 눈길이 끌렸다. 그는 고개를 들어 빛 가운데 구름이 흐르는 것을 지켜봤다. 그리고 나서 서쪽으로 눈길을 돌렸다. 그 때 그는 그 자리에 멈춰 설 수 밖에 없었다. 숨이 막혔다. 바로 옆 바다 위로 선명한 색깔의 무지개가 둥글게 떠 있었다. 너무 놀라워서 그는 아무 생각도 할 수가 없었다. 그냥 거기에 빠져들었다. 그리고 노래를 하기 시작했다. "난 노래를 잘 못 해요"라고 그는 말했다. "그리고 가사도 모두 기억할 수 없었지만, 나는 '오 신실하신 주'를 내가 부를 수 있는 만큼 불렀습니다."

그런 이야기를 하는 그를 바라보며 나는 경외심을 느꼈다. 나는 "그 영혼에 대해 예를 갖추어 고개 숙이고"[1] 싶은 마음이었다. 말이 나오질 않았다. 단지 중년의 한 남성이 바닷가에 홀로 서서 무지개를 보며 노래하는 모습을 그릴 수 있을 뿐이었다. 얼마나 오래 침묵 속에 우리가 함께 머물렀는지는 모르겠으나, 그는 그 무지개를 기억했고 나는 노래하는 그의 모습을 그리며 한 동안 함께 침묵 가운데 머물렀다.

껄껄 웃는 그의 웃음 소리에 침묵은 깨졌다. "아마 내가 지어낸 이야기로 생각하실 수도 있겠지만, 내 아내가 찍은 사진이 이를 증명할 수 있습니다." 이 이야기를 듣고 나는 더욱 마음이 쏠렸다. 왜냐하면 무지개를 보면서 바닷가에서 찬양하는 그와 베란다에서 사진 찍고 있는 아내를 함께 그려 볼 수 있었기 때문이었다. 그들 둘은 알지 못하는 사이에 함께 예배 드리고 있었던 것이다.

나는 그와 함께 웃으며 눈물을 닦았다. 그랜트의 이야기를 듣고 무지개가 "당신을 신뢰할 수 있게 도우소서" 하는 그의 기도에 대한 하나님의 응답이라고 그의 아내가 말했지만, 그녀의 해석이 옳지 않을 수도 있다는 생각으로 오히려 혼돈스러웠다고 그는 말했다. 그는 자신의 느낌을 더듬어 가며 말을 이어갔다. "나는 무지개가 특별히 나를 향한 하나님의 말씀이란 느낌은 받지 못했습니다. 더구나 내 기도 때문에 나타났다는 생각은 안 했습니다. 물론 날 위한 것이긴 했지만, 단지 나만을 위한 것은 아니었습니다. 내가 '신뢰할 수 있도록 도와 주세요'라고 기도했기 때문에 무지개를 보내 주셨다기 보다는, 내가 하나님께로 돌아섰을 때 그분이 자신의 일부를 드러내 보이셨다는 느낌입니다. 하나님의 위대하심을 언뜻 본 것 같았습니다. 하나님 께서는 내가 그것을 보기 원하셨고, 그것을 허락하신 거죠. 내 기도가 무지개를 만들어 낼 수는 없는 거지요."

그랜트는 하나님께서 개인적으로, 그리고 극적인 방법으로 우리를 만나 주실 수 있다는 가능성을 부인하는 것은 아니다. 그는 사람이 하나님의 손을 강제로 움직이게 할 수 있다는 생각에 반기를 든 것이었다. 그는 무지개를 하나님과의 관계적 측면에서 받아들였다. 그는 하나님께로 돌아섰고 하나님께서는 그에게 인사를 하신 것이다. 하나님의 편에서는 교육적으로 접근하신 것이 아니고, 그랜트 역시 마술적으로 다가갔던 것이 아니었다.

나는 조심스럽게 "무지개를 만드심으로 당신의 기도에 응답하신다고 말하는 것이 하나님을 왜소하게 만드는 것으로 여겨지나요?" 하고 타진하듯 물었다.

"네, 그것은 마치 '나는 스스로 존재하는 자다'라고 말씀하신 하나님의 극히 작은 일부만을 보게 되었다는 느낌이었죠. 비록 하나님께서 인간의 대화 속으로 들어 오시기도 하지만, 그분은 그것을 초월해 계신 분입니다. 나는 미미하긴 했지만 여과 없이 하나님을 만날 수 있도록 허락되었던 것입니다. 그 순간에 나는 경외심으로 가득 찼습니다. 그 경험은 모든 것을 잊게 만들었습니다. 나는 머리부터 시작해 의식의 흐름을 읽는 방식으로 생각해 왔습니다. 그런데 그 순간 생각이란 것이 없었습니다. 내게서 나온 것은 노래였습니다. 그것은 나의 생각에서 나온 것이 아니라 나에게서, 나의 몸으로부터 나왔습니다. 분명 어리석게 여겨졌지만 그 순간 내가 할 수 있는 것은 노래였고, 내가 해야만 했던 것도 노래였습니다.

나는 이사야서의 말씀이 생각났다. "산들과 언덕들이 너희 앞에서 노래를 발하고 들의 모든 나무가 손뼉을 칠 것이며"[2] 라고 선언하는 말씀이다. 그랜트의 찬양은 부지불식간에 터져 나오는 것이었다. 그러나 나는 해변에 있던 그와 달리 마음껏 찬양하려는 충동을 스스로 억제하고 있었음을 깨달았다. 그러나 그 일은 성공하지 못했다. 비록 늦은 감은 있지만, 결국 자의식에 걸려 있었던 나는 찬양을 했다: "할렐루야!"

그러나 그랜트는 바닷가에서 하나님의 신실하심을 찬양했고 그 일로 변화를 경험한 듯 했지만, 휴가에서 돌아 온 이후에 하나님께 대한 그의 신뢰가 더 깊어졌다는 확신을 가질 수 없었다고 말했다. 여행에서 돌아와 단 하루밖에 지나지 않았는데도, 그는 직장에서 일하는 동안 하나님을 의식하는 일을 모두 포기할까 하는 유혹에 빠졌다. 방향이 완전히 다른 두 가지 생각이 그를 번민에 빠지도록 했다. 하나는 바닷가에서의 하나님 경험을 계속 붙들 수 있는 방법을 생각하는 것이고, 다른 하나는 그 자신이 영성 깊은 성인들과는 다른 부류의 사람임을 분명히 할 필요가 있다는 생각이었다. 우리는 함께 하나님 경험을 붙드는 것에 대해 잠시 나누었다. 그의 아내가 찍은 사진도 도움이 될 것이라고 생각했다.

그런데 그는 하나님께서 당신을 드러내심과 그것을 눈으로 확인할 수 있었던 것도 결국 자신에겐 큰 도움이 되지 않았음을 고백했다. 나는 그의 말에 귀 기울여 듣고는 "당신은 고개를 들었어요"라고 말했다.

이 말에 그는 나를 올려다 보았다. 그는 이 말을 잠시 생각하더니 잘못을 인정하듯 수줍게 말했다. "맞아요. 내가 고개를 돌려 올려다 보았지요." 그는 미소를 지었고, 언제나 그랬던 것처럼 종료를 알리는 말을 했다. "이제 시간이 다 된 것 같군요."

나는 그 날 퇴근 하면서 그랜트를 떠올렸다. 그리고 올려다 보는 것에 대해 다시 생각했다. 우디 알렌은 자신을 드러내는 일 showing up 이 지닌 중요성을 강조했다. (그는 그것이 성공의 80%를 차지한다고 주장한다.) 그런데 오늘 그랜트는 고개를 듬 looking up 의 중요성을 내게 가르쳤다.[3]

그랜트는 드러냈고 또 고개를 들어 올려다 보았다. 그는 하나님의 말씀을 연구하거나 하나님이나 하나님의 말씀에 대해 신학자들이 쓴 글을 읽을 때면 아래로 시선을 두었다. 이것은 내게도 마찬가지다. 나의 영성은 나의 신학에 뿌리를 두고 거기에서 자라간다. 그러나 때로 신학에 집중하는 일은 위로부터 비처럼 내리는 은혜를 주목하지 못하도록 방해한다. 하나님께서는 그날 해변에 있던 그랜트의 시선을 붙잡으셨다.

수 개월이 지난 후 그랜트는 나를 찾아와 자신이 하나님과 단절된 것처럼 느껴진다는 이야기를 했다. "몇 주간 일이 너무 바빴고 해결 할 문제도 많았습니다. 일은 너무 고되고, 줄곧 사람들에게, 또 조직에 대해 화가 나 있었던 것 같아요. 무능한 사람들이 너무 많아요. 나는 상황 분석을 잘하지요, 그게 내가 할 일들 가운데 하나이기도 하구요. 나는 객관적 분석과 감정을 분리시킬 수 있고, 다른 사람들이 어느 부분에서 비논리적 비약을 했고 계획을 망쳤는지 짚어낼 수도 있습니다. 그리고 그것을 감정에 휩쓸리지 않고 설명할 능력도 가지고 있지요. 나는 화를 내지 않습니다. 그래서 어떤 사람들은 내가 무정한 사람이라고도 하지요. 그러나 그들은 나의 평가가 정확하고 객관적 임을 또한 인정합니다. 하루의 일과를 마칠 때면 나는 기진할 정도로 피곤합니다. 그리고 다른 사람들은 왜 자신들의 실수를 발견하지 못하는지 분노가 올라 옵니다... 이것이 나의 일과입니다. 이런 일터에서 하나님을 인식할 수는 없지요."

"수많은 사람들의 업무에 대한 책임을 당신 스스로 무겁게 지고 있네요." 나는 그 또한 잘 알고 있는 상황을 강조하여 말했다.

"네, 그렇죠. 그것이 경영자가 할 일입니다. 책임이 무겁죠. 그러나 그 동안 참 잘해 왔습니다."

"무거운 짐을 혼자 외롭게 지고 있는 듯 들리네요." 나는 완곡하게 말했다.

"맞아요. 그러나 대부분 그렇게들 하지요." 그랜트는 불쾌한 냄새를 맡는 것 같은 표정을 지었다. "나는 모든 책임이 결국은 내게 있다고 느낍니다. 내게 그 점을 보라고 제안하시는 건가요?" 그는 내게 약간 화난 시선을 던졌다. "좋습니다. 그렇죠, 맞는 지적입니다. 나는 내 삶의 많은 영역에서 책임감을 느낍니다. 한 집안의 가장이고, 할 일 많은 아들이지요. 여러 면에서 나는 그 사실을 꺼려하지는 않습니다. 내가 할 수 있다는 것도 압니다. 그리고 다른 사람들이 내게 의지하는 것도 괜찮습니다." 이 말 후에 그는 잠시 동안 말없이 앉아 있었다. "그러나 때론 사람들이 날 이렇게 의지해도 되는 것인지 걱정 되고, 그 때문에 불안해지기도 합니다."

"그럴 때가 있다는 거지요?" 나는 그가 자신의 능력에 대한 의문이 들 때가 있다는 말에 놀라서 재촉하듯 물었다. 그가 전적으로 의지할 수 있는 사람이란 인상을 강하게 받았기 때문이다.

"좀... 자주 그러지는 않지만요. 보통은 문제가 없습니다. 그런데 요즘에..." 그가 잠시 멈추길 원했다. 그가 자신의 손을 이용해 묵상하는 것을 나는 지켜보았다. 그는 양손을 바꿔가며 올려 놓았다 내려 놓았다 하면서 포개어 잡기를 반복했다. 그리고는 두 손을 다리 사이에 끼고 심호흡을 한 후에 나를 똑바로 바라보았다.

"요즘 들어 건강에 이상이 생겼어요. 아니 내가 그렇다고 생각하는 걸 수도 있죠. 조짐이 느껴져서 진찰을 받았는데, 무슨 문제가 있는지 의사는 기본적인 검사를 해보자고 했어요. 그래서 난 기다렸고 검사를 받았습니다. 암 검사였어요. 결과가 나올 때까지 나는 죽음에 대해 생각할 시간을 갖게 되었습니다. 그런데 생각을 깊이 할 수가 없었어요. 화가 났죠. 아주 많이 화가 났습니다."

나를 보고 찡그린 얼굴은 분노로 가득한 것 같았다. 그러나 그의 몸은 축 늘어진 패잔병 같아 보였다.

"나는 직장에서 분노를 느끼고, 집에서도 그랬습니다. 내 아내는 그에 대해 어떻게 기도하냐고 물었습니다. 그런데 그 물음이 나를 더 짜증나게 만들었습니다. 기도하고 있지 않았으니까… 하나님께도 화를 내고 있었습니다. 내가 이제 불치병을 앓는 사람이란 사실이 분노를 일으켰습니다. 기도할 수가 없었습니다. 하나님께서 허락하신 일이라면, 하나님께 드릴 시간은 없는 것이지요." 만약 이런 식으로 생각한다면 책임은 하나님께 있고, 병을 앓고 있는 그랜트는 사람들과 거리를 둔 채로 고립되어 있는 것이다.

"그래서 당신은 혼자 감당하려 했군요."

"네, 나는 혼자 짐을 졌습니다." 그랜트는 단호하게 나를 바라 보았다. "문제를 가지고 있는 사람은 바로 나고, 또 어느 누구도 그 일에 대해 해 줄 수 있는 게 없었습니다. 나는 가족들에게 가능한 영향을 덜 받게 하려고 서류 작업들을 실수 없이 준비하기 시작했습니다. 그렇게 하면서도 분노가 치밀어 올랐죠. 검사 결과를 문의하려고 병원으로 계속 전화 했지만 답신을 받지 못했습니다.

"앞을 알 수 없는 무서운 곳에 버려져 있었군요."

"그랬습니다. 당신은 무서운 곳이라 말하는데, 난 내가 겁을 먹고 있었던 것 같습니다. 그러나 그 감정을 느끼지 않으려고 했지요. 분노가 올라 왔어요. 내게 어떻게 이런 일이 생겼는지! 나는 그다지 늙은 것도 아니고, 그 동안 규칙을 따르려 했고, 심지어 하나님을 신뢰하려고 애쓰면서 깨끗한 삶을 살아왔는데!" 그는 곧 울음을 터뜨릴 것처럼 보였다.

"공정하지 않네요." 나는 그가 가엾게 느껴졌다.

"맞습니다. 공정하지 않아요. 절대적으로 부당한 일이에요." 그랜트는 자세를 바꾸어 앉아서 조용하게 말했다. "그러나 인생은 원래 공정하지 않지요. 나도 압니다. 선한 사람들이 항상 고통을 당하죠. 내가 계속 투덜대며 억지를 부리고 있었던 것 같네요. 떠벌일 일도 아니죠. 제가 하나님을 차단시켰습니다."

"당신은 위협, 분노, 두려움과 같은 강렬한 감정들을 경험하고 있었습니다. 나는 그런 감정들이 매우 일상적으로 경험할 수도 있는 것들이라고 생각합니다. 그러나 당신은 그런 것들을 하나님과 나누지 않네요?"

"네, 나누지 않습니다." 그는 솔직히 말했다. "나는 하나님과의 관계를 차단시킵니다. 내가 그렇게 고통 당하는 것을 원하시는 하나님과는 대화하고 싶지 않습니다."

"하나님을 차단 시키는 것에 대해 좀 더 얘기해 주실 수 있으세요?"

그랜트는 망설이는 듯 앉은 자세를 조금 바꾸었다. "며칠 동안 병원으로부터 결과에 대한 소식을 들을 수 없었습니다. 나는 참지 못하고 의사에게 전화를 해서 메시지를 남겼습니다. 내게 전화를 걸어달라는 말과 함께 만약 결과를 알려주지 않는다면 병원에 불만 신고를 하겠다는 내용도 남겼지요. 그 때 나는 사무실에 있었는데, 너무 화가 났습니다. 그래서 진정할 겸 일어나 창가로 가서 블라인드를 올렸지요. 내 사무실에서 내다보는 전경은 기막히게 멋있습니다." 그는 다시 한 번 말을 멈추고 또 자세를 바꾸었다. 잠시 후에 그는 말을 이었다. "그 때 창 밖에 무지개가 떠 있었습니다." 그다지 행복해 보이지 않는 표정으로 그가 말했다.

나는 미소를 지을 뻔 했지만 그 충동을 억제했다. 그리고 같은 말을 반복했다. "무지개요?"

"네, 창 바로 너머에 무지개가 떠 있었습니다. 그것도 크고 선명한 것이었지요. 전에는 창 밖으로 무지개를 본 적이 없었어요." 그는 나를 바라보고는 고개를 떨구었다. "나는 블라인드를 내렸습니다." 그는 거의 들리지 않는 소리로 얼버무렸다.

나는 그와 함께 침묵 속에 앉아 있었다.

마침내 헛기침을 하며 그랜트가 말을 계속했다. "그리고 잠시 후 의사에게서 전화가 왔어요. 검사 결과가 깨끗하게 나왔다고요. 암이 아니었습니다. 상태도 양호했으며 아무런 문제가 없다는 내용이었습니다."

그러나 그는 아직도 행복해 보이질 않았다. "정말 다행이었죠. 그런데 말이죠, 난 실패했어요. 하나님을 잃었고, 내 자신도 잃었습니다." 눈물이 뚝뚝 떨어졌다.

"하나님을 차단시켰기 때문에요?" 내가 물었다.

"네, 하나님을 새롭게 알아가기 시작한 이후 처음 치르는 시험이었는데… 내가 망쳤습니다."

"그래서 스스로에게 실망했군요? 어쩌면 부끄럽게 생각 될 수도 있겠네요." 그는 끄덕였다.

"지금은 어떻게 하나님께로 향하고 있는지 말씀해 주실 수 있으세요?" 나는 권유했다.

"무릎 꿇고 있는 듯합니다. 이제 나는 하나님께로 돌아섰지만 수치심과 후회로 몸을 들 수 없습니다." 그는 나를 바라보지도 못하고 굳게 깍지 낀 자신의 손을 내려다 보며 쉰 목소리로 답했다.

"어떠세요?" 나는 그의 기도 자세를 그리며 물었다.

"괜찮아요. 감정적이고 불편한 감도 있지만 괜찮습니다. 시간이 갈수록 마음은 점점 더 편안해지는 느낌입니다. 이제는 좀 더 따뜻한 느낌이 듭니다." 우리는 침묵하며 머물렀다. "편안합니다."

"하나님을 차단시키고 있지 않네요. 당신은 홀로 있지 않군요." 나는 확인하듯 말했다.

"네, 나는 외롭지 않아요. 다시 하나님께로 돌아왔습니다. 화를 내고 돌아섰던 일이 매우 후회됩니다. 그러나 하나님은 나처럼 대하지 않으심을 느낄 수 있습니다.

"하나님께서는 화를 내지도 거절하지도 않으신단 말이군요? 하나님께는 어떤 느낌이 드나요?"

"따뜻함을 느낍니다. 하나님께선 나를 아시고 또 받아 주시지요. 편안합니다... 이제 끝날 시간이네요." 그랜트는 우리가 함께 했던 시간을 맺었다.

종결을 받아들이며 나는 "침묵 기도로 오늘의 시간을 마치도록 합시다"라고 말했다. 그는 고개를 들지 않고 끄덕였고. 그를 생각하는 내 마음이 아팠다. 내가 '아멘' 하자 그도 나즈막히 '아멘'이라 말하고 내 눈을 피하며 나갈 준비를 했다.

문에 다다르자 그는 내 눈을 마주치곤 수줍은 미소를 띠었다. 그리고 떠났다. 나는 문을 닫고 잠시 동안 홀로 앉아 있었다. 울음이 올라왔다. 나는 하나님의 선하심과 그랜트의 선함에 충격을 받은 느낌이었다. 고개를 들어 하나님을 주목하지도 않으면서 너무 자주 하나님을 차단시킨 채로 내 스스로 짐을 지고 나르려 하는 나를 돌아보았다.

영적 성장을 일렬로 줄 세우듯 여기거나 축적의 산물로 여기는 것은 잘못이다. 믿음의 단계들은 벽돌을 쌓아 올리듯 차곡차곡 쌓아 올리는 것이 아니다. 피지도자들이나 내 자신의 생각 속에도 믿음에 대한 이런 성과주의적인 오해가 있음을 자주 발견한다. 어떤 죄든지 인식하고 고백하게 되면 다시는 같은 죄를 짓지 않도록 우리를 강하게 만든다는 사실은 생각만해도 위로가 된다. 우리가 이전에 빠졌던 시험과 잘못 그리고 우리의 한계를 다 극복했다고 생각하는 것은 또한 얼마나 거짓된 위로인가!

미국 성공회에서 어린 시절을 보낸 나는 매일 아침 공동 기도서를 읽으며 고백의 기도를 드렸다. 매 주일마다 나는 사람들로 꽉 찬 예배당에서 부모님들 사이에 무릎 꿇고 앉아 함께 고백했다. "우리는 죄를 지었습니다. 그리고 잃은 양과 같이 다 길을 잃었 습니다. 우리는 각자 마음이 정한대로 원하는 대로 따른 적이 너무 많습니다. 우리는 하나님의 법을 어겼으며 해서는 안 될 일들을 했습니다. 우리는 다 병들었습니다."[4] 그 후 우리는 계속 기도하며 하나님의 은혜와 회복을 구했다. 그리고 "아멘"하고 맺었다: 그렇게 되길 원합니다. 이렇게 우리는 매 주일 같은 기도를 드렸다. 매 주일마다 다양한 연령대의 사람들이, 그리고 각기 다른 믿음의 단계에 속한 사람들이 함께 죄를 고백하고 자비를 구하는 것을 들었다. 예수님께서는 제자들에게 기도를 가르치시며 "우리의 죄를 용서 하옵소서"라는 간구를 포함 시키셨다. 그리고 이것은 기독교인들이 이천 년이 넘도록 기도하고 있는 것이다. 그 기도는 결코 진부해질 수 없다.

믿음의 성장은 하나님께로 향하는 것이고 하나님께로 돌아서는 것이다. 우리는 계속 돌아서고 또 돌아서길 원한다. 그 돌아섬 속에서 우리는 배운다. 우리는 길을 잃을 때, 그랜트가 그랬던 것처럼, 하나님께로 다시 돌아 설 수 있는 사람들임을 더 잘 인식하고 더 잘 기억할 수 있게 되는 것이다. 우리는 결코 완벽한 단계, 마치 낙원과 같은 곳에 올라 빛을 발하는 사람이 될 수 없음을 안다. 교회의 초석이 될 신앙고백을 했던 예수님의 수제자 베드로와 마찬가지로 우리는 예수님께로부터 돌아서고 심지어 부인한다. 그리고 베드로처럼 다시 주님께로 향하고 심지어 그분께 사랑을 고백하며 차가운 바닷물로 뛰어들어 헤엄쳐 나아간다. 시간이 가면 갈수록, 우리는 혼자가 아니라는 것을 알게 된다.

노트

1. Abraham Joshua Heschel [1942], *"An Analysis of Piety," Moral Grandeur and Spiritual Audacity*, Susanna Heschel 편저
2. 이사야 55:12
3. Allen, http://www.quotationspage.com/quote/1903.html
4. *"A General Confession," Book of Common Prayer* (New York: Seabury, 1953), 6.

16 크게 편 팔: 찰스
Open Hands: Charles

수도원으로 리트릿을 다녀온 후 첫 영성지도를 위해 내 사무실 문을 열고 들어선 찰스는 확연하게 변화되어 있었다. 그는 더 젊어 보였고, 평소 감정을 읽을 수 없었던 얼굴에는 활력이 느껴졌다. 그리고 수도원에서 보낸 시간에 대해서도 아주 잘 설명했다. 나는 그의 감정을 인식할 수 있다는 사실 때문에 마음이 편안했다. 영성지도 초기에 수개월을 함께 하면서도 그에 대해 전혀 헤아릴 수 없었던 점을 감안하면 이것은 정말 좋은 변화였다. 그는 마치 시내 산에서 내려온 듯 빛나는 얼굴을 하고 있었다.

"난 데이빗 수사와 함께 많은 시간을 뜰에서 보냈습니다. 내 눈에 띄는 것은 농사짓는 땅밖에 없었죠. 평야로 둘러싸여 있었기 때문에 하늘은 무척 넓고 낮아 보였습니다."

"펼쳐져 보였다는 말이군요. 넓은 공간에서 자유롭게 움직일 수도 있었겠네요."

"네, 마치 상자 같은 내 일터와, 또 룸메이트와 나눠 쓰는 내 좁은 방과는 아주 달랐죠. 밝고, 탁 트이고 공기도 맑았습니다." 그는 미소 지으며 몸을 뒤로 누이곤 심호흡을 했다. 수도원 뜰의 평화가 그에게서 뿜어져 나왔다.

"우리는 하루에도 여러 차례 예배를 드렸습니다. 멋진 예배로 긴 시간동안 드린 것은 아니었죠. 꾸밈없이 기도와 찬양과 렉시오가 이어졌습니다. 처음에는 수사들의 도움을 받아 따라갈 수 있었지만 곧 제 자리를 찾았습니다. 그들은 실제적이고 현실적인 삶을 살아내느라 손이 거칠어진 사람들이었습니다. 내가 상상하던 신비로운 수도사들이 아니었죠. 나는 수도원장과 영성지도 시간을 가졌습니다. 그 때에도 그는 매우 실제적이었습니다. 그는 자신이 기도하는 방법과 내 질문에 대한 대답을 이해하기 쉽게 말해 주었습니다. 아주 편안했죠."

"마치 팔을 활짝 벌려 환대해 주는 영적 공간 같이 들리네요. 찰스, 이젠 여기 버클리에서도 당신이 영적으로든 신체적으로든 더 자유로 워졌을 거라고 그려지네요." 나는 희망을 가지고 물었다.

"그렇습니다. 이제 더 편안하게 움직일 수 있어요. 나는 수도사들이 기도나 하나님을 아는 지식에 관한 한 대가일 것이라고 짐작 했습니다. 그런데 그들이 평범한 사람들임을 알게 되면서 뭔가 안심이 되는 듯한 느낌이 들었습니다. 그들은 실제로 자신의 방법을 찾은 사람들 이었습니다. 그래서 나도 내 자신의 방법을 자유롭게 찾을 수 있을 것 같았습니다. 구태어 수사가 될 필요는 없음을 깨달았지요. 나는 마땅히 어떤 사람이 되고 어떻게 살아야 하는지를 발견할 필요가 있다는 사실을 깨달았습니다. 수도사들이 제게 그렇게 할 수 있도록 허락한 셈이지요." 그는 마치 착고에서 자유롭게 되었음을 보여주듯 두 팔을 들어 보이며 말했다.

"놀랍군요. 큰 자유를 얻었네요!"

"네, 중요한 무엇인가가 내 안에서 변화된 느낌입니다." 이렇게 말하면서 나를 쳐다보곤 웃으며 고백했다. "물론 아직도 나는 짝을 원해요. 그것은 바뀌지 않았죠. 그러나 그 일이 일어나지 않는다 해도 나는 다른 식으로 내 삶의 변화를 일으킬 수 있을 거란 생각을 합니다."

심리분석가인 하인츠 코헛은 지혜와 긍휼한 마음뿐 아니라 유머가 심리적 성숙의 표지가 될 수 있다는 글을 썼다. 나는 영적 성숙에 있어서도 마찬가지라는 생각을 한다.[1] 찰스가 보상 받지 못한 그의 가장 큰 소망을 말하면서 유머를 곁들이는 것이 매우 놀라웠다.

다른 가능성들과 소망들은 마치 큰 돌에 눌려있던 새싹들이 밖으로 삐쳐 나오 듯 결혼이라는 더 무거운 소망의 무게로부터 벗어나 자유 롭게 된 듯 했다. 나는 수년 동안 찰스가 다른 가능성을 향해 돌아설 수 있도록 돕기 원했다. 그런데 수도원에서 허락 받은 듯한 자유로움이 그의 의지를 다른 곳으로 돌리게 만들었다. 갑자기 가능성들이 나타났다. 그는 짝을 찾고 싶은 갈망에 대해서도 성찰하며 유머를 던지고 있었다. 수도원에서 머문 시간들로 인해 그는 진실로 넓게 볼 수 있는 시각을 얻었다.

"찰스, 정말 큰 변화네요. 그 동안 결혼에 모든 초점을 맞추고 있었잖아요." 나는 내 귀를 의심하며 놀라움을 표현했다.

"네, 나는 그 동안 만약 내가 다른 것들을 내 삶 가운데 구한다면, 그것은 마치 안위라는 보상을 구하려는 것이라고 생각했던 것 같습니다. 내가 진짜 원하는 것을 달라고 하나님께 압박하는 일을 멈출 수 있는 방법인 것이죠. 이해가 되세요?"

"알 것 같습니다. 나도 그 비슷한 생각을 하곤 하죠. 큰 문제가 해결될 때까지 작은 문제들은 무시하고 큰 문제들에 초점을 맞추면서 타협하려는 전략이 최선이란 생각과 비슷한 것 같네요. 그런데 당신의 이야기를 들으며 이 변화가 하나님을 신뢰하는 데 어떤 영향을 주었을지 궁금해졌습니다."

"신뢰의 문제는 분명하지 않습니다. 이제 나는 더 큰 자유를 느끼게 되었고, 당신의 말처럼 '협상'은 방법이 아니란 것도 알았습니다. 그러나 내가 하나님을 신뢰하는지는 분명치 않습니다. 하나님께서 열망하는 마음을 주실 거라 믿고 싶은데, 실제로는 그렇지 않습니다. 온전히 신뢰하지 못하고 있습니다. 내가 결혼을 하느냐 못하느냐의 문제도 온전히 하나님께 맡기지 못하고 있지요. 부정적 가능성을 허용하고 싶지 않습니다. 수사들과 함께 지내면서 독신으로 사는 것이 내게 적합하지 않다는 생각을 하게 되었습니다. 수도원장과도 이에 대해 이야기했는데, 그는 자신이 수도원 생활이라는 특별한 삶의 형태로 부름 받은 것이지, 반드시 결혼을 하면 안 된다는 부르심은 아니었다고 말하더군요. 그러나 결혼과 병행할 수 있는 삶은 아닌 거죠. 그래서 그는 독신의 삶을 받아들인 것입니다. 그는 어떤 특정한 삶을 선택한 것이지, 어떤 것을 금하기로 선택한 것이 아니라는 말이었습니다. 리트릿이 기쁨이 되었지만 그런 삶이 내 소명은 아니었습니다." 그는 웃음 띤 얼굴로 단호하게 머리를 흔들면서 말했다.

찰스는 다음처럼 활기차게 말을 이어갔다. "내 두려움은 만약 내가 '하나님, 짝을 찾는 문제에 대해 하나님을 신뢰합니다. 당신의 손에 맡겨 드리겠습니다'라고 말해야만 한다면, 그것은 상을 받기 위해 옳은 일을 하려는 또 다른 노력이 될 수도 있다는 것입니다. 이해가 되세요? 그건 진정한 신뢰가 아닌 거죠. 신뢰하는 것처럼 보이고 싶어하는 것이지요."

"무슨 말인지 알 것 같아요. 중요한 통찰이네요. 문제들을 하나님께 맡기게 된 후에 당신은 하나님을 설득해서 그 일을 이루시게 하려고 또 다른 일을 하게 될 것이라는 말이지요?"

"소용없는 일이죠. 신뢰하는 척하고 싶진 않습니다. 나는 생명을 걸고 열망을 가지고 하나님을 신뢰하고 싶습니다. 그러나 나는, 이치에 맞는지 모르겠지만, 열망을 단념하려고 하지도 않겠습니다." 그는 분명하게 말했다.

"찰스, 매우 솔직하게 말하시네요. 하나님께서 당신의 솔직함도 받아 주실 것으로 믿고 계신 거네요." 그의 말에 대해 나는 이렇게 답했다. "그렇게 말할 수도 있겠네요. 난 그렇게 생각해 본 적은 없습니다." 그는 몇 분 동안 그냥 앉아 있다가 확신에 찬 음성으로 말했다. "그래요. 나는 하나님을 더 많이 신뢰할 수 있게 된 것 같습니다. 하나님께서 나를 나 되게 하실 것이라고 믿습니다."

요약하자면, 찰스는 이제 많은 곳에서 더 자유로움을 느끼게 되었고, 심지어 구체적인 결과를 기대하며 바랄 때에도 하나님께서는 그를 받아주시며 당신 뜻대로 다루실 것을 믿으면서 더 자유로웠고, 자기를 집요하게 파헤치는 일을 덜 할 수 있게 되었다.

"그렇습니다. 더 큰 자유를 느낍니다. 문제를 하나님의 손에 올려드리지는 못했습니다. 그냥 내려 놓았다는 말이 더 맞는 말일 것 같습니다. 내 두 발 사이에 내려 놓았지요." 그리고 그는 두 발을 가리켰다. "그러나 내 손은 비어있습니다."

"빈 손이군요. 지금까지 이 문제를 오랫동안 붙들고 있던 두 손이 이젠 비어 있군요." 나는 귀 기울여 들은 그의 이야기를 요약해서 말했다.

"네, 그래요." 우리 둘은 그의 손을 바라보면서 기쁨으로 가슴이 벅차 올랐다. 영성지도에서 우리는 아주 빈번하게 이미지를 가지고 작업을 했다. 대부분의 것들이 문화 즉, 우리가 공통으로 나눠 가진 기독교 문화로부터 온 것이었다. 그러나 지금 찰스가 다다른 만큼 구체적으로 이미지가 개발될 수 있다면, 그것은 마치 영원히 우리 안에 각인된 것으로 여길 수 있을 것이다.

얼마쯤 지났을까, 찰스는 조용히 말했다. "정말 평안하네요. 수도원에서 나는 매일 향심기도를 했습니다. 지금 이 느낌은 그 때 경험한 것, 특히 향심기도가 거의 끝날 때쯤 머물렀던 평안함과 같습니다. 만족함과 같습니다." 그는 아직도 자신의 손을 보고 있었다.

손을 천천히 들어올리면서 그는 자신의 손을 찬찬히 살폈다. 그리고 나에게 물었다. "이제 이 손들은 무엇을 하게 될까요? 이제 아무것도 붙잡고 있지 않는 이 손은 많은 일을 할 수 있을 것입니다." 이 말을 하면서 그는 팔을 뻗어 점점 더 넓게 벌렸다. 그리고 마치 날개처럼 펼쳤다.

나는 마음으로 내가 들은 모든 말에 대해 '맞아요'라고 외쳤다. 그가 떠난 후 나는 찰스가 묘사한 상황과 같은 경험을 했던 적이 있었던가 자문해 보았다. 내가 포기할 수 없었던 가장 근본적인 갈망은 불임으로 말미암은 것이었다. 우리 부부는 6년 동안 간절히 원했지만, 아기를 가질 수 없었다. 내 기도 생활은 이 문제에 편집적으로 매달려 있었다. 내 열망의 중력에 이끌려 공전하면서 나는 그 궤도에서 빠져나올 수도 자족하며 멈출 수도 없었다. 그래서 나는 단순히 그것에 대한 나의 의식을 조금 바꾸려고 했다. 그 곤경을 변화시키려는 노력보다 나의 견해와 기분 혹은 감정을 부분적으로 바꿔 보려고만 했다. 나는 찰스처럼 자신의 발 사이에 안전하게 열망을 내려놓고 빈손으로 팔을 벌리는 이미지에까지 다다른 적이 과연 있었는지를 돌아 보았다. 그의 소망은 확장되어 갔다. 가장 중요하다고 여겼던 결혼에 대한 소망을 포기하지는 않았지만, 새로운 영역들로 소망은 확대되어 갔다. 최근에 그는 자유케하시는 하나님의 은혜로 말미암아 그 동안 줄곧 포기할 수 없었던 소망으로 고통스러워하며 갇혀있던 새장에서 풀려났다. 그와 하나님은 함께 걷는다. 그러나 그분은 더 이상 언쟁의 대상은 아닌 듯 했다.

찰스가 떠나고 나는 흔들의자에 앉아서 양초의 연기가 사라져 가는 것을 지켜 보면서, 그의 활짝 펼친 팔을 떠올리며 기도했다. 그리고 나는 그의 발이 놓였던 자리로 시선을 돌렸다. 그 발들이 쉼을 얻을 수 있는 땅은 어디인가? 그의 두 발 사이에 안전하게 자리 잡고 있었던 그의 열망은 어느 땅에 놓였는가? 모세처럼 나는 신을 벗어야 할 것만 같은 느낌을 가졌다.

노트

1. Heinz Kohut, *Self-Psychology and the Humanities: Reflections on a New Psychoanalytic Approach*, Charles B Strozier 편저 (New York: W. W. Norton, 1985)

17 당신이 믿는 하나님: 짐
The God you believe in: Jim

짐은 교회와 병원에서 목회를 계속했다. 그렇게 순탄한 삶이 이어지는 듯 했지만 그 해 말에 사건이 하나 터졌다. 수 개월 동안 짐은 우울증과 싸우는 듯 했다. 그는 버틸만한 에너지가 별로 없었고 많은 시간을 잠자며 보냈다. 그는 영성지도에도 늦게 왔고 뭐라고 꼬집어 표현할 수는 없지만 눈에 띄게 변해 있었다. 그는 점점 고갈되는 인상을 주었고, 나는 영성지도 시간 외에도 그를 생각하며 걱정했다. 일반적인 그와의 대화는 비웃는 듯한 자기 비판과 더 왕성한 활동을 하도록 의욕을 북돋지 못하는 자신을 보며 비난하는 일로 점점 더 채워져 갔다. 그는 자신을 '굼벵이'라고 부르며 설교 준비를 하든 공장 작업을 하든 막바지에 다다라서야 밤샘을 하며 겨우 겨우 끝내는 느림보로 자신을 그리고 있었다.

나는 짐이 혹시라도 정신과 전문의를 만나 그를 괴롭히는 것이 무엇인지 그리고 치료가 필요한지 알아 보도록 진료를 받으라고 권했다. 그는 하나님도 잘 모르겠고, 소망도 거의 없으며, 해야만 하는 일도 겨우 버티며 하고 있다고 말했다. 우리는 이런 내용을 가지고 몇 차례 더 만났다. 그리고 짐이 하루 종일 잠만 잔다는 말을 듣고는 걱정이 더 커졌다.

그러던 어느 날 짐은 힘이 넘치는 모습으로 사무실을 들어섰다. 그는 당찬 발걸음으로 들어와 자리에 앉았다. 그리고 내가 초를 켜는 도중에 서둘러 말을 꺼냈다.

"의사를 만났어요, 그리고 좋지 않은 소식을 들었습니다." 그는 내게 보고하듯 말했다. "의사는 내가 퇴행성 골수염을 앓고 있는 것 같다고 말했습니다. 암은 아니고 암 같은 것이라고 하더군요. 불치병이고 결국 죽게 될 것이라고 해요. 믿을 수가 없습니다."

그는 울음을 터트렸다. 나는 그 소식을 듣고 의자에 앉아 꼼짝할 수 없었다. 그는 화가 난 것 같았고 내 안에서도 격렬한 반항이 솟구쳐 올랐다.

"도대체 이런 일이 세상에 어디 있어요?" 그는 소리질렀다. "난 내 일, 내 사역을 그냥 그것이 진행되는 대로 따라가며 순종하고 있잖아요? 목회자라는 확신도 점점 분명하게 느낄 수 있고 성령님과도, 창조된 본연의 나와도 이제 잘 맞추어나갈 수 있다고 생각하고 있는데, 이게 무슨 일이지요? 난 최선을 다했습니다. 어떻게 이런 일들이 동시에 일어날 수 있는 거지? 내가 죽을까요? 이해가 안 되요. 포기하고 싶은 마음이 듭니다. 영적인 모든 것들에 대해선 등을 돌리고 내게 남겨진 시간들을 즐기며 지내고 싶은 마음입니다.

"짐, 정말 마음이 아프네요." 그는 내가 눈물 흘리는 것을 보았다. 그리고 더 펑펑 울기 시작했다.

"네, 나도 마음이 아파요." 그는 조용해졌다. 그리고 거의 안 들리는 목소리로 털어놓았다. "정말 이상한 일인데요, 이 일로 인해 나는 기도라는 것을 하기 시작했습니다. 기도를 믿지 않는데 말입니다." 그는 눈물을 흘리면서 웃었다. "난 기도에 응답하시는 개인적인 하나님을 믿지 않습니다. 그러나 마치 믿는 사람처럼 기도하고 있습니다. 굴 속에 숨어서 드리는 것 같아요." 그는 다시 웃었다.

나는 그 굴이 얼마나 실제적인 것으로 들리는지에 대해 말했다. 그리고 기도에 대해 구체적으로 말해 달라고 했다. 그의 기도에 대한 이야기를 들으면서 나는 기도했다: "주님, 짐의 기도가 이루어지게 해주세요."

"나는 치유를 위해 기도하고 있습니다. 나는 협상하고 협박하고 간구합니다. 내게 어떤 기간이 주어진다면 그 기간 동안 하나님의 계약된 종으로 기꺼이 살 것입니다."

"그렇게 기도하면서 어떤 느낌이 드나요?" 나는 물었다.

"우습네요. 하나님께서 건강하게도 아프게도 하시는 분이라고 믿지도 않으면서 이렇게 기도하는 것이 불합리하죠. 하나님께서 나의 이 불합리함을 보고 계시는 느낌입니다. 그리고 어떤 면에선 즐기시는 듯하네요. 그러나 나쁜 의미는 아닙니다. 하나님께서도 나와 함께 느끼고 계신다는 것을 나도 느낄 수 있습니다. 그러나 이런 공감만으로는 부족합니다. 난 치유 받아야 합니다. 죽고 싶지 않아요. 난 내가 흥분된 맘으로 걷기 원했던 이 여정을 계속 갈 수 있길 원합니다."

"물론이죠. 분명히 그렇게 하실 거에요. 짐, 당신의 삶과 사역에 많은 일들이 일어났었죠. 그리고 이 골수염 진단은 아마도 그 모든 일들을 더 분명하게 보도록 만들 겁니다." 나는 이렇게 나의 생각을 전했다.

"맞습니다. 그 동안 뭔가 낙담되는 느낌이 들었고요, 마치 향방 없이 휘두르는 것 같았어요. 몇 달 전만해도 잡았다고 생각했던 목적을 상실한 느낌이었습니다. 그런데 이 위협적인 질병이 나를 필사적으로 매달리게 하네요." 짐은 웃으며 머리를 흔들었다. "점점 더 큰 아이러니로 빠지는 것 같군요."

"아마도 당신이 기도하는 동안은 분명한 목적을 느끼면서, 살려는 열망을 가지고 계시는 것 같군요. 병에 대해 분노하면서 또 하나님께 치유해 주실 것을 간절히 구하면서요."

"당신이 가지고 있던 것을 빼앗기거나 누군가가 그것을 뺏으려고 위협할 때 비로소 그것이 얼마나 큰 의미를 지니고 있었던지 깨닫게 되는 것과 같네요. 더구나 당신이 더 '분명한' 목표라고 말한 것이 마음에 와 닿습니다. 이처럼 어이없는 방법으로 경험이 명료화 되는 경우도 있겠지요. 만약에 내가 죽을 것이란 선고만 안받았어도 나는 목표가 명료화 됨에 감사했을 것입니다." 그의 껄껄 웃는 웃음 소리가 슬프게 들렸다.

나는 짐에게 이 부조리에 대해 하나님과 어떻게 나누었는지를 더 말해 달라고 청했다. 그가 "하나님"이란 이름을 자유롭게 사용하는 경우는 아주 드물었다. 짐이 쓰는 종교 용어는 내가 쓰는 것과 매우 달랐기 때문에, 나는 미묘한 차이를 잡아내기 위해 그 동안 신경을 곤두세웠다. 그리고 언제나 바르게 이해할 수 있었던 것도 분명히 아니었다. 그러나 그런 상황일지라도 그는 잘 참으며 내게 맞추어 주었다.

"나를 이해하시고 내가 볼 수 있도록 도우시며, 나와 함께 하시는 하나님을 느낄 수 있습니다. 내 자신을 볼 수 있게 도우시지요. 더 나아가 내가 겪어내고 있는 일들로 인해 슬퍼하시는 하나님을 느낄 수 있습니다. 정말 믿을 수 없는 일이었죠. 평소의 나 같으면 아마 좋은 일이긴 한데 정말로 좋은 일은 일어나진 않을 것이라고 생각했을 것입니다. 그러나 이 상황에서는 그 이상을 원했습니다. 나는 살고 싶었습니다. 나는 많은 사람들이 믿는 그대로의 하나님이시길 원했습니다. 간섭하시고 치유해 주시는 하나님 말입니다. 기도를 들으시고 응답하시는 하나님이시길요." 그는 서둘러 말을 맺고, 눈썹을 찡그리고 생각들과 씨름하는 듯 했다.

"네, 내가 그것을 원하는지 분명치 않네요. 지금 이 순간은 그것을 원하는 것 같은데, 진짜 내가 원하는 하나님은 수려한 기도에 응답하시거나 경건한 행위에 대해 보상하시는 분은 아닌 것 같습니다. 그렇게 되면 그 동안 내가 거부해 오던 신의론으로 다시 돌아가는 것이 됩니다. 정죄, 편애, 두려움에 좇기는 삶으로 돌아가는 것이죠. 우리 죄를 위해 자신의 아들을 죽이신 하나님께서는 우리를 바라보시고 계십니다. 우리의 죄는 보이지 않습니다! 내가 믿는 하나님은 잔인한 하나님이 아닙니다." 그는 어떤 생각에 끌리는 듯 보였다.

"당신이 진정으로 믿는 하나님께서는 어떤 분이신지 말씀해 주세요"라고 나는 권유하며 말했다.

"아하... 더 어렵네요. 나는 하나님께서 사랑이시라고 믿습니다. 그리고 그 사랑을 우리는 사람이나 자연 그리고 아름다운 어떤 것을 통해 간접적으로 경험한다고 믿죠. 나는 하나님께서 상과 벌을 내리는 엄격한 교장 선생님 같은 분이시라고는 생각하지 않습니다. 죄인들에게는 고통스런 죽음을 또 믿는 사람들에게는 번영의 축복을 허락하시는 분도 아니라고 믿습니다. 그런데 질병의 위협 앞에서 겁을 먹은 나는 그것을 믿고 싶어합니다. 그리고 옳고 그름의 게임을 하려고 하죠. 그러나 그것은 내가 궁극적으로 믿는 것은 아닙니다. 너무 잔인할 것 같아요."

나는 그의 이타주의적 태도에 감동했다. 그는 자신을 치유해 달라고 하나님의 마음을 돌리기 위해 청원하는 기도가 죄인들에게는 잔인한 하나님이 되도록 만드는 것이기에, 자신을 위한 청원을 기꺼이 포기하려고 하는 것처럼 들렸다. 이런 사고방식을 가지고 하나님께서 사랑이심을 믿음으로 계속 붙잡기 위해 그는 장수의 복을 주시도록 하나님을 설득하고 싶은 마음의 열망을 내려놓아야만 했다.

나는 짐에게 말했다. "당신은 하나님의 사랑을 믿고 있네요."

"그런 것 같습니다." 그는 인정했다. "믿음이 항상 문제가 됐었는데, 이제 보니 하나님께서 사랑이시라는 걸 나는 믿고 있네요... 이런!" 그는 한숨을 쉬었다.

그리고 우리는 오랜 동안 침묵 가운데 머물렀다. 마침내 내가 침묵을 깨고 말을 꺼냈다. "짐, 지금 무슨 생각을 하고 계세요?"

"나는 하나님의 긍휼과 공감하심을 경험했던 때로 돌아가 보았습니다. 이번엔 저항하지 않았습니다. 그냥 그 안에서 힘을 빼고 머물렀습니다. 하나님께서 나를 안고 계신 것처럼 모두 맡기고요... 체념하는 느낌도 듭니다. 또 가볍게 위로 받는 느낌도 드네요. 내가 치유 받거나 그럴 것이라는 약속을 받은 느낌은 아니지만, 하나님께서 그렇게 날 사랑하시면서 동행하실 것임을 느낍니다. 동시에 매우 슬픈 느낌도 들지만... 그러나 괜찮습니다."

솔직히 말하자면 나는 그 후로 짐이 어떤 말을 했는지 전혀 기억하지 못했다. 우리 둘은 함께 울었고, 그가 떠날 때 그에게 안아줘도 되냐고 물었던 것 같다. 그리고 다음 약속 시간 전에 언제라도 얘기할 것이 있으면 전화를 달라고 부탁했다. 그리고 내가 굴 속에 몸을 숨기고 있다고 느껴질 때마다 나 역시도 짐처럼 믿음을 붙잡을 수 있으면 좋겠다는 소망을 하나님께 올렸다.

18 예루살렘을 보고 기도하다: 존
Praying over Jerusalem: John

공장에서 일하는 사람으로서뿐 아니라 아버지의 역할을 통해서도 존은 이전에 그가 경험했던 세상보다 더 큰 세상을 경험하고 있었다. 그는 직장으로써의 교회를 떠나 마음의 교회를 발견했다. 그러나 그런 시각으로 바라보는 일이 언제나 쉬운 것은 아니었다. 그것은 기독교인들 사이에서뿐 아니라 전문 직업인이라는 더 큰 문화적 영역 속에서도 그동안 그가 사회 생활을 하며 받아들였던 방식과는 충돌하는 시각이었다. 그러나 존의 부모, 아내 그리고 그를 사랑하는 다른 사람들은 비록 그가 통상적으로 행해지는 목회를 하지 않지만, 그의 경험을 존중하며 받아들였고 그를 진정으로 사랑하기 때문에 그의 성취감에 대해서도 인정하며 공감했다. 그러므로 그의 갈등은 사회적이고도 내적인 문제였다. 존이 살고 있는 환경은 우선적으로 그에게 갈등 상황이었지만, 그를 사랑하며 그가 교회에서 안정된 목회를 하는 모습을 보고 싶어하는 사람들에게도 마찬가지였다.

존의 세계는 점점 더 확대되어 갔지만 살고 있는 숙소는 여전히 비좁았다. 아내와 자녀들과 함께 단칸 방 아파트에 살면서 그는 손발이 저린 듯 했다. 그는 좁은 곳에 갇혀 있다고 느낄 때면 짜증이 나고 기분이 나빠졌다. 우리는 이 경험에 대해서 나눈 적이 있었는데, 이야기 끝에 나는 혹시 확 트인 공간이 있는지 물었다.

"날씨가 너무 춥거나 비가 오지 않을 때면 이른 아침에 옥상으로 올라갑니다. 커피 한 잔을 들고 그곳에 앉아 있곤 하죠. 손이 점점 따뜻해지고 따뜻한 김이 내 얼굴로 퍼지는 것을 느끼면서요." 이 이야기를 하면서 그는 커피잔을 다리 위에 올려놓고 살살 흔들었다. 그리고 의미를 알 수 없는 미소를 지었다. "난 저지방 머핀도 가지고 올라갑니다. 그러면 참새들이 모이죠. '새에게 모이를 주지 마시오' 라는 표지판이 있지만 난 신경 쓰지 않아요. 내가 아니면 누가 참새들을 먹이겠어요!" 그는 웃으며 나를 바라보았다. "그래서 한 마리에게 모이를 주면, 그 참새는 노래하며 친구들에게 알리죠. '와서 봐! 머핀이 있어!'라고요." 그는 재연하듯 커피를 들고 기억 속의 참새들에게 눈길을 주는 것처럼 바닥을 내려봤다.

"그러니까... 나는 하나님께서 나를 참새들의 친구로 그곳에 있게 하셨다는 생각을 합니다. 참새에게 모이 주는 사람으로 그분께서 나를 초대하신 거죠. 이 생각은 하나님께서 참새들 한 마리 한 마리를 다 아신다고 하신 예수님의 말씀을 상기시킵니다. 그렇게 참새들을 지켜보면서 나는 하나님께서 나도 알고 계심을 기억합니다. 나는 참새를 먹이고 주님께서는 존을 먹이시지요."

"당신의 아침은 옥상으로 올라가면서 변화가 일어나는군요."

"물론입니다. 하나님께로 향해 내 안테나를 길게 뽑아 들도록 하는 시간이지요." 그는 귀 뒤로부터 안테나가 뻗어 나오는 듯한 손짓을 하면서 삡삡 로봇 소리를 냈다. 그리고 성찰하는 태도로 잠시 눈을 감고 움직이지 않았다. 그는 몇 분 동안 평안하고 미소 띤 얼굴로 그렇게 머물렀다. 나는 한 손엔 따뜻한 커피를 들고, 비록 내가 들을 수는 없었지만, 곰돌이 푸우처럼 콧노래를 흥얼거리는 그의 모습을 상상했다.

"나는 낮에도 그 안테나가 몇 번이나 하나님께로 뻗게 되는지 돌아보았습니다. 그런데 그건 정말로 내 뜻대로 되질 않네요. 단지 부지불식간에 하나님을 인식하게 될 때만 가능했던 것 같습니다. 그런데 참새들과 함께 할 때 일어나는 그 일이 어제 공장에서도 있었어요. 택배원인 한 여성이 왔었죠. 난 그녀가 내민 확인서에 서명하고 있었지요. 가볍게 농담 섞인 말을 하며 서로 정중하게 대하면서 말이죠. 그런데 그녀가 갑자기 아주 심각한 표정으로 말했습니다. '내 딸이 열세살인 데 할리우드로 도망하려고 해요. 영화배우가 되려고요. 그냥 지나가는 말 같지가 않네요' 하고 마음을 털어 놓았습니다. 그래서 나는 그녀에게 말했죠. '마치 선한 책 Good Book 의 이야기 같네요.' 그녀는 곧 바로 그게 어떤 이야기인지 알아차렸습니다. 선한 책 Good Book 이라고 말하는 데도요. 그녀는 '네, 마치 탕자와 같지요.' 그녀의 마음이 흔들린 것 같았습니다. 난 더 이상 많은 말을 하진 않고 마이클 J 폭스가 쓴 책을 읽으며 젊은이들이 생각을 행동으로 옮기는 것이 얼마나 힘든 일인지 알 수 있었다고 소개했습니다. 아마도 그녀의 딸이 이 비슷한 글들을 읽었으면 하는 생각도 있었겠지요. 그리고 그녀와 더 이상의 설명 없이도 탕자와 그의 사랑 넘치는 아버지의 이야기를 함께 생각하며 통할 수 있었다는 사실을 느끼면서 하나님께서 우리 둘 모두를 지켜보고 계심을 알 수 있었습니다. 또한 우리를 알고 계시며 사랑하고 계신 하나님은 그녀의 딸에게도 그렇게 하고 계심을 알게 되었습니다."
"공장의 작업장에서요." 나는 그려지는 장면을 그대로 말했다.
"네, 바로 그곳에서요. 사실 그런 일들은 자주 일어나죠. 언젠가는 평소에 밤에 잠들기 힘들어서 술을 많이 마시는 한 남성이 숙취 때문에 아침에 출근하는 일이 끔찍하다고 호소했던 적이 있었습니다. 정말로 상태가 안 좋았죠. 죄책감도 있고요. 나는 그의 말을 경청하면서도 이런 일을 같은 회사 직원인 내게 말한다는 사실이 매우 놀라웠 습니다..."
존은 숨을 고르려는 듯 잠시 말을 멈추었다.

그리고 다시 나를 그의 생각 가운데로 끌어들이며 하나님의 편재하심에 대한 또 다른 경험을 이야기했다. "심지어 어제 아침 지하철을 타면서도 나는 하나님을 느꼈습니다. 나는 처음에 타려고 서 있던 곳에서 세 칸 정도 앞으로 옮겨 승차 했습니다. 그런데 그곳에 내가 주례를 섰던 이웃 사람이 있었습니다. 일년 전에 그는 이사를 갔지요. 정말 반가웠어요. 아마도 내가 사람들 틈에 끼어서 원래 타려던 문으로 들어섰다면 그를 만날 수는 없었을 겁니다." 존은 흥분된 어조로 말했다.

"하나님께선 어디든 계시네요," 내가 거들었다. 그는 고개를 끄덕이고는 다시 눈을 감았다. 그는 하늘의 기쁨으로 충만하며, 커피잔의 따뜻함으로, 또 하나님의 임재로 몸과 마음이 따뜻하게 풀어지는 듯 보였다. 나도 이 묵상을 기뻐하며 촛불을 지켜보았다.

존이 다시 입을 열었을 때, 이야기는 다른 곳으로 흘러갔다. "주일날 교회에 가지 않았습니다." 나를 빤히 쳐다보며 그는 선포하듯 말했다. "가고 싶지도 않았죠. 내가 교회에 가야 하는 이유들을 자문자답하며 씨름하다, 결국은 가고 싶지 않다는 생각이 들어서 안 갔죠. 내 아내는 그런 적이 결코 없습니다. 아이들과 함께 아내가 교회로 간 후, 나는 아파트를 혼자 차지했습니다. 빨래도 하고 청소도 하고 또 묵상 일기도 썼습니다. 휘파람까지 불며 교회 안가고 혼자 있는 시간을 즐겼 습니다." 그는 즐거워 보였다.

"오해하진 마세요. 내가 교회를 사랑하지 않는다는 말은 아닙니다. 난 교회를 사랑합니다. 그러나 교인들은 나에 관해 잘 모릅니다. 나는 없는 사람과 마찬가지죠. 내가 기여할 바도 없고요. 그러나 목사님은 내가 어떤 사람인지 알고 있습니다. 나는 가르치거나 설교 혹은 예배를 돕는 일들을 해 보겠다고 여러 차례 제안한 적도 있습니다. 그러나 단 한 번도 그 요청들이 받아들여지지 않았죠." 존의 목소리는 크게 따박따박 울렸다. 그리고 그가 느꼈을 모욕감과 분노가 그의 음성에 묻어났다.

"당신을 모르는 척하는 것 같군요." 나는 생각을 말했다.

"아마도 하나님께서 그 뒤에 계시겠죠." 존은 소리를 죽여 인정하듯 천천히 말했다. 내가 의아하게 바라보자 그는 설명했다. "사람들은 자신들이 보고 싶은 것을 보고, 또 볼 수 있는 것을 본다는 말이 맞습니다. 그러나 그들이 하나님께서 허락하시는 것을 보는 것도 맞는 말입니다. 그러니까 교인들이 나를 목사로 알아보지 못하는 것 역시 하나님께서 허락하시지 않았기 때문일 것입니다. 그들의 가려진 시야가 나를 인도해 닫힌 문들을 두드리게 만들었던 것입니다. 언젠가 열린 문을 발견할 때가 오겠지요. 교회에서 사역할 수만 있다면, 나는 공장에서 일하는 것을 그만둘 것입니다."

존은 자신의 여정을 어떻게 이해하게 되었는지 근래에 깨달았던 것에 대한 설명을 계속했다. "하나님께 직접 들은 것은 아닙니다. '하나님께서 내게 말씀하셨습니다'라고 말할 수 있다면 얼마나 좋겠습니까. '공장으로 가라'고요." 그는 놀리듯 약간 과장되게 울리는 소리로 말했다. "그러나 하나님께선 그렇게 하지 않으셨죠. 어쩌면 그러셨더라도 내가 못 들었을 수 있죠. 그래도 분명한 건 하나님께서 나를 인도하셨다는 것입니다. 이 교인들이 날 목사로 알아보지 못하는 것을 통해서도 인도하고 계십니다. 내게 계속 문을 닫고 있는 모든 사람들을 통해서도 하나님께서는 내 삶 한 가운데서 일하고 계십니다. 나는 내가 알 수도 없었고, 이야기 해본 적도 없었던 사람들을 만났고 또 그들의 이야기를 듣습니다. 내가 그곳에 있지 않았더라면 결코 들을 수도 없었던 이야기를 듣게 된 거죠."

"길이 조금씩 조금씩 분명해져 가는군요. 당신의 제안이 거절 되면서, 그리고 문들이 하나씩 닫혀가면서요. 심지어 당신은 그것들이 실망을 안겨다 주었지만, 그럼에도 불구하고 그 속에서 하나님의 섭리를 발견한다고 말하는 거네요. 몇 분전만 하더라도 나는 당신의 분노를 느낄 수 있었는데, 지금 당신은 오히려 평안하게 말하고 있네요." 나는 내가 관찰했던 것을 그대로 말했다.

"나의 분노를 부정하는 것은 아닙니다. 난 사람들에 대해서도 하나님께 대해서도 교회 사역과 관련해서도 화가 납니다. 짜증도 나고, 혼란스럽기도 합니다. 그러나 그런 감정들 밑에 평안함이 있습니다. 그 평안함으로 나는 새로운 사람들과 새로운 가능성들이 다가오는 것도 볼 수 있습니다." 존은 무릎 위에 포개진 채 놓여있는 자신의 손을 유심히 바라보았다. 나는 그의 풍부한 감정이 고스란히 드러나는 표정에서 그가 지금 자신의 감정을 가지고 유희하는 것을 볼 수 있었다. "대부분의 경우에 나는 평안을 유지할 수 있습니다." 그는 웃으면서 말했다. 그리고 변화구를 던지듯이 다음의 말을 보탰다. "단 예외가 있지요. 누군가 나를 화나게 하거나, 꼼짝달싹 못해서 다리가 저릴 때 빼고는요!" 그의 표정은 다시 진지해졌고 나를 확신시키려는 듯 말했다. "그러나 실은 그런 경우에도 하나님께서는 예외 없이 나와 함께 하시며 일하시지요."

"오, 그러신가요?"

"네 그렇습니다. 짜증이 나고 갇힌 듯 느껴질 때에라도 하나님께선 내가 그런 감정과 싸워 날려보내길 원하시지는 않는 것 같습니다. 그렇다고 억압하길 원하시지도 않으시죠. 그것을 다시 하나님께 올려드리길 원하실까요? 그냥 거길 머물러 앉아 있길 원하실까요?" 그는 내게 답을 구하듯이 쳐다보았다.

"당신은 아시나요?" 나는 그 질문들이 나를 설득하려는 것으로 들려서 다시 그에게 질문했다.

"네, 저는 압니다." 존이 말했다. "나는 그것들을 품고 머물러 앉아 있습니다. 그러면 잠시 후에 하나님께서 그 안에 계심을 느낄 수 있습니다. 그것들이 사라지는 것은 아니지만 내 시각은 더 확장되죠. 나는 고되게 일하는 이 도시의 모든 가난한 노동자들이 느낄 분노와 답답함을 느낍니다. 내 감정이 사라지는 것은 아니고 나와 비슷한 처지의 사람들이 느낄 감정을 함께 느낍니다. 그리고 하나님께서 우리 모두를 안고 계심도, 우리와 함께 하심도 느낍니다. 이 일은 나의 삶을 조망하게 만들기도 합니다. 네, 나의 삶은 답답합니다. 그런데 나는 혼자도 아니고 사랑을 받지 못하는 존재도 아니지요. 그러면서 나는 나와 같은 경험을 하는 사람들을 향한 사랑을 느낍니다. 시시하게 들릴 수도 있죠. 네 그럴 수 있습니다." 내 쪽을 바라보며 그는 질문을 던지는 듯했다. 그러나 곧 단호한 말을 계속했다. "그러나 하나님께선 우리를 귀하게 돌보십니다."

존이 자신의 불쾌한 경험에서부터 하나님의 공감하시는 긍휼한 마음으로 돌아서는 과정은 내게 매우 감동적이었다. 그래서 나는 이렇게 말했다. "당신의 진솔한 기도와 기도의 자리에서 품기 힘든 불쾌한 감정까지 드러내면서 드리는 기도가 낯선 사람들에게로 돌아서서 그들을 감싸 안도록 만들었네요." 나는 부연해서 말했.

"그렇습니다. 이런 일은 한 밤중에 야간 근무를 마치고 지하철에서 내려 집으로 향해 걷는 동안도 가끔 경험합니다. 나는 파김치가 된 상태죠. 내 자신이 처량하게 느껴지기도 하고요. 내 삶은 의도했던 것과는 다른 방향으로 흐르고 점점 더 고달파졌던 것 같습니다. 그런 느낌이 들 때면 나는 잠시 걸음을 멈추고 도시를 내려다 봅니다. 그리고 예수님께서 예루살렘을 둘러 보셨던 장면을 기억합니다. 아마 제 기억으론 마태복음 23장일겁니다. 예수님은 예루살렘을 보시며 사람들의 비참한 상황을 보시고 애통해 하셨죠. 그리고 마치 암탉이 병아리를 날개 아래 품듯이 여러 번 그렇게 하시려고 했다는 말씀을 하셨죠. 저도 도시의 불빛들을 보면서 그런 생각을 합니다." 그는 말을 멈췄다.

촉촉히 젖은 눈으로 나를 바라보며 존은 속 마음을 털어 놓았다. "고통 당하는 사람들이 견뎌내고 있는 것, 그들이 지고 있는 짐들에 관해서 전에는 알 수 없었던 것을 이제 깨닫게 되었습니다. 나는 슬픈 이야기들도 알고 있고. 고된 업무와 깨어진 꿈들, 중독과 고생스러움을 알고 있습니다. 나는 심장이 밖으로 녹아 내릴 것 같은 느낌을 그곳에 서서 고스란히 느낍니다. 그 도시를 향한 하나님의 사랑으로 충만해집니다. 때론 울기도 합니다."

그의 이야기를 경청하며 그리고 그의 눈가에 어린 눈물을 보면서, 나 역시 그와 그가 바라보며 울었던 도시를 향한 감정이 북받쳐 올랐다. 나는 그가 발견한 결코 들어가기 쉽지 않은 문을 생각했다. 그는 북적거리고 시끄러운 공장과 비좁은 자신의 집 사이를 오가야만 하는 이 외로운 심야의 출퇴근을 계속해야 했다. 그러나 하나님의 은혜로 그 문을 통과하며, 그는 이 세상이 얼마나 넓은지, 또 그 자신의 가슴으로 얼마나 큰 것을 품을 수 있는지를 발견하게 되었다.

19 당신이라는 나무: 멜리사
The Tree that You Are: Melissa

앞에서 소개했던, 하나님께 자신의 고통에 대한 이유를 여쭈는 것을 잊어버린 멜리사는 모범생 같았다. 그녀는 고학력자이고, 나와 나를 찾는 피지도자들 중 많은 사람들이 그렇듯이, 대부분의 주제들에 대해 지적인 열심을 가지고 접근했다. 내 자신의 영성 지도자가 내게 그렇게 했던 것처럼, 나도 그들이 하나님을 향한 발돋움으로 주로 취하는 태도에서 벗어나 새롭고 놀라운 방식으로 자신을 보여주시는 하나님을 주목할 수 있도록 도우려고 했다. 우리의 덜 발달된 기능들을 통해 하나님을 주목하는 일이 자주 있기 때문에 머리를 주로 사용하는 피지도자들이 "숙제"나 읽을 책을 추천해 달라고 요구할 때, 나는 항상 응하지는 않는다.

"혹시 제게 다음 만남을 위한 숙제를 주신다면 미리 준비해서 올 수도 있을 것 같은데요"라고 멜리사는 물었다.

그녀가 다시는 이런 요구를 하지 않길 원하면서 "난 과제를 잘 안 줍니다. 나는 우리가 함께 마음을 열고 하나님께서 당신에게 어떻게 자신을 드러내 보이실지 바라볼 수 있으면 좋겠습니다"라고 응답했다. 멜리사는 유쾌하게 장난기 어린 미소를 띠며 "만약 당신이 숙제를 내 준다고 가정한다면 어떤 것이 될 수 있을까요?"라고 다시 물었다. 그녀는 내 당혹감을 즐기는 듯한 표정으로 휠체어에 앉은 채 몸을 앞으로 내밀었다.

그녀의 승리였다. "좋아요." 나는 항복했다. "글쎄 뭐가 좋을까요? 만약 내가 과제를 내준다면... 당신이라는 나무를 상상해 보는 것은 어떨까요?"

"나무요?" 멜리사는 허리를 똑바로 세우고 물었다. "나라는 나무를 상상해 보라고요?"

"네. 내가 강의실이나 피정을 하는 과정에서 모임에게 주는 연습과제입니다. 나는 그들에게 하나님께서 자신을 어떤 나무로 창조 하셨고 또 어떻게 자라기 원하시는지 기도하며 여쭙기를 요구합니다. 많은 사람들이 그림을 떠올리곤 하지요. 하나님과 함께 상상하며 유희하는 방법인데, 종종 많은 것들이 드러납니다."

"좋습니다." 그녀는 열정적으로 받아들였다. "한번 해 보겠습니다."

그 후 몇 주가 지나 만날 날이 다가오면서, 나는 그녀의 나무가 하나님의 은혜에 깊이 뿌리를 내리고 햇빛을 잘 받아서 줄기가 잘 뻗어나간 것이길, 또 꽃이 만개한 풍성한 것이길 원하며 그녀를 위해 기도했다. 그러나 약속 시간에 맞추어 그녀를 만나러 가면서도 나는 이 나무 과제에 대해서는 물어 볼 생각이 없었다. 만약 그것이 잘 되었다면 그녀가 먼저 말을 할 것이라고 생각했다. 우리는 초의 심지에 불을 붙이고 촛불이 제 모양을 잡았을 때 침묵하는 기도로 영성지도를 시작했다. 그리고 그녀는 자신이 교회에서 요즈음 경험하는 일들에 대한 이야기를 꺼냈다. 그녀는 여러 가지 실험적 방법으로 예배에 들어가는 시도를 하고 있으며, 그 일들을 통해 익숙하고 변하지 않는 예배 형식을 통해서도 하나님을 새롭게 발견하는 경험을 하기 원한다고 했다.

그리고 영성지도 시간이 반쯤 흘렀을 때 멜리사는 흥미로운 이야기를 꺼냈다. "나무에 대해 생각했어요. 네, 처음에는 어떤 식으로 생각해야 하는지 가닥이 잡히지 않았습니다. 그래서 기도로 들어가 이미지가 떠오를 여백을 만들려고 했지요. 그런데 아무 일도 일어나지 않았습니다. 백지 같았어요. 그렇게 며칠을 보내고, 나는 당신이 차라리 읽을 책이라도 추천해 주었으면 좋았을 텐데 하는 생각을 하게 되었습니다. 그런데 얼마 후 한 가지 기억이 떠올랐습니다. 몇 년 전 다른 주에서 하는 컨퍼런스에 간 적이 있었지요. 어느 날 오후 자유시간이 주어져서 그 대학교 교정을 돌아다니며 여기 저기 기웃거릴 기회가 있었습니다. 녹색의 아름다운 교정에는 길이 잘 만들어져 있어서 어디든 갈 수 있었습니다."

나는 그녀가 나뭇잎들 사이로 내려와 그녀의 금발 위에 내려 앉아 반짝이는 햇빛을 머리에 이고 교정의 잔디밭과 정원들을 활기차게 오가는 모습을 상상하게 되었다.

"나무가 있었어요. 뉴잉글랜드에서는 자라지 않는 나무 같았죠. 게다가 그것은 주변에서 유일하게 눈에 띄는 나무였습니다. 지금 생각하면 떡갈나무가 아니었나 싶은데, 그 때만 해도 잘 몰랐죠. 정말 거대했어요... 튼튼하고요. 옆으로 넓게 퍼져서 잘 자라고 있었고, 그 그늘 밑에서는 작은 식물들이 자라고 있었습니다. 그런데 나를 정말 놀라게 한 것은 그 나무가 심하게 비틀려 있었고 많은 옹이들을 가지고 있다는 사실이었습니다. 매끈하게 일직선으로 뻗은 가지가 없었습니다. 모든 가지들이 뒤틀리고 놀랍도록 심하게 휘어지고 울퉁불퉁했죠. 그러나 푸르름을 담고 싱싱하게 살아 있었어요. 그 나무에게서 받은 압도적 인상은 힘과 지혜 였습니다. 심지어 용기도 느껴졌습니다."

나는 그녀가 말하는 대로 그 나무를 그려볼 수 있었다.

"그리고 그 나무와 동일시하고 있는 나 자신을 볼 수 있었어요. 나도 주변의 다른 나무들과는 다른 모습이지요. 나 역시 똑바로 서지 못하고 구부정하게 다니지요. 어떤 사람들은 내가 뒤틀렸다고 생각할 수 있을 겁니다. 마치 그 나무처럼 말이죠. 그러나 그 나무는 다른 어떤 것도 아닌 그 나무 자체로 살아 있으면서 변명이나 사과하려는 태도 없이 당당한 모습으로 그곳에 존재했죠. 생명이 맥박 치며 나뭇잎들을 만들어내고 그것은 다른 생물들의 피난처가 될 장막을 활짝 펼쳤습니다. 새와 다람쥐들은 그 가지에서 쉼을 얻고 놀 수도 있었죠. 그것은 근처의 상록수들과는 달라 보이긴 했지만 충만한 생명력을 지니고 있었습니다." 멜리사는 그 나무를 설명하며 열정이 타오르는 듯 했다. 나는 그녀의 이야기가 지닌 영광과 운율을 음미하며 침묵 속에 고요하게 앉아 있었다. 내 감정은 눈으로 보고 있는 듯 선명하게 느껴졌다. 그리고 그녀는 그 경험 속으로 더 깊이 들어갔다.

"나는 잠시 그 나무와 함께 시간을 보냈어요. 그 안에서 나를 확인할 수 있었죠. 그것은 나와 그 나무를 창조하신 하나님께서 확증 해 주시는 것 같았습니다. 그 때 제 눈에 바로 옆에 서 있는 소나무가 눈에 들어왔습니다. 두 나무의 가지는 한데 엉켜있었지요. 마치 약속이라도 하고 있는 것 같이 보였습니다. 나는 언젠가는 결혼할 수 있을 것이라고 소망하며 수 년 동안 기도해 왔습니다. 현실적으로는 그다지 가능성이 있어 보이진 않았지만 지울 수 없는 마음의 갈망이었지요. 하여튼 나는 그 소나무를 미래에 만나게 될 나의 남편으로 바라보는 경험을 했습니다. 나의 남편은 나와 같지는 않지만 가까이에 서서 늘 내 곁을 지켜주며 나의 부족함을 채워주고 내 삶에 들어와 함께 가는 사람이길 원했습니다.

근래에는 이 생각을 한 동안 안 했던 것 같습니다. 그런데 그 일이 있은 후 오래되지 않아 나는 지금의 남편을 만났습니다. 마치 쭉 뻗은 그 소나무처럼 생긴 사람이지요. 그 때 찍은 사진이 있는데 찾아 봐야겠어요. 두 나무가 함께 서 있는 그 사진을 남편에게 보여줘야겠네요." 그녀는 더 깊숙이 의자에 몸을 기대며 손으로 머리를 괴고는 꿈 꾸듯 미소를 지었다.

눈물이 차오르며 내 뺨을 따라 흘러내렸다. 마치 심장에서 기쁨이 핏방울처럼 흘러내리는 듯한 뜨거움이 느껴졌다. 하나님으로 인해 "기뻐하는" 경험을 성경은 이야기한다. 그것은 현대의 사회과학자들이 사용하는 용어인 "고양" elevation 과 유사하다. 나는 그것을 멜리사를 통해 경험했다. "고양된 감정은 선함이나 도덕적인 아름다움에 의해 끌어낼 수 있는 것으로 가슴으로 느끼는 따뜻하고 개방된 (혹은 확장된) 감정을 말한다. 그리고 이것은 사람들로 하여금 좀 더 덕스러운 행동을 하도록 이끈다."[1] 나는 이 확장된 감정을 느꼈다. (그리고 소망하기는 덕스러운 행동도 할 수 있길 바란다.)

"멜리사, 뭐라 할 말이 없네요." 나는 속삭이듯 말했다.

"아름다워요. 그렇죠?" 그녀가 환하게 미소 지었다.

"놀라와요. 정말로 놀라운 은혜네요. 하나님의 은혜로 당신은 그 떡갈나무임을 확인했고, 약속과 성취의 은혜도 확인했네요. 성령의 감동이 크게 느껴집니다."

"네, 그래요. 이 일을 기억하면서 나는 온전한 평안을 느낄 수 있었습니다." 우리는 잠시 동안이지만 그 평안으로 둘러싸이는 것을 느낄 수 있었다.

마침내 멜리사가 말했다. "놀위치의 줄리안이 한 말을 그대로 경험하는 느낌입니다: '모든 것이 잘 될거야. 모든 것이 잘 될거야. 이 세상 만물들이 잘 될거야.' 하나님은 사랑이시고 선하신 분입니다. 그분께서는 나를 아시고 나를 돌보십니다. 내가 할 수 있는 것은 그것을 호흡하며 받아들이는 것이지요."

우리는 함께 앉아서 깊게 숨을 들이 마셨다.

얼마 후 그녀는 이렇게 물으며 침묵을 깼다. "어떤 나무인지 상상해 보라고 내어준 숙제는 바로 이것을 위한 것이었나요? 이것 말고도 다른 의도가 또 있었나요?"

"충분하지 않으세요? 더 바라는 것이 있나요?" 나는 물었고, 우리는 함께 웃었다. "나는 진정으로 성령님을 구합니다. 그리고 그분과 함께 주어지는 놀라움과 진리를 구하고 있습니다. 그런데 그것을 오늘 여기서 당신과 함께 경험하고 있네요. 당신은 정말 놀라운 방법으로 진리를 만난 것 같습니다. 수 년 전 그 나무 곁에서 경험한 그것이 지금 이곳에서 다시 그 사건에 대해 말하면서 재연되고 있는 것 아닌가요?"

"네, 놀라움과 진리 이 둘을 원합니다. 난 이 둘을 경험했죠. 그리고 또 다시 경험하고 있네요." 그녀는 동의했다. "그 과제는 나무가 지닌 다른 면을 보도록 했습니다. 그 나무로 인해 생명을 유지해 나가는 다른 존재들이 있음을 보게 되었습니다. 나무 그늘에서 자라는 다른 식물들과 가지에 보금자리를 튼 생명들을 생각하게 되었죠. 그러면서 내 삶 가운데 있는 또 다른 진리도 보게 되었습니다. 지금까지 살아 오면서 나를 돌보는 사람들, 내가 스스로 할 수 없는 일을 해 주는 사람들에게 내가 어떻게 의존하며 살아왔는지 잘 알고 있지요. 그러면서도 나는 독립적으로 살기 위해 그리고 다른 사람들을 돌보는 나의 직업을 잘 해내기 위해서 무진 애를 써왔습니다. 그런데 그 떡갈 나무를 나로 바라보면서 나 역시 때론 나를 돕는 사람들을 돕고 있었을 수 있다는 생각을 했습니다. 요즘에 내 출근을 돕기 위해 오는 여성들이 있습니다. 주로 젊은 여성들이지요. 다른 나라에서 온 사람들도 있는데, 대부분은 성인으로써의 삶을 이제 막 시작하는 사람들입니다. 그들은 나를 나이들은 좀 성숙한 사람으로 바라봅니다. 그들은 내가 기독교인인 것도 알고 있고, 때론 그것에 대해 호기심을 표현하기도 합니다. 난 전도할 목적으로 그들에게 다가가진 않지만, 그들 중에는 나의 믿음이 그들의 삶에 어떤 영향을 주고 있는지 이야기 하는 사람들도 있습니다. 그리고 기독교에 대해 더 알고 싶다고 묻기도 하지요.

그런 사람들에게 나는 기독교가 무엇인지 그리고 내 삶에 있어서 어떤 의미를 지니는지 이야기해 줍니다. 그들 중에는 성경을 읽게 된 사람들도 있고 교회에 나가게 된 사람들도 있습니다. 그들은 나의 결혼 생활을 눈 여겨 보기도 하지요. 어떤 이들은 그것이 믿음의 표지를 보여주는 것 같다고 말합니다... 그 여성들 가운데는 마치 떡갈나무 주변의 생명들처럼 나의 가지에서 힘과 생명력을 얻고 있는 사람들이 있음을 보게 되었습니다." 그녀는 다시 턱을 팔로 괴었다. 그리고 이 사무실 너머의 이미지를 바라보는 것 같이 보였다.

"멜리사, 참 아름다운 이미지네요. 참 좋습니다. 이 여성들은 당신 안에 있는 것을 보고, 당신을 당신 되게 한 것 그리고 당신을 지탱해 오고 있는 그것에 대해 더 알고 싶어 하는군요. 그들은 당신이 그 떡갈나무 속에서 본 것들을 당신 안에서 보고 있네요. 힘, 용기, 생명력을 비록 당신 스스로 증명해 보이려고 하진 않았지만 당신 안에서 보고 있네요." 그녀가 나와 나무인 그녀를 모두 바라보고 있음을 인식하면서 나는 그녀의 말을 확인해 주었다.

이 나무 과제를 통해 멜리사와 나의 관계는 다른 모습으로 전개되기 시작했다. 우리는 그녀의 모든 신체적 고통과 매일의 시련들 속에서 드러나는 그녀를 지탱하고 있는 이미지들을 볼 수 있게 되었다. 우리는 종종 이 이미지들을 언급하곤 했다. 나는 어두운 밤이 찾아 올 때면, 나를 둘러싸고 또 떠 받들고 있는 튜브와도 같은 하나님의 은혜를 상상하며 내가 물에 둥실 떠있는 모습을 그리곤 한다. 마찬가지로 그녀는 자신의 나무를 바라보게 되었다.

말로 하는 것보다 이미지는 더 많은 진리와 놀라움을 담고 있다. 촛불처럼 이 떡갈나무도 하나님의 신실하심과 사랑을 기억하게 만드는 도구가 되었다.

노트

1. Jonathan Haidt, "Elevation and the Positive Psychology of Morality," *Flourishing: Positive Psychology and the Well-Lived Life*, Corey L. M. Keyes and Jonathan Haidt 편저 (Washington, D.C.: American Psychological Association, 2003), 276.

20 "그건 내 일이 아닌데요" : 데이빗
"It's Not about Me:David"

데이빗에게 가장 걸림돌이 되는 것들 중 하나는 영성지도를 위해 해야 할 일들의 목록을 내려놓아야 한다는 것이었다. 대형교회의 수석 목사로써 그는 효율성과 조직에 익숙해져 있었다. 특정한 이슈들이 제기되거나 해결되지 않을 수도 있고 영적 과제들을 하나 하나 성취해 나가지 않을 수도 있는 영성지도가 그에게는 자기 소모적인 것으로 보였다.

"글쎄요... 오늘 무슨 이야기를 꺼내야 할지 모르겠습니다. 그래서 전화를 걸어 약속을 취소할까도 생각했었는데, 어쨌든 오는 것이 나을 것 같아 마음을 바꿨습니다." 데이빗은 편한 자세를 잡으면서 이야기를 시작했다.

"잘 오셨습니다. 만나게 돼서 반갑습니다"라는 나의 반응에 그는 "감사합니다"라고 침착하게 대답했다. 어떻게 시작할지 모르는 애매한 상황은 그를 무척 불편하게 만드는 것이 분명했다. 이런 경우 나는 보통 말문을 트려고 했고, 특히 어색함이 점점 더 커져갈 때는 종종 그렇게 했다. 그러나 나는 기다리는 것이 좋다는 것을 점차 깨닫게 되었다. 기다림 후에 나오는 것들이 항상 나를 놀라게 했기 때문이다.

"어려운 문제에 다시 봉착하게 되었습니다. 사람들이 하는 말 때문에 나는 무척 화가 납니다. 한 달 정도 전에 교인 중 한 분이 돌아가셨습니다. 그것에 대해 사람들이 하는 말은 내 귀를 의심하게 합니다." 그는 들었던 말을 털어 버리려는 듯 머리를 흔들었다.

"사고사였습니다. 그 노인은 쓰러졌고 현장에서 돌아가셨지요. 사람들은 말합니다. '그분은 더 좋은 곳으로 가셨으니, 이곳에서 다시 살아나길 원하지 않으셨을 겁니다.' 그리고 그와 한 사역 팀을 섬기던 분에게는 '당신이 이 분의 죽음 앞에서 눈물을 보이지 않았다는 사실이 당신의 믿음을 증명하는 것 같습니다.' 어떻게 이런 말을 하죠? 난 피가 거꾸로 솟았습니다. 그 사람의 반응은 '죽음은 날 괴롭힐 수 없어. 이 세상은 참 생명으로 들어가기 위해 떠나야만 하는 곳에 지나지 않는다'라는 말이겠죠." 데이빗은 더 세게 머리를 흔들었다.

"나는 비록 천국이 어떤 곳일지 분명히 알지는 못하지만, 천국이 있음을 믿습니다. 그러나 이런 반응들은 너무 매정한 것 아닌가요? 그 노인은 처참한 사고로 죽었습니다. 그에게는 이런 급작스러운 죽음을 맞이할 준비도 못한 채 상실의 아픔을 받아들여야만 하는 사랑하는 사람들도 있지요. 나는 그분을 좋아했습니다. 그의 이름은 샘이었지요. 비록 그분과 가까이 지내진 않았지만 난 그분의 죽음 때문에 가슴이 아픕니다.

"정말 슬프네요. 샘은 당신이 좋아하던 사람이었군요. 그런데 그분께서 교회에서 돌아가셨네요." 나는 물었다.

"네, 나는 그가 숨을 거두자마자 시신을 보았습니다. 끔찍했습니다. 따뜻하고 힘이 넘치던 사람이 한 순간에 속이 빈 조개껍질 같이 부숴졌지요." 데이빗의 어깨는 슬픔으로 흔들렸다.

"나는 죽음을 자주 목격하진 못했습니다만, 볼 때마다 큰 충격을 받지요. 데이빗, 마음이 아프네요. 생명에서 죽음으로 변화하는 일은 우리가 이해하기 힘든 일인 것이 분명합니다." 나는 힘주어 말했다. 그리고 내가 그와 함께 한다는 것을 그에게 알리고 싶어서 너무 많은 말을 하고 있다는 사실을 깨달았다.

그 때 그가 화를 내며 말했다. "그 어리석은 사람들은 어떻게 그런 말을 할 수 있는 거죠? 다른 사람들의 감정에 대해 어쩌면 그토록 무딜 수 있는 거죠? 어떻게 그런 상투적인 말을 하며 내세에 대한 믿음을 자랑할 수 있는지 이해가 안돼요. 화가 나서 미치겠어요!" 그는 실제로 소리를 질렀다. 나는 그가 느끼는 감정 그대로 내게 표현 할 수 있어서 기뻤다. 그의 감정을 내게 솔직히 말할 정도로 신뢰하는 관계가 됐음을 경험할 수 있었다. 그가 점잖게 '어의 없는 일이죠'라고 말하지 않아서 기뻤다. 그가 마침내 설명했다. "이것은 아마도 내가 가장 하나님을 느낄 수 없었던 곳이 교회였던 이유 같습니다. 어떤 사람들이 하나님을 받아들이는 사고방식이 나에겐 오히려 하나님을 멀리 내쫓는 힘으로 작용합니다. 내가 하는 일은 내가 진리라고 믿는 것 그리고 성경이 가르치는 것을 설교하고 살아내는 것임을 알고 있습니다. 그러나 위기를 마주할 때면 이 둔감한 신학은 소리를 내려고 합니다. 그렇지만 이런 것에 대한 언급을 하면서 사람들에게 상처 주는 것을 원하지 않기 때문에 나는 말문이 막히고 어찌할 바를 모릅니다. 사람들은 슬픈 마음으로 그런 말들을 할 수도 있겠죠. 그러나 내겐 그 슬픔이 전달되지 않습니다." 데이빗은 한숨을 쉬면서 그의 긴 다리를 앞으로 쭉 뻗고 발목을 꼬았다.

"그래서 그들을 배려는 마음 때문에 결국 당신은 말없이 있는군요. 배려하는 마음은 어떤 것이지요?"

"나는 그들을 좋아합니다." 그는 확고하게 말했다. "나는 그들이 따르는 교리를 좋아하진 않지만 그들의 이야기를 알고 그들의 삶도 알고 있습니다. 그들은 선한 사람이 되려 하고 옳은 일을 하려고 하지요.

그들은 근면하고 성실한 사람들입니다. 이런 상황 속에서 그들은 황당했을 겁니다. 그 날 교회에 있던 모든 사람들에게 그 경험은 매우 극적이고 정신적으로 큰 쇼크를 안겨준 게 분명합니다. 너무 두려워서 그들은 자기를 방어하려고 했을 겁니다. 그들은 죽은 사람에게가 아니라 자신들에게 그런 말을 했을 것이라고 생각합니다. 그들은 훌륭한 기독교인들은 죽음을 두려워하지 않고 천국에 대한 믿음을 가지고 있다고 말합니다. 그러나 죽음은 두려운 것이지요. 그래서 죽음 이후의 삶에 관해 숨기지 않고 말하며 죽음과 더불어 산다는 것은 매우 힘든 일입니다. 나는 그들의 두려움을 보았습니다. 슬픔을 가리고 상투적인 표현을 하는 태도 뒤에 두려움은 숨어 있었습니다."

"왜 두려움이 도사리고 있는지 알 것 같네요. 갑작스런 죽음은 특히 더 무섭지요. 그것을 보고 있는 사람들 누구에게라도 일어날 수 있는 것이니까요. 일 분 전에 살아 있던 사람이 시신으로 변해 있는 것을 보며 죽음이 아주 가깝게 있다는 것을 느꼈겠죠." 그의 말에 이렇게 동의하며 나는 그의 감정이 궁금해졌다.

"네, 맞습니다." 그는 수심에 잠겨 뭔가를 생각하는 듯 말을 멈추었다.

"데이빗, 두려움인가요? 두려움을 경험했나요?" 나는 시간이 잠시 흐른 후에 이렇게 물었다.

"그 생각을 하고 있었습니다. 아마도 나의 분노는 이 두려움으로부터 나를 격리시키려고 일어난 것일 수도 있겠네요. 나는 일 년에도 수 차례 교인들 가운데 죽음을 앞둔 사람들과 유족들을 위로합니다. 그런데 이번에는 평소와 다른 반응을 강하게 드러냈지요. 아마도 죽음이 경고도 없이 찾아왔고, 어쩌면 내 영역 안에서 그것을 목도하게 되었기 때문일 수도 있겠네요.

"그런데 샘의 죽음에 대한 두려움과 반응이 내가 지닌 문제의 전부는 아닌 것 같습니다. 겁을 먹을만한 상황이 아닌 때에도 교리적 설명 같은 것을 듣게 되면 매우 거북하거든요. 그리고 시간이 가면서 점점 더 그 강도가 커집니다. 그 동안 이 문제를 다룬 적도 있습니다."

그리고 데이빗은 샘이 죽었던 그 날의 기억을 다시 더듬었다. "아직도 내가 진짜 두려웠는지는 모르겠습니다. 내 기억으론 그가 죽은 다음 날이 돼서야 슬픔이 올라왔죠. 처음에는 크게 놀랐고, 가장 큰 충격을 받을 사람들을 돌보고, 그 다음에 샘과 그의 남은 가족들을 위해 해야 할 일을 다 했는지 살폈습니다. 그리고 다음 날이 되었을 때 비로소 나의 슬픔을 느낄 수 있었습니다. 교회 비서인 두 여성이 처음 그를 발견했는데, 자신들이 그를 어떻게 돌보았는지 말해 주었습니다. 한 사람은 그가 마지막 숨을 몰아 쉴 때에 그를 안고 위로하는 말을 했고, 다른 여성은 몇 분 후에 그곳에 도착했는데 그의 시신 옆에 앉아서 그에게 감사의 말과 그가 이제 곧 가게 될 곳에 대한 소망을 말했다고 합니다. 그들은 그곳에 그와 함께 있었던 것이 크나 큰 축복이었다고 말했습니다. 그 말은 내게 크게 다가왔어요. 그들이 마치 십자가 옆에 서 있었던 여인들처럼 느껴졌지요. 정말 아름다운 일이죠!"

"예수님과 함께 있던 여인들처럼 사랑과 믿음으로 충만한 모습을 당신은 보고 증거하는군요." 나는 빙 둘러선 십자가의 증인들을 보았다. 그리고 나도 그들 중 한 사람이라는 생각을 했다.

"나는 그들의 사랑과 믿음을 보았습니다. 그들은 꼭 짚어서 그 말을 하지는 않았죠. '나는 큰 믿음을 가지고 있어. 나는 위대한 교리를 가지고 있어'라고 말하지는 않았죠. 단지 샘이 죽을 때 그의 곁에 함께 있던 것이 큰 축복이었다고 말했을 뿐이죠."

데이빗은 조용히 앉아서 내 뒤에 있는 벽을 바라보았다. 그리고 관자놀이의 은발이 섞여있는 까만 머리카락을 양손으로 쓸어 올리며 속마음을 털어 놓았다. "나이가 들수록 나는 하나님에 대해서 말하는 신학자보다는 십자가 옆에 서 있는 여인들을 닮아 갑니다. 나는 거듭남과 구원에 관한 교리보다는 예수님과 함께 있고 싶습니다."

"십자가 곁의 여인들과 같아지는 것이 무엇인지 말해주세요."

"네... 나는 하나님을 경험하는 것을 때론 힘들어 했습니다. 그러나 점점 더 하나님을 경험하는 근본적인 방법이 다른 사람들을 통해 이루어짐을 알게 되었습니다. 당신은 좀 전에 내가 샘에 대한 여성들의 사랑을 증언한다고 했지요. 네, 그랬습니다. 나는 언제든 사람들 안에 있는 것들을 증언하지요. 표면적인 이야기가 아니라 삶의 정수 같은 것을 증거합니다. 믿음을 증거하죠. 나는 병상이나 임종을 위한 심방에서 사람들이 지닌 용기를 봅니다. 나는 그들 곁에서 함께 지내며 돌보는 사람들을 봅니다. 나는 죽음을 맞이 하며 큰 고통 속에 있는 사람들이 농담하며 오히려 다른 사람들을 걱정하는 것도 봅니다. 그 안에 하나님께서 계심을 봅니다."

"당신은 그런 경험들을 하며 다른 사람들과 함께 나누는 특권을 지녔군요. 하나님께서 함께 하심을 볼 수 있는 특권이네요."

"네, 특권이 맞습니다. 샘의 임종을 함께 했던 경험을 말하는 여성들과 마찬가지죠. 비록 샘이 의식을 다시 찾을 수는 없었지만 그가 죽을 때 함께 있을 수 있었다는 것은 큰 특권이었습니다. 나도 같은 축복을 누립니다. 교인들이 죽음을 맞을 때 나는 그들과 함께하며 같은 축복을 누립니다. 내가 할 수 있는 최선은 그들이 어떤 일을 겪고 있든 그 사람에게 완전히 순응하는 것입니다. 그 일을 위해서는 별 다른 노력이 필요 없지요. 나는 기도합니다. 너무 자연스러운 일이기 때문에 시간이 증발해 버리는 것 같습니다. 나는 사람에게 온통 마음을 쏟고 있기 때문에 시간을 의식하지 못하면서 몇 시간이고 그들과 함께 앉아 있습니다. 그때만큼은 다른 장소 다른 사람을 전혀 의식하지 못합니다. 나는 내 앞에 있는 사람을 보며 경탄하고, 그들의 삶이 허락했던 것들을 그들 스스로 대면하는 모습을 보면서 놀랍니다. 그것은 때론 직접 자신의 삶을 말해주는 것일 때도 있고, 병, 상실, 죽음과 같은 원치 않는 일들을 견뎌내고 있는 사람들과 함께 시간을 보내는 것일 수도 있습니다.

"다른 사람들과 함께 하면서 당신은 다른 모든 일들로부터 완전히 물러나네요."

"네 물러남의 의미가 정확히 무엇인지는 모르겠지만, 그 시간은 온전히 하나님을 경험하는 때인 것이 분명합니다. 마치 하나님께 안겨있는 것처럼 그분 안에서 쉼을 얻습니다. 그리고 그분의 강한 힘과 사랑이 나를 통해 다른 사람에게로 흘러갑니다. 심지어 내가 의도적으로 기도하지 않고 그냥 그 자리에 앉아 있을 때에도, 나는 하나님의 은혜의 통로가 되는 것 같습니다. 그럴 때는 피곤함도 느껴지지 않습니다. 그 때 나는 없어지고, 내가 지닌 자원, 힘, 지혜, 기도의 능력이 드러납니다. 내가 하는 일이 아니죠. 맞지요?" 데이빗은 신나는 표정으로 나를 바라보았다.

"당신이 하는 일이 아니라고 생각하세요?" 나는 물었다.

"아니죠. 단지 나를 통해 일어나는 일이죠. 아마 내가 필요할 수는 있겠죠. 내가 그곳에 함께 있기를 다른 사람이 원할 수도 있을 겁니다. 그러나 어느 누구라도 그들과 함께 그 자리에 있을 수는 있으니까요. 그 자리에서 선한 마음이나 믿음 혹은 인내나 떨리는 솔직함을 통해 일어나는 일을 직접 보고 증거하는 특권을 얻습니다." 데이빗은 열정을 담아 이야기했다.

"외롭다고 느끼시지 않네요."

"맞습니다. 그곳에서 나는 하나님의 임재를 느끼고, 그분 안에서 안식합니다. 마치 하나님께서 나를 둥실 떠오르게 만드시는 물처럼 느껴집니다. 그로 인해 나를 세게 때리는 다른 사람들의 고통, 죽음, 애통한 마음을 견뎌낼 수 있습니다. 하나님 안에 떠 있을 수 있기 때문에 그 무게를 견뎌낼 수 있는 것이지요."

나는 말로 표현은 안 했지만 마음 속으로 기도했다. "아멘." 그렇게 이루어지길 바랍니다. 데이빗뿐 아니라 우리 모두가 "창조주 성령님의 넓은 품에 둥실 떠올라 어떤 노력으로도 얻을 수 없는 만물을 감싸 안는 은혜를 얻을 수 있기를!"[1]

노트

1. Denise Levertov, "The Avowal," *The Stream and Sapphire: selected Poems on Religious Themes* (New York: New Directions Books, 1997), 6. 인용을 허락받음

3부 열매

21 물가에 심은 나무
Planted by the Waters

영성지도의 종결까지 이어서 하게 된 사람들에게서 나는 "오래 견디며 같은 방향을 향할 때"[1] 주어지는 것을 보게 되는 놀라운 경험을 하곤 한다. 나는 하나님과 대면하고, 믿음이 내면화 되어 삶의 모든 면에 스며들 때 일어나는 의식과 삶의 변화를 보았다.[2] 이 책의 마지막 부분인 제 3 부에서 나는 그 동안 특권처럼 누렸던 이 같은 내 자신의 경험을 나누려고 한다. 지난 한 세기 동안 영혼을 돌보는 전문가들은 그들 사역의 초점을 풍성한 삶을 가꾸는 것 보다는 역경 가운데 있는 사람들을 돌보는 일에 맞추어 왔었다. 최근의 몇몇 연구들은 무엇이 잘 사는 것인지를 결정하는 기준이 될 수 있는지 드러내 놓고 규명하려고 한다. 두 명의 유력한 심리학자가 "행복, 탁월함 그리고 최적의 인간 기능"이란 제목으로 미국심리학 회지에 세기적 쟁점이 될 수 있는 글을 기고했다. 그들은 서문에서 이렇게 말한다. "심리학자들은 삶을 살만한 가치가 있는 것으로 만드는 것이 무엇인지에 대해 제한적 지식을 가지고 있다. 그들은 역경 속에서 사람들이 어떻게 살아내고 견딜 수 있는지 조금씩 알아가고 있다... 그러나 심리학자들은 정상적인 사람들이 좀 더 호의적인 조건 아래서 어떻게 풍성한 삶을 살 수 있는지에 관해서는 잘 알지 못하는 것처럼 보인다."[3] 이러한 우려가 "긍정 심리학"이라는 새로운 영역을 움트게 했다. 대학에서는 많은 학생들이 그 과목에 매료되어 그들을 좀 더 행복하게 해줄 것을 기대하며 열심히 공부하고 있다.

만족스런 삶은 수세기 동안 철학적 그리고 신학적 질문의 주제였다. 그리고 그 동안 질병의 진단과 치료에 관심을 갖고 의학적 모델을 주로 개발해왔던 심리학이 이 지향에 합류했다. 그래서 주로 영성 분야에서 일반적으로 사용되던 용어들인 "번성" "형통" 그리고 "번영"이란 말들이 사회 과학 분야에서도 사용되고 있다.

번영 사회 과학자들 가운데는 "번영"과 "침체 혹은 쇠약"(정신과적 질병과는 무관한 상태)"을 대조시켜 사용하는 사람들이 있다. 전자는 사회적 평안 (사회를 의미 있게 봄, 성장의 능력을 지님, 사회를 대체적으로 수용하고 수용 받음, 자신을 사회에 기여할 수 있는 사람으로 여김)뿐 아니라 심리적 영역에서의 평안 (자기 수용, 타인들과의 좋은 관계, 인격의 성장, 삶의 목적, 환경을 지배함, 자율)과 같은 특징으로 설명할 수 있다.[4] 번영에 대한 기독교적인 관점 역시 이런 면을 포함하긴 하지만, 그것만으로는 영적 핵심인 관계적 측면을 설명할 수 없다. 더구나 "번영"이란 단어는 성경이 말하는, 그리고 내가 믿음의 사람들을 만나며 보게 되는 열매 맺는 삶을 적절히 설명하지도 못한다.

영성지도에서 바라보는 번영은 항목별로 구분하여 규정할 수도 없다. 그것은 은혜를 받고 그 은혜가 자신 안에서 그리고 자신을 통해 기억과 세상 속으로 들어가 일하도록 허락하는 것과 관련된다. 그것은 다양한 형태를 띠고 다양하게 표현된다. 번영은 또한 최종의 성과도, 사다리를 타고 올라서서 종을 치는 것도, 발달 단계를 하나씩 밟아 올라가 결국 이뤄내는 최종의 단계도 아니다. 하나님께선 시간에 따라 차별 하시지도 않고 발달 단계에 대한 기대도 가지고 계시지 않는 것 같다. 영적 구조의 변화에 따라 과거의 은혜는 현재를 파고 들며, 현재의 은혜는 때론 과거로 들어가 빛을 발하기도 한다. 이 일은 하나님의 현존을 생생히 새기면서 우리의 의식 저 밑에 있던 과거에 함께 하셨던 하나님의 은혜를 인식하든지, 우리의 가슴이 뛰었던 때를 인식하는 것일 수 있다.

하나님과 동행하는 우리의 삶의 이야기들은 계속 펼쳐진다. 한 때 가장 절정이라고 여겨졌던 것은 시간이 지나며 다음의 절정이 나타날 때 차석으로 밀려난다. 그리고 그 두 절정 사이에는 가파르고 험한 산을 오르기 위한 지그재그로 난 길이 놓여있어서 후퇴하는 듯한 느낌을 받는 경우가 자주 있다. 여행의 이미지는 우리가 멀리 떠나는 것으로 받아들이게 한다. 그러나 그것은 성숙의 이미지로 보완 설명 되어야 할 필요가 있다. 내 생각에, 또한 성서도 그렇게 말하는 것처럼, 여정과 성장의 이미지는 서로 보완하는 면이 있다. 포도원의 튼실하게 뻗은 포도나무 가지는 어리고 푸릇푸릇한 여린 가지보다 포도송이를 더 풍성하게 맺는다. 그리고 계절이 오고 가면서 맞게 되는 여러 혹독한 환경은 실과의 수확량에 영향을 미치지만, 굵은 가지는 변화무쌍한 날씨도 잘 견뎌낸다고 말할 수 있다. 나는 그렇게 믿는다. 이렇게 나무 둥치에 집중하며 얻게 된 지혜는 탄력성과 은혜였다. 그것을 사람에게 적용하자면 신뢰일 것이다. 신뢰는 맹목적인 확신이 아니다. 가뭄이 있을 것이고 사는 것은 쉽지 않은 일이 될 것이다. 그럼에도 불구하고 신뢰는 눈을 크게 뜨고 삶이라는 춤을 기꺼이 추는 것이다. 큰 고통의 때를 통과하고 있던 한 피지도자가 한 말이 생각난다. "진짜 하나님께서 고통을 허락하셨을까? 그렇다면 왜 그러셨을까? 이런 생각들을 하는 것도 이제는 지겹습니다. 고통 가운데 내게 가장 도움이 되는 것은 나를 사랑하시는 하나님을 기억하는 것입니다. 나는 그의 친절하심을 기억합니다." 가뭄의 때에 갖춰야 할 자세는 확신이 아니라 믿음인 것이다.

믿음은 성숙을 낳는다. 13 세기 여성 평신도 수도 공동체 베긴회 Beguines 의 일원이었던 브라반트의 헤데비치 Hadewijch of Brabant 는 한 환상을 보았다. 그녀는 나무가 꽉 찬 목초지로 옮겨 심어진 나무였다. 그녀는 거기서 인간 본성을 대표하는 한 나무를 만났다. 그 나무의 단단한 몸통은 영혼을 상징하고 있었다.[5] 하나님과의 관계 안에서 성장하며 우리의 몸통은 굵어지고 강해진다. 그러면서 우리의 역사를 담고 있는 나이테가 형성된다. 좁은 것은 가물었을 때에 형성되고, 넓은 것은 풍성한 계절에 형성된 것이다. 이 모든 다양한 두께의 나이테들이 하나하나 쌓여서 몸통은 굵어진다. 다른 많은 중세의 여성 신비가들처럼 헤데비치도 구원이 하나님을 사랑하고 또 하나님의 창조 세계를 사랑하면서 점진적으로 성장하며 그리고 그것을 점점 더 온전하게 표현하게 되는 것이라는 구원론을 믿음으로 공언했다. 하나님의 사랑은 사람을 통해 세상으로 흘러간다. 그것은 마치 열매를 결실하게 하는 생명이 그리스도이신 포도나무에 단단히 붙어있는 가지들을 통해 전해지는 생명의 전달 과정들과 같은 것이다.[6]

영적인 삶에서 결실을 맺는 것은 정체된 것이 아니다. 그것은 때를 따라 싹을 틔우기도 하고, 진통하고, 산고를 치르고, 참고 인내 한다.[7] 때론 그것이 단순하게 그러나 주의를 집중하며 기다리는 일일 수도 있다. 결실을 맺는 일은 생명을 유지하려면 반드시 있어야 하는 일이고 또한 요구되는 일이기도 하다. 우리는 열매를 맺게 되어 있다. 그리고 우리는 이 생산을 위해 홀로 일하지 않는다. 우리는 물을 창조할 수 없지만, 나무가 그 뿌리를 시내를 향해 뻗어가듯이 우리는 은혜의 생수를 우리에게로 흘러 보내시는 하나님을 향해 발돋움한다. 나무는 비록 자연의 힘에 순응하긴 하지만 결코 수동적이지도 않다. 성서의 동산

이미지에서 우리는 심어지고 돌봄을 받으며 결실의 축복을 누린다. 다음은 선지자 예레미아의 환상이다.

여호와를 의지하여
여호와를 의뢰하는 그 사람은
복을 받을 것이라.

그는 물가에 심어진 나무가
그 뿌리를 강변에 뻗치고
더위가 올라올지라도 두려워하지 아니하며
그 잎이 청청하며
가무는 해에도 걱정이 없고
결실이 그치지 아니함 같으리라 [8]

나는 예레미아의 환상이 진리임을 증거할 수 있다. 깊은 슬픔의 때에 그랜트는 굳건히 서 있었다. 자신의 갈망이 전혀 이루어질 것 같지 않을 때에도 칼은 자신의 뿌리를 시냇물을 향해 뻗었고 열매를 맺었다. 가뭄을 맞았을 때에도 룻은 불안해 하지 않았다. 더위로 타 들어가는 듯 했을 때에도 멜리사는 용기를 잃지 않았다. 그들은 하나님을 신뢰했다. 믿음의 자세는 능동적이냐 수동적이냐와 같이 단순하게 분류할 수 있는 것이 아니다. 그것은 성서 연구가들의 용어를 빌리자면 "중간태"라고 말할 수 있다.

은혜 안에 거함

언어학적으로 우리는 수동태와 능동태 사이의 중간태를 잃어버렸다. 능동태를 사용하여 우리는 행동의 시작을 말한다. 그리고 수동태로는 다른 사람이 시작한 행동으로 인해 받는 영향을 말한다. 일반적으로 우리 문화 가운데 이 둘의 구분은 강화되고 있다. 삶은 일터에서 장시간 전투하듯 살아가는 형태 혹은 모든 것을 중단한 채 텔레비전이나 인터넷을 통한 오락물을 마치 식물처럼 받아들이기만 하며 사는 형태로 나뉜다. 심지어 교회에서 예배 드리는 사람들도 예배의 집례자와 앉은 채로 바라보는 자, 둘로 나뉠 수 있다.

우리에게 익숙한 능동태와 수동태 이외에도 과거에 쓰였던 중간 태를 성경에서는 흔히 발견할 수 있다. 중간태에서 주격인 사람은 다른 사람이 시작한 행동의 결과에 능동적으로 참여한다. 유진 피터슨은 이 세 종류의 태를 상담의 행위에 견주어 설명한다. "나는 내 친구를 상담한다." "내 친구에 의해 나에게 상담이 행해진다." "나는 상담을 받는다."[9] 기독교 세계관은 다른 이들로 인해 발생한 일의 결과에 능동적으로 참여하는 태도로 하나님 나라에 거하는 것이다. 우리의 "믿음은 주께 있다." 촛불을 켜고 그 빛 가운데 나와 마주 앉아 있는 사람들에게서 점점 더 커져가는 중간태의 소리가 들린다.

요한복음 15장에서 예수님은 말씀하신다. "나는 포도나무요 너희는 가지라." 열매를 맺지 못하는 나무는 동산지기이신 나의 아버지 하나님께서 잘라내실 것이다. 열매를 맺는 가지들은 다듬어질 것이다. 믿음의 삶은 "내 안에 거하라"는 주님의 초대를 받아들이는 자발적 형성의 삶이다. 우리는 "훈계(상담)를 받고" 그렇게 하라고 우리를 초대하는 사람을 따른다. 영성지도자는 사람들이 그들 자신의 삶 속에서 하나님의 지시와 빛어 가심을 따르고 있는지 확인하는 일을 한다. 이것은 손쉬운 "나도 좋고, 너도 좋고"식의 긍정적 반응과는 다른 것이다.[10] 오히려 인간 본성 안에서 "더 좋은" 편에 서는 것이고, 하나님의 은혜 안에 기꺼이 참여하려는 중간태의 의지이다.[11]

다음에 소개되는 이야기들은 계속 진행 중인 것들이다. 영성 지도자들이 대부분이 살짝 비켜가고 싶어하는 것은 "결실"이라는 제목을 단 이 마지막 부분에서 자신들을 포함해서 언급해야 하는 상황일지 모르겠다. 우리 자신의 이야기들은 우리와 너무 가깝게 있기 때문에 포괄적 시각을 확보하기에는 초점 거리가 너무 짧다. 더구나 우리는 다른 어떤 사람들보다도, 그리고 어떤 영성지도자보다도, 자기 자신을 잘 안다. 자기 몰두와 거룩함에 대한 무관심 그리고 긍휼히 여기지 못하게 만드는 마음 가운데 놓여 있는 우리의 어두움에 대해 우리 자신은 잘 알고 있다. 칼 융은 말한다. "깨달음을 얻은 사람조차도 자신의 모습 그대로를 유지하려고 한다. 그의 안에 내주하시는 분 앞에서 그는 결코 자신의 제한된 자아 그 이상이 될 수 없음에도 그렇다. 그분의 형체에는 경계의 끝이 없으시며, 사방을 둘러보아도 그분께 둘러싸여 있지 않은 곳은 없다... 마치 광대한 하늘이 그러하듯이."[12]

우리는 제한적이고 완벽하지 못하다. **동시에** 우리는 하나님 안에서 살고 움직이고 존재할 수 있다. 영성지도는 이 두 가지의 진리를 붙잡을 수 있도록 돕는다. 나의 영성지도자는 양 손바닥을 하늘로 향하게 하고 쭉 뻗으면서 내가 그 일을 할 수 있도록 도왔다. 우리는 한 손바닥으로는 나의 실망감이나 나의 흠을 의식하는 마음을 붙잡고, 다른 손으로는 하나님의 무한하심과 사랑을 인식하는 마음을 올려 놓았다. 내 영성지도자는 한 손을 다른 손 위에 포개었다. 그리고 내게 하나님의 자비로 나의 영적 절망을 덮는 것이 어떻게 느껴지냐고 물었다. 그의 도움을 받으면서 나는 내 자신의 하나님 경험을 사랑스러운 것으로 기억할 수 있었고, 신의론에 빠져드는 일도 점점 줄어갔다. 나는 내가 고백하는 대상이신 그 분은 용서하시는 분임을 알기 때문에, 내 자신의 실수나 잘못을 더 잘 직면할 수 있었다. 세월이 흐르면서 나는 혼자서도 개인적인 현실의 문제들을 더 큰 실제이신 하나님께 내어드리는 그 동작을 더 잘 할 수 있게 되었다. 그리고 점점 더 하나님의 은혜 안에 거하게 되었다. 이와 같은 일들을 나는 영성지도를 위해 나를 찾는 사람들에게서도 보고 있다.

성령의 열매 영성지도자는 때론 피지도자가 자신의 성장을 볼 수 없을 때에도 그것을 본다. 나는 이 책에서 소개하는 아홉 명의 삶에서 결실을 보아왔다. 한 피지도자가 내게 말했던 것처럼 영성지도자가 우월한 위치에 있을 수 있음은 귀중한 일이다. "나는 삶이라는 숲을 가로질러 뛰고 있지요. 그런데 당신은 '나무가 보여요'라고 말하네요."[13] 그렇다 나는 나무들이 보인다. 그것들은 하나님의 은혜 안에 심어져 있고 뿌리를 내리고 있다. 그리고 세상에서 열매를 맺고 있다. 그들이 열매를 맺을 때 나는 그 사실에 대해 그들에게 증거 한다.

영성지도자는 하나님을 구하고, 발돋움하며 자라나는 마음들을 바라본다. 그리고 다른 사람들의 삶 속에 녹아 있는 '하나님 이야기'를 주목하고, 기억하도록 훈련된다. 피지도자가 교회 행정이나 운영으로 스트레스를 받고 있다고 말할 때, 지도자는 그 사람이 하나님 사역을 위해 개인적으로 부름 받았음을 확인하는 음성을 기억한다. 그 소명을 연관 지으며 그가 섬기도록 부름 받은 사람들을 목회자로써 사랑할 수 있도록 힘을 실어 준다. 피지도자가 정서적 삶이라는 지형 가운데 깊은 골짜기와도 같은 곳에 빠져서 방금 지나온 계곡만 기억한다든지, 높은 산 꼭대기에 올라서서 바로 전 경험한 산봉우리만 기억할 수 있을 때, 영성지도자는 이미 지나온 오르막들을 기억하고 여행을 계속하면서 만나게 될 내리막길들도 예상하게 된다. 그렇게 멀리 보게 될 때 현실적 소망과 바로 앞에 놓인 삶에 참여하는 일도 가능해진다.

변화가 일어날 때 하나님을 향해 좀 더 반응적으로 돌아설 수 있다. 우리가 언제 하나님께로 돌아섰던 지를 더 빨리 인식하면 인식 할수록 그래서 하나님께로 다시 돌아갈 수 있게 되면 영적인 "즉각성"은 더 커진다고 말할 수 있을 것이다. 심리치료를 하면서 많은 사람들은 그들의 "버튼"을 주시하는 방법을 배우게 된다. "나의 가족은 내 버튼을 어떻게 눌러야 하는지 아주 잘 알지요." 그렇다. 모든 가족들이 그럴 것이다. 그 버튼이 생기도록 한 원인과 밀접한 관계가 있기 때문이다. 심리치료는 우리의 버튼이 무엇인지 알고 그에 대해서 반응했던 과거의 무용했던 방식을 버릴 수 있도록, 어쩌면 오히려 그것을 민감하게 주목하도록 돕는다. 분노와 우울 혹은 복수심의 폭풍이 불어 닥치기 전에 의식적인 반응이 즉각적으로 일어나도록 한다. 그렇게 함으로써 우리 자신의 혹은 우리 가족의 패턴을 투사하지 않고 다른 사람들을 그들의 모습 그대로 볼 수 있도록 한다. 그리고 그 결과는 건강한 관계를 만드는 것이다.

이런 성장은 하나님과의 관계에서도 가능하다. 나는 이 책에서 소개한 아홉 명 모두에게서 이것을 볼 수 있었다. 그들뿐 아니라 많은 다른 사람들은 무엇이 그들을 하나님으로부터 멀어지도록 유혹하고, 또한 무엇이 하나님께로 향하게 하는지를 알게 되었다. 우리의 삶의 방향을 하나님께 맞추는 일에 시간을 더 많이 할애할수록, 우리는 어떤 환경이 우리를 하나님으로부터 멀어지게 하고, 그것은 어떤 느낌이며 어떤 형태인지를 알게 된다. 우리의 영적 경험에 관심을 가진 다른 사람에게 그것을 말하는 것은 우리 삶의 이야기를 풀어내게 만들며, 그 과정을 통해 일관되게 말하는 것이 무엇인지 그리고 의미는 무엇인지를 엮어낸다. 우리가 자신의 영적 성향들을 잘 알게 될 때, 비록 그것으로 인해 절망의 늪에 빠지거나 유혹하는 소리로 가득 찬 협곡을 지날 때에라도, 하나님과 우리 안에 내재되어 있는 더 선한 자신을 향해 방향을 더 잘 돌릴 수 있다. 이 과정은 꿈꾸는 상태에서도 이성의 기능을 유지하며 꿈을 희망과 치유 그리고 해소의 방향으로 돌릴 수 있도록 훈련하는 것과 비슷하다.

예를 들어, 한 피지도자는 내게 이런 말을 했다. "피곤에 절어서 집에 온 나는 할 수 있는 일이 와인을 마시며 텔레비전을 보는 것 밖에 없었습니다. 그러나 한 시간쯤 지나면 그런 나를 보게 되죠. 그것은 마치 창문을 통해 나를 바라보며 불쌍하게 여기는 것과 같았습니다. 이제는 내가 피곤할 때면 쉽게 그런 행동을 한다는 것과 나중에 꼭 후회한다는 것도 알게 되었습니다. 이렇게 나를 성찰하고 공감해 주는 긍휼한 마음이 나로 하여금 하나님 안에서 쉼을 얻도록 도와 달라는, 그리고 나를 회복시켜 달라는 기도를 올릴 힘을 더해 주었습니다. 그런 기도의 도움으로 나는 텔레비전을 끌 수 있었고 일찍 잠자리에 들게 되었습니다. 나는 침대에 몸을 누이면서 나에게 정말로 필요한 쉼을 얻도록 도우시는 하나님께 감사 드렸습니다. 내 자신이 고통을 덜기 위해 안락사 시켰던 가망 없는 생명체처럼 느껴지지 않고, 돌봄을 받는다는 느낌이 들었습니다." 영적 즉각성은 자기 자신과 하나님께 기도 충만한 시선을 고정시킴으로써 맺게 되는 열매다. 그리고 이 일은 종종 영적 친구와 동행하며 경험하게 된다.

어떤 경우는 고통을 통해 변화의 결실을 맺는다. 고통의 원인을 이해한 것 같지 않고, 묵묵히 감수하거나 감사함으로 받아들이지 않았음에도 소수의 사람들은 고통을 통해 선함을 볼 수 있었다고 분명하게 말한다. 나의 피지도자들 가운데도 이런 사람들이 있었다. 그들은 그들에게서 볼 수 있었던 선함을 나 또한 증거할 수 있도록 만들었다. 그들이 겪고 있던 고통은 갑작스럽게 찾아온 불치병 같은 비통하고 찢어질 듯 격렬한 것일 때도 있었고, 행복하게 살기 위해서는 꼭 있어야만 한다고 오랜 세월 붙잡고 있었던 희망을 서서히 포기해야만 하는 점진적이면서도 소리 없이 짓누르는 듯한 아픔이기도 했다. 영성 지도에서 결실의 때에는 어둠 속에서도 사물을 잘 보도록 눈이 밝아지는 경험을 하는 것 같다. 고통은 세상을 어둡게 한다. 그리고 고통들 가운데는 하나님의 임재를 인식하지 못하는 무감각에 빠지도록 하는 것들도 있다. 그러나 이런 시기를 지나고 있는 사람들과 동행 하면서도 넘어지지 않고 하나님을 기다리는 사람들을 나는 보아 왔다. 마치 아주 어두운 밤에 손전등을 끄면 서서히 하늘의 흐릿한 별빛을 발견하게 되는 것처럼 나는 고통 당하는 사람들 가운데 어둠 속에서 오히려 시력이 좋아지는 이들이 있음을 본다. 때로 그 빛은 고통 당하는 바로 그 곳에서 비춘다. 그것은 마치 엠마오에서 애통하는 그리스도의 동반자들과 빵을 떼던 바로 그 식탁 위에서 부활하신 그리스도의 손을 통해 비추던 빛과 같다. 마찬가지로 우리의 삶에서도 우리의 상처들을 통해 빛이 발할 때, 소망은 다른 사람들에게로 확장되어 간다. 내 피지도자들 중 한 사람이 인용했던 레오나드 코헨의 노래 찬가 Antheme 이다.

아직 울릴 수 있다면 그 종을 울려라
완벽한 예배는 잊고,
세상의 모든 것에는 흠이 있는 법
빛은 그렇게 깨어진 틈으로 들어오는 것임을 [14]

우리는 금이 간 우리들의 삶을 통해 새어 들어오는 희미한 불빛 보기를 배운다. 이렇게 어둠 속에서 볼 수 있는 시력이 좋아지게 되면서 우리는 다른 사람들을 볼 수 있고 돌볼 수도 있게 된다. 왜냐하면 성서가 말하는 부르심은 단지 우리 자신에 대한 더 좋은 느낌을 갖거나 만족하는 것이 아니기 때문이다. 우리는 이웃을 사랑하고, 포로 된 자들을 자유케하며, 주린 자에겐 먹을 것을, 머리 누일 곳이 없는 사람들에겐 쉴 자리를 주고, 불의의 고리를 끊고, 헐벗은 이에겐 입을 것을 주면서 열매를 맺게 된다. 그렇게 할 때 우리는 세상의 빛이 되고 물 댄 동산이 되며 주님의 인도하심을 따르는 순례객이 되는 것이다.[15]

나는 나와 영성지도를 계속하고 있는 사람들, 그리고 이젠 그런 시간을 함께 하진 못하지만 여전히 소식을 주고 받는 이들의 삶에서 맺는 열매들을 증거할 수 있다. 룻도 그들 중 한 사람이다. 그녀가 사랑했고, 그녀에게 믿음으로 허락된 것이 무엇인지 증거할 때 그녀의 곁에서 그 축복을 함께 누린 사람들의 삶 가운데 계속해서 빛을 발하고 있다. 나는 피지도자들 모두를 내 마음에 간직하고 있다. 사랑으로 맺어지는 모든 관계가 그런 것처럼 영성지도의 관계는 영원한 것이다. 때론 어떤 특정한 사람의 얼굴이 생각날 때가 있다. 그럴 때면 나는 나를 통해 성령님께서 그 사람을 위해 기도하고 계신다고 느낀다.[16] 나 역시도 영성지도를 받았던 사람으로써, 그리고 지도자의 자리에서 인생의 긴 여정 가운데 어떤 한 구역의 길을 같이 걸었던 사람으로써, 동산에 함께 머물렀던 사람으로써 그리고 눈에 보이지 않는 것을 함께 소망 했던 사람으로써 피지도자 안에 살고 있음을 나는 알고 있다.

노트

1. Eugene Peterson 은 이 문구를 Friedrich Nietzsche 글에서 인용해 자신의 책 제목으로 사용하였다. *Along Obedience in the Same Direction; Discipleship in an Instant Society* (Downers Grove, Ill.: Inter Varsity Press, 1980) 한 길 가는 순례자
2. Alister McGrath 는 기독교 영성에 대해 *The Journey; A Pilgrim in the Lands of the Spirit* (New York: Galilee, 2000), 10 에서 설명한다.
3. Martin E P Seligman and Mihaly Csikszentmihalyi, "Positive Psychology: An Introduction," *American Psychologist* 94, no 1 (January 2000); 5
4. 이 글에 대한 후기글은 Corey L M Keyes, "The Mental Health Continuum: From Languishing to Flourishing in Life," *Journal of Health and Social Behavior 43*, no 2 (June 2002):207-22.
5. Jane McAvoy 는 **The Satisfied Life; Medieval Women Mystics on** *Atonement* (Cleveland, Ohio: Pilgrim Press 2000), 85, 94.
6. 요한복음 15 장
7. 여기서 나는 비유 (혹은 직유)를 자유롭게 사용했다. 영적인 것들은 형이상학적 영역에 머무르기 때문에 비유가 풍성해질 수밖에 없다. 비유를 통해 각자는 자신만의 시선을 허락 받는다.
8. 예레미아 17:7-8
9. 유진 피터슨 *The Contemplative Prayer* (Grand Rapids, Mich; Wm. B. Eerdmans, 1989), 103.

10. 철학자 Martin Buber 와 그의 심리치료사였던 Carl R. Rogers 는 이 confirmation 과 affirmation 에 대해 논의 한 적이 있다. Buber 는 인간의 본성은 근본적으로 모순과 싸우고 있다고 주장했다. 타인 속에서 볼 수 있는 선을 지향하는 경향성을 격려하는 것을 그는 "confirmation" 이라고 불렀다. 참조 Maurice Friedman 이 편저한 Martin Buber 의 *The Knowledge of Man; A Philosophy* (New York; Harper Torch Books, 1965), 166-84.

11. 남북전쟁이 서서히 그 모습을 드러내던 시기에 Abraham Lincoln 의 첫 취임 연설에서, 그는 미국민들에게 "우리들 본성 가운데 있는 더 선한 천사"에게 주의를 기울이라고 호소했다. Lincoln, *First Inaugural, March* 4, 1861.

12. Jung , "*Answer to Job*," R. F. C. Hull 역 vol. *11 The Collected Work of C. G. Jung* (Princeton, N. J.; Princeton University Press, 1973), 108.

13. 이 피지도자는 나의 "수목 인류학 Arbor-Anthropology"에 대해 들어 본 경험이 없었다.

14. Cohen, *Stranger Music; Selected Poems and Songs* (New York; Vintage Books, 1993), 373. 허락을 받아 사용함

15. 이사야 58 장

16. 로마서 8:26-27

22

"뉘게로 가리까?: 그랜트
"TO. Whom Shall I Go": Grant

그랜트와 영성지도의 관계가 익어 가면서 성령님께서 나로 하여금 영성지도에 대해 더 잘 이해해 나갈 수 있도록 역사하셨을 뿐 아니라, 내 삶에서도 성령의 열매 맺음을 볼 수 있었다. 그랜트와 나는 영성지도를 통해 하나님의 은혜가 삶 전체로 어떻게 스며들고, 또 영성지도의 과정에서 어떻게 증거될 수 있는지를 밝히 보여 주었다.

내가 얻은 통찰은 심리치료에서 쓰는 용어로 말하자면 경계선 유지에 관한 것이었다. 심리치료사와 영성지도자는 모두 돌봄을 주는 사람과 돌봄을 받는 사람 사이의 경계를 침범을 할 수 있는 "이중 관계"에 대해 주의해야 한다. 그래야 하는 몇 가지의 근본적 이유들이 있는데, 그 중 하나는 힘이나 권위와 관계된 것들이다. 상대에게 다른 역할이나 환경을 통해 힘을 행사할 수 있는 사람에게 약점이 될 수도 있는 자기 노출을 하도록 요구하는 것은 부적절한 것이다. 그래서 나는 가르치는 학생들에게는 내가 그들의 교수인 동안은 영성지도를 위해 만날 수 없다고 말한다. 만약 직장 상사가 심리치료사라면, 나는 굳이 그 사람을 찾아가지 않을 것이다. 나의 가장 고통스런 거절의 경험들과 인정받기 원하는 가장 깊은 속마음을 모두 보여줬던 사람에 의해 파직을 당하는 것만큼 괴로운 일이 세상에 또 있겠는가! 그리고 나의 업무 평가를 할 책임자에게 자신의 부족함을 드러내는 일은 절대 안 하려고 할 것이다.

이중 관계와 관련해 주의할 또 다른 점은 일의 초점을 흐리게 한다는 것이다. 위의 예를 연장하여 이야기 하자면, 직장 상사는 이중 관계로 인해 온전한 상사나 치료사가 되기 위해서 자신의 능력을 타협하거나 손상시키려 할 것이다. 혼재된 관계는 치료사인 직장 상사로부터 치료나 영성지도를 받는 나의 수행 능력 또한 훼방하기 쉽다. 관계의 질을 단순하고 분명하게 설명할 수 있다면 그것은 더욱 순전해지고 안전하고 강한 영향력을 가지게 된다.

역할이 겹치는 경우는 개인적 혹은 전문적 영성지도 모두에서 흔히 볼 수 있다. 영성지도자와 피지도자는 같은 교회에 출석하거나 같은 친구를 가지고 있을 수도 있다. 그런 경우 성적 접촉이나 상해 그리고 개인의 이득을 위해 조종하는 일만큼은 반드시 피해야 하는 분명한 규정이 필요할 것이다.

영성지도는 공동체적인 환경에서 실행되면서 발전해 왔다. 수도사들은 함께 살면서 같이 먹고, 예배하고, 일하는 다른 수도사들에게 고백을 했다. 마틴 루터의 영성지도자는 어거스틴 수도회의 동료 수사였다. 그리고 베드로는 자신의 발을 씻어준 분께 고백했다. 오늘날도 많은 기독교 공동체 안에서 은사를 공동체로부터 인정받은 구성원이 공동체 안에서 영성 지도자의 역할을 한다. 어떤 면에서 영성지도의 이런 비공식적 특징은 경직된 전문성과 경계를 지켜야만 하는, 그리고 때로는 의학적, 과학적 지식과 관련하여 과도하다 싶은 자격마저도 갖출 것을 요구하는 전문 심리치료가 주류를 이루는 현대 영성지도 분야의 세태에 비기면 신선한 것으로 여겨지기까지 한다.

지도자와 피지도자의 개인적 삶과 전문가로서의 삶이 겹치게 될 때는 조심스럽게 진행하는 것이 일반적이다. 영성지도자에게 일반적으로 조언하는 것은 처음에는 피지도자에게 초점을 맞추고 피지도자가

지도자의 경험이나 성향에 대한 염려 없이 자유롭게 표현할 수 있는 가능성을 확보할 수 있도록 지도자의 자기 노출을 되도록이면 아끼라는 것이다. 예를 들면, 만약에 지도자가 암과 싸워 이긴 것을 모른다면 자신이 건강의 위협을 받고 있다는 사실을 좀 더 자유롭게 말할 수 있을 것이다. 정치적 주제나 그 이외의 주제들에 대한 표현도 이와 마찬가지일 것이다. 영성지도에서 피지도자가 지도자의 삶을 존중하든 그에 단순히 반응하든 그것 때문에 자신의 모습을 있는 그대로 드러낼 수 없으면 안될 것이다.

그러나 지도자가 너무 자신을 노출시키지 않는 경우, 지도자에 대한 호기심이나 투사를 증폭시키며 전이를 불러올 수도 있다. 이것은 피지도자가 참 지도자이신 하나님과의 관계 그리고 피지도자의 하나님 체험에만 초점을 온전히 맞추지 못하도록 방해 하는 걸림돌이 된다. 영성지도자는 경험이 쌓여갈수록 피지도자를 위해 자기 노출을 적절히 조절할 수 있게 된다. 피지도자가 하나님 앞에서 더 깊게 자기 성찰을 하고 솔직해질 수 있도록 자신의 이야기를 나눌 수도 있다. 그러나 어떤 경우는 나누지 않음으로써 자기 스스로 발견할 수 있는 가능성을 더 많이 허용할 수도 있을 것이다.

요즘과 같은 정보 시대에는 사생활을 완전히 보호받기는 쉽지 않다. 따라서 자기 노출 역시 지도자가 원하는 대로 할 수 없는 경우가 더 많아지고 있다. 많은 영성지도자들이 교사, 강연자 혹은 저술가 등의 직업을 통해 대중들에게 알려진 삶을 살고 있다. 나를 찾는 피지도자들 가운데는 미리 인터넷 검색을 통해, 또는 나의 글을 통해 나에 대한 충분한 정보를 가지고 첫 만남에 오는 경우도 많다. 그들은 나의 강연 스케줄도 미리 찾아보고 참석하기도 한다. 그럼에도 불구하고 우리는 지켜야 할 경계들에 대한 선택은 할 수 있어야 한다.

이전 시대의 공동체 안에서의 영성지도 모델과는 정반대로 어떤 지도자들은 같은 교회 교인들을 지도하지 않는다. 어떤 이들은 자신의 거주지에서 멀리 떨어진 곳에 사무실을 가지고 있다. 그러나 우리들 대부분은 경계가 분명하지 않은 물길을 건너게 된다. 그래서 은혜를 신뢰하고 분별력을 키워가며 그리고 피지도자들과 영성지도 밖에서 일어나는 교류가 영성지도에 어떤 중요성을 가지는지 세심한 주의를 기울이며 대화하면서 길을 찾아나갈 수 있어야 한다. 내 자신의 지도자나 피지도자들과 함께 나는 이런 주제들에 관해 어렵지 않게 이야기할 수 있었다. 그러면서 우리는 경계를 어떻게 두고, 변화시키고 또 평가할 것인지 그 방법을 찾아갈 수 있었다. 영성지도의 관계에서 우리가 전반적으로 목표했던 것은 경계를 의식하고 그에 대한 대화를 하는 것이었다. 이렇게 현실적이고 사려 깊은 그리고 신중한 태도로 삶을 다루게 될 때 건강한 영성지도가 가능해진다고 나는 생각한다.

다른 모든 사역들이 그렇듯이, 영성지도 사역을 하는 우리 모두도 우리가 무슨 일을 하는지 알고 있는 다른 사람들이 우리를 주시하고 있음을 기억해야 한다. 우리가 쓰는 글과 말 그리고 행동은 영향력을 지니고 있으며, 특히 우리에게 돌봄을 받아야 하는 사람들에게는 더욱 그러하다. 영성지도는 거룩한 신뢰이다. 우리의 인간적인 모습을 솔직하게 드러낼수록, 피지도자가 우리의 감정에 대해 알아갈 때 덜 실망할 것이다. 그러나 이 때에도 우리의 삶의 구체적인 부분들까지 반드시 드러내야 할 필요는 없다. 또한 피지도자가 우리가 이상적 인간상과 거리가 멀다는 사실을 언젠가 필연적으로 알게 될 때, 자기 노출이 더 자연스럽게 이루어졌다면 영성지도의 관계가 뿌리부터 흔들리는 고통은 덜 수 있을 것이다.

그랜트와 나는 우리의 삶이 점점 더 자주 겹치기 시작하면서 관계를 어떻게 이끌고 나갈지 함께 배우기 시작했다. 내가 가끔 자원 봉사를 하는 도심 사역에 그 또한 섬기도록 초대된 적이 있었다. 우리는 이 일에 대해 논의했으며, 그 후 일 년 동안 영성지도와 이 사역을 분리하고 구별하여 잘 병행해 나갈 수 있었다. 우리는 노숙자 사역을 할 때, 종종 함께 애찬을 준비할 수 있었다. 이 일을 위해 따로 논의한 적은 없었지만 나는 기쁨으로 함께 할 수 있었다. 나는 버클리의 뉴 칼리지에서 묵상기도를 가르쳤다. 그 수업 내용 가운데는 성경 말씀을 가지고 기도하는 전통적 기도 방법인 렉시오 디비나 훈련이 있었다. 이것은 내 자신의 기도 생활에 있어서도 아주 큰 의미를 지닌 훈련이었다.

그랜트는 아마추어 성서 연구가로써 본문 비평과 다양한 해석 방법에 대한 지식을 가지고 있었다. 그러나 성서를 가지고 기도 하는 것, 성서가 그의 마음을 열어 하나님 체험을 하도록 하는 것은 그에게 전혀 새로운 일이었다. 그래서 내가 이끄는 리트릿에 참석하기 전에 나는 그가 렉시오를 먼저 해보도록 권했다. 그렇게 하면서 내가 가르치는 것들에 대해 잘 이해할 수 있도록 돕고, 나도 그의 기도 경험을 통해 강의를 위한 도움을 얻을 수 있었다. 그는 요한복음을 한 단어 한 단어, 한 절 한 절 읽으며 기도했다. 렉시오 디비나의 대략적 방법은 짧은 성경 구절을 천천히 여러 번 반복해 읽으면서 생각과 심령이 성령님의 조명하심에 사로잡히도록 내어드리는 것이다. 그 조명하심은 한 단어, 한 문장, 어떤 이미지, 어떤 인물, 어떤 감정 혹은 어떤 미세한 마음의 떨림을 통해서라도 발견될 수 있다.[1]

그랜트가 요한복음에 푹 잠기면서 예수님과의 친밀한 만남이 이루어졌다. 미국의 기독교인들은 주일학교 성경 교재 속 그림처럼 어린아이와 양을 품에 안고 계신 모습으로 예수님을 감상적으로 이해하는 경향이 있다. 우리는 예수님을 우리의 친구라고 노래한다. 그리고 우리는 발을 씻어 주시고 위로하시며 삶을 회복시키시는, 그리고 우리를 사랑하셔서 기꺼이 고통을 받으신 예수님께 감동한다. 그러나 무화과 나무를 저주하시고, (놀랄 정도로 훨씬 더 많이 우리들을 닮은) 많은 종교인들을 꾸짖으시는 예수님을 깊이 묵상하지는 않는다. 그랜트는 이 강압적이고 고집스러우시며 타협하지 않으시는 예수님을 만났다. 그리고 그것은 편안하게 할 수 있는 일이 아니었다. 예수님과 직면하며 그랜트가 본 것은 자신의 위선과 두려움이었다. 그는 지금까지 자신의 모습은 빵과 생선을 받아 먹는 일은 기뻐하면서, 삼키기 어려운 가르침은 꺼려하는 제자들이나 많은 군중들 가운데 한 사람과 같지 않았을까 하는 생각을 했다. 아마도 그랜트는 "내가 생명의 떡이다... 내 살을 먹고 피를 마시는 사람은 영생을 얻게 될 것이다"[2] 라고 말씀하시는 분을 믿지 못했던 것일 수도 있었다. 상식적으로 생각하면 예수님께서 과대망상적이고, 인육을 먹는 불가해한 종교의식을 제안 하시는 것으로 여길 수도 있는 일 아니겠는가!

그랜트는 영성지도에서도 이 의문들과 씨름하며 솔직하게 주님을 만나는 경험을 할 수 있었다. 그는 자신이 신실한 제자였다고 생각했었는데 군중 가운데 속한 아주 평범한 관찰자였다는 사실을 깨달으며 마음이 아팠다. 21 세기를 살고 있는 미국인이라면 위의 주장을 하고 있는 예수님을 어떻게 받아들일 수 있겠는가? 이교도적이고 컬트 종교처럼 들리지 않았겠는가? 그랜트는 좀 더 편한 다른 성경구절로 넘어가고 싶은 유혹과 싸워야만 했다. 그는 훈련한다는 생각으로 용기 내어 자신의 앞에 놓인 것을 꼭꼭 씹어 먹으며, 또 앞으로도 계속 함께 하실 주님을 신뢰하며 요한복음 6 장을 기도훈련 도구로 삼았다. 그 과정에서 그는 다른 기도자들과 함께 했을 때 가 볼 수 없었던 곳으로 나를 데려갔고, 나의 하나님 이해를 더 크게 확대시킬 수 있도록 도왔다.³

"예수님께서 오천 명을 먹이실 때, 나는 편안하게 앉아서 주님께 빵을 받았습니다. 만족감과 경외심으로 충만했지요... 그 후에 배에 타는 제자들과도 함께 있는 모습을 상상해 보았습니다. 폭풍이 치는 밤바다에서 우리에게로 다가오는 형상을 보며 두려웠지만 그분께서 예수님이심을 알고는 큰 위로를 얻었고, 그분과 육지에 다시 도착할 수 있었습니다."

"당신이 예수님과의 그 여행에서 느꼈던 감정은 별로 없군요." 나는 내 소감을 말했다.

그랜트는 웃으며 "절대 단조롭고 지루하진 않았죠. 맞습니다. 때론 안락함 속에서도 초조함이나 긴장됨이 느껴지긴 하죠."

"긴장이요?" 내가 물었다.

"뭔가 막바지에 다다른 듯 예측할 수 없었던 느낌입니다. 나머지 4,999명과 함께 빵과 생선을 받아 들은 후에도 '지금 무슨 일이 벌어진 거지, 어떻게 이런 일이 일어났지'라는 생각을 하게 되면 불안했습니다. 예수님께서 우리 배에 올라타시고 안전하게 뭍에 오른 후에도 마찬가지였습니다. 예수님을 알아보고 반석 위에 설 수 있었던 것은 굉장한 경험이었습니다. 그러나 잠시 후 무슨 일이 있었는지 돌아보게 되면 또 다시 흔들리는 저를 봅니다."

"마음이 어떻게 흔들렸는지 더 듣고 싶네요. 예수님과 함께 하면서 느껴지는 불안이 뭔지요?" 나는 촉구하듯 물었다.

"나는 예수님께서 온전히 인간이시고 또 온전히 하나님이신 것을 알고 있습니다. 부활도 받아들이고 동정녀의 수태에 대해서도 불편해 하지 않습니다. 여러 해 동안 나는 나사로를 살리신 것과 문둥병자를 치유하심

그리고 바디매오를 눈 뜨게 하신 일을 사실적 사건으로 이해하고 설교해왔습니다. 그것들을 그럴 수 있지 하는 식으로 생각 없이 받아들이는 것은 아닙니다. 그러나 그 사건들을 대하며 시험에 들거나 넘어지지는 않습니다."

"그런데 이번에는 걸림돌이 되었나요?"

"글쎄요. 어떤 의미에서는 걸림돌일 수 있겠네요. 본문을 천천히 기도하며 읽고, 하나님과 함께 의식 안에서 씹고 상상하다 보니, 평소에는 하지 않았던 강한 정서적 반응을 하게 된 것 같아요."

"어떤 반응인 것 같으세요?"

"옳기는 하지만 기분 좋은 것은 아니죠." 그랜트는 강조하듯이 다음 말을 이어갔다. "네, 맞아요. 살아계신 하나님을 만나는 것이 따분한 일이 아닌 것은 분명하죠. 그것은 도발적이고 흥분되는 것이어야만 한다고 생각합니다. 예수님께서는 안주하려는 태도를 흔들어 놓으시죠. 종교 권위자들을 격분케 하고 그들의 손에 죽임 당하신 이유가 있었습니다." 그랜트에게 귀 기울이며 나 역시도 성경적 생명력과는 전혀 상관이 없는 예수님께 대한 길들어진 개념에 빠져 있는 것은 아닌가 생각했다. 그랜트는 자신의 마음을 정하고 말했다. "생각해 보니까, 불안하게 흔들리면서도 예수님을 더 잘 알아가는 이런 과정들이 옳다는 확신을 갖게 되었습니다. 그러나 이런 것들은 내가 예상하지 못했던 일이었습니다."

"그래요?"

"네 예상 밖의 일이었죠. 나는 하나님과 깊은 친밀감을 경험할 것이라는 기대만 가지고 있었습니다... 그렇네요. 지금 내가 하는 얘기들을 듣다 보니, 이 흔들리는 감정이 하나님께 대한 더 큰 친밀감일 수 있겠네요. 당신도 그렇게 생각하시나요?"

"그럴 수도 있겠죠. 나는 당신이 말했던 긴장이나 초조함이란 단어를 다시 생각하고 있어요. 막다른 길에 선다는 것은 참 복합된 감정을 불러옵니다. 그렇죠?"

"네. 때론 격앙되고, 흔들리며, 심지어 두렵게 느껴지는 경우도 있지만, 또 만족스런 면도 있습니다. 식사를 마치고 행복했던 때와 뭍에 올랐을 때의 안도감이 그것들이죠."

그가 막다른 길에서 느꼈던 긴장감을 탐색하는 것을 들은 후에, 나는 그 만족감과도 만나 볼 것을 청했다. 그는 눈을 감았고, 나는 심리학자들이 말하는 "자아 영역"에 대해 생각했다. 그랜트는 견고한 자기 정체성을 가지고 있었다. 그리고 자아 영역 안에서는 유연성이라고 생각할 수 있는 상상력을 사용하며 기도 속으로 들어가려는 강한 의지도 가지고 있었다. 그는 상상을 통한 기도의 유익도 취할 수 있었고, 예를 들어 성경과 교리에 대한 지식 같은 그가 지닌 다른 자원들과도 긴장 상태를 유지하며 기도할 수도 있었다. 그의 생각은 기도에 있어서 강한 지원군이며, 다른 가능성들을 탐험하도록 했고, 동시에 그가 경험한 것을 분석할 수 있도록 만들었다.

어떤 사람들에게는 현실과 비현실의 경계가 덜 분명하다. 그들은 두 영역에서 경험하는 것들의 차이를 구분하지 못하고 상상의 미궁에 빠지곤 한다. 그리고 심한 경우에는 상상의 영역에서 쉽게 빠져 나오지 못한다. 이 상상력을 이용한 기도는 자아 경계가 약하거나 침범 받기 쉬운 사람들에겐 유용한 것이 될 수 없다.[4] 또 상상하는 일을 매우 불편해 하는 사고가 경직되어 있는 사람들에게도 쉽지 않은 일이다. (예를 들어 비유와 수사적 표현들은 경직된 경계를 지닌 사람들에게는 도전적인 일이 될 수 있다.) 그러나 우리들 대부분은 현실과 비현실 사이를 오가는 경험을 알고 있다. 그리고 그것이 순간적이며 의지적 이라는 것을 안다. 예를 들어 우리가 꿈에서 깨는 경험을 보면, 잠시 동안 꿈 속의 이미지와 감정들이 꿈이 깬 후의 현실의 삶에서도 떠나지 않고 혼합되어 있음을 본다. 동시에 우리는 현실에 대한 인식을 유지하고, 꿈의 잔류물들로 인해 우리의 기능은 방해 받지 않는다. 심지어 의식을 가지고는 제한적으로 밖에 다가갈 수 없는 우리의 일부분을 탐색할 수 있다. 이것은 그랜트가 성경 말씀으로 기도하며 얻을 수 있었던 통찰과 유사한 것이었다.

그랜트는 눈을 떴지만 침묵 속에 앉아 있었다. 그리고 서서히 눈을 들어 나를 바라보며 그가 경험한 것들을 말했다. "네, 그 막다른 길은 마치 현실처럼 느껴집니다. 나는 만족함 속으로 쉽게 옮겨갈 수 있었어요. 그러나 그 때 나는 예수님께서 하신 일들과 말씀으로 시작하고 싶었습니다. 그래서 두려움이라는 강렬한 긴장감도 회피하지 않고 기꺼이 느끼려고 했습니다."

"만족함을 향해 움직일 수 있도록 도운 것은 무엇이었나요?"

"만족함은 내가 주님을 바로 바라볼 때 그리고 주님께서 나를 똑바로 바라보셨을 때 느꼈던 가장 강한 감정이었습니다. 그분이 내게 먹을 것을 주실 때, 그리고 배에서 내 옆에 앉아 계실 때 그랬습니다. 그분의 임재로 나는 편안하게 위로 받는 느낌이었죠. 그분은 아직도 굉장한 신비이시죠, 그러니까 경이롭고 놀라운... 그런데 그분과 가깝게 있을 때는 그분의 친절함과 신실하심이 가장 강하게 부각되었습니다. 그러나 그분과 점점 멀어지면서 두려워졌고 의심하기 시작했습니다."

"중요하게 다루어야 할 성찰 같군요."

"네, 그리고 나는 이것을 6 장의 마지막 부분과 연관하여 생각하게 되었습니다. 정말로 나를 불편하게 만들었던 부분이었지요. 호수를 가로질러 건넜던 다음 날 예수님께선 그 곳 가버나움의 사람들에게 많은 이야기를 하셨습니다." 그랜트는 자신의 서류 가방에서 작은 성경을 꺼내

들었다. "사람들은 예수님께 호수를 어떻게 건너 오셨는지 여쭈었습니다. 그들은 주님이 제자들과 함께 배에 오르지 않았음을 알고 있었기 때문이었죠. 그 때 주님은 자신이 생명의 떡이며, 그를 먹어야만 했다고 말씀하기 시작했습니다. 그들은 이해하지 못했죠."

"그들에 대해 그 분께서는 어떤 반응을 하셨나요?"

"예수께서 대답하여 이르시되 내가 진실로 진실로 너희에게 이르노니 너희가 나를 찾는 것은 이적을 본 까닭이 아니요 떡을 먹고 배부른 까닭이로다." 그랜트는 본문을 읽어 주었다.

"놀랍군요."

"네." 그랜트는 실눈을 뜨고 내가 어떤 의미로 그 말을 사용했는지 궁금해 하며 바라봤다. "그리고 그 분은 영생을 주는 살과 멸망으로 이끄는 살을 설명하셨습니다. 그들은 근본부터 흔들렸고, 주님의 말씀을 이해하지 못하고 '중얼거리기' 시작했죠. 그분에 대한 믿음도 잃었습니다. 그러나 주님께서는 기적을 베풀어서 그들의 마음을 다시 사려고 하시지 않았습니다."

"이 이야기 속으로 들어갈 때 당신은 어떤 느낌이었습니까?"

"나 역시 주님과 멀어지는 느낌을 받았습니다. 의심하고, 질문하고, 의아해 했지요. 춥다는 느낌이 들었습니다. 따스한 기운은 날아가 버렸죠. 혼자 남은 느낌이었고, 실망감도 느껴지며 주님께서 나를 다시 끌어당겨 주시길 원했습니다. 그러나 그렇게 안 하셨어요. 그냥 떨어져서 계속 말씀하고 계셨습니다. 스핑크스 같은 방법으로요."

"스핑크스라고요?"

"아, 그건 수수께끼 같다는 의미입니다. 그런 느낌이었어요."

"그 분 때문에 화가 좀 났나요?" 나는 내 느낌을 말했다.

"그런 것 같습니다. 나는 그분이 좀 더 분명하고... 돌보는 목회자의 모습이길 원했던 것 같습니다." 우리는 웃었다.
"그리고 뭔가를 더 느낀 것 같습니다. 말하기 좀 두려운."
"그랬군요." 나는 기다렸다.
"어두움이 느껴졌습니다. 그러나 그것을 어찌해야 할지 몰랐습니다. 그것 때문에 겁이 났고 내가 혹시 렉시오를 잘못한 것은 아닐까 하는 생각도 했습니다. 어쨌든 그것은 좋은 신호는 아니라고 생각했지요." 그는 도움을 구하는 눈길로 나를 바라보았다.
"같이 살펴볼까요? 그러니까 당신은 예수님께서 가르치시는 장면에서 그분과 분리되는 느낌을 갖기 시작했고 춥고, 소외되고, 심지어 짜증도 나고 비판적이 되었군요. 그 장면에서요. 그것을 돌아보면서 당신은 이 기도 형태에 대해서 의심하게 됐습니다. 가버나움에서와 지금 버클리에서 모두 어두움을 경험합니까?"
"네. 두 군데서 모두 느낍니다. "소외된"이란 단어가 그것을 잘 표현 하는 것 같습니다. 그게 전부는 아니지만요. 어두움 중 일부는 분리와 소외로 인한 느낌 같습니다. 그러나 어두움 자체가 어떤 강한 힘처럼 느껴지기도 합니다. 단순한 부재는 아닌 것 같아요. 그것을 신학적으로 어떻게 생각해야 할지는 모르겠는데요, 혹시 내가 하나님께로 마음을 열면서 악한 세력에게도 나 자신을 열어 놓은 것 아닌가 싶습니다."
"그렇게 생각하면 정말 두렵겠네요." 그랜트는 고개를 끄덕였다.
"그랜트, 나도 답을 모르는 것이 너무 많지만 아는 만큼 말할게요. 성경은 악한 세력을 진지하게 다룹니다. 그리고 예수님께서도 하늘이 열리고 하나님의 축복을 받는 세례의 경험부터 사탄에게 시험을 받으며 그를 물리치고 천사들의 위로를 받는 광야의 경험까지 모두 겪으셨습니다. 그분께서는 우리가 평범한 일상의 삶에서는 인식하지 않는 이런 선과 악을 개인적으로 경험하신 것 같습니다. 그래서 나는 당신이 주님 곁에서 경험한 이 세력들 역시 불가능한 것으로 치부하고 싶지는 않습니다. 그러나 주님께서는 이 악한 세력을 더 잘 알기 위해 시간을 보내진 않으셨습니다. 어쩌면 천사들에 대해서도 크게 주의를 기울이지도 않으셨지요. 그분께선 그분, 그러니까 그분을 통한 하나님을 알라고 우리를 초대하십니다. 그리고 우리의 시간을 다른 사람들을 사랑하는 일에 사용하라고 하십니다."

나는 도움이 되길 기도하며 이 말을 했다. 그리고 그랜트가 내 말에 얼마나 집중하며 따라 오는지를 보았다. 그 순간에 나는 가르치는 역할을 더 많이 했지만, 잘못하고 있다는 생각이 들진 않았다. 나는 교사이고 영성을 가르치고 있다. 가끔 나는 이런 나의 역할이 영성 지도에도 도움이 되는 것을 느낀다. 가르침을 주지 않는 것이 오히려 나누지 못하는 것으로 여겨지기도 한다.

그랜트가 나와 눈을 맞추고 집중하며 들을 때, 나는 분명히 말했다. "나는 요한복음의 첫 부분에서 밝힌 것처럼 예수님께서 빛이신 것을 믿습니다. 빛은 어두움을 밝히지요. 어두움을 우리의 내면에서 느끼든, 외부의 것으로 경험하든 상관없이 어두움 속에서 하나님을 구하는 것은 믿음, 소망, 사랑의 행위입니다. 어두움이 실제라면 빛 또한 실제입니다." 그랜트의 생각이 궁금해서 나는 그를 끌어들였다. "내가 말을 너무 많이 했지요. 내 말에 대해 어떻게 생각하세요?"

"옳은 말 같습니다. 선이 악을 이겼음을 믿습니다. 다만 악한 세력이 함께함을 느끼는 것, 그리고 내가 예수님에게서 떨어져 있을 때 그 느낌이 들었다는 것이 굉장히 불편했습니다." 그랜트는 인정했다. 그는 손에 힘을 주었고 긴장한 듯 보였다.

"혹시 이 두 경험들 사이의 관계가 단순히 일회적 사건이 아니라 평소에도 경험하는 것인지요?"

그는 나를 의아하게 쳐다보았다. 나 역시도 스핑크스 같은 소리를 한 것이 아닌가 곰곰 생각했다. "자, 그럼 내가 당신의 말을 잘 이해했는지 정리해 보도록 하겠습니다. 당신은 내가 예수님으로부터 소외감을 느꼈기 때문에 악한 세력이 함께 있다고 말했습니다. 그리고... 그것은 예수님 가까이에 있는 것이 이런 악한 경험을 하게 할 수도 있었다는 말일 수도 있고요. 그럼... 다시 그 경험으로 가보겠습니다." 나는 격려하는 고갯짓을 했다.

그랜트는 눈을 감고 말했다. "그래요... 나는 예수님께서 이런 수수께끼들을 군중들에게 말씀하시는 것을 그려볼 수 있습니다. 나는 마음의 동요를 느낍니다. 그러면서 내 안에 있는 어두움을 느낍니다. 놀랍군요. 어두움은 내 안에 있네요. 그것은 차갑고 단단하게 느껴집니다. 그러나 나의 외부에 있는 어두움처럼 무섭지는 않습니다. 무섭다는 것도 여러 가지 느낌인 것 같습니다. 그런데 그것은 오싹하고 소름 끼치는 어두움입니다. 또 군중들의 분노의 기운도 느낄 수 있습니다. 나는 그 군중들이 자제력을 잃고 폭도로 변할 수 있다는 예상을 하며 나를 보호 하려고 합니다. 내 자신의 안전을 걱정하게 만듭니다."

그랜트는 잠시 침묵하며 앉아 있었다. 그는 점점 편안하게 숨을 쉬는 것처럼 보였다.

"그래요. 이제 나는 예수님의 안전에 대해서도 염려합니다. 그러자 내 내면의 어두움이 환해졌습니다. 이제 예수님을 향한 사랑을 느끼기 시작합니다. 나는 그분의 이해할 수 없는 말을 듣는 것이 아니라 그분을 바라봅니다. 내가 사랑하게 된 그분께서 오시는 것이 보입니다. 그분을 위해 방어해 드리고 싶습니다."

우리는 이 장면 속에 함께 머물렀다. 그랜트가 강하게 감정을 드러냈을 때, 나는 침묵하며 감사의 기도를 올렸다. 악한 세력을 경험하는 일은 나를 위협한다. 그리고 피지도자를 방어하려는 열망에 불을 붙인다. 그리고 이것은 주로 가르치는 일로 표현된다. 오랜 시간과 경험을 통해 나는 이 과정을 깨달았다. 내가 원하는 것은 하나님 안에서 쉼을 얻는 것이다. 왜냐하면 하나님의 임재를 지나 우리가 갈 수 있는 곳은 없다는 것을 알기 때문이다. 동시에 나는 피지도자에게 집중하고, 유용한 존재가 되고 싶고 또 잘 응답하고 싶은 바램도 가지고 있다. 결과적으로 나는 그들이 하나님과 나와 동행하고 있음을 느낄 수 있길 바란다. 그랜트가 나의 사무실에서 기도할 때 나는 하나님의 동행 하심을 보았다. 그러면서 나는 하나님의 신실하신 임재가 우리의 삶에 그리고 우리의 상상 속에 계심을 배웠다. 그랜트가 침묵하며 기도를 하는 동안 나도 잠잠히 기도했다. 그리고 시편 139 편을 떠올릴 수 있었다.

여호와여 주께서 나를 살펴 나를 아시나이다
주께서 내가 앉고 일어섬을 아시고
멀리서도 나의 생각을 밝히 아시오며
나의 모든 길과 내가 눕는 것을 살펴 보셨으므로
나의 모든 행위를 익히 아시오니
여호와여 내 혀의 말을 알지 못하시는 것이
하나도 없으시니이다

주께서 나의 앞뒤를 둘러싸시고 내게 안수하셨나이다
이 지식이 내게 너무 기이하니 높아서
내가 능히 미치지 못하나이다

내가 주의 영을 떠나 어디로 가며
주의 앞에서 어디로 피하리이까
내가 하늘에 올라갈지라도 거기 계시며
스올에 내 자리를 펼지라도 거기 계시니이다
내가 새벽 날개를 치며 바다 끝에 가서 거주할지라도
거기서도 주의 손이 나를 인도하시며
주의 오른손이 나를 붙드시리이다
내가 혹시 말하기를 흑암이 반드시 나를 덮고
나를 두른 빛은 밤이 되리라 할지라도
주에게서는 흑암이 숨기지 못하며
밤이 낮과 같이 비추이나니
주에게는 흑암과 빛이 같음이니이다 [5]

나의 꿈을 방해하며 그랜트가 물었다. "그 다음의 이야기를 기억하시나요?" 나는 머리를 흔들었다.

내 기억을 새롭게 하면서 그랜트가 말했다. "군중들에게 어려운 이야기를 하신 주님께 불평하는 제자들에게 예수님께서는 따로 말씀 하셨습니다. 예수님께선 화가 나셨던 것 같습니다. 그래서 노한 어조로 '뭐라고? 이 일이 불편하더냐?'라고 말씀하셨지요. 이 때 그분의 제자로 따르던 많은 사람들이 떠났습니다. 전에는 이 말씀을 읽고 기도하면서 이들과 나를 동일시했습니다. 그런데 지금 기도하며 다시 말씀을 상고할 때, 나는 주님을 향한 나의 사랑을 느낄 수 있습니다. 그래서 비록 내가 그분을 완전히 납득할 수 없을지라도, 그분과 계속 함께하고 있는 남은 제자들 중 한 사람인 것을 알았죠. '너도 떠나려느냐?' 주님이 물으실 때 이젠 나도 베드로처럼 "주님 우리가 뉘게로 가리까?"라고 말할 수 있습니다. 가르침

자체에 대한 것이 아니라, 사람에 대한 것이죠. 나는 그분을 떠날 수 없습니다. 비록 그 분께 화가 날 때도 있겠지만 나는 그 분을 사랑합니다." 그랜트는 어깨를 들썩이며 예수님을 택하는 것 이외에 어떤 다른 선택도 할 수 없음을 표현했다.

"당신은 평소에도 이 경험을 내가 할 수 있을 거라고 언급했는데, 예수님 가까이 있는 것이 영적 부담감을 높였던 것 같습니다. 그래서 선과 악의 세력을 인지하게 되었지요. 그러나 그분께로 돌아서서 눈을 맞추고 주목하면서 의지하는 동안 나는 어두움으로부터 멀어졌습니다. 모든 종류의 어두움으로부터요. 내 안에 있는 것, 군중 속에 존재하는 것, 그리고 그것이 무엇이든, 외부에 존재하는 어두운 세력이 지닌 것, 그 모든 어두움으로부터 멀어졌습니다. 그것을 알게 되어 참 좋습니다." 그는 내게 예리한 시선을 돌리며 힘주어서 말을 이어갔다. "이것은 렉시오 연습이 매우 사실적이라는 것을 말해 주네요! 그것은 착각하게 만드는, 디즈니랜드의 놀이기구 같은 것이 아닙니다. 내가 기꺼이 이 일을 해내도록 만든 것은 오직 하나님을 향한 갈망이 지닌 힘이었습니다." 그는 웃었다. "베드로도 그렇게 말한 것 같습니다." 격앙된 목소리로 그는 말씀을 인용했다. "주님, 내가 뉘게로 가리까?"

그리고 다시 어깨를 들썩이며 말했다. "함께 할 다른 사람이 없는 것도 사실입니다." 그랜트는 이 말을 하고는 평소처럼 영성지도 시간이 끝났음을 내게 알렸다.

그랜트와 나는 가끔 다른 곳에서 만나게 될 때 영성지도의 경험들을 나눈다. 나는 가르치는 역할을 하려는 유혹에 대해 걱정했다. 물론 이것은 그랜트와의 관계에서만 우려했던 문제는 아니었다. 나는 예측할 수 있는 문제점들이 계속 신경 쓰였다. 그러나 그는 그것들을 문제 삼지 않았다. 그리고 우리가 영성지도 이외의 장소에서 만나는 일들로 인해 비롯된

전이는 우리의 영성지도에서 주요한 경험이 됨을 알았다.[6] 그랜트가 내 사무실로 들어설 때 나는 함께 애찬을 섬겼던 기쁨을 기억했다. 대부분의 피지도자들에게서 나는 그들이 사랑하는 다른 사람들, 그리고 사랑의 행위들을 듣는다. 그러나 그들이 직접 행하는 것을 볼 수는 없다. 그런데 그랜트의 믿음이 세상에서 행해지는 것을 보는 축복을 나는 누릴 수 있었다. 전이는 다른 방향으로도 흘러간다. 나는 그가 섬기는 것을 보면서 그가 말했던 하나님 경험을 기억할 수 있다. 그리고 그 기쁜 기억은 나의 예배 속으로 녹아 든다. 또한 그의 렉시오 디비나 기도 경험은 내 자신의 기도에도 가르침이 된다. 심지어는 기도를 더 갈망하도록 만들며, 나의 가르치는 일에도 또 다른 이들과의 영성지도에도 도움을 준다.

방금 이야기 했던 회기 후에 나는 다른 사람들을 섬기는 그랜트를 보았다. 그를 보면서 나는 예수님께서 나를 바라보시는 느낌을 받았다. 그분은 내게 그와 함께 있기 원하는지, 아니면 떠나 보내려는 지를 물으셨다. 그랜트와 나의 이어지는 관계 속에서 나는 숨김없으시며 놀라운 하나님의 은혜를 경험한다.

노트

1. 예를 들어, 나와 함께 일년 남짓 영성지도를 했던 다른 피지도자는 창세기의 시작 부분을 천천히 음미했다. "There was darkness over the deep, and God's spirit hovered over the water 깊음 위에 어둠이 있었고, 하나님의 영은 물 위를 운행하셨다"(창세기 1:2) *The Jerusalem Bible* (Garden City, N. Y.: Double Day and Company 1966). 각 단어는 그녀가 하나님과 자신을 그리고 그들이 함께 추었던 춤을 바라보는 창문이었다. 성서의 말씀은 찌르는듯한 분명한 인식을 주입하기도 하지만 그녀에게는 소망과 사랑으로 받아들여졌다. 아무리 깊이 자신을 성찰한 다음에도 하나님의 성령께서 그녀와 가벼운 걸음으로 날아오르는 것을 보았다. 2 절의 "깊은 deep"과 "운행하다 hover" 이 두 단어는 우리가 그 동안 함께 했던 시간에 그랬던 것처럼 지금도 필요할 때마다 매번 내 안에서 울린다. 그것은 그 여인과 함께 했던 그 해부터 지금까지 떠나지 않는 선물이다.
2. 요한복음 6:35, 54
3. 요한복음 6 장은 오천 명 이상의 군중을 먹일 만큼 충분히 많은 양의 음식을 만들어 내신 예수님의 기적을 포함하고 있다. 그리고 바로 다음에 예수님께서는 가벼나움으로 가기 위해 애쓰며 노를 젓는 제자들을 찾아 갈릴리 바다 위를 걸으신다. 그 장의 대부분은 예수님 그분이 누구신지를 가르치고 있다. 그분은 생명의 빵이다. 이 세상에 생명을 주기 위해 하나님 아버지로부터 보냄을 받으신 분인 인자이다. 많은 사람들이 그분께서 주시는 빵을 먹으려고 했다. 그러나 그분의 가르침이 도전이 되고 삶을 훼방하는 것으로 여겨지자 점점 더 많은

사람들이 예수님으로부터 멀어졌다. 그러나 그들과는 다르게 그분의 가르침이 도전이 될 때에도 예수님과 함께 했던 사람들은 결국 열두 제자들뿐이었다. 그리고 예수님을 거룩한 자, 그리스도로 고백했고 예수님은 그의 제자들 열둘을 택했으니 그 중 한 명은 "마귀"라고 말씀하셨다. (70절)

4. 흔치 않은 경우지만, 나는 다른 사람이 말하고 있는 동안 따뜻한, 거의 졸음에 빠져 드는 상태에 있음을 알아차리곤 한다. 여러 해 동안 일대일로 사람을 만나는 일을 하면서 나는 이것을 다른 사람들의 침투 가능한 경계들에 대한 내 (역전이) 반응이라고 여기게 되었다. 어떻게든 다른 사람들의 세상이 나를 삼킬 것처럼 다가올 때면, 그리고 그 꼬드김에 저항하기 위해서 나는 내 자신에게 경고를 들려준다. 나는 처한 시간에 일어나고 있는 일들에 대해 경계를 늦추지 않고 민감할 수 있도록 그리고 나의 주의를 하나님께로 돌리도록 적극적으로 스스로를 경성한다.

5. 1-12절

6. 심리치료 이론에서 내담자가 자신의 삶의 관계들 속에서 경험한 것, 느끼는 것 그리고 이해하는 것들을 상담의 관계에 전가하는 것을 "전이"라고 부르고, 치료 관계 안에서 내담자에 의해 혹은 그들의 전이에 의해 유발되는 상담가의 감정적 경험을 "역전이"라고 부른다. 여기서 내가 사용한 전이라는 단어는 이런 치료적인 것으로 한 영역에서 다른 영역으로 지식을 전가하는 것을 말하려고 하였다.

23 치열한 싸움, 치열한 부르심: 짐
Deep Struggle, Deep Calling: Jim

짐의 생명이 위험할 수 있다는 진단을 받은 후 여러 해가 지났다. 그 진단대로 그는 수많은 어려운 치료를 받아야 했다. 때로 그의 영혼은 쇠잔했고 병의 증상과 치료에 따라 기력도 오르락 내리락했다. 치료로 인한 신경 장애 때문에 겨우 걸음을 떼었던 기간도 있었다. 또 어떤 때는 치료비를 구하기 위해 암 연구를 목적으로 한 자전거 경주에도 참가했다. 반드시 그의 신체적 상태와 일치하지는 않았지만, 그의 기분도 변화무쌍했다. 매우 자기 비판적일 때는 영성지도에 와서 스스로를 조소하며 비아냥거렸다. "돌이킬 수 없게 탈선해 버린 듯 다른 생각들이 납니다"라고 말했던 것 같다. 그런 날이면 그는 종종 약속에 늦게 나타났다. 그리고 그의 지각은 자신을 비하하게 만드는 또 다른 요인이 되었다. 놀랍게도 그의 나쁜 심리상태는 다른 사람에게로 향한 적은 거의 없었다. 그가 정기적으로 어울려야만 하는 감정 없는 의료인들에게로도 향한 적이 없었다. 그들의 돌봄이 부족함을 목격했을 때도 직접적으로 그들의 잘못을 말하기 보다는 그들을 약간 비꼬아서 우스개 소리를 했다. 내게 놀라운 일은 그가 스스로에겐 언제나 따뜻하게 대하지 않으면서도 다른 사람들에겐 항상 목회자의 마음으로 대한다는 것이었다.

짐의 살고자 하는 투쟁이 치열해지면서 그의 부르심 또한 그랬다. 비록 대외적으로 알려진 그의 호칭은 "환자"이거나 "고객"이었지만, 어떤 상황 속에서도 그는 목사였다. 그리고 그의 소명은 그가 목사임을 피할 수 없는 곳에서 훨씬 더 분명하게 들렸다. 또한 그가 진리라고 여기는 것을 전하려는 큰 열망은 신체적 쇠잔함과 정서적 절망감이 여러 겹으로 그를 두르고 있는 상황에도 불구하고 사라지지 않고 계속 커져갔다. 몸이 불편하고 불안해서 잠을 이루지 못할 때에도, 그는 말씀을 전하러 단 위에 서는 일만큼은 피하지 않았다.

"솔직히 나는 사람들이 믿음의 책임은 지지 않으려고 하면서 왜 교회에 나오는지 이해할 수 없습니다. 무엇 때문에 아침에 일찍 일어나려고 하는지도 모르겠습니다." 짐은 약속 시간에 늦은 어느 날 시간을 허비하며 빈둥댄 자신을 책망하듯 이렇게 말했다. 나는 그를 일어나게 만든 것이 무엇인지를 묻고 싶었다.

"당신은 믿음이 없는 사람들에 대해 말한 것이지요? 당신을 아침에 일어나게 하는 것도 믿음 때문인가요?" 나는 물었다.

짐은 자조하듯 콧소리를 내며 웃었다. "네, 맞아요!" 그는 손바닥으로 의자의 팔걸이를 쳤다. "내게 믿음이 없었다면 얼마나 많은 날들을 흘려보냈을까 생각해 보세요. 사실은 하루에, 아마도, 여섯 시간은 햇볕을 쬐려고 하죠."

"그렇다 치더라도, 당신은 믿음이 뭔가를 다르게 만든다고 느끼는 것처럼 들리네요." 나는 압박을 가했다.

"네, 다른 점이 있지요. 만약 믿음이 없었다면 어떻게 일어날 수 있었겠어요? 만약 새날을 맞지 못했다면, 그리고 내가 하는 일이 의미 있는 것임을 인식하지 못한다면, 이 질병을 가지고 도대체 어떻게 버틸 수 있을까요?"

"태양은 떠오르고, 또 당신이 하는 일이 의미 있음을 느끼는군요." 나는 그의 말을 그대로 따라 했다.

"네, 그렇다고 생각합니다. 뭐 그리 크게 달라지는 것은 아니지만, 내가 하는 일에 따라 달라진다고 느낍니다. 내가 해야만 하는 것들을 어떻게 하지 않고 지냈는지를 말하자면 아마도 말을 끊을 수 없을 겁니다. 그러나 모든 변명과 회피 그리고 유보 조건들을 늘어 놓다가 다다른 막다른 골목에서, 나는 내가 무엇인가 하는 그것이 중요한 문제가 됨을 진정으로 믿게 되었습니다. 뭔가를 하는 것이, 내 삶이 중요한 문제가 됨을 믿습니다." 짐은 이렇게 말하면서 자신의 불안과 절망의 밑바닥에 놓여있던 감정들에 가 닿았음이 분명했다.

"당신의 삶이 중요한 문제가 됩니다. 그것은 믿음의 선언이군요." 나는 확인하듯 말했다.

"그렇습니다. 내 속의 가장 깊은 곳에서부터 이것이 진실임을 나는 느낄 수 있습니다. 나에게만 진실이 아니라 모든 사람들에게 그렇지요. 내 사무실 근처의 노숙자들에게도 이것은 진실입니다. 중환자실의 의식 없는 환자들에게도 마찬가지로 진실이지요. 내가 견디기 힘들어 하는 정치 지도자들에게도 그럴 겁니다. 우리 각 사람은 단지 우리가 존재함으로 인해 세상을 조금씩 다르게 만듭니다. 우리 각 사람은 기여할 무엇인가를 가지고 있습니다. 나는 확신합니다. 이것이 내가 사람들께 전하고 싶은 이야기입니다." 짐은 이렇게 선언하듯 말하며 확신에 찬 눈빛으로 고개를 끄덕였다.

"그렇게 말하고 있는 당신의 모습은 환하게 빛나고 생명으로 가득하군요." 나는 보이는 대로 전했다. 이런 짐의 모습을 보면서 나는 전에도 여러 번 떠올렸던 이레니우스의 말을 생각했다. 그렇다, 온전히 살아있는 사람은 하나님의 영광이요, 그분을 보여준다.[1] 짐 안에서 나는 온전히 살아계신 하나님을 보았다. 그리고 앞으로 그가 맞게 될 날들과

달들 그리고 해들에 대해 감사했다. 또한 아직은 고통스럽지만 질병이 서서히 물러나고 있음에 감사했다.

"이것이 날 살아있게 합니다. 그것 때문에 침대에서 일어나고, 그리고 그것이 날 살아있게 합니다. 내가 하는 일들에 대해 기권을 선언하고, 일을 멈추고 은퇴한 후 마지막 시간들을 단지 즐기며 살 수도 있겠죠. 그런데 내가 하는 일에서 얻는 것만큼 큰 기쁨이 없음을 깨닫습니다." 짐은 다시 자신의 말을 강조하듯 확고한 고갯짓을 하며 힘주어 말했다. 우리는 함께 짐의 기쁨 속에 머물렀다. 나는 의기소침한 모습으로 자기비하를 하며 들어섰던 사람과 문 앞에서 인사를 나누었는데, 이제 그 사람은 빛을 발하는 확신과 열정에 찬 사람이 되어 있다. 이것은 강하고 안정적인 파동이어서 주파수에 맞출 수 있었고 그 지속적인 파동에 정확히 맞출 수 있었다. 그리고 어렵지 않게 들을 수 있었다.

"당신의 기쁨은 프레드릭 뷰크너의 소명에 대한 정의를 기억하게 하네요. 그는 '하나님께서 당신을 부르시는 곳은 당신의 충만한 기쁨과 세상의 고통스런 주림이 만나는 곳이다'라고 했지요."[2]

짐은 고개를 끄덕였다. "네, 저도 잘 알고 있는 말입니다. 그 부르심을 나는 지금 느끼고 있습니다. 세상의 필요를 향해 나아가는 저 자신을 봅니다. 그리고 그렇게 내 마음이 이끌리면서 나는 기쁨을 느낍니다. 물론 불안, 두려움, 저항 그리고 모든 일상의 어두운 세력들도 느낍니다." 그는 웃었다. "그러나 나는 또 다시 기쁨을 느끼죠."

"당신의 도움이 필요한 사람들, 당신의 깊은 갈망 그리고 당신을 부르시는 그분은 그렇게 결합되어 있군요." 나는 과감하게 말을 건넸다.

"당신이 그 셋의 연관성을 말하니 깨닫게 되네요. 그것은 친밀함 입니다." 짐은 동의했다. 그리고 생각을 바꾸어 이렇게 말했다. "그것은 또한 내 어린 시절의 믿음과도 연관되어 있습니다. 어렸을 때 나는 교회에서 찬양하기 좋아하는 소년이었죠. 심지어 내가 설교를 통해 전해지는 신학적 교리에 대해서 더 이상 동의하지 않았던 때에도 그랬습니다. 찬양을 할 때면, 하나님과, 내 자신 그리고 함께 떡을 떼는 성도들과의 연합을 느꼈습니다. 기쁨과 평안이 넘치는 경험이었죠. 온전해지는 느낌이었어요."

영성지도에서는 안식 Sabbath 을 느낄 수 있다. 우리는 안식으로 들어간다. 하나님께서 축복하시고 "거룩"하다고 부르신 시간, 창조 세계의 온전함과 하나님과의 온전한 연합을 돌아보는 시간으로 들어간다. 히브리어로 사바트 Shabbat 는 "멈추다"를 뜻하고, 그것은 완성됨의 의미를 지닌다.³ 안식일에 유대인들은 "샤바트 샬롬 Shabbat shalom"을 전한다. 안식일의 평안, 온전함, 완성. 이 말을 기억할 때면 나는 나이 들고 머리가 희끗희끗한 유대 족장과 같은 모습의 하나님께서 내게로 몸을 기울이고 검지 손가락을 입술에 댄 채로 "쉿... 천천히, 잠깐 멈추고 앉아라... 시간을 음미해 봐"라고 말씀하시는 모습을 상상한다. 짐과 함께 했던 시간에 나는 광대한 그 사바트의 안식을 느꼈다. 기쁨으로 안식하며 나는 짐의 삶 속에 얼마나 충만하게 은혜가 부어 지는지를 알 수 있었고, 또 감사할 수 있었다.

그는 심각한 질병과 끊임없는 자기 불신을 안고 살아간다. 그러나 그는 하나님의 부르심과 자신이 중요한 변화를 가져올 수 있다는 사실을 확신한다. 그는 우리 각 사람이 중요한 역할을 맡아야 하는 복음의 전령이다. 그 부르심은 그를 통해 세상으로 흘러 든다.

노트

1. Irenaeus [180CE], Adversus Haereses, bk. 4, chap.20:7 (참조 http://www.newadvent.org/fathers/0103420.htm).
2. Buechner, *Wishful Thinking: A Theological ABC* (San Francisco: Harper San Francisco, 1973), 95.
3. 추천도서 Abraham Joshua Heschel, *The Sabbath: Its Meaning for Modern Man* (Boston: Shambala, 2003)

24 그 중에 제일은 사랑이라: 존
The Greatest of These Is Love: John

"레미 찰립 Remy Charlip 이 쓴 동화책 다행스럽게도 Fortunately 를 아세요?" 존은 젖먹이 딸을 유아용 카시트에 앉혀서 데리고 들어 와서는 자신의 의자 옆에 조심스럽게 내려놓으며 물었다.[1]
우리의 발치에 놓인 사랑스런 아기 릴리에게 빠져서 나는 존의 말을 제대로 들을 수 없었다. 심지어 영성지도자의 역할을 잊고 시작하는 기도도 드리지 않았다. "뭐라고 하셨죠?" 내 생각에서 빠져나오면서 나는 얼버무리듯 물었다.
"그 책은 후렴구 같은 '다행스럽게'와 '불행하게도'라는 말을 반복하며 길고 긴 사건의 전환을 열거합니다." 릴리의 큰 오빠인 크리스토퍼 얘기를 하며 설명했다. "크리스토퍼와 함께 읽은 이야기 책입니다."
"읽지 않은 것 같아요." 나는 잠든 아기에게 쏠리는 시선을 존에게 돌리려고 애쓰면서 답했다. "본 적이 없어요."
"네, 잘 됐네요. 크리스토퍼와 나는 이 책을 무척 좋아합니다. 여러 번 같이 읽었죠. 나는 다행스럽게 비행기에 탔습니다. 그러나 불행하게도 비행기에서 굴러 떨어졌어요. 다행스럽게 낙하산을 입고 있었죠. 불행하게도 그것은 고장 난 것이었어요. 그러나 다행스럽게 푹신한 볏단 위로 떨어졌어요. 그런데 불행하게도 건초 갈퀴가 꽂혀 있었죠 ... 이렇게 계속 이어집니다. 우리의 삶과 무척 비슷하지요. 아들과 나는 이야기를 계속 만들어서 이어가곤 하죠. 불행하게도 저녁에 손을 씻어야만 했어요. 그런데 다행스럽게 저녁 먹을 시간이었죠!" 그는 신이 나서 웃었다.

나는 존이 할 이야기가 많고, 그 이야기들을 하려고 애쓴다는 사실을 알 수 있었다. 우리는 잠시 더 환담을 나누고 촛불을 켰다. "지금 이곳에 우리와 함께 하시는 주님을 기억하기 위해 촛불을 켭니다." 그리고 나는 덧붙여 말했다. "그리고 지금 우리의 발치에 있는 릴리와도 함께 하심을 기억합니다." 존은 잠든 딸을 보며 미소 짓고는 곧 긴 기도로 빠져들었다. 얼굴에는 여러 표정들이 오갔고, 가끔씩 속삭이듯 소리 내어 기도하기도 했다. 나는 잠들어서 아무 것도 모르는 딸 곁에서 기도하는 아름다운 아버지를 보며 감동했다. 예수님께서 예루살렘을 바라보시며 기도하셨듯이 존은 샌프란시스코를 바라보며 기도했다. 이제 그는 하나님께서 우리와 모든 피조세계를 바라보며 기도하시듯 자신의 딸을 굽어보며 기도하고 있다. 이 생각이 내 머리를 세게 때렸고, 나는 더 이상 그가 얘기할 것들에 귀 기울일 자신이 없어졌다.

릴리는 마루바닥에 놓여진 채로 깊이 잠들어 있었다. 그래서 존은 자유롭게 생각을 펼 수 있었다. 그는 '다행스럽게'와 '불행하게도'로 돌아가서 갓난 아기가 가져온 삶의 변화에 대해 말했다. 육아 휴가로 몇 개월 쉰 그의 아내는 이제 일을 서둘러 다시 시작해야만 했다. 가계 수입이 늘어 날 것이지만 존의 직장 생활은 이 갓난 아기를 돌볼 수 있는 일로 바꿔야만 했다. 작은 아파트에 아기가 한 명 더 늘었으니 거기에 맞추어 바꾸어야 함을 그는 강조해서 말했다.

"다행스럽게 내 직업은 시간 바꾸기가 좀 편합니다. 아내가 아이들과 함께 있을 수 있는 시간에 파트 타임으로 야근이나 주말 작업을 할 수 있으니까요. 그렇게 하면 될 거라고 생각했지요. 그러나 불행하게도 공장 일은 그만둬야 했습니다. 릴리가 태어나기 전까지는 어떻게든 교대시간을 맞출 수 있었지만 이젠 불가능 하지요. 그런데 다행스럽게 식당을 경영하는 친구가 있어서 그곳에서 웨이터로 일을 하고 있습니다. 불행하게도 우리 가족이 함께 지낼 시간이 거의 없게 되었죠. 그러나 다행스럽게 난 식당 일을 즐겁게 합니다." 그는 오케스트라 지휘자 같은 몸짓을 하며 나를 바라보고 물었다. "이제 리듬을 따라오실 수 있으시겠죠? 다행스럽게..." 허공을 가르며 반 원을 그린 후 "불행하게도..."

"다행스럽게요." 그의 운율에 맞추어 나는 답했다.

"맞아요. 앞 서거니 뒤 서거니 하는 것이지요. 언제나 새로운 가능성은 있습니다. 요즘 거의 온종일 아기를 돌보며 나는 그 두 가지 모두를 경험합니다. 저녁에 식당에서 일하는 시간들은 '다행스럽게'에 해당 하는 것이지요."

나는 존에게 얼마 전에 지나가듯 잠시 들었던 식당에서의 일들을 더 말해 달라고 요청했다. "음식이 진짜 맛있습니다. 주방장이 직접 경영하는 최고의 맛집입니다. 식당의 전체적 분위기와 상차림뿐만 아니라 식당의 풍미, 냄새가 사람들에게 그리고 제게도 배어듭니다. 나는 사람들을 접대할 수 있어서 그리고 그들이 만족하는 모습들을 보면서 참 좋습니다. 내겐 그들이 식사하며 기쁨을 얻고 그냥 몇 시간 동안은 다른 생각 없이 그 자리에 있는 것을 보는 것만으로도 굉장한 시간입니다. 지난 주말에는 한 커플이 왔는데 그들은 매우 행복해 보였습니다. 줄곧 유쾌한 시간을 보냈죠. 나도 그들과 농담을 하며 점점 행복해 졌습니다. 그 때 그 여성이 말했습니다. '당신이 우릴 위해 와인과 음식을 골라 주시면 좋을 것 같습니다' 그래서 나는 그렇게 했지요. 남성에겐 생선을 여성에겐 소고기 요리를 추천했죠. 그것은 일종의 비본능적 선택이었죠. 보통은 남자가 소고기를 여자는 생선을 좋아할 것이라고 생각하니까요. 그들은 처음에는 놀라는 듯했지만 곧 흥분했습니다. 옳은 선택이었습니다. 나는 그들과 즐기고, 그들을 읽고, 함께 기뻐할 수 있어서 참 좋았습니다." 존은 환한 얼굴로 크게 기뻐하며 말했다.

존은 종종 성서를 인용해서 말했다. 그 중에서도 내가 그 때 기억할 수 있었던 것은 요한복음의 이야기로 마리아가 예수님의 발을 값 비싼 향유로 씻는 장면, "향유 냄새가 집에 가득한" 장면이었다.[2] 나는 그 이야기를 언급했고, 우리는 함께 그 기억 속에 머물렀다. 촛불은 어른거리고, 릴리는 잠들어 있었다. 존의 일터인 식당에는 향기롭고 뭔가 충만한 것이 있었다. 그는 단지 웨이터가 아니라 돌보는 사람이었다. 그 커플은 볼 수 있는 눈을 가지고 그것을 보았다.

릴리가 뒤척였고 불편하다는 신호를 보냈다. 나는 이런 경험을 종종 한다. 많은 사람들이 갓난 아이들을 데리고 영성지도에 온다. 그리고 가끔 걸음마를 하는 아이를 데려오는 용감한 사람도 있긴 하다. (그러나 주로 두 번 다시는 그런 일을 하진 않는다.) 이들은 3 층에 있는 사무실까지 아이를 한쪽 허리춤에 안고 균형을 맞추어 무거운 장비들을 다른 손에 들고 낑낑거리며 올라온다. 그리고 허리를 구부리고 있다가 내가 문을 열어 주면 거의 넘어질 듯 들어온다. 부모가 되려면 보급계 장교와 같이 정리하는 기술도 필요하다. 존은 그 기술을 가지고 있었다.

아이를 동반하는 피지도자들은 대부분 수유하는 엄마들이다. 존은 거의 보기 힘든 남성 피지도자들 중 한 명이었다. 그리고 나는 그를 보면서 많은 것을 배웠다. (불행하게도) 모유를 먹일 수 없다는 사실은 큰 난관을 불러온다. 그리고 (다행스럽게) 기회가 될 수는 있다. 쉽게 잠으로 빠져들게 하는 몽롱하고 기분 좋게 달래주는 느낌이 큰 모유 수유와는 달리, 우유병으로 먹이는 것은 존과 릴리가 좀 더 의식적인 상호 관계를 주고 받도록 하는 것처럼 보였다. 수유하는 내내 둘은 눈을 마주보고,

내게 자신의 삶을 설명하는 동안도 가끔 릴리에게 아기들 소리로 묻기도 하고 어르기도 했다. 나는 존과 아기를 쳐다보며 다양한 온도 대를 가르며 행글라이더를 조종하는 것처럼 따뜻한 기류를 타고 날아 올랐다, 그리고 속도를 늦추면서 마치 몸도 깃털처럼 가볍게 느껴졌다. 그 후 존이 이야기의 실마리를 다시 찾으려고 할 때 찬 공기를 만난 것처럼 갑자기 곤두박질치는 느낌이었다. 다행스럽게 그리고 불행하게도 존이 릴리를 수유하면서 끝냈던 식당의 음식 이야기를 우리는 다시 기억을 더듬어 시작할 수 있었다.

존과 릴리가 사무실을 떠나고 나는 내 의자에 다시 앉았다. 그리고 눈을 감고 냄새를 맡았다. 꺼진 양초의 매캐한 냄새, 코를 찌르는 릴리의 기저귀 냄새와 시큼한 우유 냄새가 났다. 나는 귀로는 침묵이라는 공기의 파동을 느끼면서, 코로는 일어났던 일들을 기억하고 있었다. 그리고 그 모든 것을 호흡하면서, 나는 나의 공간과 나의 몸이 생명의 흙 냄새로 가득 차 있음을 느꼈다.

존의 생활은 한가할 틈이 없었다. 시간을 쪼개서 그가 하던 일들 중에는 영성지도자가 되기 위한 훈련이 있었다. 그는 우리가 영성지도를 시작한지 얼마 되지 않아 3년 과정의 프로그램에 등록 했다. 그것은 그의 다면적인 삶에 적합한 조건들을 갖춘 훌륭한 과정이었다. 그러나 예상 밖으로 그에 관해서는 몇 해 동안 함께 하면서도 거의 들을 수가 없었다. 그러나 영성지도가 끝나갈 때쯤 부터는 조금씩 그에 관한 이야기를 들을 수 있었다.

릴리가 태어나고 그들의 아파트가 더 북적 되면서 존과 그의 아내는 친정 식구들이 사는 동부로 이사 가는 일을 점점 더 진지하게 생각했다. 존은 그의 환대하는 사랑의 마음과 음식으로 섬기고 영성지도도 할 수 있는 리트릿 센터를 시작할 수 있다는 희망을 가지고 인터넷에 매물로 나온

B&B 숙박시설을 찾았다. 그의 아내는 이력서를 돌리고 함께 기도하면서 가능성을 점검했다. 나는 우리의 영성지도 시간이 끝날 때가 되어감을 분명히 알게 되었다. 다행히 또 불행하게도 나의 예상대로 일은 순조롭게 진행되었다. 존에게 이주는 바른 선택 이었지만, 나는 그를 많이 그리워할 것 같았다.

동부에 식구들이 모여 살게 되면서 존과 그의 아내의 가족들은 그들이 더 가까이 사는 것을 얼마나 원하고 있었는지 알게 되었다. 그들은 아이들을 사랑했고 성장하는 것을 지켜볼 수 있길 원했다. 존은 가족의 목사였다. 그의 형제들의 결혼을 집례했고, 사촌의 자녀들에게 세례도 베풀었다. 그 이외에도 그는 비공식적인 목사의 역할을 가족들 사이에서 계속했다. 그는 점점 더 영성지도자가 되어갔다. 존이 샌프란시스코로 오면서 시작됐던 여정은 이제 거의 완성 되어감을 인식할 수 있었다. 그가 14년전에 미국을 자동차로 횡단하여 목사로 이곳에 도착해서 교회 근처의 단칸방 아파트로 이사왔을 당시는 미혼이었다. 그리고 첫 예배에 참석하기 위해 교회로 가는 길에 몇 블락을 남겨놓고 휘발유가 떨어지는 해프닝도 있었다. 그는 그것이 교회와 관계가 어려울 것을 알리는 전조였다고 그 때를 떠올리며 말했다.

존의 목회 경력은 그가 원하고 예상했던 것과는 차이가 있었다. 그러나 해가 지나면서 그는 결혼도 했고, 자녀도 낳았으며, 도시 사역을 하다, 이제는 사람들에게 잘 알려지지 않은 분야인 영성지도 사역을 그가 전에 꿈꾸지도 않았던 동부 지역에서 시작하게 되었다.

존은 릴리가 거의 돐이 될 때까지 영성지도에 데리고 왔다. 하루는 릴리가 고사리 손에 장난감을 꼭 쥐고 전혀 졸음기 없는 상태로 온 적이 있었다. 더 이상 잠만 자는 아기가 아닌 릴리는 나에게 재롱도 떨고, 자신이 시끄러운 소리를 낼 줄 안다는 사실을 알려 주려는 듯 물건들을 두드리며 내 사무실을 탐색했다. 나와 존은 물건들을 손이 안 닿는 높은 곳에 모두 올려 놓았다. 양초도 책상 위로 올려 놓아야 했다. 나는 존이 기도하는 동안 릴리를 지켜볼 책임을 떠 안았다.

"아멘" 하고 그가 숨을 내 쉬면 릴리는 내 구두를 만지며 장난 치다가 아빠를 올려다 보았다.

존은 말을 꺼냈다. "저어... 우리는 동부로 이사 가려고 합니다. 곧 4 주 정도의 고생길을 떠나야 할 것 같습니다." 언젠가는 그럴 거라 짐작은 하고 있었지만 돌연 맞게 된 충격을 감추려고 애쓰는 동안 그는 내게 선물을 내밀었다. 나는 포장을 뜯었고, 그것이 이야기책 "다행스럽게 Fortunately"인 것을 알았다. 그것은 지난 몇 해 동안 우리가 함께 했던 시간을 기념하고 존의 지혜와 유머 그리고 젊은 아빠로서의 모습을 기억하도록 할 완벽한 선물이었다.

우리는 마주 앉아서 지냈던 시간들, 그의 삶 가운데 임재하신 하나님께 주목했던 시간들을 돌아보며 이야기를 나누었다. 그 때 기어 다니며 사무실을 탐색하고 있던 릴리 쪽에서 구린 냄새가 풍겨오기 시작했다. 우리는 릴리를 주목했다. 그런데 릴리는 돌아가면서 물건 하나하나를 쿵쿵대며 냄새를 맡고 있었다. 존은 웃으며 말했다. "아니야, 넌 거기서 냄새 맡을 수 없어. 찾지 못할 거야. 냄새가 널 따라가고 있거든. 바로 네가 악취를 풍기고 있는걸!" 존은 날 보며 눈을 찡끗거렸다. "비유죠."

그가 사랑스럽게 릴리를 눕히고 몸을 돌려가며 부드럽게 장난 치면서 기저귀 가는 모습을 지켜보며 나는 웃음을 멈출 수 없었다. 나는 존이 탁월한 영성지도자가 되어가고 있음을 돌아 볼 수 있었다. 여러 해 동안 세상에서 목회사역을 하면서, 그리고 사람들과 부딪치고 악취를 맡아가면서, 사람을 사랑하는 그의 타고난 성향은 강화되었다. 나는 더럽혀진 다른 사람 곁에 앉아 있는 그를 볼 수 있었다. 그것은 흡사

우물가에서 사마리아 여인과 함께 계셨던 예수님의 모습과도 같았다. "네 말이 옳다. 너에게 여러 명의 남편이 있었는데, 지금 남편이라 부르는 사람도 너의 남편이 아니다. 네 자신이 악취의 근원이다. 그리고 너는 용서 받았다. 여기 있는 나는 네가 찾고 있는 것, 그 분께서 주시는 것을 네게 주려고 왔다. 자 여기 있다. 생수를 받아라."

사도 바울은 믿음, 소망, 사랑에 대해 쓰고 그 중에 사랑이 가장 크다고 말한다.[3] 이 가르침은 영적 은사들에 대한 말씀들 한가운데 놓여있고, 믿음이 성장하는 각양의 은사 공동체의 근간이 된다. 성경은 수시로 사랑이라는 기초로 돌아온다. 예수님의 사역기간 동안 그분께서는 사람들의 믿음이 요동치거나 수치심과 죄책감으로 위협받으며 소망의 불씨가 꺼져갈 때면 그들에게 당신을 보라고 강권하셨다. 베드로는 물 위를 걸으려 했으나 물에 빠지게 되었고 결국 예수님께 소리 높여 구했을 때 그의 뻗은 손을 잡아주시는 그분을 바라보며 딛고 설 발판을 얻었다. 동산의 빈 무덤에서 예수님께서는 마리아에게 그녀의 이름을 부르며 누구를 찾느냐고 물으심으로써 그녀가 주님을 바라볼 수 있도록 하셨다. 예수님께선 베드로와의 관계도 "나를 사랑하느냐?" 라는 단순한 질문을 반복해서 물으시면서 회복시키셨다.[4]

존은 행운과 불운이 반복되는 일련의 긴 사건들, 놀라운 삶의 변화 그리고 매우 무자비하게 보일 수도 있었던 부르심에 순응하는 일들을 통해서 하나님을 바라보고 그분을 향해 발돋움 하려고 애썼다. "나를 사랑하느냐?... 내 양을 먹이라...나를 사랑하느냐? ... 세상에서 작은 자들을 위해 이 일을 해라... 나를 사랑하느냐?... 나는 너에게 사랑 하라고 명령한다." 하나님께서 확장해 나가셨던 부르심과 존의 순종에 나도 은밀하게 연관되어 있다는 느낌을 받았다. "순종 obedience"과

"소명 vocation"은 어원적으로 듣는 것과 연관되어 있다. 존은 경청자이다.

릴리가 태어나기 전에 존에게서 들었던 이야기가 생각났다. 아들 크리스토퍼와 함께 공원에 갔던 때의 일이다. 존은 그와 함께 스프링클러 사이를 뛰어다니며 놀았다. 그들이 신나게 뛰어다니는 것을 지켜보던 한 남자가 있었다. 존은 그가 앉아 있는 벤치로 다가가 그와 이야기하게 되었다. 그는 멕시코에서 왔고, 이름은 호세였다.

이것은 몇 해전 영성지도 시간에 해 준 이야기였다. "호세는 내가 크리스토퍼와 스프링클러의 물을 맞아가며 노는 것을 보니 자신의 딸이 어렸을 때가 생각났다고 했습니다. 그는 내게 직업이 뭐냐고 물었습니다. 나는 목사이긴 하지만 공장과 식당에서 일한다고 했습니다. 그는 테일러 칼드웰 Taylor Caldwell 의 책 위대한 의사 The Great Physician 가 생각났다고 하더군요. 정말 깜짝 놀랐습니다. 머리를 한 대 맞은 것 같았죠. 그 책은 예수님에 관한, 그분이 어떻게 사람들을 돌보시는지에 대한 이야기이지요. 호세가 주의 깊게 사람을 살피는 것이 매우 인상적이었습니다. 그는 어떤 특정 직업이 아니라 내 안에서 내가 진짜로 되고 싶어하는 모습을 보았던 것입니다. 난 언제까지나 그의 말을 잊지 않으려고 합니다."

존은 마지막 영성지도 시간을 마치고 떠나려는 준비를 하면서 마음 속 이야기를 했다. "14 년전 샌프란시스코로 부름 받은 것은 나를 넓히기 위한 것이었습니다. 그 당시에는 이해할 수 없었지만, 근래 들어 몇 해 동안은 더 넓은 공간으로 나아가는 일들을 했던 것 같습니다. 나의 신학, 나의 사역, 내 자신에 대한 이해, 특히 하나님 경험이 계속 자랐던 것 같습니다. 마치 하나님 나라의 누룩처럼 삶이라는 반죽 속에서 점점 퍼져갔지요." 그리고 눈빛을 반짝이며 그는 덧붙였다. "비록 아주 작은 아파트에서였지만요."

노트

1. Charlip, Fortunately (New York: Aladdin Paperbacks, 1964)
2. 요한복음 12 :3
3. 고린도전서 13:13
4. 마태복음 14:28-31; 요한복음 20:15-16; 요한복음 21:15-19

25 노젓기를 멈추고 안식함: 데이빗
Afloat in a Coracle: David

데이빗은 하나님의 은혜가 메말랐다고 여겨질 때에도, 또 흠뻑 적셔지는 것 같은 때에도 변함없이 영성지도를 찾아왔다. 그와의 약속은 주로 4주에서 6주 간격으로 이뤄졌다. 그러나 약속을 며칠 앞두고 취소하는 일도 잦았다. 자신의 일정을 조절하기 가장 힘든 두 그룹은 목회자들과 집에서 아이들을 돌봐야만 하는 부모들일 것이다. 그들에겐 언제나 할 일이 생기기 마련이다. 교인들은 다급하게 도움을 필요로 하고, 자기 의지와 상관없이 회의 시간은 정해진다. 부모들도 마찬가지다. 아이들은 갑자기 아프고, 아이들을 돌보는 시간은 마음대로 빼기도 힘들다. 데이빗이 결정할 일을 직면하게 되면서, 또 아내 줄리아를 영성지도에 한 번 혹은 두 번 참여시키기 원하면서 둘의 역동이 영성지도 가운데 일어나게 되었다.

나는 부부가 함께 하는 영성지도를 거의 하지 않는다. 지속적으로 만나는 그룹영성지도에서, 그리고 목회 사역을 함께 하고 있는 한 부부를 위해 개인 영성지도를 하기는 하지만 이것은 드문 경우다. 그러나 부부는 그들 모두에게 영향을 미치게 될 중요한 문제를 함께 분별해야 하는 어려움에 처할 수 있다. 줄리아를 만나게 된 것도 이런 상황 때문이었다.

어느 햇살 좋은 가을날 그들이 함께 들어서기 전에 나는 줄리아에게 잘 주목할 수 있길 바라며 기도했다. 데이빗에 대해선 이미 친숙해져 있다고 생각했기 때문이었다. 기도를 끝내고 나는 그들이 둘 다 편안해 할 수 있도록 그리고 나와 촛대와도 거의 동일한 거리를 두고 가깝게 앉을 수 있도록 의자를 배열했다. 그러자니 생각할 것도 옮겨야 할 것들도 여러 가지가 있었다.

문 두드리는 소리가 들리고 나는 문 밖을 확인하는 렌즈로 밖을 내다 보았다. 데이빗이 문 바로 앞에 있었고, 그의 어깨 뒤로 자그맣고 귀여운 인상의 줄리아가 문을 향해 손가락질 하며 손으로 입을 가리고 웃고 있었다. 나는 그녀가 무엇을 보고 웃었는지 알았다. 거기에는 "문을 두드리거나 벨을 누른 후에는 한 발 물러서세요. 문이 열립니다"라는 우스운 경고 문구가 붙어 있었다. 대학의 관리인이 문이 열리면서 벨을 누른 사람 쪽으로 문이 열리기 때문에 좁은 계단 위에 서 있던 사람이 문에 부딪히거나 혹시라도 계단에서 뒷걸음치다 일어날 수 있는 사고를 방지하기 위해 붙여둔 것이었다.

나는 데이빗에게 전해들은 말만으로도 이미 줄리아를 좋아하게 되었다. 그리고 나의 문 밖에서 데이빗과 키득이며 웃는 그녀를 보면서 더욱 호감을 갖게 되었다. 그녀는 남편의 영성지도자를 만나게 되는 것이 좀 신경 쓰이는 듯했다. 그러나 줄곧 온화하고 밝은 표정이었다. 줄리아는 "그러니까 여기서 데이빗은 영적 조율을 받고 있군요"라고 말하면서 자리에 앉아서는 갈색 빛을 띤 그녀의 생기 넘치는 눈으로 내 사무실을 구석구석 둘러 보았다. 나는 데이빗이 사무실을 둘러보는 모습을 본 적이 없었다. 그러나 줄리아는 달랐다. 아마 그녀는 문에 붙어 있던 경고문을 가리켰던 것처럼 집으로 돌아가는 차 안에서도 데이빗에게 그녀가 내 사무실에서 본 모든 것을 말할 것 같았다.

나는 그녀와 함께 웃었고, 우리가 이 시간을 어떻게 지낼지에 대해 간략하게 설명해 주었다. 그리고 만약 줄리아가 좋다면 "하나님께서 이곳에 우리와 함께 하심"을 기억하기 위한 도구로 촛불을 켜겠다고 말했다. 내 말에 귀를 기울이는 그녀의 눈에는 웃음기가 가득했다.
각자 한 사람씩 차례로 말하게 될 때, 우리 셋은 말하는 사람에게 귀 기울일 것을 약속했다. 데이빗이 먼저 말하기로 했다. 내가 그에게 집중하는 동안 줄리아 역시 침묵하며 그의 말을 경청하고, 그 다음에는 데이빗과 내가 줄리아의 말을 경청하기로 했다. 그녀도 데이빗이 먼저 하길 원했다. 그녀의 말을 그대로 옮기자면 "그는 익숙해져 있기 때문"이었다. 마지막으로 종결의 시간에는 그들이 듣거나 다른 사람이 그들의 말을 듣는 경험을 통해 성찰하거나 느껴졌던 것이 있다면 나누기로 했다. 그리고 각각의 순서들 사이에는 침묵의 시간을 갖고 넘어간다고 설명했다.
이 구조는 샬렘인스티튜트의 로즈메리 도어티 Rose Mary Daugherty 와 그녀의 동료들이 그룹영성지도의 구조로 정한 것과 유사했다. 나는 이 구조가 그룹 영성지도나 커플의 영성지도에 유용하다고 생각한다. 5 분의 침묵 후에 말하는 사람에게 집중하여 경청하고 다시 5 분 침묵하고 경청하는 반복 구조는 참여자들이 기도할 수 있는 묵상적 공간을 유지하게 만든다. 일반적인 대화처럼 주고 받는 구조는 묵상적 분위기를 깨고 비록 침묵 가운데 앉아 있다 하더라도 하나님께 집중하기 보다는 발언권을 가지고 있는 사람에게로 주목하게 되어 있다. 앞서 말한 구조를 통해 사람들은 하나님을 향해 귀 기울이고 다른 사람들과 동행하면서도 자신들의 가장 깊은 곳에서 울리는 음성을 듣도록 한다.
촛불을 켜고 나는 우리가 서로에게 경청할 수 있도록, 그리고 함께 하는 시간 내내 하나님께 귀 기울일 수 있도록 도와 달라는 짧은 기도를 소리 내어 했다. 나는 두 사람 이상이 함께 영성지도를 하게 될 때면 이렇게 소리 내어 기도한다. 영성지도를 하는 동안 여러 번 침묵하게 되는데, 그 때마다 이 기도를 기억할 수 있도록 돕기 위함이다.

데이빗이 말을 꺼냈다. "줄리아와 나는 우리 인생에 있어 큰 변화를 가져올 일에 대해 생각하고 있습니다. 나는 동부의 한 기관으로부터 교육과 수련 프로그램 책임자로 와 달라는 청빙을 받았습니다. 이 청빙에 끌리기도 하구요. 회중 목회에 지쳤다 싶어 이제 좀 다른 형태의 목회를 하고 싶기도 합니다. 당신도 아시는 것처럼 나는 내가 말하는 것을 듣는 일에도 점점 지쳐갑니다. 그리고 여백이라곤 없는 삶, 갑작스런 요구에 언제나 응할 수 밖에 없는 생활이 버겁습니다. 그리고 한 교단의 목회자로써 인정해야만 하는 교리를 고수해야 하는 나의 위치도 지겹습니다."

줄리아를 힐끗 바라보고, 데이빗은 말을 이어갔다. "줄리아는 이 모든 것을 알고 있습니다. 나보다 지금의 교회 생활을 더 편안하게 받아들이고 있는 것 같기도 합니다. 그리고 아마 나의 설교나 가르치는 말들을 들으며 지겨워하지 않는 것 같기도 합니다." 그들은 서로를 보며 미소를 지었다. 그리고 데이빗은 아내의 손을 꼭 잡았다. "그러나 줄리아는 내게 합당한 것이 무엇인지 내가 찾아 갈 수 있도록 도우려고 하지요. 그런 아내에게 감사하고 있습니다. 그래도 분명한 것은 나뿐만 아니라 우리 모두에게 최선인 결정을 해야 한다는 것입니다."

그 후 20 분 가량 데이빗은 자신의 감정과 생각을 나누었다. 그 중 대부분은 전에 나도 줄리아도 들었던 내용이었다. 나는 그가 아내와 함께 하면서 일에 대해 점점 커져가는 불만을 덜 적대적으로 표현하고, 지쳐있지만 의욕적인 면도 있음을 느낄 수 있었다. 그는 말 끝마다 지쳤다는 단어를 사용하였다. 그리고 나는 그의 목소리에서 뭔가 아쉬운 심정 같은 것이 느껴진다고 말했다.

"음... 아쉬움이요? 당신 말을 들으니 슬프기도 하고 소망도 느껴지네요. 지금의 목회 사역이 끝나가면서 슬픈 것 같기도 합니다." 줄리아는 몸을 똑바로 세워 앉았다. 데이빗은 눈치를 보았다. "끝나가는 것 같습니다. 내 생각이지요. 지금, 여기서 내 일에 대해 이야기를 하다 보니 그것에 대해 그리 화가 나지도 반감을 갖고 있는 것 같지도 않네요." 그는 고백하듯 말하고는 아내를 바라보며 말을 덧붙였다. "그러나 상실감 때문에 슬프긴 합니다." 고통스런 미소를 띠고 그는 아내를 바라보았다. "이곳에서 우리가 함께 보낸 시간은 참 좋았어요, 그렇죠?" 그는 줄리아에게 이렇게 말했고, 그녀는 고개를 끄덕이며 눈물을 글썽였다.

데이빗은 그가 느끼고 있었던 슬픔에 대해 말했다. 그리고 그것은 마치 그가 지고 있던 무엇인가를 내려놓는 느낌이었다고 말했다. "슬픔에 대해 말하고나니 몸이 가벼워진 느낌입니다. 몸에 찰싹 붙어있던 묵직한 것이 떨어진 것 같아요."

데이빗에게 주어졌던 시간이 거의 끝나갈 때, 나는 "아쉬움"이라는 말을 들으면서 그가 느꼈던 소망이 무엇이었는지 물었다.

"네, 소망입니다. 달리 표현할 방법이 없습니다... 가능성처럼 느껴지기도 합니다. 그것이 반드시 새로운 청빙과 관련된 것도 아닐 겁니다. 지금 이 시간 전까지는 결코 그런 느낌을 가져본 적이 없습니다. 나는 그저 피곤하고 화가 났습니다. 목회직을 사퇴하면서, 아니 사퇴하길 원하면서요."

"그러나 지금은 그 모든 것들을 뛰어넘는 소망을 인식할 수 있게 됐네요?" 나는 데이빗이 다시 뒤로 주춤하는 것 같아서 이렇게 물었다.

줄리아가 나를 잠시 쳐다보았고, 나도 그녀와 눈을 맞추었다. 이런 구조 속에서는 사실 경청자들이 지도자가 말하는 것에 더 잘 주파수를 맞춘다. 말을 하는 사람들은 모든 것이 순조롭다면 내면에 더 귀를 기울이게 된다.

그리고 지도자의 말은 그들이 성령님께로 향하도록 주의력을 증폭시키는 것이어서, 그들은 지도자에게 주의를 돌리지 않게 된다. 데이빗과 나는 오랫동안 이런 시간을 함께 보냈다. 그래서 우리는 그에게서 그리고 그의 삶에서 일하시는 하나님께 주의를 돌리는 일을 좀 더 쉽게 하게 되었다.
데이빗은 나와 줄리아 사이에 일어나는 일들을 주목하지 않았다. 그는 자신 안에서 차오르는 소망의 속삭임에 귀를 기울이는 것 같았다. "나는 앞으로 좋은 일들이 있을 거란 느낌을 갖습니다. 지금 느끼는 고단함과 허탈감에서 회복될 것이라는 소망을 느낍니다. 여전히 하나님께선 절 부르고 계십니다. 반드시 지금 제게 주어진 그 청빙이 그것이라고 생각하진 않습니다. 그러나 제게 원하시는 일이 있을 겁니다. 그건 부담스럽다기 보다는 흥분되는 일입니다. 갑자기 젊어 지는 느낌이네요." 그는 머리를 뒤로 젖히며 웃었다. 나는 줄리아의 얼굴에서도 기쁨이 번지는 것을 보았다. 그리고 데이빗의 기쁨이 내게도 파도처럼 몰려오는 것을 느꼈다. 그 기운이 잦아들 즈음에 우리는 침묵하며 기도했고, 나는 진실로 서로를 사랑하는 이 부부를 바라보며 기쁨의 경험을 음미했다.
이제 줄리아가 말할 차례가 되었다. 그녀는 좀 수줍어하는 듯했다. 그녀는 조심스럽게 이야기를 시작했다. 그러나 데이빗이 보여준 감정에 대한 개방성과 하나님의 은혜가 그녀를 감동시켰고, 그녀는 전략이나 방어를 내려 놓았다. 말을 시작하면서 그녀는 데이빗의 손을 꼭 쥐었다. 그들은 시간 내내 손을 놓지 않았다. 그리고 데이빗은 그녀에게 고개를 끄덕여 주면서 격려했다. 그녀는 남편을 바라보면서 말했고 가끔 나에게도 시선을 던지곤 했다.
"데이빗, 나는 당신에게 가장 좋은 것을 원해요. 당신이 행복하고 하루 종일 피곤하지 않았으면 좋겠어요. 당신은 합당한 것이 무엇인지, 거기에 주목하기 원한다고 했지요. 나는 그것이 가정을 지켜내는 것이라고 생각해요. 우리는 마치 바다를 건너는 배와 같아요. 앞으로 갈 길이 멀지요. 그리고 당신과 나는 함께 배에 타고 있는 우리 아이들을 책임지고 있습니다. 우리 둘은 노를 젓고 있지요. 물론 당신이 가장 큰 힘을 쓰며 노를 젓는 것이 분명해요. 나는 앞의 노를 저으며 전방에 무엇이 있는지 살피지요."

줄리아는 말을 끊고 나를 바라보며 가볍게 말했다. "당신이 이미지를 좋아한다고 데이빗이 말하던데요, 이게 제 이미지 입니다." 나는 미소 지으며 고개를 끄덕였다. 그리고 그녀는 다시 데이빗을 바라보았다. "나는 당신이 너무 피곤해서 더 이상 노를 젓지 못하는 것 아닌가 싶어요. 때로는 노 젓는 한 쪽 손의 힘이 더 많이 빠져서 배가 한 자리를 빙빙 돌기도 하지요. 당신은 리듬과 균형을 잃었어요. 사실 나는 당신의 잘못을 고치려고 같은 말을 반복하는 내 자신도 싫습니다."

데이빗은 처음에는 놀란 듯 했지만, 그 후 고개를 끄덕이며 "맞아, 그렇지"라는 말로 동의하며 웃었다. 그리고 나는 줄리아에게 그 배 이미지가 좋으니 좀 더 들을 수 있겠느냐고 물었다. 그녀는 오직 자신의 가족만이 배에 타고 있다고 말했다. "그들은 나에겐 귀중한 승선자들입니다. 데이빗과 아이들이요. 나는 다른 사람들도 많이 사랑하고 그들과는 계선장에서 함께 있길 원합니다. 그러나 우리 네 사람은 그들과 분리된 특별한 단위로 존재하지요. 그리고 우리들의 운명은 서로 맞물려 있습니다."

"당신들 넷이 모여서 한 배를 이루는군요?" 내가 물었다.

줄리아는 이미지를 가지고 놀았다. "아마도 내가 살아왔던 만큼 그리고 앞으로 살아가는 동안은 배가 존재하겠지요. 나는 데이빗이 배에 타길 원했고 그 후엔 아이들을 데리고 탔습니다. 그러나 결국 아이들이 떠날 것이고, 또 내가 데이빗보다 오래 산다면 언젠가는 다시 나 혼자 남겠죠." 그들 둘은 마음이 촉촉해지며 눈물을 보였다. "데이빗이 나와 나의 삶에 대해 말할 때, 나는 그의 생각처럼 나를 바라보진 않았 습니다. 나의 삶은 이 가족을 한 항구에서 다른 항구로 안전하고 행복하게 데리고 가려 했지, 모험을 하려는 생각은 거의 없었습니다. 그런데 그렇게 천상의 운항을 하며 하나님을 따르는 동안 너무 멀리까지 왔네요." 그녀는 웃었다.

"천상의 운항에 대해 더 설명해 주세요."

"좋습니다." 줄리아는 허리를 다시 펴고 발도 마룻바닥 위에 단정하게 모으고 앉았다. "육지에 안전하게 도착하려면 우리는 하나님을 안내자로 바라 볼 필요가 있습니다. 배에 대해 생각하면서, 나는 쉴 수도 있어야 하고 안내자를 바라볼 수도 있어야 함을 알았습니다. 그러기 위해서 나는 데이빗이 불안한 노 젓기를 멈추었으면 합니다. 나는 고쳐 보라고 주의를 주곤 하지요. 데이빗이 노를 내려 놓고 그냥 떠 있으면서 위를 올려다 볼 수 있길 원합니다."

이것이 줄리아가 그날 네 사무실에서 말하고 싶은 이야기의 핵심 이었던 것 같았다. 더 많은 이야기가 오고 갔지만, 내 마음 가운데, 성령님께서 몰고 가시는 방향은 멈춰서 들으라는 것임을 느낄 수 있었다. 만약 그들 둘이 노를 잠시 거둬들일 수 있었다면, 그들은 슬픔과 소망을 느낄 수 있었을 것이다. 또한 치열하고 결의에 찬 시선이 아니라 열린 마음으로 경탄하면서 하나님을 바라볼 수 있었을 것이다. 고대의 켈트 기독교인들은 영국의 섬들로부터 방향타가 없는 배를 타고 돛도 없이 항해를 떠나곤 했었다. 그러면서 그들은 하나님께서 원하시는 바닷가로 데려다 주시길 기도했다. 그 작은 배들은 "코라클"이라고 불렸다. 나는 데이빗과 줄리아가 넘실대는 은혜의 파도에 얼마 동안이라도 자신들을 맡길 수 있길 간절히 원했다.

나는 그들에게 안식일을 지킬 것을 권했다. 내가 그들을 만났을 때는 공교롭게도 안식의 훈련을 막 시작한 시기였기 때문에 나는 첫 열심을 가지고 권할 수 있었다.² 나는 그들에게 단순히 멈추고, 일을 쉬며, 애씀을 그치라고 말했다. 그것은 그냥 배에 타고 떠있는 것이다. 별을 주목하여 바라보고. 숨을 쉬고. 힘을 얻는 것이다.

나는 그 만남 이후로 줄리아를 못 만났다. 그러나 데이빗은 일 년 정도 더 만나며 그들 가족의 앞날을 위한 분별을 해 나갔다. 그들은 주중에 하루를 축구 연습도 교회 회의도 없는 안식일로 정했다. 그들은 그 날이 온전히 빈 공간이 되길 기대하며 마음을 다해 지켜나갔다. 매주 그날이 되면 그들은 젊어지는 느낌이 들었다. 그들은 언젠가는 떠나게 될 그들 삶의 제 2막에 대해 감사할 수 있었고, 앞으로 일어날 일들에 대한 소망을 경험할 수도 있었다. 데이빗이 줄리아를 영성지도에 데려 오기로 했던 결정은 그들이 모험의 파트너로 서로 연합할 수 있도록 도왔던 것 같았다. 그리고 그들이 멀리 떠났을 때, 나는 그들의 나침반이 진정한 북쪽을 향해 맞추어져 있었음을 백 퍼센트 확신했다.

노트

1. 참조 Rose Mary Dougherty, *Group Spiritual Direction: Community for Discernment* (Mahwah, N.J.; Paulist Press, 1995). *그룹영성지도: 분별을 위한 공동체*(서울; 로뎀출판사, 2007)
2. 나는 빌립보서를 기반으로 안식일에 대한 글을 쓴 적이 있다. "Sabbath Living," Radix 32, no.3 (2006): 14-19

26 더 큰 은사: 레아
A Broader Gift: Leah

대학원을 졸업하고 레아는 그녀의 삶을 활기차게 만드는 친구들과 공동체에서 우정을 계속 이어가고 싶어서 집에서 가까운 일자리를 찾기 원했다. 시간이 흐르면서 그녀는 자신의 삶 가운데 일하시는 하나님께 더 깊이 뿌리를 내릴 수 있었다. 그리고 그녀는 어린 시절의 외상적 경험이나 가족의 관계 패턴들을 관찰하고 재경험 하면서 치유가 일어나고 있음을 확신했다. 그녀는 또한 현재의 삶에서 특별한 은혜를 누리게 만든 자신의 과거가 어떻게 자신을 빚어 왔는지 볼 수 있었다. 비록 그녀 스스로 고통스런 과거를 선택했던 것은 아니었지만 그것은 그녀의 과거였고 하나님께서는 그 곳에서 역사하셨다.

"나는 우유를 짜는 시간에 태어났어요. 그래서 내가 태어날 때 아버지는 병원 분만실에 있을 수 없었죠. 결국은 나도 아버지처럼 목장에서 일을 하게 되었고요." 레아는 이미 잘 알고 있는 이야기를 다시 하면서 영성지도 시간의 문을 열었다.

"목장에서의 삶은 거칠었죠. 내가 하는 일들 가운데 하나는 새끼 고양이를 물 속에 넣어 죽이는 것이었어요. 그렇지 않으면 목장은 고양이 천지가 되기 때문이었죠. 나는 고양이가 죽어서 움직임이 없을 때까지 물 속에서 꿈틀거리는 것을 느꼈습니다. 어느덧 그 일에 무감각해져 갔지요. 마치 멀리 떨어져서 그 장면을 보고 있는 것 같았어요." 그 때를 떠올리며 그녀는 그 기억에서 멀어지려는 듯 몸을 잔뜩 웅크렸다.

목장에서는 많은 죽음들을 볼 수 있었어요. 소들은 내가 새끼 고양이를 익사시킨 바로 옆에서 도살되었고, 닭은 우리의 식탁에 올리기 위해 죽였습니다. 사람들도 죽었어요. 가끔 사고가 있었거든요."

눈을 가늘게 뜨고 그녀는 나를 바라보았다. "때론 어떤 사람이 죽을지 나는 알았습니다. 괴기스러운 일이지만요. 난 그 사람이 죽기 전날 밤에 꿈을 꾸곤 했어요. 어떨 땐 아침에 일어나면서 누가 그날 죽을 것인지 그냥 알 수 있었습니다. 엄마에게 그 얘길 하곤 했지요. '누가 죽어가고 있어요'라고. 그러면 엄마는 찡그린 얼굴로 날 쳐다보셨죠. 가장 생생한 죽음의 전조는 옆집 소년이 죽을 때였어요. 나는 그가 트랙터 위에서 수로에 박혀 죽는 꿈을 꾸었습니다. 그는 나와 동갑인 열 살이었죠. 나는 그가 내 남자 형제들과 함께 나와 다른 여자 아이들을 쫓아다니며 못살게 굴었기 때문에 싫어했습니다." 그리고 긴 한숨을 쉬며 그녀는 이 말을 더했다. "그러나 그는 내가 매일 살아가던 삶의 일부였지요."

계속해서 그녀는 설명했다. "그의 죽음을 알려준 사람은 아버지였습니다. 들판에서 그가 타고 있던 트랙터가 수로로 굴러 떨어졌고, 그는 트랙터에 깔렸습니다. 사람들이 그를 꺼내려고 했지만 할 수 없었습니다. 그들은 그가 죽어가는 것을 지켜볼 수 밖에 없었습니다." 레아는 울었고, 흐느낌이 잦아들 때까지 우리는 말이 없었다.

"어젯밤 나는 버클리에서 교회 목사님과 다른 몇몇 사람들과 함께 기도했습니다. 그들에게 이 이야기를 하면서도 나는 울고 또 울었습니다. 어린 나는 이 전조들을 '죽음의 기운'이라 불렀고 저주로 여겼다고 말했습니다."

레아는 부질없다는 듯 분노에 찬 표정으로 머리를 저으며 이렇게 외쳤다. "하나님은 어떻게 어린 소녀에게 이런 고통스런 은사를 주시려고 했을까요? 왜? 왜요?" 그녀는 마치 내게 답을 요구하듯 소리 지르며 자신의 주먹으로 의자의 팔걸이를 내리쳤다.

나는 '죽음의 기운'과 그것을 저주로 여기는 그녀의 모든 생각 들과는 반대되는 생각을 하고 있었다. 수년간 레아와 함께 시간을 보내며 나는 그녀의 많은 경험들에 관해 들어왔다. 그것들은 더 큰 세계를 경험하며 알아가는 일들이었고, 객관적인 증거들을 넘어서는 비전들이었다. 나는 이 문제도 이런 관점으로 접근하기로 했다.

"레아, 그에 대한 답은 나도 모르겠네요. 하지만 지금 당신의 어릴 적 경험을 듣고 있자니, 외국에서 살았던 경험과 최근의 연구를 위한 여행에 대해 당신이 말했던 것들이 기억나면서 '죽음의 기운'이라고 부르는 것은 더 큰 은사의 일부이거나 경험의 한 방법이 아닌가 싶네요. 당신은 죽음이 가깝게 있음을 감지할 뿐만 아니라, 위험하다는 것도 인식하지요. 그리고 그런 인식이 당신을 보호할 수 있는 결정을 하도록 하구요. 때론 다른 일들과 도전을 위해 당신을 부르시는 하나님을 인식하곤 하셨죠. 그리고 당신이 걸어야 할 특별한 길이 당신 앞에 놓여 있음도 느꼈습니다. 또한 당신은 위기의 때에 누구에게로 돌아서야 하는지, 누가 선하고 친절하며 의지할 수 있는 존재인지를 알고 있습니다." 나는 이 말을 하면서, 이것이 진실됨을 그리고 그녀가 자신의 은사를 통합적으로 보는 일이 얼마나 중요한지를 더욱 강하게 느낄 수 있었다. 레아와 오래 함께하며 삶의 경험들을 들을 수 있었기 때문에, 나는 이 이야기를 더 큰 맥락 속에서 생각할 수 있었다. 그리고 풍성한 관계를 맺은 후에 이 주제가 표면화 된 것도 기뻤다. 때로 영성지도자들은 나무뿐 아니라 숲도 볼 수 있도록 가리킬 수 있어야 한다.

"그렇군요. 더 큰 은사라고 하셨죠?" 레아는 생각에 잠겼다. 그러면서 두 발을 꼬아서 의자 위에 올렸다. "나는 민감합니다. 아마도 이것이 그 민감함의 일부일 수 있겠네요. 가끔 나는 이 민감함 때문에 사람들로부터 소외감을 느끼곤 하지요. 그러나 그 민감함이 고통스러웠던 것만은 아니었습니다. 그것은 안전함과 선함을 분별할 수 있도록 도왔지요. 맞아요. 이 민감성을 포기하고 싶지는 않았습니다. 그것은 내가 나 되게 하는 것이니까요. 그 때문에 나는 다른 사람들이 보지 못하는 것, 세상이 어떻게 돌아가는지 또 이 세상 너머의 세계가 어떤지를 볼 수 있습니다." 그녀는 확신에 차서 이야기했다. 그리고 웃으며 "이 세상 너머의 세계죠"라고 덧붙였다.

그리고 얼마 동안의 침묵이 흐른 후, 레아는 나를 진지하게 바라보며 물었다. "그러니까 그것은 하나님의 저주가 아니라 더 큰 능력의 일부가 드러나는 것이라는 말이죠?"

"그런 식으로 보니까 어떤 것 같으세요?"

"글쎄요... 하나님을 더 신뢰하게 됩니다. 내가 알고 있는 하나님과도 더 잘 맞는 것 같습니다. 내가 기도할 때 경험하는 하나님과도 부합 하구요."

"그것에 대해 구체적으로 말해 주세요."

"기도할 때, 나는 하나님의 위로하심과 친절하심을 압니다. 그분께서는 나의 민감함을 아시고, 내가 평안함을 느끼도록 역사하십니다. 심지어 내가 많은 것들을 보고, 속임에 빠질 때도요. 시편 23 장의 하나님 같으시죠. 내가 죽음의 어두운 골짜기를 다닐지라도 내가 두려움에 빠지지 않도록 도우십니다. 내게 기름을 부으시고 먹도록 하십니다. 그분께서는 나를 돌보십니다."

"아름다운 이미지네요."

"그렇습니다."

영성지도자로써 누리는 축복들 가운데 하나는 하나님의 말씀을 사람들이 받아들이는 것을 직접 보는 것이다. 나는 선지자 이사야의 글을 종종 생각한다.

이는 비와 눈이 하늘로부터 내려서
그리로 되돌아가지 아니하고
땅을 적셔서 소출이 나게 하며 싹이 나게 하여
파종하는 자에게는 종자를 주며
먹는 자에게는 양식을 줌과 같이
내 입에서 나가는 말도
이와 같이 헛되이 내게로 되돌아오지 아니하고
나의 기뻐하는 뜻을 이루며
내가 보낸 일에 형통함이라 [1]

시편 23장은 땅을 적시시고 소출이 나게 하며 싹이 나게 하시는 하나님, 그래서 결국 생명의 빵이 되며 그것을 받아들이는 사람을 살게 만드시는 하나님으로부터 나온 말씀이다. 레아는 성경 말씀을 꼭꼭 씹어 먹었고, 그것은 그녀의 신비한 하나님 경험을 더 잘 이해하도록 했다. 그것은 가뭄의 때와 폭풍우가 불어 닥치는 때에 그녀를 살아남도록 지탱하는 것이었다.

레아는 이제 전문가로써 새로운 여정을 시작하고 있다. 그녀는 하루 하루 근근이 살아가고 있었다. 하나님의 공급하심을 신뢰하는 것은 힘든 일이었다. 특별히 곤핍했던 시절에 그녀는 구체적인 일자리를 구하며 밤낮으로 기도했다. 그녀는 절박하게 일이 필요했기 때문에 이 간구는 정당한 것으로 여겨졌다. 재정적 시련이 매일 그녀를 압박했다. 그녀의 차는 거의 분해되기 직전이었지만 수리할 돈이 없었고, 면접을 위한 옷도 필요했다. 그렇게 먹는 것도 아껴가며 근근이 입에 풀칠하며 살던 때였다. 어느 비 오는 날 밤 임시직인 비서업무를 마치고 그녀가 나를 만나러 왔다. "정말 비참한 나날들이네요." 그녀는 신음하듯 말하며 우산과 서류 가방을 마룻바닥에 내려 놓고는 의자에 몸을 던졌다.

우리는 침묵 기도로 영성지도를 시작했다. 깊은 숨을 들이 쉬며 레아는 자신의 상황을 설명했다. "일자리를 얻을 수 있을 것 같아요. 거기에 내 소망을 모두 걸진 않지만, 완벽한 일자리에요. 그 일만 하게 되면 내 모든 문제가 다 해결될 텐데요." 그녀는 모든이란 말을 하면서 오른팔을 왼쪽에서 오른쪽으로 움직이며 모두 쓸어 내는 듯 강조하는 몸짓을 했다. "나는 많은 시간을 그것에 대해 간구하며 지냅니다. 밤낮으로 기도하는 시편기자와도 같지요. 내 베게는 하나님께 간구하며 흘리는 눈물로 흠뻑 젖었습니다. 그것은 언제나 내 생각을 떠나지 않습니다."

그녀의 갈망이 가슴에 다가왔다. 나는 그녀가 기도하면서 어떤 하나님 경험을 하는지 물었다.

"글쎄요, 나는 하나님께서 내게 좀 더 분명하셨으면 좋겠습니다. 그분은 응답이 없으십니다. 그래서 나의 기도는 마치 간구하는 것이 정당하다고 입증하며 서원하거나, 잘 봐 달라고 부탁하는 것 같이 여겨집니다. 그분과 함께 나아가고 있는지도 모르겠습니다." 그녀는 미소지었다.

"마치 전혀 하나님의 반응을 인식할 수 없다는 말처럼 들리네요. 하나님께서 듣고 계신다는 느낌도 없습니까?"

"당신이 막상 그렇게 물어보니, 잘 모르겠습니다. 생각해 볼게요." 레아는 팔로 턱을 고이고 눈은 우리 사이에 깔려있는 러그에 눈길을 주며 앉아 있었다.

"흥미롭네요. 이틀 전 밤에 있었던 일이 생각납니다. 집에 늦게 들어가고 있었습니다. 추운 밤이었지요. 전철을 놓치는 바람에 평소보다 귀가가 훨씬 늦어졌습니다. 나는 배고프고 피곤했습니다. 이럴 땐 보통 내 스스로 비참하다는 생각을 하죠. 누구라도 그러지 않을까요?" 그녀는 저돌적인 어조로 말했다. "삶이 쉽지 않네요. 이렇게 어려울 줄은 몰랐습니다. 완전히 지쳐서 더 이상 앞으로 나아갈 수도 없을 것 같습니다." 이 말과 함께 그녀는 팔짱을 끼고, 머리가 무릎에 닿도록 허리를 접고 슬프면서도 차가운 표정을 지었다.

나는 그녀가 지금 겪고 있는 현실적 역경을 강하게 호소하다가 며칠 전의 늦은 밤 이야기를 했는데, 혹시 그 이야기 가운데 내게 하고 싶은 말이 있었는지 물었다.

"아, 맞아요." 그녀는 기억을 되살리며 대꾸했다. 레아는 허리를 펴고 나를 똑바로 쳐다보았다. 그녀의 파란 눈은 동그랗고 맑았다. "현관 문을 향해 걸어갈 때 아주 캄캄했지요. 머리 위로 빛나던 별 빛만 빼놓고는 거의 흑암이었어요. 나는 현관 바로 못 미쳐서 걸음을 멈추고 위를 올려다 보았습니다. 별 하나가 특별히 환했습니다. 아마 행성이었던 것 같습니다. 그런데 내겐 하나님처럼 느껴졌습니다. 마치 저 위에서 내가 살고 있는 이 세상 모두를 보실 수 있는 하나님께서 나를 바라보고 계신 것 같았습니다. 그분은 나의 상황도, 내가 논문을 책으로 출간하고 싶어하는 것도, 그리고 먹고 살 수 있는 일자리를 찾고 있는 것도 볼 수 있으시죠."

마치 선명한 빛이 우리의 대화 속으로도 들어오는 것 같았다. 레아는 말을 이어갔다. "나는 별을 바라보며 하나님께 기도 드렸습니다. 그 동안 해왔던 부탁하고 맹세하는 기도와는 다른 것이었습니다. 나는 하나님께 말했습니다. '사랑합니다. 내가 일자리를 얻든 못 얻든 당신을 사랑할 것입니다.'" 말을 마치고 그녀는 고개를 끄떡이며 자신이 한 말을 확인했다.

그 밤에 지하철에서 내려 덜커덩거리는 고물 차를 집까지 운전하고 온 배고프고, 피곤한 그녀의 모습이 눈에 선했다. 그런 그녀가 어둠 속에서 그 별 아래 서 있었다. 나는 그녀의 용기와 믿음에 압도되어 잠시 동안 말을 잃고 있었다. 그녀는 어떤 값을 치르더라도 하나님을 사랑하겠다는 견고한 믿음의 선택을 무너뜨리려는 어두운 세력을 대적하기 위해 고개를 끄덕였던 것이다. 그녀는 삶의 압박과 염려 들로부터 떨어져 거룩한 초연함 혹은 거룩한 무관심의 장소에 서 있었다. 별들 아래 자유롭고 강한 모습으로 서 있었다.

레아는 내가 감동한 것을 인식하고 나와 함께 침묵했다. 그리고 낮은 목소리로 이렇게 덧붙였다. "빛이 어두움 속에 비춰었고, 어두움은 그 빛을 이길 수 없습니다."

나를 비롯해서 얼마나 많은 사람들이 이 성구로 힘을 얻었는지 생각 하며 나는 "아멘"으로 답했다.

레아는 비극과 가난의 무게에 짓눌려 있는 가정에서 우유 짜는 시간에 태어났다. 그리고 삶을 거부하는 교리를 가르치는 교회에서 양육 되었다. 그러나 그녀는 그곳에서 하나님의 말씀을 받았다. 초장에서 일하고 있던 한 소녀에게 하늘로부터 말씀은 비처럼 내렸다. 가뭄과 궁핍의 때에도 생명을 부여하는 은혜를 받을 수 있도록 한 것은 그녀에게 허락된 풍부한 상상력이라는 훌륭한 은사, 곧 생생하게 살아있는 믿음이었다.

노트

1. 이사야 55:10~11

27 주차 브레이크를 풀다: 찰스
Releasing the Parking Break: Charles

수도원에서 받은 축복들을 찰스는 오랫동안 누리고 있었다. 그리고 지난해 영성지도로 그를 만났을 때 그는 그의 빈손으로 할 수 있는 것들이 무엇인지를 발견했다. 그 일들 중 많은 것이 결혼 문제로 그늘에 가려있거나 눌려있었던 열망들을 발굴하는 것과 관련되어 있었다. 조금씩 조금씩 그는 오랫동안 부인해 왔던 열망들을 직면하게 되었다. 오래 미뤄왔던 수술들도 했다. 내 눈엔 띄지 않았었는데, 나면서부터 그의 귀는 앞으로 많이 접혀있었다. 그래서 언제나 머리카락으로 가리고 있었다. 그리고 발의 통증이 점점 심해져서 하이킹 가는 일뿐 아니라 다른 불편한 일들도 많았다. 그래서 통증 없이 걸을 수 있도록 수술 했다. 그 두 가지 수술은 찰스에게 더 큰 자유를 안겨주었다. 머리를 빗는 일도 훨씬 편했고, 얼마나 멀리 걸을 수 있을까 걱정하는 일도 없어졌다. 남을 의식하는 일도, 불편을 감수하는 일도 조금씩 덜어냈다.

그는 골방에서부터 이사 나왔다. 이 결정이 쉽지 않았던 것은. 그의 룸메이트들에게도 영향을 주기 때문이었는데 그들은 그의 결정을 존중하고 그의 결정에 맞추어 주었다. 이제 그는 소음이 없는 혼자 쓰는 자신만의 방을 갖게 되었다. 홀로 평안하게 침묵하며 기도할 수 있는 공간이 생긴 것이다. 그는 묵상하는 삶이 활동적인 변화로 이어지는 것을 알았다. 그러나 그럴 때마다 자신의 결정이 옳다고 항상 확신할 수 있었던 것은 아니었다.

"저는 교회를 떠나려고 합니다." 어느 날 찰스가 내게 알려왔다. 이 교회는 찰스가 십 년 이상 열심으로 헌신하던 곳이었다. 그리고 그의 삶에서 가장 중요한 공동체이기도 했다. 나는 놀랐고, 그것을 감지한 찰스는 이렇게 말을 어어 갔다.

"네. 압니다. 매우 깊숙이 관여하고 있었지요. 그러나 내가 그곳에서 한 것은 섬김이 전부였습니다. 그리고 다른 모든 사람들은 가족을 이루고 있었죠. 미혼인 나는 스페어 타이어 같다는 느낌을 언제나 받았습니다. 내가 거기에 머물러야 한다는 인식은, 기도할 때 하나님께서 내게 적합한 배필을 그곳에서 주실 것이라고 하셨기 때문입니다. 그러나 그런 일은 없었죠. 그곳에서 전 행복하지도 않았습니다. 그래서 주변을 더 둘러보려고 합니다.

"그것은 숙고해 봐야 할 큰 변화네요. 당신이 무엇을 찾고 있는지 아세요?" 나는 물었다.

"더 많은 미혼 여성들을 찾아보는 것도 그 가운데 하나지요. 제 나이 또래의 사람들을 찾고 있습니다. 리더로써의 책임감을 내려놓고 사람들을 알아갈 수 있다면 좋겠습니다. 또한 향심기도나 관상기도를 하는 교회를 찾고 있습니다." 그는 분명하고 확실한 어조로 자신의 희망을 나열했다.

"이에 관해 많은 생각을 하셨군요."

"네. 그러나 옳은 선택인지 확신이 서지 않습니다."

"옳은지요?" 나는 물었다.

"하나님께서 제게 이것들을 가져다 주실 것을 믿고 기다라며 헌신하기보다 제가 직접 찾아나서는 것이 옳은 일일까요?" 그는 간절한 눈망울로 나를 바라보며 답을 구했다.

"그것은 양자 택일의 질문이군요. '하나님께서 하실 것인가 아니면 내가 할 것인가?' 나는 하나님께서 외부 환경만을 다루고 계시진 않는 다고 생각합니다. 그분은 당신의 마음과 생각도 다루시지요. 당신은 전에는 주목하지 않았던 갈망들에 대해 마음을 열었네요. 그리고 당신은 그 갈망들을 만족시킬 방법들을 생각했던 것이고요. 나는 당신이 그에 대해 기도하면서 하나님께서 과연 어떤 말씀을 당신에게 하시는지 귀 기울여 들었으면 합니다. 그리고 도덕적, 실제적 관점을 가지고 생각해 보는 것도 필요할 것 같습니다. 예를 들면 당신이 떠남으로 인해 당신 자신과 다른 사람들에게 요구되는 희생이 있는지, 어떤 희생인지를요." 그의 눈은 마치 자신의 결정으로 초래될 결과물 들이 무엇인지 열람하듯 허공을 바라보며 바쁘게 움직였다.

찰스가 자신의 미래에 대한 선택을 할 수 있도록 돕기 위해서 나는 다음과 같이 말하며 영성지도의 시간을 맺었다. "하나님께는 모순이 없다고 생각합니다. 하나님과 당신 둘 모두 적극적으로 일할 수 있지요. 나는 당신이 하나님께 믿음 없는 말 하는 것을 들어본 적이 없습니다. 혹시 친구들과도 이에 관해 논의해 볼 수 있지 않을까요?"

찰스는 경청하는 자세로 자신의 기도 경험과 실제의 삶을 통합하는 기도를 하면서 하나님의 부르심과 삶에서 받은 축복들을 더욱 온전히 인식하고 받아들인다는 인상을 나는 강하게 받았다. 그는 자신의 가슴 속 가장 깊은 곳에 있는 것에 귀 기울이고 하나님께 시선을 모았다. 가까운 친구들은 그의 성숙을 확인했고, 삶과 선택들에 대한 그의 분별하는 성찰들은 자신의 삶과 신념들뿐 아니라 신앙 공동체와 관련해서도 복합적으로 이루어져 갔다. 그것은 살면서 맺게 되는 개인적 관계들이나 의미 있는 중요한 일들로부터 과감하게 벗어나는 해방의 성찰은 아니었다.[1] 오히려 그것은 은혜 안에서 믿음의 성장을 이뤄가는 움직임이었다.

찰스가 그의 마음을 따라가는 것을 보면서 나는 마치 땅에 심어진 씨앗이 싹을 틔우고 천천히 하늘을 향해 잎사귀를 펴는 모습을 보는 것 같았다. 나는 그가 방문했던 수도원을 감싸 안은 넓고 낮게 드리운 하늘을 떠올렸다. 잠언은 이루어지지 않는 소망은 마음을 상하게 하지만, "소원이 이루어짐은 곧 생명나무"라고 확실하게 말한다.[2] 나는 내 앞에 서 있는 어린 묘목 한 그루를 보는 듯 느껴졌다. 그로부터 흘러나온 생명은 마침내 세상으로 향하고 있었다. 생명나무는 치유와 은혜를 세상에 가져오고, 찰스가 한 발 한 발 내딛는 발걸음은 가족을 사랑하고 세상을 섬기려는 그의 오랜 갈망과 완전히 부합하는 것처럼 보였다.

찰스는 정신과 의사인 내 친구가 "주차 브레이크를 푼다"고 표현한 그 일을 하고 있었다. 이제 그는 유보 조항들을 달지 않고 자신의 갈망을 향해 앞으로 나아갈 것이다. 내 친구의 말대로라면 심리치료는 자신이 주차 브레이크를 걸어놓은 채로 운전하려 했음을 깨닫게 하는 것이다. 그런데 찰스의 경우에는 성찰을 통해 마음을 정하고 하나님께 용기를 내어 그가 원하는 것을 구하면서 자신의 장애에서 풀려나 성장하고 움직일 수 있었다.

소망이 무자비하게 깨지는 경험이 쌓이면서 우리는 자신의 소망을 보호하려고 한다. 찰스는 부모의 가난과 이혼으로 원치 않는 변화를 겪게 되면서 많은 소망들이 산산조각 나는 경험을 했다. 그는 외부의 공격들로부터 자신의 소망을 보호하는 법을 배웠다. 비현실적으로 과도한 소망을 제어하는 것은 지혜로운 일지만, 우리는 소망을 숨기면 그것이 보호될 것이라고 생각하면서 잠언의 타조처럼 행동할 수 있다.

하나님의 은혜로 찰스는 주요한 외적 변화를 일궈냈다. 주차 브레이크는 내려졌다. 소망이 드러났고, 이제 행동이 필요했다. 손을 뻗으면 잡을 수 있는 것들을 빈 손이 된 그의 손으로 쥘 수 있었다. 새로운 직장, 교회, 가정이 그것들이다. 그는 이런 변화를 겪으면서 하나님께 주목하려고 애썼고, 떨어져서 주시하고 계시는 하나님의 임재를 느꼈다.

어느 날 찰스는 공표하듯 말했다. "법대에 지원하기로 했습니다. 아마 그 때문에 이사할 수도 있을 것이고, 직업적으로도 완전히 다른 방향을 택하는 일이 될 수 있을 것 같습니다. 저는 시민 운동과 관련된 분야의 일을 하기 원하는데, 법학을 배우는 것이 유용할 것 같아요. 그리고 이젠 실제적인 변화와 도전에 대해서도 준비된 것 같고요. 그런데 제가 이 결정을 하면서 하나님께 대해선 어떻게 인식했는지 궁금하시지요?" 만면에 미소를 머금고 그는 분명하게 말했다. "저는 하나님께서 공급하심을 인식합니다. 하나님께선 제 손이 닿을 만한 곳에 놓아두시고, 가능하게 만드십니다. 제 손에 쥐어 주시진 않지만, 근본적으로 '네가 만약 이걸 원한다면, 취하라'고 그분은 말씀하십니다."

찰스는 결연하게 말했다. 그는 강하고도 역량 있는, 단호하고도 평안한 모습이었다. 이전의 끓어오르는 분노는 찾아볼 수 없었다. 그는 새 삶을 출발하고 있었다. 나는 배필에 대한 소망은 여전히 양 발 사이에 내려놓은 채로 다른 꿈들과 함께 그 소망 또한 추구하는 그의 모습을 그려보았다. 그 후로 9개월 동안 동부 쪽의 유수한 법과 대학에 지원 하고, 입학 허가를 받아서 짐을 챙겨 작별 인사를 한 후 소망을 품고 미래를 직시하며 나아가는 그의 모든 과정 과정을 나는 함께 할 수 있었다.

그가 법대 진학을 원한다고 말했던 그 날, 나는 그의 평안한 얼굴을 마주했다. 그리고 평안이란 의미뿐 아니라 치유와 온전함이란 어원에서 파생된 히브리어 '샬롬'을 떠올렸다. 나는 더 이상 찰스를 속을 알 수 없는 사람이라고 여기지 않는다. 그는 열려있고 말도 편하게 한다. 말하면서 감정도 얼굴 표정에 잘 드러나고 있다. 기도를 통해 그리고 위기를 겪어내며, 그는 소망에 속박되지 않고 소망을 붙드는 방법을 발견했다. 그것이 내가 그의 얼굴에서 발견한 샬롬 이었다. 갈망으로 고뇌하며 차라리 자신을 무감각하게 만들어 버리는 교리를 그는 내려놓았다. 하나님께서는 기계적으로 소망을 가시화시켜 그에게 배필을 가져다 주시는 분이 아니라, 오히려 그가 걸을 수 있는 '넓은 길'을 주셨다.[3]

노트

1. 참조 Hans-Georg Gadamer, *Philosophical Hermeneutics*, David E. Linge 번역 편집 (Berkeley; University of California Press, 1976), 42.
2. 잠언 13:12
3. 시편 18:36

28 성령이 내주하시는 곳: 룻
The Spirit's Dwelling Place: Ruth

때로 영성지도 관계는 어쩔 수 없는 일들로 인해 허둥지둥 종결되는 경우가 있다. 룻의 경우가 그랬다.

룻이 영성지도를 위해 내 사무실에 오는 걸음을 멈춘 후 거의 일년 동안 우리는 쪽지를 나누거나 이메일 혹은 전화 통화를 통해서 계속 연락을 주고 받았다. 그녀는 기독교에 관한 모든 것을 알고 싶어 했고, 전화로 대화할 때면 나는 성경과 성경 색인 집과 주석을 옆에 준비해 두고 시작했다. 그녀는 특정한 성경 구절의 의미와 단어들이 암시하는 것이 무엇인지를 묻곤 했다. 그녀는 여러 성경 번역본들을 읽고 있었고, 다양한 영성의 색채를 망라하는 많은 친구들과 대화를 하곤 했다. 그러면서 그녀는 많은 정보에 귀 기울이고 더 많이 배워가고 있었다. 그녀는 그 일들이 자신이 죽었을 때 만나게 될 일을 위해 준비하는 것이라는 사실을 가끔 언급하곤 했다. 그녀는 사촌에게 다음과 같은 편지를 썼다. "요즈음 내게 가장 위로가 되는 것은 하나님께서 그의 피조물들뿐 아니라 정서적, 신체적 고통까지 모두 함께 받기로 결정하셨다는 사실을 알게 된 것이야. 그것은, 아니 오직 그것만이, 우울의 늪에 빠져있을 때 나의 작은 고통이 내가 알 수 없는 훨씬 더 크고도 더 의미 있는 어떤 것 안에 포함되어 있음을 느끼도록 해주고 있어."

그녀의 마지막 부활절이 되어버렸던 그 날, 룻은 내게 손 글씨로 쓴 카드를 보냈다.

이번 부활절에 나는 작년 부활절 예배에 나를 데리고 간 친절한 당신을 자주 생각했습니다. 그 때 나는 다음 부활절을 맞을 수 있을지 모르겠단 생각을 했습니다. 그러나 아직은 이 땅에서 부활절을 맞고 있는 내게, 이번 부활절은 놀랍게도 아주 의미 있는 날이 되었습니다. 그리스도께서는 내 몸과 영혼의 치유를 그분에게 모두 맡기라는 말씀을 하셨어요. 그리고 나는 그렇게 했습니다...... 당신과 이것을 나누기 위해 영성지도 시간을 정했으면 합니다. 지금 같아서는 당신의 사무실까지 거뜬히 걸어 올라갈 수 있을 것 같네요. 아름다운 봄날과 부활하신 주님께서 당신에게도 큰 기쁨이 되시길 소망합니다....... 지난 부활절에 당신과 함께 교회에 갔던 기억을 떠올리며 오늘 특별히 당신을 자주 생각하게 되네요.

룻은 자신이 그림을 그리고 있으며, 찬양 팀에도 참여했다고 말했다. 그리고 암도 여전히, '믿음의 분투'도 여전히 계속 진행되고 있다고 썼다. 그녀는 "하나님의 완벽하신 계획은 반드시 내가 원하는 만큼 오래 살게 될 것임을 의미하는 것은 아닙니다. 그러나 나는 아직 그것과 계속 씨름하고 있어요"라고 자신의 생각을 돌아 보았다. "많이 사랑합니다. 그리고 당신이 행복하기를 기도합니다"라는 말로 그녀는 글을 맺었다.
두 주 후에 룻은 이메일로 자신의 상태가 아주 안 좋으며, 좀 회복이 되면 꼭 이야기 할 수 있길 기대한다고 전했다. 그리고 내게 아름다운 날씨를 즐기길 바란다는 말도 잊지 않았다. 그러나 그 이메일을 받고, 두 주가 더 지났을 때 우리가 함께 알고 있는 친구로부터 룻이 위독하며 나를 보고 싶어한다는 말을 전해 들었다. 그녀는 집에서 친구들의 간호를 받고 있었다. 그리고 그곳에서 죽음을 맞으려고 했다.

우리가 영성지도의 관계를 맺은 후, 두 번째로 나는 먼 길을 운전해서 물가에 있는 그녀의 집을 방문하게 되었다. 그 부활절 이후로 일년이 조금 지난 때였다. 나는 말로 다 할 수 없는 슬픔을 안고 그녀를 만나러 갔다. 룻을 향한 사랑은 점점 더 커져갔다. 그녀는 내게 삶과 죽음을 가르쳤고 큰 품으로 나를 안아주었다. 그녀는 내가 영성 지도자로 할 수 있으리라 느꼈던 한계를 허물고, 이해의 폭을 최대한 확장시켜 주었다. 나는 성경과 공동기도서, 언젠지 기억나지 않지만 리트릿에서 가져왔던 성유 그리고 아이들과 남편이 호기심 어린 눈으로 지켜보는 가운데 나의 부엌에서 챙긴 성찬에 쓸 포도주와 빵을 가지고 그녀를 만나러 갔다. 가면서 나는 하나님께 말씀 드렸다. "주님 저는 사제가 아닙니다. 죽어 가는 사람을 위해 어떤 기도를 해야 하는지도 모릅니다. 두렵습니다." 하나님께서 응답하시는 말씀을 듣지는 못했지만 룻이 싱긋 웃으며 이렇게 말할 것을 상상할 수는 있었다. "수잔, 좀 어색하지요?" 맞다. 정말 그랬다.

룻의 집에 도착하자, 나는 그녀의 집을 나오는 의사인 친구를 만났다. 그는 고개를 저으며 임종이 멀지 않았다고 말했다. 아마 몇 시간도 남지 않은 것 같았다. 부엌에서는 친구들이 낮은 목소리로 이야기를 나누고 있었고, 룻은 물가가 내다 보이는 큰 창문을 마주보며 거실의 안락의자에 앉은 채로 잠들어 있었다. 튜브를 꽂고 있었지만 그녀는 아름다웠다. 그녀의 피부는 환하게 빛났고 크림 빛이었다. 그리고 선드레스를 입고 있는 그녀의 몸은 단단해 보였다. 밝은 색의 머리카락은 뒤로 넘길 만큼 길었다. 나는 그것이 계속 길게 자랐으면 좋겠다는 마음이 간절했다.

한 친구가 나를 잠들어 있는 그녀 곁으로 데려가 앉게 했다. 나는 룻이 숨쉬는 것을 바라보았고, 조용히 기도했다. 내 생각은 우리가 만났던 시간들 속으로 뒷걸음질쳤다. 룻만큼 여러 장소에서 만난 피지도자는 없을 것이다. 그녀가 춤을 추는 것도 보았고 병원에서 환자복을 입고 있는 것도 보았다. 나는 그녀의 친구들도 만났고, 이메일 기도 모임도 만들게 되었다. 함께 부활절 예배를 드리러 가면서는 내 팔에 온전히 기대 있었다. 또 사무실로 자신이 그린 그림과 가족 사진들도 가지고 온 적이 있었다. 우리의 삶은 점점 더 얽혀가고 있었다.

내가 아름다운 기억의 고통을 새기고 있는 동안, 룻은 깨어서 미소 지으며 나를 바라보고 있었다. 그녀의 눈빛은 평상시 그녀가 누리는 기쁨을 그대로 전달하고 있었다. 그녀는 여전히 나와 함께 하고 있었다. 죽어가고 있을지 모르나, 그녀는 매우 온전한 의식을 가지고 행했다. 그녀가 내 손을 잡으려고 팔을 뻗으며 말했다. "이렇게 만나니 너무 좋아요 수잔. 이제 때가 왔네요. 나는 삶과 죽음의 경계에 있어요. 의사는 더 이상 어떤 치료도 소용이 없다는 게 슬프고 안타깝다고 말하더군요. 그러나 내가 이토록 평안하고 기쁠 수 있다는 게 놀랍습니다. 이것이 나를 향한 하나님의 계획 가운데 하나라고 받아들입니다. 나는 앞으로 계속 나아갈 것이고, 다음 과정이 무엇인지 알게 될 것입니다."

나는 할 말이 없었다. 그녀는 미소 지으며 말했다. 그리고 나는 울었다. 나는 임종을 맞는 사람들과 함께 했던 경험들이 많았다. 그러나 그들 중 누구도 내게 이처럼 명확하게 말을 하지는 못했다. 그녀가 지닌 생동감과 가깝게 다가오는 죽음은, 마치 처형대 앞으로 걸어가는 상황처럼 느껴지며, 모골송연한 대비를 이루었다. 무자비하게 다가 오는 운명을 나는 견디기 힘들었다. 그러나 그녀에겐 그렇지 보이지 않도록 했다. 그래서 나는 그녀가 하는 것처럼 하나님께 엎드릴 필요를 느꼈다. 기도하면서 나는 따뜻함이 내 안에 있음을 느꼈다. 그것은 내 몸통에서 손으로 퍼져나가고, 다시 얼굴로 올라오고 있었다. 내 배에서 느껴지던 상한 감정은 사라졌다. 그 때 나는 내 따뜻한 손으로 룻의 손을 잡을 수 있었다.

나는 내가 무엇들을 가지고 왔는지 말했고, 그녀에게 성경을 읽어주고 성찬을 베풀든지 기름을 발라주든지 하고 싶다는 말을 했다. 그녀는 "그 모든 것을 다 해줘요"라고 답했다. "먼저 시편 23편을 읽어줄 수 있나요? 성찬과 기름부음에 관한 모든 것이 그 안에 담겨있으니 얼마나 시의적절한 성구인지요!" 참으로 그렇다. 나는 그녀를 위해 읽었다.

여호와는 나의 목자시니 내가 부족함이 없으리로다
그가 나를 푸른 풀밭에 누이시며 쉴 만한 물 가로 인도하시는도다
내 영혼을 소생시키시고
자기 이름을 위하여 의의 길로 인도하시는도다

내가 사망의 음침한 골짜기로 다닐지라도
해를 두려워하지 않을 것은 주께서 나와 함께 하심이라
주의 지팡이와 막대기가 나를 안위하시나이다

주께서 내 원수의 목전에서 내게 상을 차려 주시고
기름을 내 머리에 부으셨으니 내 잔이 넘치나이다
내 평생에 선하심과 인자하심이 반드시 나를 따르리니
내가 여호와의 집에 영원히 거하리로다

나는 룻이 눈을 감는 것을 보았다. 그래서 나는 기다렸다. 그녀의 눈에서 눈물이 차 올랐다. 내 손을 힘주어 꼭 쥐고 깊은 숨을 들이 쉬며 그녀가 따라 읽었다. "분명코 내가 여호와의 집에 영원히 거하리로다. 아멘." 눈을 떴을 때, 그녀의 눈망울은 슬펐다. 그녀는 분명하게 말했다. "나는 두렵지 않아요. 내 잔은 넘치고, 나는 믿습니다. 그러나 또한 슬퍼요."
"나도 그래요." 나는 고백했다.

"당신도 그렇다는 것을 알고 있어요." 그녀는 따뜻하게 말했다. "그래서 당신이 여기 있는 것이지요. 이제 성찬과 기름부음을 계속할까요?"

나는 성찬을 위해 제정된 말씀을 읽고 그녀에게 빵과 포도주를 주었다. 놀랍게도 그녀는 그것들을 삼킬 수 있었다. 그 후에 나는 공동기도서 가운데 한 기도문을 택해 기도했다. "거룩하신 주님 당신의 종인 이 병든 자를 위해 당신께 간청합니다. 그녀의 연약함으로 인해 믿음에 힘을 더하도록, 회개를 더 진실되게 하도록 하시옵소서. 그리고 당신과 함께 하는 영원한 생명 안에 거하게 하시옵소서. 우리 주님 예수 그리스도의 이름으로 기도합니다. 아멘."[1] 그리고 기름으로 그녀의 이마에 십자가를 긋고 나는 말했다. "룻, 당신에게 아버지와 아들과 성령의 이름으로 기름 붓습니다. 아멘."

내 손이 그녀의 이마에 닿을 때, 룻의 피부는 건조하고 차갑게 느껴졌다. 나는 그녀가 "아멘"하고 속삭이며 머리를 베개에 누일 때까지 손을 이마에 대고 있었다. 그녀는 눈을 감았다. 나는 그녀의 목에 있는 혈관이 맥박 치는 것을 보며, 그것이 삶과 죽음이 한데 섞이는 것이 아닐까 하는 생각을 했다. 참으로 강력한 신비가 아닌가! 나는 수세기 동안 전해져 오면서 자신들이 사랑하는 사람들의 임종을 지켜보며 애도하는 수백만 명의 사람들에 의해 드려졌을 기도문에 대해 감사했다. 룻과 나의 숨소리가 섞이듯이, 운행하는 성도들의 교제가 우리 곁으로 가까이 다가온 것 같았다.

어떤 질문도 답을 얻지 않고는 지나치지 않는 룻이 눈을 뜨고 물었다. "회개의 의미가 무엇일까요?"

나는 회개가 하나님을 향해 돌아서는 것이며 거기에는 종종 자백과 죄 용서를 받아 들이는 일이 따라온다고 최선을 다해 알고 있는 대로 답했다. "그래요. 그렇군요. 나는 하나님께로 다시 돌아설 것입니다. 내 삶은 오랜 돌아섬이었죠. 하나님께로 돌아서는 일을 계속 했습니다. 그분은 나를 옳은 길로 인도하셨고, 내가 찾아 나섰던 그러나 결국 막다른 길로 드러났던 길, 제자리를 돌듯 맴돌던 미로와 같은 길과 그저 어슬렁거리던 길을 지나 후회하면서 지금 이곳에 왔습니다. 그 모든 길들을 지나 왔네요. 그런데 이제 내가 알게 된 것은 그 모든 길 위에 그리스도께서 나와 함께 하셨다는 것입니다. 그분께서 나의 영혼을 소생시키시죠. 그 가운데 하나가 후회를 떨치는 것입니다. 나는 후회에 사로잡히곤 했지요. 그리고 발버둥쳤습니다. 나는 이제 용서 받았습니다. 이제 평안 가운데 있음을 느낍니다. 부족함이 없습니다. 나는 하나님 안에 거할 것입니다."
이렇게 말하며 룻은 천천히 눈을 감았고 목소리는 점점 힘을 잃었다. 룻이 내게 말한 마지막 이야기였다. 나는 그녀가 다른 사람들에게 말하는 것을 들을 수 있었다. 그러나 그 후로 우리 둘만이 이야기를 나눌 수는 없었다. 몇 시간 동안 그녀는 여러 차례 잠들었다 다시 일어나 대화하는 일을 반복했다. 줄곧 그녀는 다른 여성들에게 둘러싸여 사랑 가운데 붙들려 있었다. 철학자들이 "좋은 죽음"을 말한다, 그러나 나는 룻에게서 아름다운 죽음을 강하게 느꼈다.
룻은 그녀의 바람대로 친구들이 지켜보는 가운데 의식이 깨어 있는 채로 죽음을 맞이했다. 나는 다시 그녀의 침상 곁으로 가지 않고, 그녀와 함께 했던 우리 둘만의 마지막 시간을 음미했다. 시편 기자와 룻에게 하시듯 하나님께서 나의 영혼도 소생시키심을 느꼈다. 고요함이 내 안에 차오르며 계속 나를 평안하게 그리고 따뜻하게 만들었다. 나는 그것이 성령님의 역사임을 믿었다. 그것은 또한 룻과 내가 함께 나눈 경험이었다. 삶과 죽음이 경계를 이루는 공간에 나를 초대한 룻을 통해 나는 그 평안을 누릴 수 있었다. 내가 전에 알고 있던 것보다 죽음은 더 분명하고 경이로웠다. 그녀의 용기는 내게도 죽음과 함께 거할 기회를 주었다.

그리고 내 차례가 되어 선하신 목자를 따라 새로운 초장으로 들어설 때, 나 역시 죽음과 함께 있을 수 있길 기도했다.

룻은 사람들에게 큰 사랑을 전하고 우리의 행복을 위해 기도하며 임종을 맞았다. 그녀가 사랑하던 사람들은 그녀의 죽음을 아름답고 은혜로운 것으로 경험했다. 그리고 그 중심에는 환하게 빛을 발하며, 미소 짓고, 사람들에게 인사를 건네고, 우리들의 안부를 묻고, 웃고 쓰다듬고, 그리고 마침내 천천히 잠들었던 룻이 있었다. 수년간 나는 룻과 예수님과 함께 나눈 포옹의 여운 가운데 서있는 느낌을 계속 지니고 있었다. 예수님께서는 육화된 하나님의 사랑이시다. 그리고 사랑은 룻의 신앙이었다. 그녀가 하늘나라로 가고 몇 개월 지난 후에 우리는 그녀를 추모하는 예배를 드렸다. 예배 동안 우리는 마치 예수님께 안겨 있는 그녀가 빛나는 작은 태양처럼 우리를 자신의 궤도 안에 품고 있다는 느낌을 함께 누릴 수 있었다.

그녀가 죽기 전에 썼던 시 가운데 다음의 구절들이 있다.

그분은 내 가슴을 찢어
하나님의 사랑이라는 광채를
담을 수 있는 그릇으로 만드십니다.
죽음은 나를
불 붙어본 적 없는 향초로 만들 것입니다
하나님의 위대한 사랑이라는 그 빛으로
타오를 수 있도록
비록 룻을 볼 수는 없지만, 나는 그녀의 빛나는 따뜻함을 느낀다.

노트

1. "Visitation of the Sick, 환우를 심방함" *Book of Common Prayer* (New York: Seabury, 1953)

29 사순절의 결실: 칼
Fruit in Lent: Carl

칼은 뉴잉글랜드의 그림 같은 캠퍼스가 있는 대학에 교수로 초빙돼서 떠났다. 그리고 9개월여가 지난 후에 연락이 왔다. 우리 둘 다 그곳이 그에게 완벽한 곳이라고 생각했다. 학문적으로도 높은 평가를 받고 있으며 동시에 규모도 작아서 편안하게 느낄 수 있는 곳이었기 때문이다. 더구나 그의 가족도 가깝게 살고 있었고, 흰 눈이 싸인 겨울과 숨막힐 듯한 가을의 단풍을 그는 매우 좋아했다. 모든 것이 순조로웠다. 그러나 새로운 신앙 공동체 안에서는 그의 기대에 부합하는 영성지도자를 찾을 수가 없었다. 그래서 그는 '과연 내가 전화로 영성지도를 기꺼이 하려고 할까' 하는 우려를 안고 나를 다시 찾게 되었다. 그의 우려와는 반대로 나는 이런 시도가 기뻤다. 그러나 잘 될 거라는 확신을 가질 수는 없었다. 우리는 실험 삼아 해 보기로 했다.

그가 약속 시간에 전화를 했고 인사를 나눈 뒤 평상시처럼 나는 물었다. "우리가 하나님과 함께 있음을 기억하기 위해 초를 켜도 될까요?"
나는 칼이 "물론이죠"라고 받아들이는 말을 듣고 난 후, 그도 초를 켜서 옆에 둘 수 있었으면 좋겠다고 권했다. 침묵기도로 영성지도를 시작하면서 나는 샌프란시스코 베이가 내다 보이는 나의 집에 어둠이 깔리기 시작하는 것을 볼 수 있었다. 그리고 그의 집은 해가 지고도 한참 지나 한 밤중일 것이라는 상상을 했다.

일 분 정도가 지나고 칼은 '아멘'으로 기도를 마치고 자신의 새 동네와 대학에서의 삶에 대해 말하기 시작했다. 그는 사무실에서 도보로 5 분 걸리는 곳에 살고 있으며, 동료들도 근처에 살고 있었다. 그의 부모님과 형은 자동차로 한 시간 거리에 살며, 가족 별장도 두 시간 거리에 있었다. 그는 학생들을 가르치고 연구하는 일을 사랑했다. 최근 그의 연구 프로젝트 가운데 하나가 뉴스에 소개되었다. 그래서 사람들의 관심을 끌게 된 이슈들을 언론 매체에서 다루는 일까지 하면서 그는 여러 지역을 다니며 파트 타임으로 일하게 되었다. 그의 삶은 순항하고 있었다.

나는 칼의 성실함을 언제나 높이 샀다. 그가 영성지도 회기에 임할 때에도 그 성실함을 느낄 수 있었다. 그런데 직접 만나서 할 때보다 오직 목소리에만 집중하며 하게 되자 그 점을 더 잘 느낄 수 있었다. 그는 거의 언제나 감사함으로 시작했었다. "내가 가르치는 학생들로 인해 감사합니다. 그들은 참 총명하고 과제도 훌륭하게 해냅니다." 혹은 "연구비를 받을 수 있게 되었습니다. 프로젝트를 같이 했던 팀원들과 계속 연구를 진행할 수 있게 돼서 감사합니다. 훌륭한 팀이거든요." 이처럼 칼의 감사는 주로 일과 관련된 것으로 시작 되었다.

그런데 전화로 만나면서부터 가끔 그는 가족에 관한 일로 이야기를 시작하곤 했다. 날씨가 따뜻한 계절에는 뒷마당에서 전화를 하기도 했다. 배려심이 몸에 배어있는 그는 수화기로 들리는 소리가 무엇인지 알려주곤 했다. "이건 솔새입니다. 집 뒤 공터에 키 큰 나무가 있는데 거기에 두 마리가 사는 것 같아요. 나는 뒷베란다에 앉아서 동산을 바라보고 있습니다. 해가 지고 있습니다. 햇빛이 신비롭네요. 옆으로 길게 퍼져있는 노을이 나무와 이웃집 지붕 위에 고운 빛을 드리우고 있습니다." 나는 그가 자신의 집에서 편안하게 쉬고 있는 모습을 상상할 수 있었다. 그리고 그의 마음의 소원이 실현된 것 같이 여겨졌다. 그것을 주시하게 되자, 내 마음 속에서도 그가 그리던 고운 노을을 느낄 수 있었다.

감사를 표현하고 나면 칼은 주로 그의 영성 생활에 있어 중요한 것들, 즉 기도, 예배, 공동체에 대한 이야기로 옮겨갔다. 지적이고 의지가 강한 칼은 어느 누구보다도 선택한 영적 훈련을 꾸준하게 할 능력이 있었다. 실제로 그는 살면서 어떤 상황에 처하든 영성 일기를 계속 썼다. 그리고 매일 기도와 성경읽기를 통해 경건 훈련을 꾸준히 해왔다. 그는 주중에는 그룹 성경공부를 하기 원했고 비록 새로 이사간 곳에서 적합한 예배 처소를 찾는 일이 쉽지는 않았지만 빠지지 않고 매주 예배를 드렸다. 교수로써 그는 교제할 수 있는 기독교 신우회를 조직 하고 직원들을 위해 기꺼이 헌신할 마음도 가지고 있었다. 그는 이 일에 대한 책임감과 열성 모두를 가지고 있었다. 그는 진실로 자신의 소명이 무엇인지 발견한 것 같았다. 하나님께서는 그의 마음 깊은 곳에서 느끼는 기쁨과 세상의 배고픔이 만나는 그곳에 그를 데려다 놓으셨다. 그의 학생들이 마음으로부터 그를 교수로 또 기독교인으로 만나기 원한다는 것으로도 그 사실을 확인할 수 있었다.

영성지도 회기가 끝나갈 즈음이면 우리의 대화는 그가 씨름하고 있는 문제들 같은 분명한 주제로 옮겨갔다. 때로 그것은 가족 관계나 친구들과의 관계에 대한 것이었고, 종종 결혼하고 싶은 여성을 만나는 아직 실현되지 않은 열망에 대한 것일 때도 있었다. 그가 감사를 표현하고 하나님과의 관계를 살찌워가는 방법들을 점검할 때까지 자신에게 큰 의미를 지닌 문제들을 다루지 않고 미뤄둘 수 있었던 것은 그가 받은 훈련의 결과라고 말할 수 있다. 어쩌다 한 번씩 자신의 문제가 강하게 느껴져서, 혹은 심하게 걱정 되는 일들이 있어서 그 문제가 제일 먼저 튀어나오는 경우도 있었지만, 그는 스스로 정한 순서를 따르려고 했다.

그래서 그와의 영성지도는 질서정연하게 행해지는 예배와 같은 느낌이 들었다. 그리고 그와 다른 리듬을 따르며 동행하는 나도 어느새 그 순서에 동화되어 편안함을 느꼈고, 쉼을 얻는 내 자신을 발견할 수 있었다.

칼이 첫 전화 회기를 위해 봄날 저녁에 동부에서 전화를 걸어왔을 때, 그는 한 여성과의 관계를 분별하길 원했다. 물론 그는 패턴을 따라 이 문제를 곧장 꺼내지 않았다. 그가 뉴잉글랜드에 도착하고 얼마 되지 않아서 그의 친구는 인근에 사는 기독교인 여성을 소개해 주었다. 그녀는 헌신된 기독교인이었고, 총명하고 매력적이며 친절하기도 했다. 칼은 그녀를 점점 좋아하게 되었다. 그리고 그녀도 그를 좋아했다. 사실 그녀는 그를 사랑하게 되었다. 우리는 그 후로도 여러 차례 이 여성에 대해, 그리고 그녀가 자신에 대해 느끼는 감정을 동일하게 느끼지 못하는 그의 괴로움에 대해 다루었다. 혹시 자신에게 여성을 사랑하지 못하는 어떤 장애라도 있는 것은 아닐까? 사라와의 관계 때문에 받은 상처가 아직 치유되지 않은 것일까? 그가 사랑하지 않는 여성을 계속 만나며 친절하게 대하는 것이 과연 합당한 일인가?

그가 영성지도에서 바라는 것은 분별이었다. 우리가 단계적으로 무엇을 할지 알게 되는 것은 하나님의 은혜와 진리로 인한 것인 때가 많다. 칼은 이 일에 잘 훈련되어 있었다. 나는 그가 새로운 일자리를 찾아가며 신실하게 분별하는 것을 이미 보았다. 그런데 이번 상황은 다른 사람과 얽힌 감정에 관한 것들이기에 더 어려웠다. 더구나 그에겐 이것이 외설스럽게 느껴졌다. 결혼은 그가 간절히 원하는 것이다. 그러나 그 일을 안전하게 해내기 위해 정해진 길이 있는 것도 아니다. 비록 일자리를 어렵게 찾으며 용기를 잃지 않는 것 역시 쉬운 일은 아니었지만, 그 일을 위해선 지도와 비슷한 것이 있어 따라갔던 것 같다. 그런데 이 일은 전혀 달랐다.

우리는 칼이 이 문제를 놓고 심리치료사를 만나는 것도 좋을 것 같다는 이야기도 나누었다. 결국 그는 나와 함께 이 문제를 다루기로 결정했고, 친구들과도 많은 대화를 나눴다. (많은 영성지도자들이 그렇게 하는 것처럼) 영성지도에서 분별에 관한 나의 이해는 대부분 로욜라의 이냐시오에게서 도움을 받았다. 그것은 칼의 지도에서도 마찬가지였다. 이냐시오는 그를 따르는 사람들에게 종종 양심 성찰 혹은 의식 성찰이라고 불리는, 성찰 Examen 의 기도를 하라고 권한다.[1] 이것은 하나님께 순종하는 길과 하나님께 불순종하는 길 두 가지 모두를 살핀다. 그리고 모든 일상의 삶에서 하나님의 임재를 의식적으로 주시하도록 돕는다.

이냐시오를 따르는 예수회원들은 최고 단계의 영성 훈련으로써 이 기도를 정기적으로 한다. 1500 년 중반에 트렌트 공의회에서 교리를 다루는 회의들로 바쁜 나머지 예수회원들 가운데 경건의 훈련을 쉴 수 있도록 허락해 달라는 요구를 하는 사람들이 있었다. 이에 대해 이냐시오는 다른 훈련들은 잠시 멈출 수도 있겠으나 성찰의 기도만은 내려놓지 말 것을 당부했다.[2]

나는 이 훈련을 가르칠 때 지난 하루를 단순하게 되돌아 보는 일을 반드시 하도록 한다. 기도하면서 하루를 뒤돌아 서서 바라보는 것이다. 그렇게 뒤로 돌리는 일은 정상적인 삶의 이야기들을 역행하는 것이다. 결론을 향하는 우리의 정서적 추진력은 스토리라인이 잘리면서 힘을 잃는다. 우리는 주의를 끌었던 순간 순간들을 따로 기억하고, 그 순간들에 함께 일어났던 생각들, 감정들, 감각들 그리고 이미지들을 기억할 수 있다. 비록 어떤 시간들은 더 극적일 수도, 일이 더 많았을 수도 있지만, 체계적으로 시간을 뒤로 돌리면서 우리는 각 시간들에, 균일하게 주의를 돌릴 수 있도록 한다. 그리고 그 기억 속에 박혀있는 의미들을 주시하도록 한다.

기도충만하게 지난 24 시간을 되돌아 본 후에, 이번에는 성령의 열매나 거룩하신 그분과 교제했던 사건이나 상황 같은 특별한 하나님의 임재를 언제 인식했는지 찾는다. 혹은 반대로 하나님의 임재를 인식하지 못했던 때나 성령님의 역사에 대해 무감각했던 때는 언제 였는지 뒤돌아 본다. 이렇게 하다 보면 죄의 고백이나 감사가 일어난다. 그것을 기도 드리고, 하나님의 은혜의 빛 가운데 일어났던 것들을 음미하며 하나님과 함께 안식하는 묵상 가운데 머무는 것이 좋다.

예수회와 전세계의 많은 기독교인들에게 수세기 동안 축복처럼 주어진 성찰의 기도는 기도자의 편의에 따라, 그리고 장소에 구애 받지 않고 적용할 수 있는 융통성을 지닌 영성 훈련이다. 영성 훈련이 정기적으로 행해져야 하는 것이라고 여길 때, 이것은 보충하는 훈련이 될 수 있다. 예를 들어 당신이 혼자 있거나 야외에 있게 될 때 하나님을 더 잘 인식함을 깨닫게 될 수 있다. 아마 미술품이나 음악이 당신의 영적 욕구를 깨울 수 있다. 그러나 어떤 행위들은 아마도 하나님께로 향하는 의식을 둔화시킬 수도 있다. 이런 연관성들을 주시하는 것이 영적 분별의 토대가 된다. 분별을 하게 되면 당신은 선택하고 행동으로 옮길 수 있다. 예를 들면 칼은 자신이 감사할 수 있었던 것이 무엇인지 주목하는 시간을 가진 후, 에너지를 소진하는 이슈들에 대해 말할 수 있음을 알게 되었다. 이 인식은 그의 영성지도 패턴을 만들었다.

분별의 때에 의식성찰 Examen 의 방법을 택할 수 있다. 칼은 이 방법을 선택했다. 그는 그 여성과의 관계 경험 속에서 일어나는 생각, 이미지, 감정, 경향성 그리고 감각들을 주시하며 기도했다. 그는 자신이 그 관계 속으로 깊이 들어간다고 상상하며, 그것으로 인해 올라오는 것이 무엇인지 주목했다. 그리고 다시 거리를 두고 있는 자신을 상상하며 그것들을 주목했다. 그는 꼼꼼하게 자신의 마음과 의식을 성찰했고 그가 알게 된 것을 온유하게 그 여성에게 말했다. 그녀도 역시 솔직했다.

나는 칼의 분별 과정을 함께 했지만 그 분별의 결과가 무엇인지는 전혀 알 수 없었다. 그리고 알 필요도 없었다. 분별하는 주체는 내가 아니었다. 이 과정은 나뿐 아니라 주변의 많은 다른 사람들이 친구들과 더불어 분별하는 과정과는 좀 다른 경험이었다. 우리는 종종 친구들을 위해 무엇이 좋고, 더 좋고 혹은 가장 좋은지에 대한 의견을 가지고 있을 수 있다. 그러나 칼과 함께 하면서 나는 그가 하나님과 어떤 과정을 가고 있는지 들으려고 했다.

내가 칼로부터 들을 수 있었던 것은 하나님의 온유함이었다. 칼이 내리는 결정을 명료화 하려고 어떤 직접적인 지시나 권고 혹은 경고도 하지 않으셨다. 그러나 그는 하나님의 임재를 강하게 느꼈고 자신의 결정이 두려움에 근거한 것이 아닌 것을 분명하게 확인했다. 그가 이 기회를 놓치게 되면 결혼을 결코 할 수 없을 거라는 두려움, 그리고 이 관계를 깨뜨리면 죄책감으로 힘들어 할 것이라는 두려움으로 인한 결정은 아닌 것이 분명했다. 고통과 상실의 한복판에 칼을 위한 소망의 기회가 있었다. 명료함은 평온을 위한 기도 가운데 하나였다. 그가 바꿀 수 없는 것을 받아들이는 평온함, 그가 바꿀 수 있는 것을 바꾸는 용기, 다름을 아는 지혜.[3] 그가 바꿀 수 없었던 것은 이 여성이 결혼 할 수 있는 사람이 아니라는 지속적인 인식이었다. 그 사실을 붙잡고 두 사람 모두 마음 상하지 않고 데이트를 끝내기 위해서는 큰 용기가 필요했다. 또 다른 사실은 그나 그녀에게서 고통을 제할 수 없다는 것이었다. 그답게 하려면 그는 관계를 단절하고 돌아서는 대신 얼마 동안은 지지해 주는 친구로 남아 있어야만 했다. 그러나 그 인식은, 이 여성이 그가 결혼을 위해 찾던 사람이 아님을 알게 된 후에, 관계를 유지하려는 척 할 수 없게 했다.

"성찰 Examen"이라는 단어는 라틴어로 저울에서 무게를 알려주는 부품인 추나 바늘을 일컫는다. 그것은 상황에 대한 정확한 평가라는 뜻을 지니고 있다. 보통은 무게를 재기 위해 물건을 저울에 올려 놓으면 바늘이 잠시 움직이다가 제 자리를 가리킨다. 이처럼 "성찰"이 진짜 자기 자리를 안정되게 가리키기 위해서도 흔들린다. 칼의 경우가 그랬다.

그러나 기도 훈련은 자신에게 진실된 길을 찾도록 도왔고 그것을 따라가며 그는 하나님께서 그와 함께 하심을 느꼈다.

그녀와의 관계는 그의 이사 후 곧 시작되었고 새 공동체에서 느낄 수 있는 외로움을 달래주었다. 그래서 그 관계를 끝냈다는 것은 그가 고독한 저녁 시간들, 혼자 하는 식사 그리고 혼자 외출하는 것을 의미 했다. 전화를 걸어 주는 사람도 얼마 없었고, 더구나 놀러 오는 사람은 거의 없었다. 자신에게 딱 맞는 집이라고 여겨졌던 집이 이젠 텅 빈 듯 느껴졌다. 가족들이 가까이 살긴해도 공휴일 이면 특히 힘들었다.

"나는 대부분의 시간을 홀로 지내는 것이 싫습니다. 관계들 속에 있으면서 홀로 있는 것은 관계들 없이 홀로 지내는 것과는 매우 다르지요. 생각 속에서도 함께 하지 못한다고 느껴집니다. 날 생각하는 사람이 아무도 없다는 것이지요. '칼은 지금 뭐할까? 한번 전화 해봐야지.' 이런 생각을 하는 사람이 없다고 느껴져요. 물론 친구 들이나 가족들은 그럴 겁니다. 그러나 좀 다른 것 같습니다. 아, 그리고 나 역시 누군가를 그렇게 생각하지 않고 있습니다. 진공 상태 같지요. 크리스마스가 다가 오면 더 심해집니다. '구태여 크리스마스 장식을 해야 할까' 하는 귀찮은 생각도 들지요."

칼은 긴 휴가 동안 할 일들을 잘 선별하여 정했다. 평안함을 확보하기 위해 그는 정확하고 사려 깊은 잣대를 가지고 결정했다. 가족 별장에서 홀로 시간을 보내는 대신, 그는 서부로 와서 절친한 친구들을 만났다. 성탄전야와 성탄절 당일에는 형과 함께 지냈다. 조카들과 함께 그는 썰매도 타고, 눈으로 집도 만들며 놀았다.

그는 예배도 드렸다. 그가 방문한 적이 있는 몇몇 교회들을 돌아 다니며 예배를 드렸다. 그는 교회에 헌신하길 원했고, 그가 출석 하는 루터교회의 소그룹 모임에도 등록했다. 그리고 거기서 같은 대학의 사람들도 만났다. 그는 그 교회를 좋아했다. 그와 같은 나이 또래의 미혼인 사람들도 몇 명 있었는데 그 중에 박사 과정을 밟고 있는 한 젊은 청년을 알게 되었고, 칼은 그의 멘토가 되었다. 그는 교인들 가운데 자신과 음악적 취향이 비슷한 한 노인과는 컨서트에 가기도 했다. 칼은 그의 조카들을 데리고 스키 타러 가기도 했다. 그리고 혼자 집에 있을 때는 아름다운 음악에 빠져들곤 했다. 그럴 때면 창문들을 장식한 흰 전구들을 밝혔다. 그는 전 세계에 흩어져 살고 있는 친구들 에게 카드를 쓰고 답장을 받는 재미도 알고 있었다. 그리고 경건의 훈련과 기도를 잊지 않고 꾸준히 했다. 그러나 하나님께서 손에 닿으실 만큼 가까이 계시다고 느끼진 못했다.

칼은 크리스마스 휴가를 살아냈고 활기차게 새 학기를 시작했다. 그는 연구에 점점 마음을 빼앗겼고 더 많은 시간을 연구실에서 지냈다. 연구를 마치고 밤 늦게 집에 오면, 그는 녹초가 되어 텔레비전 앞에서 밥을 먹었다. 어느 날 인터넷 서핑을 하다 그는 내가 쓴 글을 발견하 였다. 그것은 우리의 문화가 어떻게 우리를 영적 절망으로 몰고 가는지, 그리고 깊은 차원에서 우리 스스로에게 만족하지 못하게 하는지에 대한 글이었다. 그 결과 우리는 끊임없이 움직이고, 우리의 시선은 여러 요구들로 파편화된다. 우리 문화는 쉬는 시간에도 영혼의 독이 되는 음식을 가지고 계속 공격한다. 텔레비전 시청, 웹 서핑, 쇼핑몰을 배회하는 일 등이 그것들이다.[4] 물론 그 글은 처음 쓸 때에 칼을 비롯한 다른 피지도자들에게서 아이디어를 얻을 수 있었던 것인 만큼, 그 글에 담긴 생각들을 칼이 똑같이 말하는 것은 놀랍지 않았다. 그러나 그것이 우리들의 대화의 일부가 될 수 있다는 것은 놀라웠다.

칼은 내 글을 읽고 난 후, 사순절 동안은 텔레비전을 켜지 않기로 결심했다. 그 후 전화로 영성지도를 하게 되었을 때, 그는 일주일간 텔레비전을 시청하지 않았다고 말했다. "텔레비전 시청은 나를 마비시키고 내적으로 공허하게 만드는 것 같습니다. 새로운 힘을 얻게 하는 활동은 절대 아닌 것 같아요. 그래서 나는 일이 끝나고 매우 지쳐있을 때만 텔레비전을 켭니다... 그런데, 방금 한 이 말은 전부 다 옳은 것은 아니네요. 내가 켜는 이유는 조용한 텅 빈 집을 채워주기 때문입니다."

"그러니까 텔레비전을 끄면 그 공허함을 만난다는 건가요?" 나는 궁금해졌다.

"네 맞습니다. 그 공허를 만나죠. 내가 정적이 흐르는 저녁을 원치 않는다는 것을 알게 되었습니다. 그러나 그에 대한 기대감이 있는 것도 사실입니다." 칼이 답했다.

"무엇에 대한 기대인지 말해 주세요." 매우 듣고 싶어서 나는 구체적 설명을 권했다.

"사순절 묵상의 궁극적 목표는 예수님을 더 온전히 아는 것입니다. 그런데 텔레비전을 안 보니까 하나님의 임재를 더 생각하게 됩니다. 비록 감각적으로 경험하는 것은 아니지만, 그 부재 속에 임재가 있습니다. 그것은 침묵 속의 확인입니다. 고요한 확인이어서 텔레비전 이 켜있으면 주목할 수 없는 것이지요. 그는 설명했다.

"고요한 확인", 나는 따라서 말했다.

"네, 시편이 말하는 것처럼요. '너희는 조용히 있어 내가 하나님 됨을 알지어다.' 고요함은 공간을 채우고 있는 것들을 제거할 때 옵니다. 아무리 작은 투사들로도 공간은 채워지지요. 그것은 단지 잡음을 공간에서 없애는 것은 아닙니다. 오히려 공간을 열어두는 것일 수 있지요." 나는 칼에게 그에 대해 더 설명해 달라고 했다. "나는 하나님을 기억하게 할 특정한 것들을 가지고 공간을 열어 둘 수 있습니다. 그것들 중 하나가 별장 사진입니다. 난 그 곳을 정말 좋아합니다. 어렸을 때 여름을 그곳에서 나곤 했지요. 그리고 어른이 되어서도 내게 중요한 모든 사람들을 그곳에 데리고 갔습니다. 목가적이죠. 우리 가족이 몇 세대를 거치며 직접 손으로 지었습니다. 그래선지 다른 어느 곳보다도 더 집 같이 느껴지는 곳입니다. 그곳에 있다 보면 모든 연령대의 나를 만날 수 있습니다."

"정말 사랑스런 이야기네요. 그런데 좀 전에 하나님을 기억하게 하는 사진을 이야기 하셨지요?" 나는 화제를 사진으로 돌렸다.

"네, 그 사진은 어두운 밤에 밖에서 안을 들여다 보면서 찍은 것입니다. 실내는 랜턴과 벽난로에서 나오는 황금빛으로 가득 합니다. 유리 창문은 십자 문양 cross 의 격자로 나뉘어 있기 때문에 사진에는 십자 문양 cross 이 아주 선명하게 보입니다. 그래서 십자가 Cross 를 통해 나의 집을 들여다 보는 것 같은 느낌이 드는 사진이지요." 그가 십자 문양에 대해 이렇게 설명할 때 나는 그가 주님의 그 십자가를 말하는 것을 알아 들을 수 있었다. "나는 그것을 내 영혼의 창으로 생각합니다. 예수님의 십자가 모양이 내 영혼에 새겨져 있는 것이지요. 그리고 내 영혼은 십자가의 그늘 안에 있는 집입니다."

"칼, 정말 강한 이미지네요."

"그것은 나의 가장 깊은 곳까지 닿아 있습니다." 그는 감정이 묻어 나는 떨리는 목소리로 말했다. "그것은 내게 제단입니다. 당신이 켜는 초와 같은 기능을 하지요. 그것은 하나님께서 이곳에 나와 함께 하심을 기억하게 합니다."

"고요한 확인"

"그렇죠." 그가 낮은 소리로 말했다. 우리는 그대로 침묵 속에 앉아 있었다. 나는 그가 사진을 바라보고 있는 모습을 상상했다. 내 마음의 눈으로 그것을 바라보았다. 방 안의 따뜻한 빛은 검은 십자가를 감싸 안고, 붉은 기운이 도는 호박 빛에 싸여있었다. 마치 인간의 생명이 맥박치는 것 같았다.

칼이 마른 기침을 했다. 나는 그에게 침묵하며 어땠는지 물었다. "네... 저는 사진을 바라보고 있었습니다. 안식하는 느낌이었어요. 평온했습니다. 일상적인 삶의 근심들로부터 벗어났습니다. 좀 더 온전하게 느껴집니다. 나의 온전한 자기와 닿아 있다고 느낍니다."

나는 그 사진을 보면서 평소에도 그렇게 느끼는지 물었다. "그렇습니다. 그런 상태로 오랫동안 안식하며 머무르기도 합니다. 때론 음악을 듣기도 합니다. 바흐의 B 단조 미사곡 같은 것이요. 그러면서 내가 사랑 받고 돌봄을 받는다고 느끼지요."

칼의 이야기를 들으며 기쁨이 느껴졌다. 그는 사순절 저녁시간들이 그의 시간들 속에 어떻게 녹아 드는지 말했다. "밤에 이런 시간들을 보내면 다음 날도 잘 지내게 됩니다. 쉼과 회복의 기운이 남아 있지요. 보다 온전해지는 느낌입니다."

"직장에서도 계속 느껴지는군요?" 나는 물었다.

"그렇습니다. 스트레스로 지치지 않는 것 같아요. 그러다 보니 덜 불안합니다. 어떤 일이든 마음을 흔들어 놓을 때가 있지만, 나는 제어할 수 있는 모래주머니를 가지고 있습니다. 균형을 잃고 쓰러지지는 않지요. 미는 힘을 느끼긴 하지만 오뚝이처럼 곧 제자리를 잡습니다." 그는 웃으며 말했다.

"대단하네요. 어떻게 그런 감정을 느낄 수 있는지요! 당신은 '더 온전하다'고 표현했는데, 제겐 무게감이나 통합같이 느껴집니다."

"통합이라고 하시니, 나도 그런 느낌이 드네요, 좀 다른 의미로요." 내가 그의 말에 관심을 보이자 그는 계속 말을 이어갔다. "당신은 내가 이곳에서 기독교 공동체를 만날 수 있도록 간구하는 기도를 해 왔다는 것을 아시지요? 나는 출석하는 교회에서도 열심히 섬기고 있습니다. 나는 소그룹 모임에 참석하며 박사학위 과정 중에 있는 학생의 멘토로도 섬기고 있습니다. 그리고 근래에 성경공부 모임도 시작하게 되어서, 나는 한 주간 내내 믿음 공동체에 푹 빠져서 살고 있습니다. 그래서 동네에서 혹은 학교에서 만나는 사람들을 다른 정황 안에서 바라보는 기회가 점점 더 많아졌지요. 그래서인지 이 곳에서의 삶이 편안해지기 시작했습니다. 이젠 사람들이 나를 알아 봅니다. 단지 내 얼굴이나 하는 일이 아니라, 내 가슴 깊은 곳의 열망이 예수님을 따르는 것임을 사람들이 알게 되었습니다. 퇴근 길에 운전하며 지나 가는 사람들도, 식료품점에서 우연히 부딪히는 사람들도 나를 알아 보곤 하지요." 이 마지막 이미지를 떠올리며 우리는 함께 웃었다.

"당신의 말을 통해 나는 당신이 참으로 진지한 사귐을 가지고 있음을 알게 되었습니다. 이런 통합이 당신에게 얼마나 중요한 의미를 지녔는지도 알게 되었습니다. 당신이 혼자란 느낌을 갖지 않도록 하는 일이기도 하구요."

"네 사람들이 나를 알고, 나는 혼자가 아니지요. 그러나 그것은 혼자가 아님을 알게 하는 더 진지한 차원의 앎의 방식도 생각하게 합니다. 예배나 성경공부에서 사람들을 만날 때마다 하나님께서 우리와 함께 하시는 근본적 방법 또한 떠올리게 됩니다. 그러니까 이것 역시 이중의 기억 장치 같은 것이지요."

"또 다른 고요한 확인이군요." 나는 물었다.

"네"하고 부드럽게 그는 답했다. "또 하나의 말없는 확인이지요 하나님께서는 우리가 그 안에서 살고, 기동하며, 존재하게 되는 분'이십니다."

칼이 읽었던 나의 소논문에서, 나는 영적 위안을 동산에 심어지고 뿌리를 내리는 것과 같은 경험으로 서술했다. 칼은 그것이 자신에게는 '결실'의 계절처럼 느껴진다고 말했다. 그가 결혼하지 않고도 그 결실 의 선물을 받아들이는 것을 들으며 나는 큰 감동을 받았다. 그는 주어진 영적 위안을 품었다. 그것을 '위안이라는 보상'으로 여겨 거절하는 일은 없었다. 그 위안은 사순절 기간의 열매, 십자가 그늘 에서 타오르는 벽난로가 있는 집이었다.

나는 이것이 칼 자신을 속박시켰던 원리 원칙을 따르는 태도가 아닌 순전한 마음에서 비롯된 경험이었음을 알 수 있었다. 그는 이전에 속했던 공동체들이 그 자신을 통해 이제 막 새롭게 형성되는 공동체 안으로 통합되어 가는 것을 보았다. 모든 것은 한 곳으로 모인다: 과거와 현재, 낮과 밤, 주일 예배와 주중의 삶. 그의 집은 학생들, 직원들, 친구들 그리고 가족들을 환대하는 장소가 되었다. 그리고 내게 떠오르는 단어는 '성숙'이었다. 계절이 바뀌고 해가 바뀌어도 변하지 않는 성실한 삶은 깊이를 더했고, 그 깊음으로 인해 칼은 가뭄을 겪어냈고 변덕스런 삶의 풍파도 직면할 수 있었다. 그는 생명 시냇가에 심어졌고 세상을 위한 선한 열매를 맺고 있었다.

노트

1. 이외에도 영신수련의 해설서로써는 다음의 책들을 추천하고 싶다. William A Berry, *Finding God in All Things: A Companion to the Spiritual Exercises of St. Ignatius* (Notre Dame, Ind.: Ave Maria Press, 1991); Katherine Dyckman, Mary Garvin, and Elizabeth Liebert, *The Spiritual Exercises Reclaimed: Uncovering Liberating Possibilities for Women* (New York, Mahwah, N.J.: Paulist Press,2001) ; Dennis Linn, Sheila Fabricant Linn, and Matthew Linn, *Sleeping with Bread: Holding What Gives You Life* (New York/ Mahwah, N.J.: Paulist Press, 1992)
2. Linn, *Sleeping with Bread*, 19
3. Serenity Prayer 는 라인홀트 니이버에게서 도움을 받았다. 이 기도는 중독자들을 위한 12 단계 그룹의 중심 역할을 한다.
4. Phillips, "Garden or Circus: Christian Care in the Face of Contemporary Pressures," *Transformation: An International Dialogue on Mission and Ethics* 22, no. 3 (July 2005): 158-65.

30 "그러나 당신의 변함없는 사랑을 믿었습니다" : 멜리사
"But I Trusted in Your Steadfast Love": Melissa

"나는 등에 다섯 차례나 수술을 했습니다. 많이 감염되어 있어서 새 살이 돋거나 싸울 힘도 없어졌다고 해요." 멜리사는 휠체어에 앉은 채로 이렇게 말하면서도 몸은 계속 앞으로 휘어졌다. 수술하기 몇 달 전 마지막으로 만났을 때보다도 그녀는 많이 수척해 있었다.

우리는 짧게 만났고 그것도 가끔 병원 치료를 받지 않는 달에나 만날 수 있었다. 언젠가 그녀가 입원해 있을 때, 내 전화를 그녀의 어머니가 받은 적이 있었다. 어머니는 멜리사가 내게 전화하고 싶어 했다고 말했다. 멜리사는 수술을 하든지 감염된 상처의 치료를 위해 입원해 있는 경우가 그렇지 않은 때보다 훨씬 더 많았다. 그렇게 고통은 늘 그녀를 따라다녔다. 약물로 고통을 덮을 수는 있었지만, 그것은 의식을 몽롱하게 만들었다. 한번은 그녀에게 전화를 했을 때 그녀의 남편이 전화를 받은 적이 있었다. "지금은 대화를 나누기엔 안 좋은 때 같습니다. 친구들이 멜리사와 함께 기도하고 있습니다." 그후 멜리사는 음성 메시지를 남겨서 우리가 약속을 했었는지 물었고, 그로 인해 나는 그녀를 다시 만날 수 있을 거란 기대를 하게 되었다. 그러면서도 내 전화 때문에 그녀가 약속을 잡으려 하는 건 아닌지 마음이 불편했다.

마침내 그녀를 만나게 되었을 때, 내 마음은 송곳에 찔린 듯 아팠다. 수없이 그녀의 상황을 상상하며 그녀를 위한 기도를 해왔지만, 감정에 휩쓸리지 않고 그녀를 바라보며 경청하기는 어려웠다. 멜리사는 우리의 만남이 영성지도 시간이 되길 원한다고 힘주어 말했다. 나는 우리가 영성지도 관계로 더 이상 만날 수 없더라도 그녀를 찾아가고 함께 기도하고 싶다고 말했다. 나는 영성지도비를 받지 않고 기쁜 마음으로 그렇게 할 수 있길 원했다. 쌩떽쥐베리의 소설 어린 왕자에서 어린 왕자에게 친구가 되길 허락한 여우는 헤어질 때 이렇게 말한다. "너에게 길들여진 존재에 대해 너는 이제 영원히 책임감을 가지고 살게 되었어."[1] 나는 영성지도를 가르칠 때 학생들에게 이 글을 읽어 준다. 왜냐하면 영성지도에서도 이와 비슷한 거룩한 신뢰가 생기기 때문이다. 전문가로써 권위와 힘을 가진 사람인 지도자에게 자신의 약한 부분을 신뢰하며 맡기는 것은, 보호하거나 지지한다는 의미만 제외한다면, 길들여지는 것과 유사하다. 우리는 친밀함으로 말미암은 다른 사람 들의 자기 노출에 대해 영원한 책임을 지게 된다. 그것은 비밀보장에 대한 것뿐 아니라, 이 세상에 살면서 우리가 가져야 할 태도이기도 하다. 드문 경우이긴 하지만 룻과 멜리사의 경우처럼 그 책임은 관습적인 영성지도의 관계가 무너지는 것뿐 아니라, 기도나 마음의 성찰을 통해 분별하며 새로운 관계 속으로 들어가는 것일 수 있다. 나는 그것이 무엇이든 멜리사에게 헌신하여야 함을 가슴으로부터 알고 있었다.

멜리사의 남편이 애정이 넘치는 말을 건네며 따뜻한 손길로 그녀를 의자에 잘 고정시켜주고 물을 마시도록 도와주고 난 후, 나는 촛불을 켰다. 그리고 우리는 침묵하며 기도했다. 멜리사는 "아멘" 하면서 애써 몸을 바로 세우며 "그 동안 혼란스러웠습니다"라는 말로 영성지도를 시작했다. "오피오이드나 다른 마취 진통제에 취해서 안개 속에 있었습니다. 이제야 안개에서 빠져 나온 듯 해요. 고통과 안개 사이를 오갔죠. 둘 다 결코 편한 것은 아니지요. 둘 다 너무 힘든 상태에요."

"네, 그렇죠. 너무 힘들지요? 그토록 큰 고통 속에 있다니 마음이 참 아프네요."

"감사합니다. 내가 무엇을 잘못했는지 밝혀내려고 했습니다." 멜리사는 속마음을 털어 놓았다. 나는 그녀가 무슨 말을 했는지 정확하게 듣지 못해서 내가 들은 것 같은 말을 반복하며 물었다. 그리고 우리의 마지막 만남 이후로도 내 청력이 호전되지 않았다고 말했다.

그녀는 웃으면서 자신의 목소리도 그 이후로 더 개선되지 않았다고 말했다. 그리고 한번 더 반복해서 말해 주었다. "내가 무엇을 잘못 했는지 밝혀내려고 했습니다. 뭐든 내 죄라고 생각되는 것은 하나님께 다 고백했지요." 그리고 멜리사는 자신의 말을 내가 어떻게 받아들였는지 주시하려는 듯 나를 예리한 눈길로 바라봤다.

"당신은 잘못했다고 생각되는 것들을 하나님 앞에서 깨끗이 씻어 내려고 하는군요?" 나는 물었다. "그렇게 하면서 당신이 얻고자 하는 것이 무엇인지 좀 더 말해 줄 수 있나요? 전에 당신이 말한 것이 생각나네요. 어릴 적에 수술에 대해 오판을 해서 그것 때문에 지금까지 고통 받고 있다고 하셨죠?"

"맞아요. 그러나 그것뿐 아닙니다. 다른 잘못들도 있습니다."

멜리사는 생각나는 다른 잘못들을 말했다. 그것들은 자신의 남편, 목사 그리고 친구들에게도 고백한 것들이었다. 나는 그들의 반응이 어땠는지를 물었다. "그들은 그것들이 문제되지 않는 사소한 것들이라고 하더군요. 그리고 그것들에 대해 그들도 용서하고 하나님께서도 용서하셨음을 확인시켰습니다."

"이 일과 관련해서 하나님은 어떻게 느껴지세요?" 나는 그녀에게서 말을 듣고 싶었다.

그녀는 침묵했다. 그리고 마침내 같은 말을 또 반복했다. "나는 내 죄들이 무엇인지 밝혀내려고 해요. 그래야 하나님께 자백할 수 있으니까요. 끝이 없는 것 같습니다."
그녀가 상처 내고 거기에 공격을 더하는 일을 한다는 생각을 하며 나는 이 쳇바퀴로부터 그녀를 자유롭게 할 수 있길 간절히 원했다. 진정한 자백은 우리를 자유롭게 하고 하나님의 사랑으로 다시 돌아설 수 있도록 한다. 그러나 많은 사람들이 자기 나름의 자백을 한다고 하면서도 자유롭기보다는 여전히 그 굴레에서 빠져 나오지 못하고 있다.
"놀리는 느낌이네요. '끝이 없다'라고 말했는데, 어떤 이유로 이 일을 계속하시는지요? 결국 어떤 목적을 위해 하시는지요?"
또 긴 침묵이 흘렀다. 그리고 그녀는 머리를 깊이 숙였다. "마술적 사고 같은 것이지요." 멜리사는 이렇게 말하며 구부린 허리를 펴고 나를 바라보았다.
"마술적 사고요." 나는 반복해서 말했다. 나는 그녀가 무엇에 사로잡혀있는지 볼 수 있고, 미소 지을 수 있으며, 그녀의 생각을 나와 함께 나눌 수 있음에 참으로 감사했다. "그러니까 당신이 저지른 잘못을 모두 자백하면, 그래서 하나님 앞에서 깨끗해지면, 그러면 하나님께서 당신을 치료해 주실거란 생각인가요?"
"그랬으면 좋겠습니다. 그러나 끝이 보이질 않네요. 언제나 또 다른 죄들이 나타나요. 심지어 새롭게 죄를 짓지요." 그녀에게 사랑을 담아 진실을 말할 수 있길 기도하는 나를 바라보는 그녀의 눈빛은 도움을 간청하는 애절함이 가득했다.
"멜리사 당신이 애써 구하는 것을 '마술적 사고'라고 한 것은 정말 완벽한 표현 같아요. 물론 당신의 고통을 덜 수 있는 방법을 찾을 수만 있다면 그렇게 하려고 하겠지요. 물리 치료도 열심히 했고 수술도 여러 차례 견뎌냈습니다. 물론 당신은 생각할 수 있는 모든 길을 다 따라가려고 할 것입니다. 당신이 처해있는 이 끝 모를 고통스런 상황이 바뀌길 당신도, 당신을 사랑하는 사람들도 모두 간절히 원하지요. 당신이 이처럼 큰 고통을 받는 것은 잘못된 일이지요. 단지 잘못된 일이라고 밖에 말할 수 없네요."

그녀는 울었다. 그리고 나는 기도했다. 나는 더 이상 그녀를 괴롭히진 않았다. 나는 그녀를 위해 그 동안 거듭해서 하나님께 드렸던 울부짖음을 소리 내어 기도로 올렸다. 더 이상 억압할 수 없는 기도였다. 나는 흐느낌으로 들썩이는 그녀의 몸을, 그리고 얼굴을 타고 흐르는 눈물을 연신 손으로 닦고 있는 그녀를 바라보며 울었다. 시편 13 편의 말씀이 계속 맴돌았다. "언제까지 내 영혼이 고통을 참아내야만 합니까? 언제까지 온종일 내 마음이 슬퍼해야만 합니까? 내 원수들이 내 목전에서 기뻐하는 것을 봐야만 합니까?"[2] 나도 같은 생각으로 울부짖었다. "이런 고통을 멜리사가 언제까지 견뎌내야 합니까, 주님? 언제까지요? 언제까지!"

시편 기자는 마침내 그가 신뢰하는 하나님의 '변함없는 사랑'을 기억했다.[3] 나는 그것을 스스로에게도 물었다, 그리고 나 역시도 그 사랑을 신뢰하는지 생각했다. 멜리사의 고통을 마주하면서 나는 이 일이 어려운 것임을 알게 되었다. 고통에 관해 글을 쓰는 것과 그것을 직접 증언하는 일은 다른 것이다. 멜리사는 뇌성 마비를 가지고 태어났다. 그리고 삶의 대부분을 고통 가운데 살았다. 이제 그녀는 극심한 고통 가운데 있다. 그리고 중증의 만성적 통증은 파괴적인 힘을 가지고 있다.[4]

고통의 한 가운데서 우리가 이야기를 나눌 때 고요한 기운이 멜리사를 덮었다. 그녀는 촉촉히 젖은 눈으로 나를 바라보았다. 그녀의 얼굴은 활짝 피어 있었고 신뢰하는 표정으로 잠시나마 고통의 굴레에서 벗어 난 듯 보였다. 나는 계속해서 진심을 담아 그녀에게 말했다. "멜리사, 당신의 고통이 끔찍한 것을 그리고 부당한 것임을 나는 알고 있어요. 나는 소리질러 하나님께 설명하고 바꿔달라고 청합니다. 그러면서도 나는 하나님께서는 지금 이 순간에도 사랑이심을 또한 믿습니다. 바로 그 하나님께서 당신을 사랑하심을 믿습니다." 그녀는 고개를 끄덕였다. "이 모든 것들을 하나님께로 가져 갔을 때 어떻게 느낌이나 생각이 있었는지 궁금하네요."

멜리사는 허리를 펴고 눈은 감았다. 나는 불편했다. 이 모든 일들 가운데 한편으로는 하나님을 의심하는 마음을 가지고 있으면서, 한편 으론 지혜를 모아야만 하는 엄청난 긴박감을 느꼈다. "책임을 떠 안으려고 하는" 한 켠의 마음을 밀어내는 것은 순복의 행위이다. 우리가 그 변함없는 사랑을 신뢰하고 그 안에 거하도록 부르시는 하나님께 순복하는 것이다. 나는 무엇인가가 내 안에서 풀려 나가고, 걸친 것이 점점 없어지며 빈손이 되어가는 느낌이었다. 그렇게 포기 하면서 나는 멜리사가 무슨 말을 할지 기다렸다. 나는 단지 기다림의 기도만 할 수 있을 뿐, 더 이상 제공할 것이 없었다.

멜리사가 드디어 눈을 떴을 때 그녀의 안색은 어두웠다. 그녀는 자신의 기도 경험 속으로 나를 초대했다. "위안을 받는 듯한 느낌 이었습니다. 스스로를 비난하는 일에서 풀려나는 것 같았습니다." 나는 고개를 끄덕였다. 그리고 내가 잘 알아듣지 못할 말을 했다. 그녀가 한 말은 짐작하건대, "나는 손을 느꼈습니다"였던 것 같았다. 하나님의 손을 의미하는 것 같았다. 나는 확인도 할 겸 끼어들었다. "손을 느꼈다 구요?" 그녀는 머리를 세게 흔들었다. "아니요, 나는 '슬픔이 느껴졌 어요'라고 말했습니다"

"멜리사, 잘 알아듣지 못해서 미안해요. 맞아요 슬프지요. 정말 슬퍼요. 그런데 위안을 받는 듯 했다고도 하셨죠?"

"네, 위안을 느꼈습니다. 내가 내 자신의 잘못들에 얼마나 편집적으로 잡혀있었는지 느꼈어요. 기도하며 그것을 볼 수 있었습니다. 그런데 그것들이 없어진 자리에서 나는 끔찍하게 슬퍼졌어요." 촛불을 바라 보는 그녀의 눈에서 눈물이 뚝뚝 떨어졌다.

나는 평안이 무겁게 내려 앉는 것을 느꼈다. 우리는 함께 촛불을 응시했다. 그것은 행복한 평안은 아니었다. 그보다는 싸움과 번뇌가 없어진 상태였다. 그것은 은혜의 빛 안에서 삼키기 힘든 진리를 대하는 묵상의 공간이었다.

아직 시간이 남아 있었지만, 그 남은 시간을 평안하게 보내진 못했다. 멜리사는 아주 큰 발톱이 그녀의 등을 할퀸 것처럼 고통스럽게 몸을 뒤틀었고, 얼굴은 일그러졌다. 내가 그녀와 함께 있다는 것을 알려주기 위해서 나의 손을 그녀의 발 위에 올려 놓았다. 그리고 기다렸다. 멜리사는 고통스런 통증에 붙들려 꼼짝달싹 못하고 있었다. 나는 그녀가 적진의 진영으로 질질 끌려가고 있는 것처럼 느껴졌다. 그녀의 경직된 몸동작은 소리 없는 외침이었다.

결국 그녀는 고통으로 모든 기운이 소진되어서 조는 것 같았다. 그녀가 다시 눈을 떴을 때, 그 눈 빛에서, 나는 깊은 상처를 입는다는 것이 무엇인지 보았다. 그녀는 탁자 위 양초 옆에 놓여있는 작은 컵을 달라는 몸짓을 했다. 그 안에는 알약이 들어 있었다. 나는 입에 넣어주길 원하냐고 물었다. 그러자 그녀는 고개를 끄덕였다. 나는 그렇게 해 주고 물병에 빨대를 꽂아서 입에 대어 주었다.

몸을 뒤로 기대고 앉으며, 나는 손에서 느껴졌던 감각들을 기억했다. 먼저 약이 든 컵을 잡으려고 손을 뻗을 때 느꼈던 촛불의 열기로 손목의 잔털이 그을리는 감각이 기억났다. 그리고 그녀의 혀에 알약을 올려 놓을 때 내 손가락을 스쳤던 그녀의 입술에서 느껴졌던 부드러움이 기억났다. 그을릴 듯한 열기와 입술의 부드러움이 어우러지며 내 손에서 느껴지는 어떤 감각을 주목하게 되었다.

잠시 후 멜리사는 다시 말을 시작했다. 알약은 고통과 맞서 싸우는 최전방의 방어 전선이었다. 우리는 둘 다 좀 더 강력하고 효과적인 무기가 있었으면 좋겠다는 바램을 가지고 있었다. 그녀가 내게 말했다. "어쩔 수 없이 내 자신을 불쌍하게 바라보는 것은 참 고통스럽습니다. 옳다고 느껴지지도 않아요. 그것은 어찌되었든 회피하거나 이 상황을 모면하려는 손쉬운 방법으로 여겨집니다. 지금의 내 상황은 나를 사랑하는 이들을 아프게 하지요. 그들은 나 때문에 고통 당하고 있습니다. 그들에게도 희생을 요구하죠. 남편과 친구들, 가족과 교인들 모두에게요. 그들은 치유를 위해 기도하는데, 나는 계속 아픕니다." 눈물이 다시 흘렀고, 그녀는 또 눈물을 훔쳤다.

나는 그녀를 사랑하는 사람들에 대해 물었다. 그녀는 하나님의 사랑을 가장 철저하게 느끼는 것은 그들을 통해서라고 분명하게 말했다. 그녀에게 그들은 신실하고 희생적인 하나님의 사람들이었다. 그러나 그녀가 치유되지 않기 때문에 그들을 좌절시키는 자신이 싫었고 마음이 무거웠다. 그녀는 자신이 치유되지 않는 것을 그들에 대한 자신의 책임을 다 하지 못하는 것으로 받아들였다.

"당신은 그들의 사랑과 당신을 위한 헌신을 알고 있네요. 그래서 그들에게 감사하고, 빚지고 있다고 느끼는군요." 멜리사는 고개를 끄덕였다. "그리고 당신은 그들에게 감사하고 은혜를 갚을 수 있는 방법은 병이 치유되는 것이라고 생각하는 것 같습니다."

"네, 그래요."

만남을 끝낼 시간이 가까워지면서 나는 다른 견해를 서둘러 꺼냈다. "나는 당신이 하고 있는 중요하고 힘든 일이 또 있지 않나 싶어요." 의아한 표정으로 그녀는 그것이 무엇인지 물었다.

나는 답했다. "몇 분 전에 당신이 한 것이죠. 당신이 지금까지 겪어 온 것들을 어떻게 느끼는지 진솔하게 하나님께 이야기하는 것입니다. 고통, 슬픔, 분노. 연약함을 그대로 드러내는 것이지요. 연약함을 지닌 채로 하나님을 신뢰하는 것. 이 일은 전능하신 하나님께서 당신을 치유해 주시지 않는 상황에서는 특히나 힘든 일일 테지요. 적어도 아직은 치유하시지 않으셨으니까요. 그런데 당신은 신뢰하고 있네요. 나는 당신이 어떻게 지금껏 신뢰할 수 있었는지 상상도 할 수 없습니다. 당신은 하나님과의 관계 안에서 이 삼키기 힘든 진리를 용감하게 살아내고 있습니다. 시편에서 볼 수 있는 다윗의 삶이 그랬지요. 그는 고통과 원수들에게 둘러싸여 있으면서도 하나님께 소리지르며 자신을 표현할 수 있을 만큼, 그리고 하나님을 여전히 사랑할 수 있을 만큼 신뢰했습니다. 지금 여기서 당신도 그렇게 하고 있네요. 당신은 위로와 슬픔을 함께 느낀다고 말했지요."

멜리사는 말하는 나를 계속 바라보았다. 그리고 천천히 깊이 생각하며 답했다. "네, 자기 비난에서 그리고 그 마술적 사고에서 풀려나는 느낌이었어요. **그리고 그것이 슬펐어요.** 마술적 사고는 한편으론 슬픔에서 벗어나는 한 방법이었죠. 그런 식으로 생각하는 것이 날 걸려 넘어지게 하는 것을 이제 알겠습니다."

나는 멜리사에게 슬픔에 관해 물었다. 그리고 그녀는 아래를 보며 말했다. "이 모든 일들 가운데 하나님께선 과연 어디 계신지 모르겠습니다. 너무 고통스러워요. 내게도 고통이고 또 나를 사랑하는 사람들에게도 고통이지요. 그것이 슬픕니다."

나는 고개를 끄덕였다. 눈물이 차 오르는 것을 참을 수 없었다. 깊은 숨을 몰아 쉬며, 그녀는 나를 똑바로 바라보고 단호하게 말했다. "그것이 내가 하나님 앞에 내려 놓은 것입니다. 슬픔과 고통을 가지고 그분께 갔습니다. 그리고 이 혼란에 관해, 또 혼란 가운데 하나님은 어디 계신지에 관해 질문을 드렸습니다. 하나님께서 어디 계신지 모르면서도 나는 이 모든 것들을 그분께 드렸습니다... 그리고 치유에 대한 소망도 그분께 올려드렸습니다." 그녀는 미소 지었고, 나는 감정이 올라오며 목이 메었다.

우리는 침묵 가운데 머물렀다.

"또 올 수 있었으면 좋겠어요. 영성지도를 몇 번 더 할 수 있으면 좋겠네요." 멜리사는 수줍은 기색을 하며 말했다. 나도 그러길 원한다고 답했고, 마치는 기도를 소리 내어 해도 좋겠냐고 물었다. "물론이죠. 좋습니다."

나는 갈라지는 목소리로 기도했다. "주님, 저는 멜리사가 고통 받는 것을 보면서 너무 화가 납니다. 그리고 이토록 힘든 고통 가운데서도 당신께로 향하는 그녀의 신실함과 다른 이들을 향한 사랑에 놀랍니다. 제게 멜리사는 이 세상에서 은혜와 성실함을 볼 수 있도록 비추는 빛입니다. 그녀를 사랑하고 돌보는 이들로 인해 감사가 넘칩니다. 그녀를 사랑하는 우리 모두를 위해서라도 그녀를 축복하시고 치유해 주십시오, 주님. 고통 가운데서도 기도하는 본을 보이시고 가르치신 당신의 아들 예수 그리스도의 이름으로 기도합니다. 아멘."

멜리사의 아파트를 떠나면서 나는 균형을 잃고 절름거리는 느낌이 들었다. 나는 멜리사의 고통스런 현실 속으로 들어가려고 애썼고, 그 길에서 예수님께로 시선을 고정시키려고 했다. 어떤 길도 분명 하거나 구부러지지 않은 쭉 뻗은 신작로 같진 않았다. 멜리사와 또 그녀와 함께 하려고 애쓰는 나는 그녀의 고통이라는 거센 바람을 맞고 팽개쳐지는 느낌이었다.

왜 이 이야기가 '결실'이라는 마지막 파트에 실려야 하는지 이해가 안될 수도 있다. 물론 깔끔하게 일반적인 종결의 형태로 끝이 나진 않았다. 비극을 저지할 현현의 순간도 없고 혼란 가운데 질서를 기적적으로 창조해 낼 신학적 관점도 제시하지 못했다. 그것은 마치 하나님의 아들 예수가 구유에서 곧 헤롯의 군사들에 의해 비극적으로 살육 당할 갓 나은 다른 남자 아기들과 함께 태어나는 것과 같다. 이런 일을 어떻게 이해해야 할까? 설명하려고 애쓰는 것은 공포로부터 한 발짝 뒤로 물러서는 것이다. 그러나 공포와 불의가 있는 곳에 은혜와 사랑이 함께 있다.

멜리사는 내게 진리의 편에 서는 방법을 가르쳤다. 그것이 때론 두려운 것일지라도 그렇게 할 수 있음을 알려주었다. "진리의 편에 서는 것"은 성난 황소를 타는 것과 같을 수 있다. 균형을 잡고 평안 가운데 있다고 여길 때가 있을 수 있지만, 황소는 다시 날뛰게 되어 있다. 황소의 날 뜀은 그녀의 몸을 괴롭히고 기운을 소진시키며, 밤낮으로 고문하는 단순한 신체적 고통일 수 있다. 그것은 또한 직장을 잃거나, 사랑하는 사람들의 희생적 돌봄을 요구하며, 잠을 자거나 먹고 움직이는 단순한 기쁨마저 사라지는 인간성의 소멸일 수 있다. 그리고 내 자신의 피지도자 체험과 나의 피지도자들의 영성지도 체험이 말해 주는 것처럼, 황소의 맹렬한 튀어 오름은 고통에서 벗어날 수 있는 합당한 일을 하려고 하나님과 합의를 끌어내려는 충동일 수도 있다. 그렇게 하면서 이 잔은 내 입술에서 치워져야 마땅하다고 기도하는 것일 수 있다. 우리는 삶을 선택하라고 들어 왔고, 또 그렇게 하려고 한다. 최선을 다해 우리는 삶이 무엇인지를 분별하고, 그것을 추구한다. 멜리사는 매일 매일 그렇게 해 왔다. 그녀는 심지어 견딜 수 없는 상황 속에서도 기도했다. 그녀를 보면서 나는 그녀와 비슷한 삶을 살며 나를 감화시켰던 사람들을 떠올릴 수 있었다. 그들 중 한 사람이 에티 힐레슘이었다.

에티 힐레슘은 1943 년 아우슈비츠에서 생을 마쳤다. 그러나 그녀의 영성은 수십 년 동안 이 세상에 살아남아 있다. 그녀가 죽음을 맞은 해에 쓴 일기는 압제와 공포가 점점 커지며 고통도 심해지는 네덜란드에서 한 젊은 유태인 여성으로 살았던 그녀의 삶에 대해 전하고 있다. 추방되기 전에 그녀는 이 글을 썼다.

1942 년 7 월 1 일 오후 3:45
발코니에 햇살이 내려앉고 미풍을 타고 재스민 향기는 날린다.

나는 이 재스민의 아름다움을 다 담아낼 수 없다. 허나 그럴 필요도 없다. 단지 20 세기의 기적들을 믿는 것으로 충분하다. 나는 믿는다. 비록 머지않아 폴란드의 벼룩들이 나를 모두 먹어 치울 것이지만 그래도 나는 믿는다.

존엄성을 가지고 또는 그것도 없이 고통 당하는 것이 가능하다... 나는 매일 폴란드에 있다. 사람들이 부르는대로 말하자면 전쟁터에 있다. 나는 종종 녹색의 독가스를 그려보곤 한다. 나는 굶주리고 학대 받고 죽어간다. 매일매일. 그러나 나는 또한 이 베란다에서 보는 재스민과 창문 위로 보이는 조그만 하늘과 함께 있을 것이다. 미혼인 내겐 모든 것을 담을 수 있는 공간이 있다. 하나님을 믿는 믿음과 비참한 종말을 위한 공간 모두를 담을 수 있다. 내가 종신형을 선고 받는다 해도 그것이 소망의 상실을 의미하진 않는다. 내가 느끼는 것은 희망 없음과는 거리가 멀다. 나는 이미 이 삶을 수천 번 살았고, 이런 죽음을 수천 번 맞이했다.

과연 나는 삶에 대해 시들해진 것일까? 아니다. 이것은 삶을 매 순간 살아내기 위한 과제이고 고통을 견뎌내는 것이다. 물론 이 일은 사소한 문제는 아니다... 나는 걱정 하는 많은 사람들을 알고 있다. 그리고 그 모든 것, 모든 순간을 알고 있다. 그리고 때론 나를 짓누르는 무거운 짐 때문에 고개를 숙인다. 그러나 비록 고개를 숙일 때에도 나는 거의 기계적으로 양손을 모을 필요를 느낀다.[5]

내 앞에 앉아 있는 멜리사에게서 본 것도 이것이었다. 그녀의 머리는 무거운 짐에 눌려서 숙여졌지만, 기도와 영성지도를 시작하며 촛불 앞에 앉은 그녀의 손은 포개져 있었다.

오랜 기간 동안 만나지 못하다가 마침내 멜리사를 만나게 된 때는 사순절의 셋째 주일 바로 전 날인 토요일이이었다. 사순절은 예수님의 고통과 죽음을 기억하는 기독교 절기이다. 사순절의 영어 단어 "Lent" 는 long, slow 와 같은 어원을 가지고 있다. 이 때는 땅이 봄을 기다리는 시기이다. 낮은 길어지고 씨앗들은 늦겨울의 어두움 속에서 싹을 틔우고, 우리의 가슴은 갈망으로 채워진다. 이 길고 더딘 계절에 우리의 바램은 우리의 믿음의 중요한 구성요소인 열망을 마주하며 깊이를 더한다. 이것을 나는 멜리사와 함께 앉아 있으면서 느낄 수 있었다. 그녀는 하나님과 생명과 치유를 열망했다. 나도 열망했다. 아프고 주린 심정이었다.

다음날 아침 나는 교회 예배에서 성경 본문을 낭독했다. 본문은 이방 땅에서 오랜 세월 포로 됐던 하나님의 백성이 풀려날 것임을 말하는 이사야 52: 2~9 말씀이었다. "너는 티끌을 털어 버릴지어다. 예루살렘이여 일어나 앉을지어다. 사로잡힌 딸 시온이여 네 목의 줄을 스스로

풀지어다... 너 예루살렘의 황폐한 곳들아 기쁜 소리를 내어 함께 노래할지어다 이는 여호와께서 그의 백성을 위로하셨음이라." "영원한 자비로 너를 긍휼히 여기리라"고 약속하시는 고통 받는 하나님의 종에 대한 이사야서의 이 말씀으로 유대인과 그리스도인들은 위로를 받고 소망을 얻는다.[6]

종살이와 황폐함을 아는 사람들에게 위로가 되시는 이 하나님에 대한 성구를 읽으며 나는 멜리사를 위해 기도했다. 나와 회중 사이에 놓여 있는 낮은 제단 위에는 모래와 돌멩이들로 장식된 큰 접시가 놓여 있었다. 그리고 그 한 가운데에는 흰색의 긴 양초가 세워져 있었고, 촛불은 흔들리고 있었다. 예배 순서를 따라 교회당 안의 모든 교인들은 혼자 혹은 같이 온 사람과 함께 제단으로 내려와 가운데 서 있는 그리스도 초에서 불을 붙인 작은 양초를 모래에 심었다. 나는 복도를 따라 내려오는 사람들의 얼굴들을 보았다. 그리고 그들이 자신들의 초에 불을 붙이고 그 작은 초들을 모래에 심을 때의 얼굴들을 지켜 보았다. 그들의 표정에는 슬픔, 소망, 두려움 그리고 믿음이 한 데 섞여 있었다. 작은 양초를 그리스도 초에서 불을 붙이려고 심지에 가까이 댈 때면, 그들의 입은 거의 언제나 벌려졌다. 나는 멜리사의 아파트에서 촛불에 손을 그을리는 듯한 감각을, 그리고 그녀의 입술에 스치는 감각을 손으로 다시 느꼈다. 뭔가가 내 안으로 들어오는 느낌이었고 나의 마음은 다시 열렸다. 슬프게 탄식하는 시편의 기자와 함께 나도 말할 수 있었다. "그러나 나는 당신의 변함없는 사랑을 신뢰했습니다." 믿음은 이처럼 '그러나'라는 접속사 안에서 발견된다.

신약은 믿음이라는 중심축으로 끝을 맺는다. "그럴지라도 (아멘), 주 예수여 오시옵소서!"[7] 믿음은 고통과 한 번 밖에 없는 삶 가운데 겪는 고통인 거치는 모든 바위들 가운데에서도 돌아섬, 방향을 바꿈, 다시 돌아설 수 있음을 소망하는 것이다. 그렇게 멜리사는 심한 고통 속에서도 하나님께로 계속 돌아섰고, 소망을 향해 계속 마음 문을 열었다. 매일 그녀를 돕는 간호 보조사와 마찬가지로, 나 역시도 그녀에게서 믿음을 배운다.

노트

1. Saint-Exupery, *The Little Prince*, Katherine Woods 번역 (New York; Harcourt, Brace & World, 1943), 71.
2. V 2.
3. V 5.
4. 사회학자 Jonathan Cole 은 척추 손상 환자 열두 명을 대상으로 한 그의 심층 연구에서 이처럼 말한다. "만성질환은... 어떤 사람들에게는 척추마비보다 삶을 더 비참하게 망가뜨릴 수 있다." Cole, *Still Live: Narratives of Spinal Cord Injury* (Cambridge, Mass; MIT Press, 2004), 286.
5. Hillesum, *An Interrupted Life; The Diary of Etty Hillesum 1941-1943*, J. G. Gaalandt (New York; Washington Square Press, 1981), 158-60.
6. 이사야 54:8
7. 요한계시록 22:20, Holy Bible ; *Authorized King James Version*, C.

결론: 하나님의 성소 God's Holy Habitation

Scofield 편저 (New York; Oxford University Press, 1967).

학자들은 영성을 "자기를 내포하는" 것이라고 말한다. 우리의 지식은 우리의 정체성 그리고 우리가 보는 것으로 쌓여간다. 그리고 우리의 정체성과 우리가 보는 것은 이해력이 발달하면서 형성된다. 영적 작업은 실험실에서 이루어지는 과학도, 안락 의자에서 하는 철학도 아니다. 나는 영성지도에서 만나는 피지도자들과 함께 지내며, 그리고 사랑하며 빚어지고 있다. 모든 다양한 상황들 가운데 처해 있는 그들이 기도하는 것을 볼 때 나는 하나님께서 어떤 분이신지를 더 잘 알 수 있었다. 춤을 추듯 함께 영성지도를 시작하고, 여정을 계속하고 열매가 맺히면서, 나는 하나님의 변화 시키시는 은혜를 눈으로 보고 증거한다. 우리는 토기장이이신 하나님의 손에 들린 진흙이다. 우리의 형태가 잡혀가면서 물레는 계속 돌아간다. 우리의 마음도 거듭해서 하나님께로 돌아선다. 성경의 많은 단어들은 "re-" 즉, "다시"라는 말로 시작한다: 돌아섬 return, 회개 repent, 새롭게 됨 renew, 회복 restore, 되살아남 refresh. 이것들은 개인과 하나님 백성들 모두를 향한 부르심이다.

우리 각 사람은 우리 자신들의 마음과 삶을 가지고 살아계신 하나님 앞으로 나온다. 우리가 고독한 개인들로써 하나님께 나온다는 견해는 맞는 말일 수 있다. 그리고 우리는 여타 문화 보다 훨씬 더 개인적인 문화 가운데 살고 있으며, 우리가 하는 영성지도 역시 무척 개인적이고 개별적으로 이루어지고 있는 것이 오늘의 현실이다.

그러나 21 세기를 사는 그런 우리들조차도 성경이 우리에게 살도록 요구하는 "거룩한 처소"에 의해서 빚어진다. 우리 각자는 하나님의 성령이 내주하는 장소이기도 하지만, 훨씬 더 신비한 것은 우리의 공동체가 하나님의 거주지, 성소라는 사실이다.[1] 조지 허버트 George Herbert 는 기도에 관한 시 첫 소절에서 기도의 의미를 담기 위해 "교회의 향연"이란 단어를 사용한다.[2] 오늘날의 교회에서 이것은 어떻게 받아들여지겠는가? 우리는 함께 모여 기도의 향연을 벌이는가?

성경은 우리가 함께 모여서 하나님의 거처로 자라가야 한다고 말한다. 이것은 내 사무실 안에서 그리고 밖에서 일어나야 하는 일이기도 하다. 하나님의 거처인 교회는 외부의 사회적 문화적 힘에 의해 모양이 갖춰지지만 또한 그 공동체와 세상에 선물로 주어져야만 한다. 그와 마찬가지로 영성지도 역시 하나님의 진리와 사랑을 세상에 전하는 성사적인 성격을 지닌다. 이상적으로라면 그 안에서 깊어진 은혜는 세상으로 부어지고, 관계를 변화시키며, 긍휼을 베풀고, 예배를 불러 일으킨다. 그래서 한 개인이 세상을 새롭게 하는 일에 쓰임 받게 될 것이라는 소망을 품는다.[3] 나는 영성지도를 행하면서 이것들을 직접 확인할 수 있었다.

내주함과 접붙여짐

영성지도를 위해 나를 만나러 오는 각 사람들은 모두 성도들의 교제 가운데 속해 있고 세상을 향해 빛을 비추고 있다. 나는 그 사실을 믿고, 또 보았다. 사도 바울은 성도들에게 이렇게 썼다. "하나님의 흠 없는 자녀로 세상에서 그들 가운데 빛들로 나타내며 생명의 말씀을 밝혀..."[4] 생명의 말씀을 밝혀로 번역된 헬라어 본문은 지속적으로 널리 알린다는 의미도 있지만 구약에서 물 댄 동산과 같은 방해 받지 않고 은혜가 흘러 드는 것을 특별히 표현하는 것이기도 하다.

결실은 단지 개인적인 번영이나 찬란함이 아니다. 마치 별빛이 우주를 꿰뚫듯이 정원에서 얻은 열매는 세상에 주어진다. 조지 허버트는 기도를 "향신료의 땅"[5] 이라고도 부른다. 자극적인 맛과 좋은 향으로 우리를 기쁘고 놀랍게 하는 향신료는 사람들이 갖기 원하는 것이고 전세계로 팔려나간다. 그것들은 맛을 더하고, 음식을 보존하며, 풍미를 더한다. 아마도 영성지도를 통해 깊어진 영적 성숙은 "만국을 치료하기 위하여 있는"[6] 생명 나무 잎사귀들을 우려내며 세상에 맛을 더한다. 물론 내 자신의 치유와 맛내기는 나의 피지도자들의 삶을 통해 가꾸어졌다. 그리고 나는 그들의 신실함이 건강한 영향력을 가지고 세상 속으로 물결쳐 들어가는 것을 본다. 하나님의 은혜는 삶에 영양을 공급할 뿐만 아니라 살 맛도 더해준다.

하나님이라는 가지에 접붙여질 때 열매 맺을 수 있고, 또 열매 맺어 야만 한다. 사랑이 사랑을 낳는다. 우리가 돌봄을 받을 때, 우리는 돌볼 수 있게 된다. 어른이라는 의미의 영어 단어 "adult"는 라틴어 allecre 에서 유래된 것으로, "자신이 맺은 열매나 생산한 것들을 키우거나 지지할 수 있는 단계에 다다랐다"는 의미를 지닌다.[7] 양육 받음으로 우리는 다른 사람들을 양육할 수 있는 어른들이 된다. 이 진리는 모든 종교들에서 발견되고, 사랑을 받았던 사람들이 사랑을 준다는 것을 발견한 과학자들의 연구와 논문들이 점점 증가하고 있다.

예를 들어, 2004 년 달라이 라마의 제안으로 티벳의 불교 승려들은 모든 살아있는 존재들을 향한 긍휼을 경험하기 위해 명상할 때의 뇌 영상을 촬영하기 위해 자기 공명 장치에 자신들을 맡겼다. 그 결과 초보 명상가들은 평범한 사람들의 스캔과 다를 바가 없었으나 평균 만 시간

이상 명상해서 그에 맛을 들인 승려들은 현저하게 다른 영상을 보여주었다. 분노를 받아들이는 부분(우측 전두엽)과 큰 대조를 이루며, 기쁨을 받아들이는 뇌의 일부(좌측 전두엽)이 많이 활성화 되어 있었다. 마치 샤론 비글리 Sharon Begley 가 자신의 저널에서 "승려들의 뇌는 고통 가운데 있는 사람들 돕기를 몹시 열망하고 있다"[8] 고 쓴 것처럼, 그들의 뇌는 계획된 동작을 주관하는 부분 역시 활동이 증폭되어 있었다. 사랑의 기도에 잠기는 것은 다른 사람들을 위한 사랑의 행위를 하도록 한다. Caritas(사랑)와 Communitas(공동체)는 상호의존적으로 존재한다.

영성지도자로써 내가 하는 일은 개인적인 기도 생활, 그리고 영성 지도를 통해 거룩한 음성을 경청하기 원하는 사람들의 공동체에 참여 하는 일과 밀접하게 관련되어 있다. 나는 정기적으로 영성지도자를 만나고, 나의 영성지도 작업을 돕는 수퍼바이저를 만난다. 나는 영성 지도자들과 영성신학 교수들로 구성된 공동체의 일원이 되는 특권을 누리고 있다. 그들 중 대다수는 십 년 이상 그 일에 헌신하고 있다. 그들은 영성, 역사 속 믿음의 사람들 그리고 다양한 종교적 영성 훈련에 관한 연구에 몰두하고 있다. 그들의 삶과 말들을 통해 나는 배움을 얻는다. 각계 각층의 사람들로 구성되어 있는 이 공동체는 이 책의 서두에서 소개되었다. 이 공동체는 나의 돌봄 사역을 지지해 주고 있다.

기도에서처럼 공동체에서도 소통은 매우 중요한 것이다. 내가 속한 확장된 공동체에서, 우리는 같은 언어를 사용하지 않는다. 문화처럼 공동체 역시 철저하게 언어적이다. 내 자신을 진솔하게 표현하면서도, 다른 사람들을 제외시키거나, 더 나쁘게는 소외된 느낌을 갖지 않도록 하기 위해 세심한 주의를 기울여야 한다. 예를 들면, 나의 교회 공동체 에서는 하나님을 "아버지"라고 편하게 부른다. 그러나 더 확대된 영적 공동체 안에서 그런 호칭은 제한적으로 사용된다. 나는 하나님께서 성별을 초월하신 분이심에 동의하고 하나님께 대한 제한된 인칭 대명사를 사용하지 않으려고 한다. 그러다 보니 글을 쓸 때 대명사를 쓰지 않게 되면서 문법적 오류에 빠질 수 밖에 없다. 예를 들어 "하나님 께서는 그 자신을 계시 하신다"는 말을 "하나님은 하나님 자신을 계시 하신다"고 반복해서 쓰게 된다. 어떻게 하면 우리의 언어가 우리의 지식 습득에 방해물이 아니라 도움이 될 수 있을까? 어떻게 하면 우리의 기도가 공허한 형식이 아니라 소통이 될 수 있을까? 하나님과 다른 사람들의 반응에 귀 기울이는 것은 온전한 하나님의 통치 가운데 접붙여지는 것이다. 하나님께 반응하는 것은 공동체를 생산해 낸다. 관상을 통해 행동으로 나아간다. 그리고 그것은 다시 관상에 영향을 준다.

공동체 안에서 뻗어나감

샌프란시스코 베이 지역에서 활동하는 영성 지도자들 가운데 소수의 사람들이 일 년에 두 번 한 여성의 집에서 모임을 갖고 있다. 그녀는 모임을 위해 초와 돌멩이들 그리고 꽃들로 장식한 아름답고 고요한 공간을 준비한다. 우리는 영성지도와 관련된 주제들을 발표한다. 어느 날 포스트모던 시대의 영성지도가 발표 주제였던 밤이었다. 우리는 영성지도에 영향을 끼치는 개인주의, 선택의 자유, 전통들과 관계적 의무들로부터 해방됨, 우리의 영성 생활과 관련하여 자율적인 소비자로 행동하는 성향들과 같은 포스트모던의 특징을 토론했다. 이런 대화는 흔치 않은 것이지만 지금 이 시대의 문화 가운데 영성 지도자가 씨름하고 있는 영성과 공동체에 대한 문제들과 관련하여 반드시 있어야 하는 것이다.

우리 사회에 대한 최근의 연구들은 경종을 울린다. 미국에서 우리는 사회적으로 경기 후퇴를 겪고 있으며, 홀로 지내며 이웃과 어울리는 일은 급격히 감소하고 있다. 이것은 기독교인들에게서는 많은 경우 동질 집단에 소속되길 원했던 태도에서 진정한 내면의 삶과 개성을 추구하는 태도로 변화가 일어난다.[9] 공동체 경험은 많은 사람들에게 점점 더 이상적이지 않은 것으로 여겨지며, 그에 따라 다른 사람들을 자신의 공동체로 초대하는 일을 오늘날의 미국 기독교인들은 전혀 시도하지 않게 될 것임을 쉽게 예측할 수 있다. 많은 기독교인들이 공동체 생활을 활발하게 하지 않는다. 그들은 단지 믿음에 영향을 줄 수 있는 행사와 공연처럼 행해지는 예배를 그것도 라디오나 텔레비전 혹은 인터넷을 통해 참여하며 방관자로 머물러 있으려고 한다.

내게 영성지도를 받으러 오는 사람들은 공동체에 대해 매우 다양한 입장을 취하고 있다. 그들 중 어떤 사람들은 거리를 두고 뒤로 물러서 있다. 그들은 영성지도를 통해 공동체의 불쾌한 경험들, 가혹한 신학적 교리들로 구성원들을 판단하며 돌봄이라고는 없는 공동체의 경험들로부터 회복되길 원해서 날 찾아 온다. 그들에게 공동체는 역경에서 그들을 건져낼 정서적이고 영적인 지지대가 되어 주지 못했다. 오히려 그것은 잘못된 신관을 심어주는 강압적이고 규범적인 무용한 모임이었다. 그러나 그들은 여전히 하나님을 믿고, 다른 사람들과 그 믿음을 나누려는 열망을 가지고 있다. 그들은 궁휼한 마음으로 친밀함을 키워갈 수 있는 공동체에 속하길 원한다. 그들은 도전과 건강한 충돌을 꺼려하지는 않는다. 그들은 성장을 방해하거나 단절되거나 삼켜지는 것이 아닌, 필요한 가지치기나 모양을 바로 잡는 일을 간절히 원한다. 이 책에서 우리는 레아의 어린 시절을 통해 무자비한 기독교 공동체에 노출되는 경험들을 볼 수 있었다. 이런 경험들은 그 방법들과 심각성 모두 다양하다.

공동체에 불만족을 느끼며 나를 찾아 오는 경우도 있다. 이 사람들은 그들이 사랑하고 헌신하는 공동체에 속해 있지만 자신들의 가장 깊은 갈망이나 기쁨들을 나눌 수 있는 대화에 목말라 있다. 이런 공동체들은 가르침과 사회 활동에는 열중하지만 영성에 관해서는 드러내서 말하지 않을 수 있다. 기도는 그들이 베푸는 연회식이 아닐 수 있다. 그 결과 많은 사람들은 영적 경험을 사적인 것이며 다른 사람들에게 말할 필요가 없는 것으로 받아들이게 된다. 한 기독교 활동가가 이런 말을 한 적이 있다. 그녀는 친구를 만나 점심 식사를 하고 식당을 나와 길을 따라 걸었다고 한다. 그 때 두 흑인 여성이 이야기를 나누는 것을 흘려 듣게 되었는데, 그들의 대화 가운데 하나님이란 단어가 귀에 들어왔다. 이 우연한 만남은 유럽계 미국인인 이 여성과 역시 유럽계 미국인인 자신의 친구와 식사하며 나눈 대화 가운데 하나님에 대한 언급이 전혀 없었음을 깨닫게 만들었다. 그녀의 삶에서 하나님을 부르는 때는 영성지도, 성경 공부 모임 그리고 교회처럼 오직 정례화된 종교적 상황에서뿐이었다. 그녀는 왜 자신이 삶에서 핵심적 대상인 하나님을 입에 올리는 일이 드물까 의문을 품게 되었다. 자신이 속한 기독교 문화권이 일상의 삶에서 하나님에 대한 대화를 억제하기 때문이 아닐까 하는 생각도 해 보았다. 이러한 성찰들로 인해 그녀의 교회는 변화를 시작하게 되었다. 반면에 나의 피지도자들 가운데는 공동체를 떠나 하나님의 은혜의 생수에 다다르고 다시 그들을 통해 생수가 흘러갈 수 있는 다른 공동체들을 찾는 사람들도 있다.

또한 공동체를 갈망하며 영성지도를 찾아오는 사람들도 있다. 그들 중에는 과거에 공동체의 일원이었다가, 지금은 완전히 떠나 있으면서 다시 공동체 경험을 갈망하는 사람들이 있다. 많은 사람들은 어린 시절의 예배 경험을 부모님 곁에 무릎 꿇고 교회 장의자에 앉아 회중들과 함께 찬양하는 것으로 기억한다. 그리고 설교의 내용이 아니라, 사람들과 함께 앉아 경청하고 경배했던 것으로 기억한다. 그들은 부모님의 교회를 떠났고 더 이상 어린 시절의 믿음 공동체가 지녔던 믿음에 대해 신학적으로 편하게 받아들일 수 없게 되었지만, 영적 공동체의 맛을 이미 알게 되었고 다시 맛 보기를 원한다. 짐은 어린 시절의 영적 불씨를 취할 수 있었고, 그것을 살려냈고 다른 사람을 양육하는 어른이 될 수 있었다. 또 다른 사람들은 기독교 공동체에 전혀 속해 본 적이 없지만 그것을 갈망한다. 그들은 공동체를 찾거나 만들려는 실제의 비전을 가지고 있지는 않지만 그것을 향한 강한 열망을 느낀다. 어떤 이들은 우리 사회에서 일반화 된 이동성으로 고통 받으며 더 이상 가족이나 어린 시절의 친구들과 가깝게 살지 못한다. 그들은 또한 어떻게 공동체에 들어가야 하는지 혹은 만들어야 하는지에 대해 일반적으로 무지한 우리 문화의 악영향을 받고, 그러기 위해 투자할 시간도 여유도 가지고 있지 못한다.[10] 이러한 마음과 경험들을 가지고 있는 사람들과 함께 하면서, 나는 그들이 하나님께 더 잘 순응하게 될수록 기독교 공동체를 더 찾게 된다는 것을 알았다.

멜리사나 칼처럼 나와 함께 영성지도를 했던 사람들 가운데 매우 소수의 사람들만이 공동체의 돌봄으로 양육되고 있음을 나는 증거할 수 있다. 공동체 영성을 풍부하게 경험했기 때문에 더 그 맛을 보기 원하는 사람들도 있다. 그들 중에는 이렇게 말하는 사람들도 있었다. "내가 기도할 수 없을 때, 성전에서 기도하는 사람들에 둘러싸여 나는 쉼을 누립니다. 그것은 마치 빨랫줄에 매달린 빨래들처럼 하나님께로 함께 끌려가는 것과도 같은 경험입니다." "내가 하나님을 믿지 않는다고 생각할 때가 있습니다. 그럴 때면 나는 교회예배로 모인 다른 교인들의 찬양과 기도에 둘러싸여 하나님께서 내 마음 속에서 운행하심을 인식합니다." "교회 공동체와 함께 예배하고 식사 교제를 나눌 때 나는 하나님을 더 잘 알게 됩니다." 이들 중 많은 사람들이 아직 깊이 있는 믿음의 이야기를 나눌 친구들을 찾지 못했다. 그러나 그들은 다른 사람들과 함께 예배 드리고 식탁의 교제를 나누는 것이 어떤 의미 인지를 분명히 이해하고 있다. 영성지도자들은 피지도자들의 공동체 경험에 주의를 기울인다.

기도와 예배

미국에서 제자도에 대한 이해는 변화되고 있다. 공동체에 대한 정형화 되지 않은 갈망에도 불구하고, 기독교의 전형적인 영적 구도자들을 반드시 제자로 볼 필요는 없다는 것이다. 이것은 사람들을 외로움에 노출시킬 뿐만 아니라 공동체가 제공할 수 있는 폭 넓은 평가와 객관적인 성찰로부터도 멀어지게 하고 점검되지 않은 설득과 상상의 힘에 속수무책이 될 위험에 처하게도 한다.

"영성"은 좋은 단어가 되고 "종교"는 부정적 단어가 되어 버렸다. 이것은 반-제도적 antiinstitutional 입장에서 나온 것이기도 하다. 또한 우리의 개인주의라는 환상과 더불어 사회경제적 입지가 패권을 잡으며 영성조차도 그에 물들어 소비자 개념과 훈련으로 오염되었다. 즉, 공동체와 영성의 회복에 대한 학문적 대화에서도 "사회적, 영적 자본" 이라는 경제 용어들을 사용되면서 영성을 마치 축적, 배가, 고갈, 교환, 혹은 유효한 축복과 같은 것으로 치부하게 되었다.[11]

이것은 영성지도에서도 심각하게 우려할 문제이다. 기독교는 함께 모인 공동체를 그리스도의 몸으로써, 성령님께서 내주하시는 성전으로 확실하게 믿는다. 우리는 홀로 고독 가운데 있을 때에도 공동체를 인식한다. 3세기의 사막의 교부들과 교모들이 그랬고, 19세기와 20세기 초 러시아의 푸스트니키 poustinikki (이들은 사막의 은자들 처럼 살았지만, 마을을 떠나지는 않았다) 그리고 세상을 위해 기도하는 현대의 기독교 은자들이 그렇다. 이처럼 홀로 있으면서도 함께 있는 기독교 공동체의 특징을 주목하며 틸든 에드워드 Tilden Edwards 는 고독이라는 러시아 단어가 신학적으로 사용될 때 "모든 사람들과 함께 함"이라는 의미를 지닌다고 설명한다[12] 이런 고독을 지도자와 피지도 자는 촛불 앞에서 행해지는 영성지도 가운데 경험한다. 쯔바이아인잠 카이트 zweieinsamkeit 로 표현할 수 있는 독일어의 고독 또한 신학적으로 사용되며, 두 사람이 함께 하는 은혜 충만한 이중적 고독이란 의미를 지닌다.[13] 이 이중적 고독 속에서 우리는 그리스도의 몸의 일부가 되는 것이다.

로날드 롤하이저 Ronald Rolheiser 는 "공동체를 참 예배의 한 구성 요소"로 설명한다. 그는 건강한 기독교 영성을 위한 네 개의 타협할 수 없는 핵심 요소들이 있는데 그 가운데 공동체가 포함되며, 이것은 예수님께서 친히 제정하신 것이라고 주장한다. (나머지 세 개는 개인기도, 개인윤리와 사회정의, 온화하고 원숙한 심령이다.) 기독교 공동체는 우리 안에서 거짓 자유를 벗겨내고, 우리를 겸손하게 만들며, 우리의 윤리적 지경을 넓힌다. 그래서 우리가 어려움을 회피하는 삶이 아니라 책임을 지며 직면하는 삶을 살도록 한다. 롤하이저는 예수님께서 부탁하신 대사명 두 가지를 인용한다. 하나님 사랑과 이웃 사랑은 분리될 수 없는 것이다. 왜냐하면 다른 사람들을 사랑하는 것은 예배와 기도에 있어 반드시 있어야 하는 것이기 때문이다. 그래서 영성지도자는 진리와 긍휼 가운데 행하는 일들 속에서 세상으로 흘러 들어가는 은혜의 물줄기를 주목한다.[15]

롤하이저는 공동체가 지닌 '참 예배"의 중요성을 강조한다. 공동체가 지닌 도덕적, 심리적, 실제적 중요성뿐 아니라, 하나님 과의 관계를 위한 참 예배는 필수불가결한 것이다. 예배 공동체를 통해 하나님께로 들려 올리는 느낌이나 기도로 둘러싸이는 느낌을 받았다고 언급했던 나의 피지도자들은 롤하이저의 이 말을 경험한 것이다. 예배와 사랑은 그리스도의 몸 안에서 하나가 된다. 이것은 삼위일체 하나님의 신비 와도 관련된 것이다. 공동체의 교제는 하나님의 본성을 이루는 근본적 요소이다. 창세기에서 우리는 아브라함이 세 사람으로 나타난 하나님 을 마므레의 나무 밑에서 환대하는 것을 본다.[16] 그리스도 안에서 우리는 태초에 하나님과 함께 계셨던, 그리고 하나님이신 그 말씀이 육신이 됨을 본다.[17] 부활하신 주님은 제자들에게 "성령을 받으라"고 말씀하시며 성령을 그들에게 부어주셨다.[18] 신비이다. 신학자 유르겐 몰트만 Jurgen Moltman 의 글처럼 "하나님의 말씀과 그분의 영은 하나님의 호흡과 그분의 말씀처럼 분리할 수 없는 것이다."[19] 함께 예배 드리며 우리는 그 호흡과 말씀을 경험한다.

최근에 나는 교회에서 고대에 드려지던 성금요일 예배인 테너브레 Tenebrae 예배를 함께 드렸다. 예수님의 죽음을 기억하면서 예배를 드리는 동안 조명이 점점 어두워진다. 나는 수백 명의 예배자들 가운데 서 기도를 드리며 성금요일의 장엄함을 생각했다. 우리 개인의 고통을 공동체 안에서 가장 잘 견뎌낼 수 있듯이, 십자가의 고통도 공동체 안에서만 안을 수 있는 것이다. 우리 모두에게 익숙한 찬양을 부르며, 나는 우리의 연합으로부터 자유가 흘러나옴을 알 수 있었다. 그리고 우리의 찬양 속에서 쉼을 누릴 수 있었다. 어떤 사람이 감동으로 눈물 흘리며 찬양을 계속할 수 없을 때, 다른 사람들이 계속 찬양을 이어 갔다. 또 한 사람의 음정이 틀렸을 때에도, 그것은 전체의 온전한 찬양 속으로 녹아 들었다. 높고 낮은 목소리들이 조화를 이루며 만났고, 크고 작은 목소리들은 한데 얽혀 춤을 추었다. 나를 감싸 안고, 꿰뚫고 흐르는 음악의 선율에 얹혀져 나는 안식할 수 있었다. 그것은 살아 계시고, 호흡하시는 거룩한 하나님의 성소였다.

공동체는 판단적이거나 교리에 사로잡힌 관습적인 것이 될 때 잘못된 길을 간다. 생명을 잃는다. 개인의 믿음과 생동감 있는 관계가 뗄 수 없는 밀접한 것이므로 믿음은 공동체 안에서 지탱된다. 영성지도자와 피지도자 사이의 관계는 하나님의 거룩한 거주지의 작은 예이다. 그리고 그것은 그리스도의 몸이라는 더 온전한 경험을 향해 나아가는 통로의 역할을 할 것이다. 우리의 가장 개인적인 하나님과의 교제는 말과 몸짓, 웃음과 눈물로 체화되고 생기 넘치는 실제 관계들로 체화 된다. 지도자는 다른 사람이 말하도록 경청하고, 피지도자는 신비를 신뢰하고 탐색한다. 그것은 마치 "성령 안에서 개성과 사회성이 동시에 존재하며 서로를 보완하는"[20] 것과 같다.

참 예배는 촛불 곁에서 하나님께로 향하여 경청할 때 경험하게 된다.

거울을 통해 희미하게 바라봄

거룩한 신비를 피하지 않고 기꺼이 탐색하려는 마음은 존 키이츠 John Keats 가 언급한 "부정적 능력"을 수반 한다. 이것은 그의 위대한 시에서 분별하라고 주장한 자질이고 영적 결실에서 증언한 것이다. 1817년 12월 키이츠는 그의 형제들에게 보낸 편지에서 부정적 능력은 "사실이나 이유를 납득하려고 안달하지 않으면서 불확실성, 신비, 의심 가운데 거할 수 있는 것"이라고 썼다.[21] 이 능력은 개인들에게뿐 아니라 믿음의 공동체들에게도 반드시 필요한 것이다. 우리는 단지 거울을 통해 희미하게 볼 수 밖에 없다. 이처럼 반쯤 아는 지식으로도 만족하는 것은 믿음을 위해서도, 아름다움을 인식하기 위해서도 필요하다.

기도와 예배 경험은 신비와 아름다움을 설명하거나 의혹을 풀거나 결정하고 결론지으려 하지 않고 그것들 속으로 들어갈 수 있는 능력과 밀접한 관계를 가지고 있다. 그것은 현대의 이론들이 제안하는 계산적인 방법으로 조심스럽게 축적한 "영적 자본"을 취하는 문제가 아니다. 오히려 그것은 믿음의 문제이다. 시간이 지나며 사람들의 부정적 능력이 영성지도 작업을 통해 확장되어 가는 것을 나는 볼 수 있었다. 그들은 신비와 아름다움을 고통의 시간을 지나면서도 발견 하곤 한다.

포스트모던 시대를 사는 기독교인으로써 우리는 여전히 "개인의 고독 한 마음"에 사로잡힌 자수성가한 사람, 해방된 여성, 강한 개인 주의자의 이미지에 매력을 느낄 수 있다.[22] 우리는 공동체의 상상을 잃었다. 잃은 양, 선한 사마리아인, 심지어는 고통 받는 종과 같은 한 개인의 모습으로 우리 자신을 상상할 수 밖에 없는 때가 많다. 그러나 우리는 한 무리의 양떼, 백합화들이 피어있는 들판 그리고 그리스도의 몸이란 이미지로 돌아서야 한다. 영성지도에서 함께 드리는 기도는 공동체적 상상력을 다시 살려내어 우리가 같은 여정을 걷는 길동무로 서로를 바라볼 수 있도록 돕는다.

신비와 명확성, 이 둘에 관한 내 자신의 능력은 영성지도를 행하며 자라나고 확장되며 도전을 받고 있다. 나의 미적 감각이 성장하면서, 아름다움을 입으로 증거하게 되고 더욱 사랑할 수 있게 되었다. 이것은 직접 영성지도를 하고 실천하며 얻는 결과이지 단지 의도만을 가지고 얻을 수 있는 것은 아니었다. 육상 운동을 오래할 때 다리 근육이 강해지는 것처럼, 나의 사랑도 영싱지도를 통해 추구했던 것들을 통해 의식하지 못하는 사이에 훈련되었다. 이 때 특별히 추구하게 되는 것은 다른 영혼을 돌보는 것이다. 하나님을 향한 그리고 다른 사람들을 향한 작은 사랑을 가지고 나는 그 일을 지속할 수 있었다. 그러나 놀랍게도 그 사랑은 시간이 흐르면서 점진적으로 그리고 신비롭게도 강화되었다.

하늘의 신비와 신비이기 때문에 어쩔 수 없는 불확실성을 마주하며 영성지도라는 돌봄 사역을 할 때 문제가 되는 것은 사랑이다. 룻이 자신의 죽음을 마주하며 확인했던 것처럼, "사랑은 결코 끝이 없다."[23] 예언도 그칠 것이고, 방언도 멈출 것이며, 지식은 사라질 것이다. 그리고 언제든 우리는 거울을 통해 희미하게 볼 수밖에 없다. 그러나 우리는 이것이 마지막이 아니라는 확신을 가지고 있다. "지금 나는 부분적으로 알지만 그 때에는 온전히 알게 될 것입니다. 내가 온전히 알려지게 된 것처럼."[24] 믿음과 소망은 사랑으로 말미암는다.

"내가 온전히 알려졌다"는 것은 영성지도를 행하기 위해 지녀야 하는 근본적 신뢰이다. 사무실에 함께 앉아 있는 두 사람 모두를 참 지도자이신 성령님께서 온전히 알고 계신다. 이것을 우리는 "성경이 그렇게 얘기하잖아"라고 가볍게 이야기하지만, 이것은 영성지도의 근간이 되는 믿음이다. 이것은 가장 친밀한 인간 관계들에 견준다 해도 거의 납득할 수 없는 사랑의 친밀감이다. 나는 시간이 흐르며 영성 지도가 우리를 감동시켜 눈물 흘리게 만드는 것은 이상한 일이 아님을 알게 되었다. 이것은 신비로운 일이다. 다른 곳에서는 거의 만나지도 않는 두 사람이 한 시간 동안 사무실에서 만나는 것으로 사랑의 공동체가 된다는 것은 신비로운 일이다. 물론 이 때 사무실은 하나님께서 거주하시는 공간이기에 가능한 일이긴 하다.

신비와 함께 나는 명확성도 이야기할 수 있다. 비록 거울을 통해 희미하게 보지만, 우리는 분명히 본다. 조지 허버트의 기도에 관한 시는 기도를 "이해된 어떤 것"이라고 부르며 마친다.[25] 우리는 보기 시작할 때 이해하기 시작한다. 영성지도에서 내가 보는 것의 대부분은 아름다움이다. 죽음을 마주하는 룻의 맑은 눈은 아름다움으로 빛난다. 성취되지 않는 기도를 마주하며 기꺼이 환대의 팔을 더 크게 벌리고 영적 위안을 붙드는 칼의 의향에서 아름다움을 본다. 그리고 생명을 선택하기 위해 우상을 무너뜨리는 찰스의 용기와 모든 곳, 목장, 독재자의 땅, 강의실 그리고 일터 그 어디든 현존하시는 하나님을 신뢰하려는 레아와 존의 믿음에서도 아름다움은 빛난다. 희미한 아름다움은 멜리사의 고통스런 신실함, 그랜트의 십자가를 향해 돌아서는 모습 속에서도 빛을 발한다. 짐과 데이빗은 성령의 숨결을 그들의 피부로 느끼기 위해 성직자 가운을 벗었다.

우리의 정원사이신 하나님께서는 우리 모두를 깨끗하게 씻어 주시고, 가지 쳐 주시고, 먹이시고 그리스도라는 포도나무에 접붙여 주신다.[26] 포도나무는 교제이며 사랑이고 생명의 피이다. 나와 마주보고 앉아 있는 사람들에게서 나는 그 맥박을 느낀다. 그리고 내 안에서 그에 대한 반응으로 뛰는 맥박을 또한 느낀다.

이것이 신비이고 명확성이다. 부인할 수 없는 그리고 동시에 측량할 수 없는 현실이다. 사무실의 휴지통에 수북하게 쌓인 휴지들과 꺼진 촛불에서 피어 오르는 연기는 우리들의 가슴이 그분의 사랑으로 만져지고 녹았음을 말해준다. 나는 피지도자들이 떠난 후에 곧 바로 나의 일에 다시 빠져드는 일이 더 빈번하지만, 종종 내가 앉았던 의자에 다시 앉아 우리가 나누었던 그 시간을 다시 맛보곤 한다. 그리고 퇴근하면서 나는 양초를 새 것으로 바꾸고 제 3 의 의자를 주목한다. 그것은 언제나 그곳에 있다. 그리고 하나님께서 언제나 나와 그리고 내가 중보 하는 사람들과 함께하심을 기억하도록 한다. 그 의자와 양초는 나를 온전히 아시는 그 하나님, 촛불 앞에 있는 나의 형제 자매들의 삶 속에서 문득 문득 보게 되는 그 하나님을 가리키는 기억하게 만드는 거룩한 상징물이 되었다.

노트

1. 에베소서 2:19-21
2. Herbert, "Prayer (1)," The Temple; The Poetry of George Herbert, Henry Carrigan Jr. 편집 (Brewster, Mass.: Paraclete, 2001), 45.
3. 유대인의 신학과 사회적 행위에서는 히브리어 tikkun olam 으로 표현되는 믿음의 부르심이다.
4. 빌립보서 2:15-16, NIV Study Bible (Grand Rapids, Mich.: Zondervan, 2002).
5. Herbert, "Prayer (1)," The Temple, 45.
6. 요한계시록 22:2
7. Erik H. Erikson, "Dr. Borg's Life Cycle," Adulthood (New York: W. W. Norton and Company, 1978), 20.
8. The Wall Street Journal 에 실린 Sharon Begley 의 기사가 인용됨. Jim Holt 의 "Of Two Minds," New York Times Magazine, May 8, 2005, 12.
9. 참조 Robert E. Webber, The Young the Challenger Evangelicals: Facing the Challenge of the New World (Grand Rapids, Mich.: Baker Books, 2002), 저자는 이 책에서 Wade Clark Roof 의 연구를 언급한다.
10. 미국인들의 연간 노동일수는 49.5 주로 모든 산업국가들 가운데 가장 길다. (일본인들 46 주, 영국인 43 주, 독일인 37 주) 이 통계는 Steven

Greenhouse 의 논문인 "Report Shows Americans Have More 'Labor Days,'" New York Times, September 1, 2001 에서 찾았다. 그리고 이 자료는 내 논문에 인용되었다. "Garden or Circus: Christian care in the Face of Contemporary Pressures," Transformation: An International Dialogue on Mission and Ethics 22, no. 3 (July 2005): 158-65.

11. 이 주제에 대해서는 사회학자인 Robert Putnam 과 경제학자 Robert Fogel 의 글에 잘 설명되었다.

12. Edwards, Spiritual Director, Spiritual Companion: Guide to Tending the Soul (New York, Paulist Press, 2001), 13.

13. 이 단어는 Tom Reiss 의 The Orientalist: Solving the Mystery of a Strange and Dangerous Life (New York: Random House, 2005), 275.

14. Rohlhiser, Holy Longing: The Search for the Christian Spirituality (New York: Doubleday, 1999), 53.

15. 나의 출석 교회 목사님과 친구 Mark Labberton 은 예배와 정의를 주제로 훌륭한 책을 집필했다. The Dangerous Art of Worship; Living God's Call to Justice (Downer's Grove, Ill.: InterVarsity Press, 2007)

16. 창세기 18 장

17. 요한복음 1 장

18. 요한복음 20:22

19. Moltmann, The Source of Life; The Holy Spirit and the Theology od Life, Margaret Kohl 번역 (London: SCM Press, 1997), 93.

20. Rohlheiser, Holy Longing, 92.

21. http://www.mrbauld.com/negcap.html
22. Alex de Tocqueville, [1835], "Of Individualism in Democratic Countries," Democracy in America, bk. 2, Richard D Hefner (New York: Mentor, 1956), 194.
23. 고린도전서 13:8
24. 고린도전서 13:12
25. Herbert, "Prayer (1)," The Temple, 45.
26. 요한복음 15:1-17